Willy Schneider
Martin Kornmeier

Kundenzufriedenheit

: Haupt

Willy Schneider
Martin Kornmeier

Kundenzufriedenheit

Konzept
Messung
Management

Haupt Verlag
Bern · Stuttgart · Wien

Willy Schneider: Studium der Betriebswirtschaftslehre an der Universität Mannheim. 1994 Promotion zum Dr. rer. pol. mit der Note «summa cum laude» an der Universität Mannheim. Seit 1997 Professor an der Berufsakademie Mannheim in der Funktion als Studiengangsleiter Handel. Seit 2004 parallel Leiter des Steinbeis-Transferzentrums für Marktforschung und Marketing-Kompetenz, Heidelberg (http://www.steinbeistransferzentrum.de/). Diverse Beratungsprojekte, Managementseminare und Lehraufträge sowie zahlreiche Publikationen in den Bereichen Marketing und Management.

Martin Kornmeier: Studium der Betriebswirtschaftslehre an der Universität Mannheim. 2002 Promotion zum Dr. rer. pol. mit der Note «summa cum laude» an der Technischen Universität Dresden. Seit 2002 Professor an der Berufsakademie Mannheim (Studiengang «International Business Administration»). Seit 2004 außerdem Leiter des Steinbeis-Transferzentrums für Marktforschung und Marketing-Kompetenz, Heidelberg (http://www.steinbeistransferzentrum.de/). Lehraufträge im In- und Ausland, Beratungsprojekte sowie Managementseminare und zahlreiche Publikationen in den Bereichen International, Intercultural und Domestic Marketing / Management.

1. Auflage: 2006

Bibliografische Information der *Deutschen Nationalbibliothek*

Die Deutsche Nationalbibliothek verzeichnet diese Publikation in der Deutschen Nationalbibliografie; detaillierte bibliografische Daten sind im Internet über http://dnb.d-nb.de abrufbar.

ISBN 13: 978-3-258-06978-4
ISBN 10:   3-258-06978-6

Alle Rechte vorbehalten
Copyright © 2006 by Haupt Berne
Jede Art der Vervielfältigung ohne Genehmigung des Verlages ist unzulässig
Umschlaggestaltung: Atelier Mühlberg, Basel
Printed in Switzerland

www.haupt.ch

Inhaltsverzeichnis

Inhaltsverzeichnis V

Vorwort XI

1 Kundenorientierung: zur Notwendigkeit eines Paradigmenwechsels 1
   1.1 Veränderungen der Unternehmenswelt als Herausforderung für das Kundenbeziehungsmanagement der Unternehmen 1
   1.2 Konsequenzen 13

2 Theoretische Grundlagen der Kundenzufriedenheit 17
   2.1 Stellung der Kundenzufriedenheit im Kundenbeziehungs-Lebenszyklus 17
   2.2 Entstehung von Kundenzufriedenheit: Wesentliche Erklärungsansätze 19
      2.2.1 Beitrag des ‚Confirmation' / ‚Disconfirmation'-Paradigma 20
      2.2.2 Erklärungsansatz von Bruggemann 22
      2.2.3 Erklärungsbeitrag des ‚Gap'-Modells 25
          2.2.3.1 Zusammenhang zwischen wahrgenommener Dienstleistungsqualität und Kundenzufriedenheit 26
          2.2.3.2 ‚Gaps' als Ursachen der Unzufriedenheit 27
   2.3 Dimensionen der Kundenzufriedenheit 32
   2.4 Beziehung zwischen Gesamtzufriedenheit und den einzelnen Zufriedenheitsdimensionen 36
   2.5 Auswirkungen von Kundenzufriedenheit 38
      2.5.1 ‚Commitment' bzw. Bindung der Kunden 39
      2.5.2 Loyalität der Kunden 42
      2.5.3 Verhalten der Kunden gegenüber den Mitarbeitern 43
      2.5.4 Wirtschaftlicher Erfolg 43

3 Messung der Kundenzufriedenheit 47
   3.1 Funktionen 47

3.2 Verfahren 48
   3.2.1 Überblick..48
   3.2.2 Objektive Verfahren 49
       3.2.2.1 Kennzahlenanalyse..49
       3.2.2.2 Beobachtung..50
           3.2.2.2.1 Nicht-teilnehmende Beobachtung...........................50
           3.2.2.2.2 Teilnehmende Beobachtung („Silent shopping' / ‚Mystery shopping')...........................51
           3.2.2.2.3 Kritische Würdigung..54
   3.2.3 Subjektive Verfahren 55
       3.2.3.1 Merkmalsorientierte Verfahren..56
           3.2.3.1.1 Multiattributive Verfahren......................................56
                3.2.3.1.1.1 Grundzüge...56
                3.2.3.1.1.2 Einstellungsorientierte Messansätze ...57
                3.2.3.1.1.3 Zufriedenheitsorientierte Messansätze.64
                3.2.3.1.1.4 Hinweise zur Skalierung....................67
                3.2.3.1.1.5 Messung der Wichtigkeit..................68
           3.2.3.1.2 ‚Willingness to pay'-Ansatz.....................................76
           3.2.3.1.3 ‚Penalty / reward'-Faktoren-Ansatz.......................77
       3.2.3.2 Ereignisorientierte Verfahren...80
           3.2.3.2.1 Methode der kritischen Ereignisse 81
           3.2.3.2.2 Sequentielle Ereignis-Methode................................86
       3.2.3.3 Problemorientierte Verfahren...88
           3.2.3.3.1 ‚Problem detecting'-Methode.................................88
           3.2.3.3.2 Frequenz / Relevanz-Analyse von Problemen........90

4 Analyse der Kundenzufriedenheit am Beispiel der Befragung 93
   4.1 Eigen- vs. Fremdforschung als Grundsatzentscheidung................................93
   4.2 Überblick über die sechs Phasen einer fundierten Studie zur Kundenzufriedenheit 96
   4.3 Aufklärung und Motivierung der Mitarbeiter sowie Zusammenstellung eines Projektteams (= Phase 1) 98
   4.4 Festlegung von Untersuchungszielen und Zielgruppe(n) (= Phase 2)..99
   4.5 Explorative Voruntersuchung (= Phase 3).. 103

4.6 Konzeption der Untersuchung (= Phase 4) 105
    4.6.1 Wahl der Befragungsform 106
        4.6.1.1 Schriftliche Befragung... *106*
        4.6.1.2 Mündliche Befragung... *108*
        4.6.1.3 Telefonische Befragung.. *110*
    4.6.2 Aufbau des Fragebogens und Formulierung der Fragen 110
        4.6.2.1 Aufbau des Fragebogens.. *110*
        4.6.2.2 Formulierung der Fragen...................................... *111*
    4.6.3 Inhalt der Befragung 113
    4.6.4 Auswahl der Befragungsteilnehmer 114
        4.6.4.1 Stichprobenverfahren.. *114*
            4.6.4.1.1 Nicht-zufallsgesteuerte Verfahren...................... *114*
            4.6.4.1.2 Zufallsauswahl... *116*
            4.6.4.1.3 Komplexe Formen der Stichprobenziehung.......... *117*
        4.6.4.2 Fehlerquellen.. *118*
        4.6.4.3 Größe der Stichprobe.. *119*
4.7 Datenerhebung und -analyse (= Phase 5)..................................... 121
    4.7.1 Feldarbeit... 121
    4.7.2 Bereinigung und Codierung der Daten............................... 122
    4.7.3 Auswertung der qualitativen und quantitativen Daten 123
        4.7.3.1 Möglichkeiten zur Auswertung qualitativer Daten........ *123*
        4.7.3.2 Verfahren zur Analyse quantitativer Daten................. *124*
            4.7.3.2.1 Univariate Analyseverfahren............................. *125*
            4.7.3.2.2 Bivariate Analyseverfahren............................... *125*
            4.7.3.2.3 Multivariate Analyseverfahren........................... *126*
    4.7.4 Auswertung und Aufbereitung der Zufriedenheitswerte 133
        4.7.4.1 Gesamtzufriedenheit und attributspezifische Zufriedenheits-
                werte... *133*
        4.7.4.2 Kundenzufriedenheitsportfolio als Instrument zur Strategie-
                und Maßnahmenfindung...................................... *134*
        4.7.4.3 Quer- und Längsschnittanalysen............................. *137*
        4.7.4.4 Identifikation homogener Zielgruppen mit Hilfe der
                Clusteranalyse... *139*
4.8 Visualisierung und Präsentation der Ergebnisse (= Phase 6)............ 140
    4.8.1 Verfassen des Ergebnisberichts... 140

4.8.2 Visualisierung der Befunde 143
4.8.3 Präsentation der Ergebnisse: Vorbereitung und
      Durchführung 145
4.8.4 Wahl des geeigneten Mediums.. 148

5 Management der Kundenzufriedenheit 151

5.1 Die vier Säulen eines erfolgreichen Kundenzufriedenheits-
    management 151

5.2 Beschwerdemanagement 153
    5.2.1 Beschwerden unter Kosten / Nutzen-Gesichtspunkten........... 153
    5.2.2 Phasen des Beschwerdemanagement („KANBAN") 158

5.3 Customer Relationship Management (CRM) 161
    5.3.1 Begriff und zentrale Charakteristika 161
    5.3.2 Architektur eines CRM-Systems 162
        5.3.2.1 Überblick über die CRM-Komponenten................. 162
        *5.3.2.2 Operatives CRM: Optimierung der Geschäftsprozesse
               und Kundenkontakte 162*
        *5.3.2.3 Analytisches CRM: anwendungsorientierte Analyse
               der Kundendaten 168*
               5.3.2.3.1 Datenquellen 168
                       *5.3.2.3.1.1 Unternehmensinterne Daten-
                                 quellen................................ 169*
                       *5.3.2.3.1.2 Unternehmensexterne Daten-
                                 quellen................................ 175*
               5.3.2.3.2 ‚Data warehouse' 178
               5.3.2.3.3 ‚Data mining' 180
               5.3.2.3.4 OLAP (‚On line analytical processing') ... 180
        *5.3.2.4 Kommunikatives / kollaboratives CRM: Effizientes
               ‚Multi channeling' durch Synchronisation der Kommuni-
               kationskanäle... 183*
               5.3.2.4.1 Chancen und Risiken des ‚Multi channeling' 183
               5.3.2.4.2 ‚Call center'. 185
               5.3.2.4.3 ‚Customer interaction center'................. 187
    5.3.3 Kundenwert als zentrales Selektions- und Segmentierungs-
          kriterium 188

		5.3.3.1	Identifikation profitabler Kunden: Bedeutung und Konsequenzen 188
		5.3.3.2	Methoden der Kundenklassifizierung............................. 190
			5.3.3.2.1 ABC-Analyse 190
			5.3.3.2.2 Portfoliotechnik... 191
			5.3.3.2.3 Klassifikationsschlüssel................................. 192
			5.3.3.2.4 RFMR-Ansatz... 193
			5.3.3.2.5 Scoring-Methode... 196
			5.3.3.2.6 ‚Customer lifetime value'............................... 198
		5.3.3.3	Ansatzpunkte zur Steigerung des Kundenwerts............. 203
5.4	Internes Marketing-Management... 207
	5.4.1	Kundenorientierung und Zufriedenheit der Mitarbeiter als wesentliche Voraussetzungen für Kundenzufriedenheit und Unternehmenserfolg 207
		5.4.1.1	Gegenstand der Kundenorientierung............................. 207
			5.4.1.1.1 Abgrenzung... 207
			5.4.1.1.2 Ebenen und Ausprägungen der Kundenorientierung 208
		5.4.1.2	Zusammenhang zwischen Mitarbeiter- und Kundenverhalten.. 219
			5.4.1.2.1 Erklärungsbeitrag der „Service / Profit-Chain" (SPC) 222
			5.4.1.2.2 Empirische Erkenntnisse 223
		5.4.1.3	Konsequenzen 229
		5.4.1.4	Mitarbeiterbefragung als (Führungs-)Instrument zur Förderung von Kundenorientierung.............................. 231
	5.4.2	Verankerung der Kundenorientierung in der Unternehmenskultur.. 236
		5.4.2.1	Komponenten der Unternehmenskultur 236
		5.4.2.2	Charakteristika erfolgreicher Unternehmenskulturen 240
		5.4.2.3	Fixierung des Unternehmensleitbildes........................... 241
	5.4.3	Instrumente zur Ausrichtung aller Mitarbeiter an den Bedürfnissen externer und interner Kunden 246
		5.4.3.1	CS-Tool ‚Ownership'.. 248
		5.4.3.2	CS-Tool ‚Job rotation' 249

- 5.4.3.3 *CS-Tool Kundenforum* 249
- 5.4.3.4 *CS-Tool Interne Leistungsgarantie* 252
- 5.4.4 Einsatz (nicht-)monetärer Anreizsysteme 256
  - 5.4.4.1 *Konzeption von auf Kundenzufriedenheit basierenden Vergütungssystemen* 256
  - 5.4.4.2 *Akzeptanz der zufriedenheitsorientierten Gratifikation* 258
  - 5.4.4.3 *Kundenorientierung durch soziale Anerkennung* 259
- 5.5 Change Management 260
  - 5.5.1 Ursachen für das Scheitern von Veränderungsprozessen 260
  - 5.5.2 Ursachen und Anzeichen von Widerstand gegen Veränderungen 262
  - 5.5.3 Qualitätszirkel als Instrument eines kundenorientierten Unternehmens 265
  - 5.5.4 Moderation als Bestandteil eines erfolgreichen Change-Management 266
  - 5.5.5 Methoden für kreatives Denken 269
    - 5.5.5.1 *Kreativität durch Zerlegung des Problems* 271
    - 5.5.5.2 *Kreativität durch Konfrontation* 271
    - 5.5.5.3 *Kreativität durch Assoziation* 272
      - 5.5.5.3.1 *‚Brain storming'* 272
      - 5.5.5.3.2 *635-Methode* 273

6 Kundenzufriedenheit als zentrale Kennzahl einer Balanced Scorecard 275
- 6.1 Konzept der Balanced Scorecard 275
- 6.2 Entwicklung einer Balanced Scorecard 277
  - 6.2.1 Formulierung einer Unternehmensstrategie (Schritt Nr. 1) 277
  - 6.2.2 Identifikation und Ermittlung der Kennzahlen (Schritt Nr. 2) 278
  - 6.2.3 Einbindung der Kennzahlen in Ursache / Wirkungs-Ketten (Schritt Nr. 3) 279

Literaturverzeichnis 285

Stichwortverzeichnis 301

Vorwort

*Es geht nicht darum, Produkte zu verkaufen,
sondern Wünsche zu erfüllen.*

Angesichts der auf vielen Märkten zu beobachtenden Sättigungserscheinungen, der wachsenden Zahl wechselfreudiger Käufer und eines sich ständig verschärfenden (internationalen) Wettbewerbs stellt sich zahlreichen Unternehmen die Überlebensfrage. Und so rückt ein Marktpartner in den Mittelpunkt, der zeitweilig vernachlässigt zu sein schien: „König Kunde". Noch immer aber gelingt es sehr vielen Unternehmen nicht, auf die von Kunden ausgesendeten Signale der Unzufriedenheit angemessen zu reagieren. Für diese Entwicklung zeichnen im Wesentlichen sechs Fehler verantwortlich.

Fehler Nr. 1: Kurzfristperspektive
Unternehmen versäumen es, eine intensive, langfristige und auf der Zufriedenheit des Kunden basierende Beziehung aufzubauen. Sie konzentrieren sich vielmehr darauf, neue Kunden zu akquirieren und stellen demnach den einzelnen Geschäftsabschluss in das Zentrum ihrer Bemühungen. Wer sich indes vor Augen führt, dass die Kosten der Neukundengewinnung etwa fünfmal bis achtmal so hoch sind wie die der Kundenbindung, erkennt, dass der Schlüssel zum Unternehmenserfolg sowohl in der kurzfristig ausgerichteten Neukundenakquisition als auch in der langfristig orientierten Kundenzufriedenheit liegt.

Fehler Nr. 2: Nicht vorhandene, verstopfte oder gekappte Kommunikationskanäle
Die meisten Mitarbeiter und Führungskräfte wissen nicht, wie (un-)zufrieden ihre Kunden sind. Dies kann mehrere Ursachen haben.
- Zahlreichen Unternehmen fehlt ein Frühwarnsystem, welches Probleme in Kundenbeziehungen aufdecken könnte, bspw. mit Hilfe von Kundenabwanderungsanalysen, Kennziffern der Kundenbindung oder Beschwerde-Monitoring.
- Insbesondere mittelständische Firmen verzichten vielfach auf Kundenbefragungen oder sonstige Kundenzufriedenheitsmessungen, da sie die damit einhergehenden Kosten bzw. den Aufwand als zu hoch einstufen und / oder den konkreten Nutzen von Kundenanalysen nur schwer bewerten können.

- Unternehmen, die sich dennoch zu einer Kundenanalyse entschließen, beauftragen damit nicht selten Praktikanten oder Werksstudenten, was zu dilettantischen Analysen und damit zu fehlerhaften, oberflächlichen Ergebnissen führen können, die von den Mitarbeitern nicht akzeptiert werden.
- Weil sie Konsequenzen von ihren Vorgesetzten befürchten, verdrängen oder bagatellisieren Mitarbeiter Unzufriedenheitssignale (z.B. Beschwerden).

Fehler Nr. 3: Abstraktes bzw. widersprüchliches Unternehmensleitbild
Zahlreiche Unternehmen, die den Stellenwert der Kundenzufriedenheit für den Unternehmenserfolg erkannt haben, verankern das Ziel „Kundenzufriedenheit" zwar in Unternehmensleitbild bzw. -philosophie; sie versäumen es aber mitunter, die Leitlinien mit Leben zu füllen und auf die konkrete Handlungsebene der einzelnen Mitarbeiter herunter zu brechen. Diese wissen deshalb nicht genau, wie sie die im Unternehmensleitbild fixierten Ziele in ihrer täglichen Arbeit umsetzen können. Außerdem sind die den Mitarbeitern vermittelten Botschaften nicht selten widersprüchlich; man denke etwa an den typischen Konflikt „Kundenorientierung vs. kurzfristig ausgerichtete Umsatzorientierung".

Fehler Nr. 4: Fehlende Orientierung am externen und internen Kunden
Zahlreiche Mitarbeiter haben den Kontakt zum Kunden verloren. Insbesondere für die Vertreter interner Abteilungen mutiert der Kunde zunehmend zum „unbekannten Wesen", da
- Arbeitsabläufe nicht durch die Bedürfnisse des Kunden, sondern ausschließlich durch interne Gegebenheiten festgelegt werden,
- Abteilungen häufig nicht an einem gemeinsamen Strang ziehen, sondern gegeneinander arbeiten.

In einem Klima, in welchem
- Abteilungsegoismen mehr und mehr die Oberhand gewinnen,
- Feindbilder geschaffen werden (z.B. „Buchhalternasen", „Bleistiftspitzer", „die da oben" u.ä.),
- Schuldzuweisungen an der Tagesordnung sind,

rückt der Kunde zunehmend in den Hintergrund des Interesses; denn häufig geht es nur noch darum, „über die andere Abteilung zu siegen".

Fehler Nr. 5: Mangelnde Motivation bzw. fehlende Anreize
Die wenigsten Mitarbeiter sind überwiegend intrinsisch, d.h. wegen ihres Interesses an und ihrer Begeisterung für ihre Tätigkeit motiviert. Zumeist muss das

Management Anreize schaffen, um die Mitarbeiter für Kundenzufriedenheit zu sensibilisieren (= Motivatoren), man denke etwa an
- monetäre Anreize (z.B. Provisions- / Prämiensystem) oder
- Lob und Anerkennung (z.B. Auszeichnung als „Mitarbeiter des Monats").

Den meisten Unternehmen fehlt jedoch ein Anreizsystem, welches auf die Zufriedenheit des Kunden abzielt. Dies wiederum führt – zusammen mit der oftmals mangelnden Kundenorientierung – dazu, dass viele Mitarbeiter nicht daran interessiert sind, ihren Kunden einen echten Dienst zu erweisen, geschweige denn diese zu begeistern.

Fehler Nr. 6: Mangelnde Fähigkeit bzw. Motivation, aus Unzufriedenheitssignalen konkrete Maßnahmen abzuleiten
Immer wieder ist zu beobachten, dass Unternehmen die Ergebnisse ihrer Kundenzufriedenheitsstudie nicht oder nur unzureichend in konkrete Maßnahmen umsetzen; denn
- viele Mitarbeiter nehmen es als eine kaum überwindbare Hürde wahr, die in einer Kundenzufriedenheitsstudie zutage geförderten Schwachstellen zu beseitigen. Dies wiederum löst nicht selten eine kollektive Lähmung der in das Projekt eingebundenen Unternehmensangehörigen aus.
- viele Mitarbeiter äußern Vorschläge zur Verbesserung der Kundenzufriedenheit zurückhaltend, da sie befürchten, zusätzlich zum Tagesgeschäft in Projektarbeit eingebunden zu werden. Auch deshalb tendieren nicht wenige dazu, die Studie bzw. deren Durchführung zu kritisieren oder deren Ergebnisse in Frage zu stellen.

Wenn man sich die hier diskutierten Veränderungen, Fehler und Schwachstellen vor Augen führt, so lassen sich für den erfolgreichen Umgang mit Kundenzufriedenheit verschiedene Konsequenzen ableiten. Diese sind Gegenstand dieses Buches.

In **Kapitel 1** wird anhand des Paradigmenwechsels vom Transaktions- zum Relationship-Marketing die zentrale Bedeutung der Kundenzufriedenheit für den Unternehmenserfolg herausgearbeitet.

Für Unternehmen kann es fatale Folgen haben, wenn sie die Zufriedenheit ihrer Kunden vernachlässigen und sich ausschließlich auf die Neukundenakquisition konzentrieren. Aus diesem Grund widmet sich **Kapitel zwei** v.a. den Fragen,
- was (Un-)Zufriedenheit konkret bedeutet,

- wie sie entsteht und
- welche ökonomischen Konsequenzen für Unternehmen damit einhergehen.

Wer (Un-)Zufriedenheitssignale rechtzeitig erkennen will, muss v.a. wissen, wie man Kundenzufriedenheit misst und wie man Kommunikationskanäle zum Kunden aufbaut (bzw. reinigt). Mit diesen Themen beschäftigen sich **Kapitel drei und vier**.

Es genügt nicht zu wissen, wie zufrieden oder unzufrieden die Kunden sind. Unternehmen müssen vielmehr geeignete Instrumente entwickeln und implementieren, mit denen sie die Zufriedenheit ihrer Kunden beeinflussen und managen können. **Kapitel fünf** beschreibt deshalb die wichtigsten Säulen eines erfolgreichen Kundenzufriedenheitsmanagement:

- Beschwerdemanagement,
- Customer Relationship Management,
- Change Management,
- Internes Marketing-Management.

In der Vergangenheit legten Unternehmen den Schwerpunkt auf „harte, objektiv prüfbare Fakten". Seit einigen Jahren aber rücken ganzheitliche Steuerungskonzepte in den Vordergrund, die neben finanziellen auch nicht-finanzielle Kennzahlen berücksichtigen. **Kapitel 6** verdeutlicht vor diesem Hintergrund, wie Unternehmen die Kennzahl „Kundenzufriedenheit" in eine Balanced Scorecard integrieren können.

Das vorliegende Buch will dazu beitragen, die auf dem Gebiet der Kundenzufriedenheit bestehende Lücke zwischen Wissenschaft und Praxis zu schliessen. Manager und Marketingspezialisten sowie Dozenten und Studierende werden darin unterstützt,

- das Thema Kundenzufriedenheit in seiner Komplexität zu durchdringen,
- Kundenzufriedenheit erfolgreich zu messen und zu managen,
- anderen die zentrale Bedeutung des „Ohrs am Kunden" zu vermitteln.

Angesichts der Vielzahl an Publikationen zum Thema „Kunde" ist einer Neuerscheinung nur dann Erfolg beschieden, wenn man sie in einer Marktlücke ansiedelt. Die Positionierung des vorliegenden Buches lässt sich an folgenden Punkten festmachen:

- wissenschaftlich fundierte Aufarbeitung des „State of the Art", ohne dabei den Blick für das Wesentliche zu verlieren,

- starker Bezug zur Praxis durch Veranschaulichung der theoretischen Ausführungen anhand konkreter Fallbeispiele,
- unmittelbare Nutzung bzw. Anwendung der dargestellten Erkenntnisse durch zahlreiche Checklisten, Fragebogenauszüge und Praxis-Tipps,
- übersichtliche und anschauliche Darstellung.

„Kundenzufriedenheit" haben wir für Wissenschaft und Praxis geschrieben: konkret, kompakt, verständlich, direkt umsetzbar. Zielgruppen sind

- Praktiker aus Marketing, Vertrieb, Service und Marktforschung, die sich mit Kundenorientierung beschäftigen,
- Consultants und Marktforscher, die Unternehmen beim Thema Kundenzufriedenheit begleiten,
- Dozenten und Studierende an Universitäten, Fachhochschulen und Berufsakademien.

Viel Freude beim Lesen des Buches!

Heidelberg / Mannheim, im August 2006

Prof. Dr. Willy Schneider
Prof. Dr. Martin Kornmeier

P.S.: Wenn Sie Kritik äußern oder uns Anregungen geben wollen, zögern Sie nicht, uns anzuschreiben (Martin.Kornmeier@steinbeistransferzentrum.de oder Willy.Schneider@steinbeistransferzentrum.de).

1 Kundenorientierung: zur Notwendigkeit eines Paradigmenwechsels

1.1 Veränderungen der Unternehmenswelt als Herausforderung für das Kundenbeziehungsmanagement der Unternehmen

Nur wenige Themen haben in den vergangenen zwei Jahrzehnten in Wissenschaft und Praxis einen derart breiten Raum eingenommen wie die Kundenzufriedenheit. Wer nach diesem Stichwort „googlet", erhält ca. 2.780.000 Treffer (customer satisfaction = ca. 75.300.000; Stand: Juli 2006) und erkennt unmittelbar: „Der **Verbraucher** ist der Boss!". So (oder so ähnlich) beschreiben Praktiker die Rolle der Kunden für ihr Unternehmen. Dr. Klaus Schumann, Vorsitzender der Geschäftsführung der Procter & Gamble Holding GmbH, formuliert dies bspw. folgendermaßen.

| Praxis-Fall | Die Devise von Procter & Gamble: Der Verbraucher ist der Boss! |

"Der Verbraucher ist der Boss. Diese Überzeugung hat dazu geführt, dass P&G zu einem der weltweit führenden Unternehmen der Konsumgüterindustrie heranwachsen konnte. [...] Das Ziel unseres Unternehmens ist dabei ganz klar: Wir wollen dazu beitragen, das tägliche Leben der Verbraucher etwas besser, angenehmer, gesünder und schöner zu gestalten. Der Schlüssel zu unserem Erfolg liegt vor allem im direkten Kontakt zu unseren Konsumenten. Denn nur, wenn wir den Erwartungen der Verbraucher gerecht werden, wenn unsere Marken ihr Versprechen einhalten, können wir das Vertrauen gewinnen, auf dem der Erfolg unserer großen Marken aufgebaut ist. [...] Wenn wir von unserem Ziel sprechen, den Alltag unserer Verbraucher zu verbessern, beziehen wir uns jedoch nicht nur auf unsere Marken und Produkte. Wir sind uns bewusst, dass unsere Verantwortung wesentlich weiter reicht. P&G unterstützt die Arbeit der Gemeinden und Kommunen und möchte darüber hinaus ein guter Bürger und Nachbar an den Standorten und in den Regionen sein, in denen unsere Mitarbeiter leben und arbeiten. Denn nur, wenn wir in jeder Hinsicht so nah wie möglich am Leben und an den Wünschen derjenigen sind, für die und mit denen wir arbeiten, kann das Unternehmen P&G und können unsere Marken weiterhin wachsen und erfolgreich sein."

Quelle: Procter & Gamble (2005).

Da aber Zufriedenheit im Investitionsgütersektor nicht minder bedeutsam ist (vgl. z.B. Bidmon 2004), erweist sich die Aussage „Der **Kunde** ist der Boss!" im vorliegenden Fall als konkreter. Wer verstehen will, warum Konzepte wie Kundenzufriedenheit, Kundenorientierung oder Kundenbeziehungsmanagement immer wichtiger werden (vgl. z.B. Hinterhuber 2004), sollte sich zunächst die Entwicklungen und Veränderungen der vergangenen Dekaden vor Augen führen.

(1) Vielerorts hat sich der **Wettbewerb** zwischen den Unternehmen **intensiviert**, wofür im Wesentlichen folgende Ursachen verantwortlich zeichnen:
- stagnierende bzw. schrumpfende Märkte,
- Globalisierung bzw. zunehmende Internationalisierung der Unternehmen und damit wachsende Anzahl an Konkurrenten auf dem Heimatmarkt,
- zunehmende **Produktkomplexität** und -vielfalt bei gleichzeitig sich verkürzenden **Produktlebenszyklen**.

Dergestalt herausgefordert versuchen Unternehmen ihre **Wettbewerbsfähigkeit** nicht mehr nur dadurch zu **sichern**, dass sie die Qualität ihrer Produkte verbessern, sondern auch indem sie das Niveau von Kundenservice und Dienstleistungen anheben (vgl. Berry 1995).

Gerade im internationalen Marketing zeichnet häufig ein **Mangel an Kundenorientierung** dafür verantwortlich, dass Produkte auf dem Auslandsmarkt „floppen". Denn viele Unternehmen scheitern, weil sie die Marketingkonzeption (z.B. Markenname, Kommunikationsstrategie) nicht oder nur unzureichend an die Besonderheiten der einzelnen Länder (z.B. Sprache, Kultur, Geschmack, Verpackungsgröße) – und damit an die Bedürfnisse der dort lebenden Kunden – anpassen.

Praxis-Fall	**Folgen mangelnder Kundenorientierung: Beispiele aus dem internationalen Marketing**

Zahlreiche Marketingkonzeptionen scheitern, weil sich die Unternehmen zu wenig an den **kulturell verankerten Bedürfnissen** der Kunden orientieren.
- Wegen mangelnder Kundenorientierung musste **General Foods**, das in Japan Kuchenbackmischungen verkaufen wollte, zweimal Lehrgeld in Millionenhöhe zahlen. So hatte man zunächst nicht bedacht, dass japanische Küchen sehr klein sind, weshalb nur etwa drei % aller japanischen Haushalte überhaupt einen Backofen besitzen. Auch der zweite Versuch, bei dem man die Japaner überzeugen wollte, Kuchen in ihren Reiskochern zu backen, scheiterte – obwohl dies technisch durchaus möglich gewesen wäre. Allerdings hatte man übersehen, dass Reiskocher in erster Linie dazu genutzt werden, gekochten Reis tagsüber warm zu halten.

- **Philips** sammelte zunächst ebenfalls negative Erfahrungen mit den japanischen Miniatur-Küchen. Seine Kaffeemaschinen konnte der niederländische Konzern erst verkaufen, als er deren Größe an die japanischen Küchen anpasste.
- **Procter & Gamble** setzten in Japan einen in Europa erfolgreichen Werbespot ein – indessen mit weit weniger Erfolg. Die japanischen Zuschauer erlebten die Story des Spots – ein Mann betritt das Badezimmer und berührt seine badende Ehefrau – als Angriff auf die Privatsphäre und damit als sozial unerwünscht.
- Ähnlich erging es der Kosmetikmarke **Feelings**. Diese bewarb ihr Produkt mit einem freizügigen TV-Spot, in welchem eine Dame in der Tiefgarage duscht und sich auf einem Auto räkelt. Chinas Werbeaufsicht stufte diesen Spot als Porno ein und verbot ihn.
- Auch **McDonald's** erlitt in Japan mit einer Werbekampagne Schiffbruch. Grund dafür war der Clown Ronald McDonald, der üblicherweise mit einem weißgeschminkten Gesicht auftritt – was in Japan den Tod symbolisiert. Auch in China trat die ‚Fast food'-Kette bereits ins Fettnäpfchen. McDonald's warb für seine Sonderangebote mit einem Mann, der auf Knien um Preisnachlass bettelt. Zahlreiche Zuschauer, denen diese Demutsgeste missfiel, beschwerten sich bei den staatlichen Medien, welche den Werbefilm aus dem Programm verbannten.
- **Nike** musste sich in China für einen Werbefilm entschuldigen, in welchem US-Basketball-Star LeBron James einen Cartoon-Kung-Fu-Meister und mehrere Drachen ausdribbelte. Weil dies die nationale Würde verletze, verboten die chinesischen Radio-, Film- und TV-Behörden den Spot.
- Auch **Coca-Cola** offenbarte in China einen Mangel an Markt- bzw. Kundenorientierung: Den Markennamen übertrug man als „Ke-kou-ke-la" phonetisch ins Chinesische, was so viel (oder so wenig!?) bedeutet wie „Beiße die Wachs-Kaulquappe". Nicht viel besser machte es **Pepsi**: Den Slogan „Come alive with the Pepsi Generation" übersetzte man mit „Pepsi bringt deine Vorfahren aus dem Grab zurück". In Spanien wiederum scheiterte Coca-Cola mit der Einführung der Zwei-Liter-Flasche: Diese war für die dort üblichen (kleinen) Kühlschränke zu groß.
- Zweifelhafte Bekanntheit erlangte auch eine Anzeigenkampagne des japanischen Pkw-Herstellers **Toyota**. Darin „salutierten" steinerne Löwen dem Allradmodell Prado. Dabei gelten die Raubkatzen in China als Symbole der Autorität. Dass die Löwen einem japanischen Produkt die Ehre erweisen, verärgerte das Publikum. Als auf einem weiteren Werbemotiv auch noch ein Toyota-Jeep einen chinesischen Militärlaster aus dem Dreck schleppte, war das Maß voll. Die Chinesen fühlten sich beleidigt und der Autobauer stellte den missglückten Werbefeldzug demütig ein.
- **Pepsodent** bewarb seine Zahnpasta in Südostasien mit dem Slogan: „ ... whitens your teeth.". Allerdings gelten bei der dortigen Bevölkerung schwarze Zähne als Schönheitsideal. Diesem versucht man durch das Kauen von Betel-Nüssen nahe zu kommen. Außerdem wurde die Werbeaussage „wonder where the yellow went" als rassistisch eingestuft.
- Bei seinem Markenauftritt bemüht sich der Autobauer **BMW** stets um ein einheitliches Bild. [...] Beim neuen 3er wich der Hersteller von dieser Linie zumindest

in China ab. Dabei hatte sich die Werbeidee in Europa bewährt. Unter dem Motto „Die treibende Kraft" war hier beispielsweise im dazu gehörenden TV-Spot eine Gruppe von Läufern zu sehen, die in ihrer Silhouette den neuen BMW formen (vgl. Abb. 1).

Abb. 1: Werbekampagne von BMW: „Die treibende Kraft"

Ein Ausdruck von Sportlichkeit. [...] Doch die BMW-Verantwortlichen in der Volksrepublik zogen die Notbremse. [...] Die Protagonisten in der „Treibenden Kraft" schwitzten nämlich. Und das ist in China keineswegs ein Ausdruck von Sportlichkeit, sondern vor allem unangenehm. Autos für die Oberklasse kann man dort auf diese Weise nicht verkaufen. [...] Entsprechend bekamen die Chinesen die Läufer-Werbung nie zu sehen. Stattdessen machten sich Interone und BMW daran, eine eigene China-Kampagne zu entwerfen. Herausgekommen ist ein Film, der geprägt ist von eleganter Langsamkeit. Im Mittelpunkt steht nicht der neue 3er, sondern der viel gepriesene „souveräne Entscheider" selbst. Dieser Spot weicht sehr deutlich von der sonst üblichen sportlichen Positionierung des 3er-BMW ab. [...] Dennoch war die Kampagne erfolgreich."

Sucher, J. (2006): Bloß nicht ins Schwitzen kommen, in: SPIEGEL ONLINE, 23.01.2006, http://www.spiegel.de/wirtschaft/0,1518,395967,00.html sowie http://www.uptotrade.de/talk/newreply.php?do=newreply&p=13070 (Stand: 4. April 2006).

(2) Auch zahlreiche **technologische Veränderungen** trugen und tragen dazu bei, dass Kundenzufriedenheit an Bedeutung gewonnen hat. Man denke bspw. an

- die Weiterentwicklung der Informationstechnologie und damit an die verbesserten Möglichkeiten der Datensammlung, -analyse, -aufbereitung und -speicherung,

- die neuen Kommunikations- und Vertriebskanäle, welche die Komplexität der Beziehung aufgrund des damit einhergehenden ‚Multi channeling' steigern,
- die vielfältigen Möglichkeiten des ‚Mass customizing' (= maßgeschneiderte Einzelfertigung zu akzeptablen Stückkosten).

| Praxis-Fall | Neue Technologien und Kundenzufriedenheit: Das Beispiel Handelsunternehmen |

Gerade Handelsunternehmen, wie Rewe oder die Tengelmann-Gruppe, können mit Hilfe neuer Technologien Geschäftsabläufe optimieren und somit u.a. Rendite und Zufriedenheit ihrer Kunden steigern.

- Nicht zuletzt aus diesen Gründen setzt bspw. Metro in seinen Filialketten Kaufhof und Real / Extra die Funkchip-Technologie „**Radio Frequency Identification**" **(RFID)** ein. Rewe wiederum hat bereits 2005 dafür gesorgt, dass zahlreiche Lieferanten ihre Paletten mit RFID ausstatten, was die Logistik unterstützt und eine lückenlose Verfolgung der Ware ermöglicht. Nach Auffassung von Heiner Spalink, Unternehmensberatung Kurt Salmon Associates, lassen sich auf diese Weise Fehlbestände in den Lebensmittelregalen um sieben bis zehn Prozent reduzieren, was indirekt – über die die verbesserte Warenverfügbarkeit – den Umsatz steigert und die Kundenzufriedenheit verbessert.
- Bei sog. ‚**Self checkout**'-**Kassen**, an denen die Kunden den Inhalt ihres Einkaufswagens per Strichcode und Infrarot-Scanner zu erkennen geben, wird mit Kreditkarte oder am nebenstehenden Bargeld-Automaten bezahlt. Um zu vermeiden, dass Kunden „schummeln", wiegt das Kassensystem die eingescannten Artikel, sobald sie in die Einkaufstüte gepackt werden. Außerdem überwacht ein Supermarktmitarbeiter mehrere Abrechnungsstellen parallel (i.d.R. vier). Der US-Handelskonzern Supervalu hat diese Kassen in 60 Filialen installiert, um durch die damit einhergehenden Kostensenkungen gegenüber Wal-Mart wettbewerbsfähig zu sein. Auch der Metro-Konzern hat die neue Technik bereits in ca. 80 Häusern von Extra, Real und Praktiker implementiert. Die Baumarktkette Praktiker will die Selbstzahlerkassen auch im Ausland testen; denn wie bspw. Erfahrungen der amerikanischen Baumarktkette Home Depot zeigen, die USA-weit über 1.000 Märkte mit nahezu 4.200 ‚Self scanning'-Kassen ausgestattet hat, trägt diese Technologie dazu bei, die Kundenzufriedenheit zu steigern. So belegen die Ergebnisse einer Marktforschungsstudie, dass nahezu 10% der Kunden in erster Linie wegen der Selbstzahlerkassen bei Home Depot einkaufen. Ihre Präferenz begründen sie im Wesentlichen damit, dass diese Form des Einkaufens schneller sei. Genau deshalb bewirbt der französische Lebensmittelhändler Casino die neue Technologie auf großen Plakatwänden als ‚caisse express' (= Schnellkasse). Tatsächlich aber erliegen die Kunden, die ‚Self scanning'-Kassen nutzen, einem Wahrnehmungsfehler: Sie brauchen im Schnitt zweieinhalb Mal so lange wie - geübte (!) - Kassiererinnen.

Möglicherweise ist die verzerrte Wahrnehmung auch darauf zurückzuführen, dass in vielen Märkten zwei, drei Kassierplätze durch mehrere ‚Self checkout'-Kassen ersetzt wurden, weshalb sich die Schlangen verkürzt haben - zumal die Kassenautomaten permanent verfügbar sind. Handelskonzerne wie Casino konnten sogar verlorene Zielgruppen zurückgewinnen, bspw. die sog. Sechs Uhr-Shopper, die nach der Arbeit „schnell noch etwas besorgen" wollten, dann aber lange in der Schlange stehen mussten. Im Übrigen ist das Potential der neuen Technik bei weitem noch nicht ausgeschöpft; denn wenn RFID-Funketiketten in ein paar Jahren die Strichcodes ersetzen, reduziert sich die Zeit für das Einscannen erheblich. Außerdem lassen sich in den elektronischen Chips zusätzliche Informationen speichern, z.B. Rezepte oder Werbehinweise. Der Supervalu-Konzern arbeitet überdies an einer innovativen Bezahlweise. Der Kunde legt zunächst fest, ob er seinen Zahlungsverkehr per Kreditkarte, Debitkarte oder Bankeinzug abwickeln will. Seine in Zukunft anfallenden Einkaufsrechnungen kann er dann bequem durch Autorisierung per Fingerabdruck begleichen.

Quellen: C. Schlautmann: Automaten ersetzen Supermarktkassierer, in: http://www.handelsblatt.com/pshb?fn=tt&sfn=go&id=1056393 (Stand: 22. Juni 2005).
C. Schlautmann: Revolution bei Rewe, in: http://www.handelsblatt.com/pshb?fn=tt&sfn=go&id=1105101 (Stand: 14. Sepember 2005).

(3) Auch das **Verhalten der Konsumenten** hat sich fundamental gewandelt, z.B.

- **zunehmende Mobilität**: Aufgrund des sich vergrößernden Einkaufsgebiets der Kunden wächst deren Zahl an Einkaufsoptionen, wohingegen die Wechselbarrieren sinken;
- **wachsender Bedarf an ‚Convenience'**: z.B. Reduktion des Transportaufwands durch Abwicklung vieler Transaktionen von zu Hause aus, Unabhängigkeit von Öffnungszeiten, Schnelligkeit bei Bedienung und Service;
- **abnehmender Zeitdruck**: Aufgrund flexibler Arbeitszeiten, zunehmender Freizeit und erweiterter Ladenöffnungszeiten haben Kunden mehr Zeit, die auf dem Markt verfügbaren Angebote zu vergleichen;
- **höherer Informiertheitsgrad**: Das Informationsangebot der modernen Medien (z.B. TV, Internet), das höhere Bildungsniveau der Konsumenten sowie deren Vertrautheit mit der Nutzung moderner Technologien (z.B. Internet) sorgen dafür, dass Verbraucher immer besser informiert sind und einen guten Überblick über die Marktverhältnisse besitzen (Zahl der Produkte, Preise der Anbieter usw.);

- **Anstieg des Anspruchsniveaus** bzw. Anspruchsinflation in Bezug auf Preis und Leistung;
- **zunehmende Kritikbereitschaft**: U.a. aufgrund ihrer immer besseren Ausbildung und wegen ihres gestiegenen Anspruchsniveaus akzeptieren Konsumenten immer seltener Defizite im Angebot der Unternehmen;
- **hybrides Verhalten**: Beim Kauf von Waren des täglichen Bedarfs suchen Verbraucher nach preisgünstigen Produkten, um das Budget für Güter des demonstrativen Konsums aufstocken zu können. Auch relativ wohlhabende Verbrauchersegmente werden immer preissensibler und nutzen die „Schnäppchenjagd" als Freizeitbeschäftigung (‚Smart shopper').

Mit Blick auf das hier diskutierte Phänomen der Kundenzufriedenheit ist v.a. bedeutsam, dass **Vertrauen** und **Loyalität** gegenüber **Markenartikeln** bzw. – **herstellern** zurückgegangen sind. Begründen lässt sich dies zum einen damit, dass viele Unternehmen ihr Produktprogramm in der Vergangenheit stark verbreitert haben – und zwar parallel zur wachsenden Konkurrenz. Viele Konsumenten nehmen dieses Produktangebot allerdings als austauschbar bzw. substituierbar wahr. Zum anderen zeichnen sich immer mehr Käufer durch „unberechenbares, hybrides" Verhalten aus (vgl. Rapp/Bußmann 2001): Einen besonderen Anreiz erblicken sie dabei in der Möglichkeit, ständig zwischen verschiedenen Optionen (= Marken) wählen zu können, die sie als mehr oder minder gleichwertig wahrnehmen (= ‚**Variety seeking**' / Wunsch nach Abwechslung).

Da die Zufriedenheit maßgeblich mit darüber entscheidet, ob Kunden eine Dienstleistung oder ein Produkt erneut nutzen bzw. kaufen, überrascht es nicht, dass sich immer mehr Unternehmen für Konzepte wie Kundenzufriedenheit und Kundenbindung interessieren. Zufriedene, treue Kunden bieten außerdem ein Potential für ‚Cross selling' und sind Quelle für neue Geschäftsstrategien und -möglichkeiten (vgl. Juttner/Wehrh 1994).

(4) **Dienstleistungen**, wie sie Banken, Versicherungen, Bildungseinrichtungen, Unternehmensberatungen oder Werbeagenturen anbieten, haben in der jüngeren Vergangenheit stark an Bedeutung gewonnen. Waren 1950 lediglich 34% der Arbeitnehmer im sog. tertiären Sektor beschäftigt (sekundärer Sektor = 43%; vgl. Meyer/Meyer 1990, S.127), so stieg deren Anteil in mehr als 50 Jahren auf über 65% (vgl. Nerdinger 2003). Im Jahr 2003 wurden hierzulande 70% des Bruttoinlandsprodukts mit Dienstleistungen erwirtschaftet (Industrie = 29%).

Ganz generell lässt sich beobachten, dass Konsum-, aber auch Investitionsgüter immer spezifischer und komplexer werden, weshalb das Angebot an **unterstützenden Dienstleistungen** zwangsläufig wächst (z.B. Kfz-Werkstatt mit spezieller Software zur Pkw-Wartung). Immer mehr Hersteller bzw. deren Händler bieten produktbezogene Dienstleistungen an, um mit ihren ‚Value added services' Kunden an ihr Produkt bzw. Unternehmen zu binden (vgl. Beutin 2005; Rothfuß 2005). Veränderungen im Konsumentenverhalten und sozio-demographische Entwicklungen trugen und tragen gleichfalls zum Aufschwung der Dienstleistungen bei – man denke etwa an den Trend hin zu Freizeitorientierung und Bequemlichkeit oder an die Konsequenzen der alternden Gesellschaft (z.B. wachsender Bedarf an Alten- und Krankenpflege).

Praxis-Fall	**Wandel zur Dienstleistungsgesellschaft: Das Beispiel Großbritannien**

Großbritannien produziert zwar nur noch wenig selbst, gehört aber beim Service zu den führenden Nationen weltweit. „Zu Beginn der Industrialisierung war das Vereinigte Königreich die Fabrik der Welt, heute klafft in seiner Handelsbilanz ein großes Loch, in der **Dienstleistungsbilanz** aber erwirtschaftet es Überschüsse, die das Handelsdefizit zumindest zum Teil ausgleichen. Seit Mitte der Siebzigerjahre ist der Ausstoß der verarbeitenden Industrie um die Hälfte geschrumpft. [...] Heute arbeiten 76% der 30 Mio. Erwerbstätigen im Servicesektor. Der Anteil der Dienstleister an der Gesamtbeschäftigung ist in Großbritannien um zehn Prozentpunkte höher als in Deutschland.

Dennoch ist die Industrie nicht völlig von der Insel verschwunden, wie es das Zerrbild von der **Deindustrialisierung** suggeriert. Noch arbeiten 22% der Briten in der verarbeitenden Industrie, der Energieversorgung und der Baubranche. Die Automobilindustrie des Landes mit insgesamt 745.000 Beschäftigten liegt an neunter Stelle weltweit. [...] Insgesamt ist die verarbeitende Industrie im Inselreich jedoch von untergeordneter Bedeutung, mittlerweile sind nur noch 3,7 Mio. Briten hier tätig. Die industrielle Basis schrumpft seit Jahrzehnten. Im Gegensatz dazu hat sich der **Dienstleistungssektor** als wahrer Jobmotor erwiesen. Mit einer Arbeitslosenrate von 4,7% herrscht quasi Vollbeschäftigung. [...] Die weniger Qualifizierten auf dem Arbeitsmarkt haben kaum Schwierigkeiten, einen Job als Verkäufer, Putzfrauen, Kellner, Friseure, Hotelpersonal oder Hamburger-Brater im Schnellrestaurant zu finden. [...]

In Großbritannien mag der Anteil der niedrig Qualifizierten an der Gesamtzahl der Arbeitskräfte zwar größer sein als in Deutschland mit seinem System der dualen Ausbildung. Dafür aber sind die Briten sehr viel besser in der Lage, diese Problemgruppe in Beschäftigung zu bringen. Ein wesentlicher Grund dafür ist die größere Flexibilität der Briten im boomenden Servicesektor. So beschäftigt die Supermarktkette Tesco, mit 267.000 Angestellten einer der größten Arbeitgeber auf der Insel, zwei Drittel ihrer Mitarbeiter in Teilzeit. [...] Den Grundstein dafür legte allerdings die konservative Premierministerin Margaret Thatcher zwischen 1979 und 1990. Sie scheute sich nicht, zu den Gewerkschaften auf Konfrontationskurs zu gehen, den Arbeitsmarkt zu liberalisieren und unrentable Unternehmen zu schließen oder zu privatisieren. Durch ihren konsequenten marktwirtschaftlichen Kurs erzwang sie eine Modernisierung der britischen Volkswirtschaft, die den Übergang Großbritanniens zu einer **postindustriellen Gesellschaft** beschleunigte. [...] Vladimir Pillonca und David Miles von der US-Investmentbank Morgan Stanley haben errechnet, dass die Rentabilität im Dienstleistungsbereich fast dreimal so hoch ist wie in der Industrie. Die Renditen für Kapitalinvestitionen lagen im Servicesektor bei 17,5%, verglichen mit sechs Prozent im verarbeitenden Gewerbe. [...] Die große Mehrheit der Briten arbeitet im Privatsektor, 22,6 Mio. Ende 2004. Rund ein Fünftel davon arbeitet im Finanzsektor, als Banker, Devisenhändler, Finanzberater oder Immobilienmakler. Während die Automobilbranche im alten Herzland der britischen Industrie, den West Midlands in der Region um Birmingham, in den East Midlands und in Südwales verstreut ist, konzentriert sich die Finanzbranche auf London. Als größtes Finanz- und Kapitalmarktzentrum Europas trägt allein die City drei Prozent zum britischen Bruttoinlandsprodukt bei. Hier verdienen hochspezialisierte Experten die höchsten Gehälter Großbritanniens. [...] Die Mehrzahl der Briten aber arbeitet in wenig glamourösen Dienstleistungsberufen im mittleren Management, als Sekretärinnen, im Verkauf, in der Gastronomie, im Fast-Food-Bereich, Hotelgewerbe, als Putzpersonal oder Friseur. [...]

- Debbie Chapman ist selbstständige Friseuse. Früher arbeitete die 38-Jährige in einem schicken Frisiersalon im Londoner Nobelviertel Chelsea, heute kommt sie zu ihren Kunden ins Haus. Scheren, Haarfärbemittel, Alufolie für die Strähnchen – all das transportiert sie in ihrem Auto. Ihre Kunden schätzen den Komfort, den dieser Heimservice bietet, und die günstigeren Preise. Ohne Mietkosten und sonstige Abgaben kann sie Schneiden, Waschen und Föhnen zu einem Drittel dessen anbieten, was bei Londoner Friseuren üblich ist. Die geschiedene Mutter einer 14-jährigen Tochter schätzt die Flexibilität, den ihr der Sprung in die Selbstständigkeit gebracht hat. Reich wird sie nicht dabei, doch immerhin: Zusammen mit ihrem Mann, einem Taxifahrer, hat Debbie Chapman sich schon vor Jahren ein kleines Häuschen gekauft. Die Tochter besucht eine Privatschule. [...]
- Paul Crook führt seit Jahren die Hunde anderer Leute aus. Als „Dogwalker" ist der Gitarrist mit den weißblondgefärbten Haaren, der abends in einer Punkband spielt, in London ein gefragter Mann. Acht Pfund die Stunde (knapp zwölf Euro) kann ein Dogwalker in der britischen Hauptstadt verlangen – mehr als der gesetzliche Mindestlohn von 5,05 Pfund. Paul jobbt im Niedriglohnsegment des Dienstleistungssektors, so wie jeder vierte Erwerbstätige in Großbritannien. Reich wird er dabei nicht, aber ihm reicht es.
- Christopher Hohn ist Fondsmanager. Er verwaltet und investiert das Geld anderer Leute, insgesamt etwa vier Milliarden Dollar. Seine Arbeit als Finanzdienstleister hat ihn noch vor seinem 40. Geburtstag reich gemacht. Das Privatvermögen des

Chefs des Hedgefonds TCI (The Children's Investment Fund) wird auf 75 Mio. Pfund geschätzt. Verdient hat er es hauptsächlich in den sieben Jahren, in denen er als Angestellter des US-Fonds Perry Capital zum Star seiner Branche wurde.
[...] Gegenüber den einfachen Jobs in der Industrie bieten [Dienstleistungen] in der Globalisierung einen prinzipiellen Vorteil: Sie sind nicht so einfach in Billiglohnländer nach Asien oder Osteuropa zu verlagern. Vielmehr zieht der ungestillte Beschäftigungsbedarf der britischen Wirtschaft angesichts der niedrigen Arbeitslosigkeit hunderttausende von Immigranten aus diesen Regionen an."

Quelle: Y. Esterhazy: Kunden bedienen, in: Wirtschaftwoche, Nr. 44 (27.10.2005), S.34-39.

Mit Blick auf die Kundenzufriedenheit ist das rasante Wachstum im tertiären Sektor deshalb so wichtig, weil die **Interaktion zwischen Unternehmen** bzw. **Mitarbeitern** einerseits und deren **Kunden** andererseits ein Wesensmerkmal von Dienstleistungen ist; denn diese können häufig nur dann erbracht werden, wenn der Kunde sich selbst oder eines seiner Objekte (als sog. externen Faktor) an der „Produktion" beteiligt. Der Arzt etwa kann ohne den Patienten seine Leistung (= Anamnese) nicht erbringen.

| Schlagwort | Merkmale von Dienstleistungen |

Zwei Eigenheiten sind als konstitutive Merkmale von Dienstleistungen weitgehend anerkannt; hinzu kommen vier Abgrenzungskriterien.

Schlüsselkriterien
(1) **Immaterialität**: Dienstleistungen (z.B. Krankenpflege) sind im Gegensatz zu Sachgütern physisch nicht präsent. Wegen ihrer „Intangibilität" können Nachfrager die Leistung bzw. Qualität von Dienstleistungen vor der Nutzung weder begutachten noch begreifen. Allerdings können sog. tangible Faktoren dennoch
- in die Erstellung der Dienstleistung einfließen (z.B. Bank, Restaurant, Hotel, Kfz-Werkstatt) oder
- das Ergebnis einer Dienstleistung sein (z.B. Film, Zeitschrift, Bericht einer Unternehmensberatung).

Außerdem werden Dienstleistungen (z.B. Beratung, Wartung, Gesang) zunehmend in materielle Leistungen (z.B. Software für Einkommensteuer, Musik-CD) eingebettet und so „indirekt" transportierbar.
(2) **Beteiligung des Kunden**: Viele Dienstleistungen können nur dann erbracht werden, wenn sich der Kunde als „externer Faktor" in die Produktion einbringt. So ist der Friseur darauf angewiesen, dass der Kunde während der Leistung (= Schneiden der Haare) anwesend ist. Daraus können schwerwiegende Probleme erwachsen,

z.B. bei der Qualitätssicherung sowie der Kapazitätsplanung und -steuerung. Kunden reagieren bspw. sensibel auf Qualitätsmängel, v.a. dann, wenn sie deren Entstehung selbst miterleben (z.B. verschmutztes Besteck im Restaurant, Fliege in der Suppe).

Hilfskriterien
Je nach Ausprägung der beiden Schlüsselkriterien gewinnen folgende Abgrenzungskriterien an Bedeutung:
(1) **Nichtlagerbarkeit / Vergänglichkeit**: Hotelzimmer und -betten etwa müssen zwar physisch präsent und damit lagerbar sein; die eigentliche Dienstleistung aber, die Übernachtung, verliert (vorübergehend) ihren Wert, wenn das Zimmer für eine Nacht nicht vermietet werden konnte.
(2) **Gleichzeitigkeit von Produktion und Konsum** (= ‚uno actu'-Prinzip): Dieses Kriterium ist räumlich zu differenzieren: Einerseits kann Gleichzeitigkeit bei direktem Kontakt (z.B. Farb- und Stilberatung einer Kosmetikerin) erforderlich sein und andererseits bei indirektem, durch Medien vermitteltem Kontakt (z.B. telefonische Beratung durch Fondsmanager einer Bank).
(3) **Begrenzte Standardisierbarkeit**: In dem Maße, wie der Kunde in die Erbringung der Leistung integriert wird, unterliegt dieser nicht vorhersehbaren bzw. aus anderen Gründen unkontrollierbaren Einflüssen. Während der sozialen Interaktion können etwa Missverständnisse entstehen, die bspw. aus wechselseitiger Unkenntnis oder (positiven wie negativen) Vorurteilen erwachsen.
(4) **Standortgebundenheit**: Die Tourismusbranche kann ihre Leistungen zwar an nahezu jedem Standort verkaufen. Erbringen aber muss sie Flug, Übernachtung, Verpflegung, Reisebegleitung usw. „vor Ort", was bspw. zu multipler Standortwahl zwingt.

(5) Immer mehr Unternehmen erkennen die Notwendigkeit einer ganzheitlichen Unternehmensführung und vollziehen einen Wandel weg von der reinen Qualitätssicherung hin zu einem **umfassenden Qualitätsmanagement**, wie es bspw. das Total Quality Management verkörpert (vgl. z.B. Büssing/Glaser 2003). Zu den diesbezüglichen Vorzeige-Unternehmen gehört zweifellos der japanische Pkw-Hersteller Toyota.

Praxis-Fall	**Kundenzufriedenheit durch Produktqualität: Das „0 Fehler-Prinzip" von Toyota**

„Das Modell Toyota – oft kopiert, nie wirklich erreicht. Was können die Japaner besser als andere? Diese Besessenheit, ständige Detailverbesserungen zu einem starken Kulturelement auszubauen [...] Technisch unterscheiden sich moderne Autowerke eigentlich kaum noch. [...] Selbst die modernste Fertigungsstrecke [von Toyota], die Global New Body Line in der Takaoka-Fabrik, sieht aus wie eine herkömmliche Montagestrecke. Keine gläserne Fabrik, kein High-Tech-Palast, wo futuristische Roboter wie im Weltraum herumschwirren. Die Toyoten rennen sich auch nicht als Dauersprinter die Seele aus dem Leib. Es geht eher gemächlich zu, keine Hast, kein Schreien. Läuft etwas schief, wird sofort das Band gestoppt. Mehrfach in einer Schicht schaltet die riesige elektronische Anzeigetafel von Grün auf Gelb und Rot, ziehen Monteure die Reißleine, weil sie nicht zufrieden sind mit den entstehenden Fahrzeugen. Mängel sofort erkennen und beheben, ist das Wichtigste. Routine ist nicht gefragt. [Der] Erfolg liegt in der Organisation der Arbeitsabläufe, in der Qualität und in der Motivation der Mitarbeiter. [...] Keine Bewegung umsonst, keine Minute vergeuden, keinen Platz verschwenden, kein Teil zu viel einkaufen, wäre ideal." Und dabei ständig alle Abläufe verbessern, den Einsatz der Mitarbeiter optimieren. [...] Das Ergebnis stellt ein vernichtendes Zeugnis für die Konkurrenz aus. Volkswagen braucht 67 Mitarbeiter pro 1.000 gefertigte Autos. Toyota kommt mit 39 aus."

Quelle: A. Köhler: Fliegende Autos, in: Wirtschaftwoche, Nr.1/2 (5.1.2006), S.41.

Eine große Bedeutung genießen **ganzheitliche Managementsysteme**, die verschiedene Daten, Datenquellen bzw. Informationen integrieren (z.B. Finanzkennziffern sowie Daten aus Kunden- und / oder Mitarbeiter-Befragungen), man denke an

- das „Excellence Model der European Foundation for Quality Management" (= EFQM) oder
- die Balanced Scorecard,

welche die Qualität der Unternehmensleistung anhand finanzieller und nichtfinanzieller Kennzahlen messen und prüfen.

Beide Konzepte unterscheiden sich im Wesentlichen darin, dass das EFQM-Excellence Model – anders als das strategische Steuerungsinstrument der Balanced Scorecard – geeignet ist, Tätigkeiten, Rahmenbedingungen und Ergebnisse zu bewerten und zu verbessern (vgl. Franz 1999). Nach den Kriterien der EFQM werden seit 1992 der europäische Qualitätspreis und seit 1997 der deutsche Qualitätspreis verliehen. Im Gegensatz zu formalisierten Systemen wie DIN ISO 9000 legt EFQM nicht fest, wie Qualität zu sichern ist; es schreibt jedoch zwingend vor, dass die Wirksamkeit der Maßnahmen zur **Qualitätsverbesserung** geprüft bzw. evaluiert werden muss. **Kundenzufriedenheit** spielt auch hier eine herausragende Rolle (vgl. Abb. 2); denn mit 20% trägt Kundenzufriedenheit weit mehr zur Bewertung der Gesamtqualität bei als alle anderen Kriterien bzw. Qualitätsindikatoren, z.B. Führung (= 10%), Mitarbeiterorientierung (= 9%) oder Mitarbeiterzufriedenheit (= 9%). Unternehmen, die sich um einen **Qualitätspreis** bewerben, müssen deshalb regelmäßig auch die Zufriedenheit ihrer Kunden ermitteln.

Abb. 2: Excellence Model der European Foundation for Quality Management (EFQM)

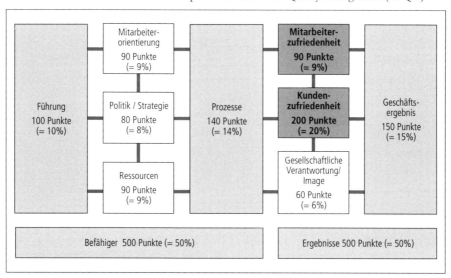

Quelle: in Anlehnung an EFQM (2003, S.12).

1.2 Konsequenzen

Vor dem Hintergrund der skizzierten Entwicklungen lässt sich unschwer erkennen, dass es in jeder Hinsicht (Kosten, Qualität usw.) immer schwieriger wird, Kunden dauerhaft an sich zu binden. Grundsätzlich kommen hierfür nur **zwei Wege** in Betracht, wobei die zuletzt genannte Strategie – langfristig betrachtet – mehr Erfolg verspricht:
(1) Kunden durch den Aufbau von Wechselbarrieren und damit durch Einschränkung der „Freiheit" an sich binden (= **Gebundenheitsstrategie**),
(2) Kunden dauerhaft zufrieden stellen, so dass diese sich freiwillig binden (= **Verbundenheitsstrategie**).

Die wachsende Bedeutung der Kundenzufriedenheit ist Ausdruck eines **Paradigmen- bzw. Perspektivenwechsels** (vgl. Abb. 3): weg vom transaktionsorientierten hin zum beziehungsorientierten Marketing (= **Relationship Marketing**).

Abb. 3: Paradigmenwechsel vom Transaktions- zum Beziehungsmarketing

Transaktions-Marketing	Relationship-Marketing
• Maximierung der Verkaufsabschlüsse	• Ausrichtung auf langfristige Geschäftsbeziehungen
• Produkt-Lebenszyklus	• Kunden-Lebenszyklus
• Kunde = König	• Kunde = Partner
• Fokus: Akquisition neuer Kunden	• Fokus: Aufbau, Erhalt und Ausbau von Kundenbeziehungen
• Weitgehend undifferenzierte Marktbearbeitung	• Selektive Betreuung nach Kundenwert
• Unregelmäßiger, seltener Kundenkontakt	• Kontinuierlicher, häufiger Kundenkontakt
• Kommunikation auf der Sachebene	• Kommunikation auf der Beziehungsebene
• Monolog / „nach dem Munde reden"	• Offener, konstruktiv-kritischer Dialog
• Austausch von Informationen	• Austausch von Erfahrungen
• Präsentation von „fertigen" Produkten	• Einbeziehung in die Wertschöpfungskette
• Qualität als Anliegen der Produktion	• Qualität als Anliegen sämtlicher ‚Front'- und ‚Back office'-Abteilungen

Quelle: in Anlehnung an Sexauer (2002); Lasogga (2000, S.343); Payne/Rapp (1999, S.6f.); Christopher/McDonald (1995, S.40).

Das wesentliche Manko des kurzfristig angelegten **transaktionsorientierten Marketing** ist darin zu sehen, dass es die einzelne Transaktion (= i.d.R. den einzelnen Kaufakt) in den Mittelpunkt stellt: Der Schwerpunkt der Bemühungen liegt auf der (Vor-)Kaufphase, und die Märkte werden weitgehend undifferenziert bearbeitet.

Bereits zu Beginn der 80er Jahre wiesen einige Wissenschaftler und Unternehmensvertreter darauf hin, dass die ausschließliche Konzentration auf die einzelnen Transaktionen das Ziel einer Steigerung der Profitabilität in Zukunft verfehlt. Wegen der Kritik am Transaktionsmarketing entwickelte Berry (1983) das Konzept des Relationship-Marketing, das sich durch eine **langfristige Perspektive** auszeichnet und die Geschäftsbeziehung zwischen Kunde und Unternehmen in den Mittelpunkt rückt. Es basiert auf der Annahme, dass ein Unternehmen seine Profitabilität nicht über die Akquisition neuer Kunden, sondern über die Verbesserung der **Rentabilität** sowie über die Verlängerung der Dauer einer bestehenden **Kundenbeziehung** steigern kann (vgl. Grant/Schlessinger 1995, S.59). Für Unternehmen sind, wie im Folgenden zu zeigen sein wird, insbesondere die aus der (Un-)Zufriedenheit resultierenden **Konsequenzen** bedeutsam (vgl. Abb. 4).

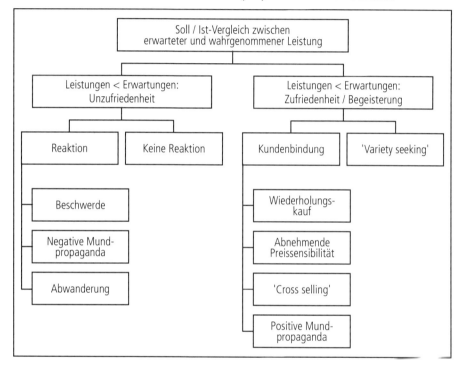

Abb. 4: Reaktionen der Kunden auf (Un-)Zufriedenheit: ein Überblick

- Zufriedenheit bildet dabei die **Ausgangsbasis** für Kundenbindung bzw. Kundentreue sowie für positive Mundpropaganda im sozialen Umfeld.
- Unzufriedenheit hingegen verursacht beim betroffenen Unternehmen häufig **Kosten**; neben Aufwendungen für die Befriedigung von Regressansprüchen kommen v.a. Opportunitätskosten in Betracht. Zu denken ist dabei insbesondere an entgangene Erlöse, weil unzufriedene Kunden
  o das Unternehmen bzw. die Marke wechseln (= **Abwanderung**),
  o im sozialen Umfeld ihre Unzufriedenheit mit den Leistungen des Unternehmens deutlich zum Ausdruck bringen (= **negative Mundpropaganda**),

o sich beim Unternehmen und / oder bei Dritten (z.B. Verbraucherschutzeinrichtungen, Schiedsstellen, Medien) **beschweren**. In den vergangenen Jahren haben sog. ‚Hate sites' sowie Internet-Meinungsforen (z.B. Ciao.com, Dooyoo, Hitwin, Vocatus, Epinion) an Bedeutung gewonnen. Auf diese Weise werden negative Erlebnisse unzufriedener Kunden um ein Vielfaches potenziert.

Gleichwohl reagiert ein Kunde nicht auf jedes negative Erlebnis. Falls er trotz Verärgerung nichts unternimmt und das Unternehmen dieses Verhalten – fälschlicherweise – als Zustimmung interpretiert, läuft es Gefahr, die mangelnde Bedürfnisgerechtigkeit seines Angebots nicht oder zu spät zu erkennen.

2 Theoretische Grundlagen der Kundenzufriedenheit

2.1 Stellung der Kundenzufriedenheit im Kundenbeziehungs-Lebenszyklus

Der auch als ‚Customer life cycle' bezeichnete Kundenbeziehungs-Lebenszyklus (vgl. Abb. 5) beschreibt eine ganzheitliche Perspektive: Er
- basiert auf **Analogien** zum Leben von Organismen und
- betrachtet die Beziehungen zum Kunden im **Zeitablauf** (vgl. Fischer 2001, S.1407ff.; Stauss 2000, S.15).

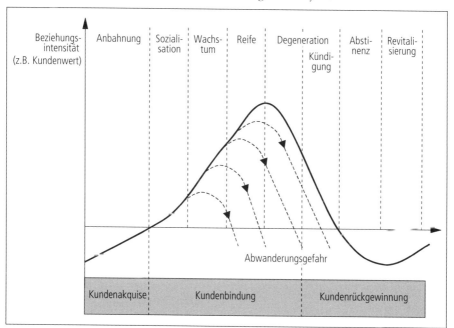

Abb. 5: Der Kundenbeziehungs-Lebenszyklus

Quelle: in Anlehnung an Stauss (2000, S.16).

Vergleichbar mit dem Produkt-Lebenszyklus durchlaufen Unternehmen in ihrer Beziehung zum Kunden (idealtypische) Phasen, welche die Grundlage für eine

differenzierte Kundenbearbeitung bilden (vgl. Bruhn 2001, S.43ff.). Dabei werden folgende Annahmen getroffen:
- Die Beziehung zu den Kunden ist **zeitlich begrenzt**, was aber nur zum Teil mit deren Ableben erklärt werden kann.
- Die Entwicklung der Kundenbeziehung folgt einem **S-förmigen Verlauf**. Deren Intensität erreicht einen gewissen Höhepunkt und nimmt anschliessend ab. Dieser Entwicklung entgegen zu wirken ist Aufgabe des Marketing.
- Bestimmte Phasen des Lebenszyklus lassen sich **abgrenzen** und anhand bestimmter **Punkte der Kurve** (z.B. Wendepunkte, Krümmungsverhalten) beschreiben:
  - Anbahnung (= Kundenakquise),
  - Sozialisation, Wachstum, Reife und Degeneration (= Kundenbindung),
  - Kündigung, Abstinenz und Revitalisierung (= Kundenrückgewinnung).
- Die jeweilige Position des Kunden im Kundenbeziehungs-Lebenszyklus beeinflusst den Einsatz der **Marketing-Instrumente** unmittelbar.

(1) Kundenakquise
Ein Unternehmen tritt in dieser Phase erstmals mit potentiellen Kunden in Kontakt, zu denen insbesondere Erstverwender sowie Kunden der Wettbewerber gehören. Entscheidend dabei ist es, attraktive Kundensegmente, d.h. Kunden mit einem großen „Kundenwert" zu **identifizieren** und mit Hilfe des Marketing als Kunden zu **gewinnen**.

(2) Kundenbindung
Unternehmen sollten ihre attraktiven Kunden möglichst langfristig an sich binden, indem sie rentable Kundenbeziehungen **stabilisieren** und nicht rentable **abbauen**, bspw. durch Ausgrenzung (z.B. Annahme einer Bestellung erst ab einem bestimmten Auftragsvolumen) oder eine Passivstrategie.

(3) Kundenrückgewinnung
Trotz aller gut gemeinten Anstrengungen und Bemühungen wird ein Unternehmen einen Teil seiner Kunden verlieren. Ziel dieser Phase ist es deshalb, durch gezielte Marketingmaßnahmen jene Kunden, die attraktiv sind, die aber ihre Beziehung zum Unternehmen
- ruhen lassen (= **Revitalisierungsmanagement**),
- abbrechen möchten (= **Kündigungspräventionsmanagement**) bzw.
- abbrechen (= **Kündigungsmanagement**),

zu identifizieren und zurück zu gewinnen (vgl. Abb. 6). In diesem Buch geht es indessen vorzugsweise um das in der Phase der Kundenbindung angesiedelte **Kundenzufriedenheitsmanagement**. Dessen vornehmliches Ziel ist es, Geschäftsbeziehungen zu stabilisieren.

Abb. 6: Managementaufgaben im Kundenbeziehungs-Lebenszyklus

Phase im Lebenszyklus	Anbahnung	Sozialisation	Wachstum und Reife	Degeneration / Abwanderungsgefahr		Kündigung	Revitalisierung
Ziel	• Anbahnung neuer Geschäftsbeziehungen	• Festigung neuer Geschäftsbeziehungen	• Stärkung stabiler Geschäftsbeziehungen	• Stabilisierung gefährdeter Beziehungen (zu Beschwerdeführern)	• Verhinderung von Kündigungen	• Rücknahme von Kündigungen	• Wiederanbahnung der Geschäftsbeziehung
Kundenorientierte Managementaufgabe	• Interessentenmanagement	• Neukundenmanagement	• Zufriedenheitsmanagement	• Beschwerdemanagement	• Kündigungspräventionsmanagement	• Kündigungsmanagement	• Revitalisierungsmanagement
	Kundenakquise	Kundenbindung				Kundenrückgewinnung	

Quelle: in Anlehnung an Stauss (2002).

2.2 Entstehung von Kundenzufriedenheit: Wesentliche Erklärungsansätze

Verschiedene theoretische Modelle prägten und prägen die Zufriedenheitsforschung in besonderer Weise:
- das ‚Confirmation' / ‚Disconfirmation'-Paradigma: Es beschreibt und erklärt die grundlegenden Mechanismen der Entstehung von Zufriedenheit als Ergebnis eines Soll / Ist-Vergleichs.
- das **Modell von Bruggemann (1974)**: Soll- und Ist-Komponente sind demnach dynamische und damit veränderbare Größen.
- Die Ende der 1980er Jahre entwickelte ‚Gap'-Analyse gilt als das populärste und am besten geprüfte Modell zur quantitativen Erfassung von Dienstleistungsqualität. Für die Kundenzufriedenheitsmessung ist die ‚Gap'-Analyse bedeutsam, weil sie die Distanz zwischen Erwartungen und Leistungen

misst und Zufriedenheit demnach als „(Nicht-)Bestätigung von Erwartungen" operationalisiert (vgl. Lohmann 1997, S.98).

2.2.1 Beitrag des ‚Confirmation' / ‚Disconfirmation'-Paradigma

Dieser kognitiv orientierte Ansatz ist in der Mitarbeiter-, v.a. aber in der Kundenzufriedenheitsforschung (vgl. Oliver 1997) weitgehend akzeptiert und verbreitet (vgl. Stauss 1999), was nicht zuletzt auf seine vergleichsweise gute theoretische Fundierung sowie auf die einfache Operationalisierbarkeit zurückzuführen ist (vgl. Schwetje 1999). Das ‚Confirmation' / ‚Disconfirmation'-Paradigma (vgl. Abb. 7) betrachtet Zufriedenheit als **Ergebnis eines psychischen Vergleichs** zwischen dem von einer Person wahrgenommenen Ist- und Soll-Zustand eines Beurteilungsobjekts.

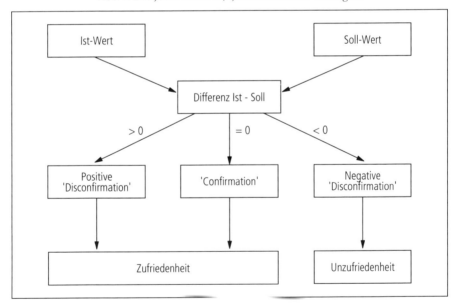

Abb. 7: Das ‚Confirmation' / ‚Disconfirmation'-Paradigma

Dieser Vergleich kann dabei zu drei verschiedenen Ergebnissen führen:
- Entsprechen sich Ist- und Soll-Zustand, kommt es theoriegemäß zur ‚**Confirmation**', d.h. zur Bestätigung, welche wiederum bei der fraglichen Person Zufriedenheit auslösen wird.

- Dieser Zustand tritt gleichfalls ein, wenn der Ist- den Soll-Zustand übertrifft (= **positive ‚Disconfirmation'**).
- Im umgekehrten Fall (= **negative ‚Disconfirmation'**) entsteht der Theorie zufolge Unzufriedenheit.

Unter der **Ist-Komponente** versteht man allgemein den von einer Person aktualisierten, d.h. erlebten Zustand. Weit weniger Einigkeit besteht indessen bei der Frage, was konkret unter der **Soll-Komponente** zu verstehen ist. Folgende Liste verdeutlicht, wie weit das Meinungsspektrum auseinanderklafft: Die Soll-Komponente ist demnach bspw. (vgl. Winter 2005, S.16)
- die Idealvorstellung des Urteilenden,
- dessen (ursprüngliche) Erwartung bezüglich des Beurteilungsobjekts,
- der wünschenswerte Zustand aus Sicht des Urteilenden,
- die Erfahrungsnorm des Urteilenden,
- der vom Urteilenden als gerecht angesehene Zustand,
- der durch den Urteilenden minimal tolerierbare Zustand,
- die Erwartung des Urteilenden bezüglich des Beurteilungsgegenstandes.

Die Erwartung ist eine dynamische, d.h. eine im Zeitablauf sich **verändernde Größe** (vgl. hierzu ausführlich Herrmann/Seilheimer 2000, S.14ff.), die von vier Faktoren beeinflusst wird (vgl. Parasuraman u.a. 1985):
- mündliche Kommunikation der Kunden,
- persönliche Situation der Kunden,
- Erfahrungen mit dem Anbieter,
- Kommunikation des Anbieters.

Das zuletzt genannte Kriterium verdeutlicht im übrigen, dass Unternehmen für einen nicht unerheblichen Teil der Unzufriedenheit ihrer Kunden selbst verantwortlich sind, da sie in Werbung oder Verkaufsgesprächen nur allzu häufig Erwartungen wecken, welche sie „in der Realität" nicht erfüllen können. Der Wunsch nach einem schnellen Geschäftsabschluss sorgt dann letztlich aufgrund falscher Erwartungen für Unzufriedenheit, was wiederum eine langfristige, vertrauensvolle Beziehung zum Kunden verbaut.

Kunden können grundsätzlich folgende **Arten von Erwartungen** entwickeln (vgl. Georgi 2001; Georgi 2000):

(1) Das **erwünschte Niveau** bezeichnet die Leistung, die sich der Kunde vom Anbieter wünscht, d.h. die Erwartungen entsprechen seinen Wünschen.

(2) Kunden erwarten die bestmögliche, d.h. nicht mehr zu überbietende Leistung (= **Idealniveau**).

(3) Kunden haben eine Vorstellung davon, welche Qualität eine typische Leistung haben sollte. Diese Vorstellung bezieht sich häufig auf eine bestimmte Klasse von Produkten oder Dienstleistungen (= **typisches Niveau**). Wer etwa häufig in einer bestimmten Hotelkette wohnt oder in Restaurants derselben ‚Fast food'-Kette speist, entwickelt Erwartungen, welche Qualität das Essen in diesen Restaurants haben sollte, bzw. welchen Komfort / Service das Hotel der fraglichen Kette eigentlich bieten müsste.

(4) Kunden haben eine Vorstellung davon, was „gerade noch akzeptabel" ist. So mag man in einer Notsituation (z.B. wegen eines Autounfalls in einem fremden Land) auf den sonst üblichen Komfort (z.B. Fernsehgerät, Minibar) verzichten und sich mit einer schlichten Übernachtung (z.B. lediglich einfache sanitäre Einrichtungen; kein Fernsehgerät) in einem sauberen Bett begnügen (= **minimal tolerierbares Niveau**).

Erwartungen sind, wie zahlreiche empirische Studien belegen, ein wichtiger **Einflussfaktor des Erfolgs**. Erfolgreiche Unternehmen unterscheiden sich demnach von weniger erfolgreichen v.a. darin, dass sie ihre Kunden begeistern, indem sie deren Erwartungen deutlich übertreffen. Werden die Erwartungen hingegen unterschritten, wirkt sich dies negativ auf den Unternehmenserfolg aus (vgl. Töpfer/Mann 1996, S.41f.).

Fraglich bleibt, ob Ist- (= erlebter Zustand) und Soll-Komponente (= Erwartungen) tatsächlich voneinander unabhängig sind, oder ob sie nicht doch **interagieren**. Das von Bruggemann (1974) entwickelte Modell greift diese Frage auf und analysiert mögliche psychologische Veränderungen des Ist- und Soll-Wertes sowie deren Einfluss auf die Entstehung von Zufriedenheit.

2.2.2 Erklärungsansatz von Bruggemann

Angesichts der Vielfalt an menschlichen Neigungen, Charakteren, Eigenheiten und mit Blick auf die zahlreichen Situationen, in welchen Menschen ein bestimmtes (positives oder negatives) Ereignis erleben, liegt die Vermutung nahe, dass **Kunden verschiedenartig reagieren**, wenn ihre Erwartungen enttäuscht, erfüllt oder gar übererfüllt werden. Ausgehend von diesem Gedanken ent-

2.2 Entstehung von Kundenzufriedenheit: Wesentliche Erklärungsansätze

wickelten Bruggemann (1974) sowie Bruggemann u.a. (1975, S.132ff.) ein Modell, in welchem sie zwischen verschiedenen **Arten der (Un-)Zufriedenheit** unterscheiden (vgl. Abb. 8). Deren Ausmaß hängt davon ab, wie Kunden
- reagieren, wenn sie zwischen ihren Erwartungen und Erfahrungen eine Diskrepanz wahrnehmen, und wie sie
- ihre Erwartungen ändern bzw. anpassen, nachdem sie diese mit neuen Erfahrungen verglichen haben.

Abb. 8: Entstehung von Zufriedenheit: Erklärungsmodell von Bruggemann (1974)

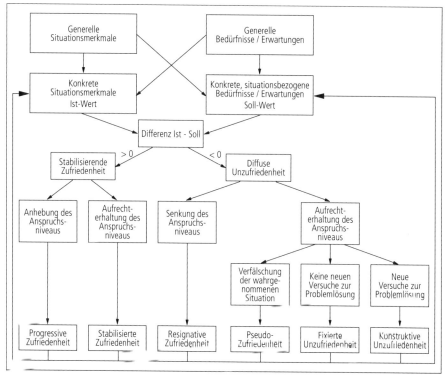

Quelle: in Anlehnung an Bruggemann u.a. (1975).

Dieses Modell sollte ursprünglich die verschiedenen Formen der **Mitarbeiterzufriedenheit** erklären, kann aber auch auf das Phänomen der Kundenzufriedenheit angewandt werden (vgl. Hansen/Emerich 1998; Stauss/Neuhaus 1997). Auch dieser Erklärungsansatz betrachtet Zufriedenheit demnach als Ergebnis eines Soll / Ist-Vergleichs, berücksichtigt aber zusätzlich, dass die daraus resultierende (Un-)Zufriedenheit die intrapsychische Verarbeitung beeinflusst, da sich Situation und Bedürfnisse im Zeitverlauf ändern (vgl. Gebert/von Rosenstiel 1996).

Falls sich Ist- und Soll-Wert (mindestens) entsprechen, kommt es zu einem Zustand „stabilisierender Zufriedenheit", andernfalls zu „diffuser Unzufriedenheit".

- Im ersten Fall (= **stabilisierende Zufriedenheit**) kann eine Person – mit Blick auf zukünftige Zufriedenheitsurteile – ihr Anspruchsniveau (= Soll-Wert) beibehalten (= **stabilisierte Zufriedenheit**) oder aber anheben. Letzteres wird als „**progressive Zufriedenheit**" bezeichnet, weil sich das neue Anspruchsniveau auf bisherige Erfahrungen oder aber auf latente, unbefriedigte Bedürfnisse beziehen kann.
- Bei **diffuser Unzufriedenheit** können die betroffenen Personen ihre kognitiven Dissonanzen dadurch abzubauen versuchen, dass sie ihr Anspruchsniveau – bewusst oder unbewusst – auf das niedrigere Ist-Niveau senken (= **resignative Zufriedenheit**). In der Realität ist häufig zu beobachten, dass unzufriedene Personen die wahrgenommene Situation verfälschen bzw. verfremden, indem sie den wahrgenommenen Ist-Zustand an das Anspruchsniveau anpassen (= **Pseudo-Zufriedenheit**). In Betracht kommt darüber hinaus, dass sich ein Zustand der „**fixierten Unzufriedenheit**" einstellt, nämlich dann, wenn der Kunde Soll- und Ist-Wert nicht aneinander anpasst und auch keinen Versuch unternimmt, das für die Unzufriedenheit verantwortliche Problem zu lösen. Von „**konstruktiver Unzufriedenheit**" wiederum spricht man, wenn die betreffende Person nach Problemlösungen sucht bzw. den Versuch unternimmt, den Ist-Wert anzuheben, bspw. durch Beschwerden oder durch einen Wechsel des Unternehmens.

Später haben weitere Forscher auf die Vielfalt möglicher Arten der (Kunden-)Zufriedenheit hingewiesen, dabei aber zwischen anderen, jedoch vergleichbaren Ausprägungen unterschieden (vgl. Abb. 9).

Ein wesentlicher Beitrag dieses theoretischen Ansatzes ist darin zu erblicken, dass Bruggemann (1974) die **prozessuale Perspektive** der Zufriedenheit in den Mittelpunkt rückt und **verschiedene Ausprägungen** von Zufriedenheit unterscheidet (vgl. Gebert/von Rosenstiel 1996). Demnach beeinflusst die Qualität der Zufriedenheit das jeweilige Verhalten in erheblichem Maße (z.B. progressive Zufriedenheit vs. resignative Zufriedenheit). Da allerdings offen bleibt, welche Bedingungen dafür sorgen, dass sich das Anspruchsniveau bzw. die Form der Problembearbeitung ändern (vgl. Neuberger 1974), kann man ablaufende Prozesse und die damit einhergehende Zufriedenheit nicht vorhersagen. Außerdem fehlt für die sechs Arten der Zufriedenheit bislang ein empirischer Beleg. Dennoch hat der Ansatz von Bruggemann (1974) konkreten praktischen Nutzen, da man bspw. erklären kann, warum sich Kunden trotz gleichen Zufriedenheitsniveaus unterschiedlich verhalten.

Abb. 9: Arten der Kundenzufriedenheit

Dimension	Art der Zufriedenheit				
	Fordernd-stabil	Stabil-zufrieden	Resigniert-zufrieden	Stabil-unzufrieden	Fordernd-unzufrieden
• Emotional	• Optimismus / Zuversicht	• Vertrauen / Beständigkeit	• Gleichgültigkeit / Anpassung	• Gleichgültigkeit / Ratlosigkeit	• Protest
• Kognitiv	• „Muss in Zukunft mit mir Schritt halten."	• „Soll alles so bleiben wie bisher."	• „Mehr kann man nicht erwarten."	• „Was kann man machen?"	• „Muss besser werden."
• Konativ	• Wiederwahl, da den ständig neuen Anforderungen bisher gewachsen	• Wiederwahl, da alle Anforderungen bisher erfüllt	• Wiederwahl, bis sich eine bessere Option bietet	• Abwanderung	• Abwanderung

Quellen: Ploss (2001, S.39); Stauss/Neuhaus (1995, S.26f.).

2.2.3 Erklärungsbeitrag des ‚Gap'-Modells

Das ‚Gap'-Modell von Parasuraman u.a. (1985) basiert auf dem SERVQUAL-Ansatz zur Messung von Dienstleistungsqualität. Es wurde zwar ursprünglich für Dienstleistungen entwickelt, kann aber auch auf andere Branchen übertragen werden. Das ‚Gap'-Modell soll **potentielle Schwachstellen** identifizieren, die in den einzelnen Phasen der Erbringung einer Dienstleistung entstehen können und als ‚**Gaps**' bezeichnet werden: Ein ‚Gap' ist demnach die **Differenz** zwischen der **Erwartung der Kunden** und der **Umsetzung** dieser Erwartungen durch das Unternehmen.

2.2.3.1 Zusammenhang zwischen wahrgenommener Dienstleistungsqualität und Kundenzufriedenheit

Folgt man den Ergebnissen der Dienstleistungsforschung, so hängen Kundenzufriedenheit und wahrgenommene Dienstleistungsqualität eng zusammenhängen. Allerdings besteht noch immer Unklarheit darüber, wie stark und in welcher Weise (vgl. Lohmann 1997, S.61ff.):

- Zum einen ist denkbar, dass Kunden, die eine **Verbesserung** der Dienstleistungsqualität **wahrnehmen**, dadurch auch zufriedener werden (vgl. z.B. Anderson u.a. 1994).
- Zum anderen aber kommt auch der umgekehrte Fall in Betracht: Dass nämlich positive bzw. negative Erlebnisse mit einem Unternehmen dazu führen, dass Kunden ihr **Qualitätsurteil** an ihre Zufriedenheit **anpassen** (vgl. z.B. Taylor/Baker 1994).

Um sich der Art der Beziehung zu nähern, sollte man beide Konstrukte zunächst eingehend betrachten. Bei beiden spielen **Erwartungen (= erwartete Qualität)** und **Wahrnehmung (= wahrgenommene Qualität)** eine zentrale Rolle. Sie unterscheiden sich im Wesentlichen darin, dass Erwartungen

- von **Zufriedenheitsforschern** als Vorhersagen zukünftiger Ereignisse interpretiert werden,
- von **Dienstleistungsforschern** hingegen als Idealleistung (vgl. Lohmann 1997, S.62).

Beide Forschungsrichtungen gehen aber von ähnlichen Konsequenzen bzw. Reaktionen der Kunden aus, falls deren Erwartungen nicht bestätigt werden (vgl. Abb. 10). Denn je stärker sich Erwartung und Leistung unterscheiden (= je weniger die Erwartungen also erfüllt werden), desto weniger zufrieden sind die Kunden. Diesen Sachverhalt, den die **Zufriedenheitsforschung** als „**Ausmaß der Nicht-Bestätigung**" bezeichnet, umschreiben Dienstleistungsforscher in ihrem **SERVQUAL-Ansatz** als ‚Gap' – als Lücke zwischen den (idealtypischen) Erwartungen der Kunden an die einzelnen Leistungskomponenten (= Soll-Komponente) und den tatsächlichen Leistungen (= Ist-Komponente). ‚Gaps' geben demnach ebenfalls zu erkennen, in welchem Maße die Qualitätsansprüche der Kunden (nicht) erfüllt werden.

Vor diesem Hintergrund fällt es schwer, tatsächliche Unterschiede zwischen Zufriedenheit und wahrgenommener Dienstleistungsqualität festzumachen; denn insgesamt betrachtet scheint es mehr oder minder ein **sprachliches**

Problem zu sein, ob man erfasst, welche Qualität ein Kunde wahrnimmt oder aber wie zufrieden er mit der betreffenden Leistung ist (vgl. Lohmann 1997, S.65).

Abb. 10: Operationalisierung von Zufriedenheit und Dienstleistungsqualität: Unterschiede und Gemeinsamkeiten

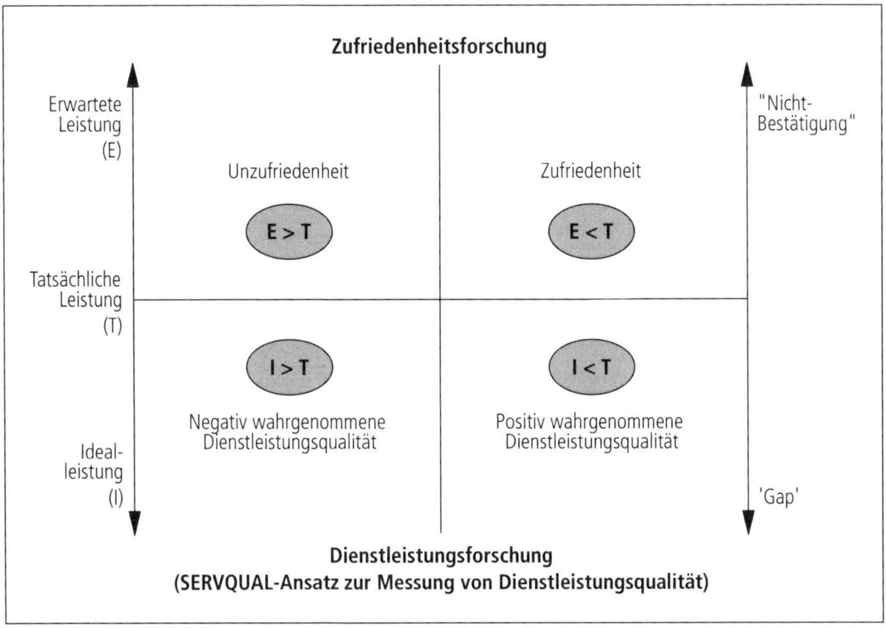

```
                          Zufriedenheitsforschung
Erwartete                                                          "Nicht-
Leistung                                                           Bestätigung"
(E)
              Unzufriedenheit              Zufriedenheit

                   E > T                        E < T

Tatsächliche
Leistung
(T)
                   I > T                        I < T

              Negativ wahrgenommene        Positiv wahrgenommene
              Dienstleistungsqualität      Dienstleistungsqualität
Ideal-
leistung                                                           'Gap'
(I)
                          Dienstleistungsforschung
              (SERVQUAL-Ansatz zur Messung von Dienstleistungsqualität)
```

Quelle: Lohmann (1997, S.63); leicht modifiziert.

2.2.3.2 ‚Gaps' als Ursachen der Unzufriedenheit

Parasuraman u.a. (1985, S.44) identifizierten **fünf Problemfelder**, die dazu führen können, dass zwischen der von Kunden erwarteten und der von ihnen wahrgenommenen Dienstleistungsqualität eine Lücke klafft (vgl. Abb. 11).

(1) Unterschiedliche Erwartungen von Kunden und Management (= ‚Gap' 1)

Verschiedene Ursachen können dafür verantwortlich zeichnen, wenn das Management die Erwartungen seiner Kunden nicht oder nur unzureichend (er-)kennt (vgl. St. Galler Business School 2006):
- Mangelhafte Marktkenntnis
    - Es wird keine oder zu wenig Marktforschung betrieben.

o Die Marktforschung hat konzeptionelle Schwächen, z.B. in Bezug auf Stichprobenziehung, Fragebogengestaltung, Datenanalyse.
o Die Marktforschung fokussiert nicht auf die Zufriedenheit der Kunden, sondern bspw. auf die Wettbewerber.
o Die Befunde der Marktforschung werden nicht (hinreichend) genutzt.

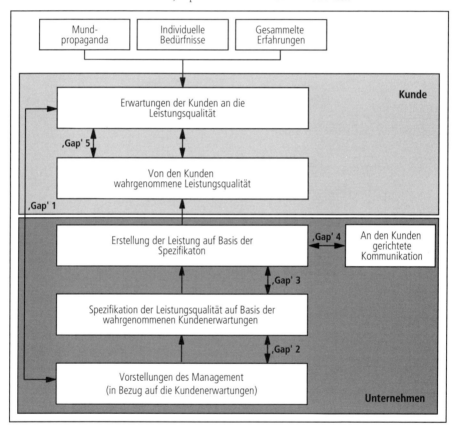

Abb. 11: Das ‚Gap'-Modell der Kundenzufriedenheit

Quelle: in Anlehnung an Parasuraman u.a. (1985, S.41ff.).

- Mängel in der externen und vertikalen innerbetrieblichen Kommunikation
  o Das Management hat keinen direkten Kontakt zu den Kunden.
  o Die Kommunikation zwischen Mitarbeitern im ‚Front office' und Management bzw. ‚Back office' ist unzureichend.
  o Hierarchien verschütten die Kommunikationskanäle.

- Ungenügende Berücksichtigung der Kundenbeziehung
    - Die Kundenbindung wird vernachlässigt, weil die Neukundenakquisition im Mittelpunkt der Marketingbemühungen steht.
    - Management und Mitarbeiter denken lediglich bis zum Verkaufsabschluss („Transaktionsorientierung dominiert Beziehungsorientierung").
    - Die Märkte werden nicht oder nur unzureichend segmentiert.

‚Gap' 1 kann geschlossen werden, indem das Unternehmen
- Marktforschung betreibt und seine Marktkenntnisse verbessert,
- die externe und (hierarchieübergreifende) interne Kommunikation pflegt,
- Auf- und Ausbau seiner Kundenbeziehungen ins Zentrum der Marketingbemühungen rückt.

(2) Diskrepanz zwischen den Vorstellungen des Management und der tatsächlichen Spezifikation der Leistung (= ‚Gap' 2)

Mögliche Ursachen für eine derartige Lücke können sein:
- Fehlende kundenorientierte Normen, Standards, Strukturen und Prozesse
    - Standards und Normen wurden nie formuliert und dokumentiert.
    - Standards und Normen sind vage, unklar und / oder widersprüchlich.
    - Die Vorstellungen des Management werden unsystematisch in Normen umgesetzt bzw. herunter gebrochen.
    - Prozesse im Unternehmen sind nicht auf den Kunden ausgerichtet (Bsp.: Die Forschungs- und Entwicklungsabteilung lässt sich statt von einem kunden-, von einem produktorientierten Qualitätsverständnis leiten).
- Fehler bzw. Schwächen des Management
    - Dem Management fehlt es an Durchsetzungsvermögen.
    - Das Management übermittelt widersprüchliche Informationen (Bsp.: Das Unternehmen fordert zunächst Kundenorientierung, dann aber wie der Kosten- oder kurzfristig ausgerichtete Umsatzorientierung.).
    - Das Management lebt nicht vor, was es selbst propagiert.

‚Gap' 2 kann nur geschlossen werden, wenn die Kundenerwartungen unmissverständlich in Normen und Standards umgesetzt werden.

(3) Diskrepanz zwischen der spezifizierten und der tatsächlich erbrachten Leistung (= ‚Gap' 3)

Die Mitarbeiter setzen die Standards nicht um bzw. halten diese nicht ein. Mögliche Ursachen hierfür sind:

- Defizite bei den Mitarbeitern
  - Die Mitarbeiter wollen die Normen und Standards nicht umsetzen.
  - Den Mitarbeitern mangelt es an Fach-, Methoden- und Sozialkompetenz, die Normen und Standards umzusetzen.
  - Die Mitarbeiter dürfen nicht eigenständig entscheiden.
- Organisatorische Schwächen
  - Die technischen Systeme unterstützen die Mitarbeiter nicht optimal.
  - ‚Back office' und ‚Front office' kooperieren mit Blick auf Kundenorientierung nur unzureichend.
  - Die Nachfrage übersteigt das Angebot, weil die Kapazität (Produkte, Mitarbeiter, Räume usw.) fehlerhaft ausgelegt ist.

Diese Lücke lässt sich schließen, indem Mitarbeiter bspw. mit Hilfe finanzieller Maßnahmen motiviert oder aber sanktioniert werden. Denkbar ist darüber hinaus, die Fach-, Methoden- und Sozialkompetenz durch Schulung zu verbessern sowie Entscheidungskompetenz zu delegieren. Außerdem sollten die skizzierten organisatorischen Schwachpunkte beseitigt werden.

(4) Diskrepanz zwischen der erbrachten Dienstleistung und deren Kommunikation gegenüber den Kunden (= ‚Gap' 4)

Mögliche Ursachen sind:
- Unrealistische externe Kommunikation (z.B. in den Massenmedien; durch Aussagen der Mitarbeiter während der Leistungserbringung)
  - Das Unternehmen verspricht mehr als es tatsächlich zu leisten vermag (Bsp.: Das Unternehmen wirbt mit einem 24-Stunden-Lieferservice, den es nicht erfüllen kann.).
  - Es wird ein inkonsistentes Bild der Leistung erzeugt.
  - Die Kunden werden nicht entsprechend angeleitet bzw. vorbereitet.
- Mangelhafte horizontale innerbetriebliche Kommunikation
  - Die Kommunikation zwischen ‚Front office' und ‚Back office' ist ungenügend.
  - Die Kommunikation zwischen Marketing- / Werbeabteilung und ‚Back office' ist mangelhaft.

‚Gap' 4 kann geschlossen werden, indem das Unternehmen seine externe und horizontale innerbetriebliche Kommunikation verbessert.

(5) Diskrepanz zwischen den Erwartungen der Kunden und der von ihnen wahrgenommenen Qualität der Dienstleistung (= ‚Gap' 5)

Dabei handelt es sich um eine Funktion der Lücken 1 bis 4 und damit um den wichtigsten ‚Gap' des Modells. Eine entsprechende Diskrepanz zwischen der erwarteten und der real erlebten Leistungsqualität kann demnach durch Abbau der bereits skizzierten Schwachstellen verringert werden.

Auf Basis empirischer Studien in der Hotelbranche erweiterte Lewis (1987) das ‚Gap'-Modell um **drei Lücken**. Auch diese beeinflussen die Kundenzufriedenheit und bieten damit Ansatzpunkte für ein Qualitätsmanagement.

- **Diskrepanz in der Wahrnehmung der geleisteten (= Anbietersicht) bzw. erlebten (= Kundensicht) Qualität (= ‚Gap' 6)**

Lewis (1987), der sowohl Management als auch Kunden eines Hotels zu den maßgeblichen (Un-)Zufriedenheitsfaktoren befragte, stellte fest, dass die Sichtweise von Kunden und Management auf die Qualität der erbrachten Dienstleistung erheblich variierte.

- **Diskrepanz zwischen der Erwartung der Kunden an die Dienstleistung und der aus Sicht des Anbieters erbrachten Leistung (= ‚Gap' 7)**

Bei lediglich 2 von 44 Attributen ging das Management davon aus, dass die Leistungen das von den Kunden erwartete Niveau nicht erreichen.

- Die dritte Lücke schließlich setzt sich mit der Frage auseinander, ob Anbieter der Auffassung sind, ihre **Dienstleistung so zu erbringen, wie Kunden dies erwarten (= ‚Gap' 8)**.

Tab. 1: Wahrgenommene Qualität einzelner Leistungsdimensionen: Ansicht von Kunden vs. Management

Dimension	Urteil der Kunden	Urteil des Management	Überschätzung (durch Management)
Produktqualität	88	89	1
Dienstleistungsqualität	63	79	16
Flexibilität der Leistungserbringung	47	72	25
Offenheit gegenüber Anregungen von Kunden	53	82	29
Qualität der kundenbezogenen Prozesse	42	74	32

Anmerkung: Die wahrgenommene Qualität der einzelnen Leistungsdimensionen wurde auf einer Skala von 0 bis 100% erfasst.

Quelle: Jehle (2003, S.5).

Dass dabei gewöhnlich unterschiedliche Positionen zutage treten, belegt eine Befragung der GSM Software Management AG, ein auf Dienstleistungsqualität spezialisiertes Beratungsunternehmen (vgl. Tab. 1). Von der Produktqualität einmal abgesehen, welche Kunden und Mitarbeiter nahezu identisch einstufen, neigen die Mitarbeiter dazu, die Leistungsqualität des eigenen Unternehmens zu überschätzen. Am größten ist die Diskrepanz beim Kriterium „Qualität der kundenbezogenen Prozesse".

2.3 Dimensionen der Kundenzufriedenheit

Die in der Literatur dominierenden Konzepte zur Messung von Kundenzufriedenheit sind teilweise identisch mit den Ansätzen zur **Messung von Dienstleistungsqualität**. Hierzu gehört u.a. das von Rapp (1995) entwickelte „**PROSAT-Modell**", welches zwischen fünf Dimensionen der Dienstleistungsqualität – und mithin zwischen **fünf Dimensionen der Kundenzufriedenheit** – differenziert:

- technische Produktqualität,
- Servicequalität,
- Qualität der persönlichen Beziehung,
- Reputation,
- Preiswahrnehmung.

Ausgehend von der Erkenntnis, dass viele Kunden die Qualität anhand derselben bzw. vergleichbarer Eigenschaften beurteilen, entwickelten Parasuraman u.a. (1985, S.41ff.) den wohl bekanntesten Ansatz zur Messung von Servicequalität bzw. Kundenzufriedenheit: Der **SERVQUAL-Ansatz** beruht auf qualitativen und quantitativen Analysen von Unternehmen verschiedener Branchen (Privatkundengeschäft von Banken, Kreditkartengeschäft, Wertpapiermakler, Reparaturwerkstätten). Gestützt auf **Fokusgruppeninterviews** identifizierten die Autoren zunächst zehn in Abb. 12 zusammenfassend dargestellte **Qualitätsdimensionen**, anhand derer Kunden die Servicequalität beurteilen. Diese Dimensionen verdichteten sie anschließend zu **fünf Schlüsseldimensionen**, die wiederum anhand von 22 Eigenschaften operationalisiert werden können (vgl. Zeithaml u.a. 1992, S.202; Parasuraman u.a. 1988, S.31):

(1) **Zuverlässigkeit ('reliability')**: Ein Unternehmen ist demnach zuverlässig, wenn es

2.3 Dimensionen der Kundenzufriedenheit

- o die zugesagten Termine einhält.
- o erkennbar daran interessiert ist, ein Problem zu lösen.
- o den Service bereits beim ersten Mal richtig ausführt.
- o seine Dienste zum versprochenen Zeitpunkt ausführt.
- o den Kunden fehlerfreie Belege ausstellt.

Abb. 12: Die zehn Qualitätsdimensionen einer Dienstleistung nach Parasuraman/Zeithaml/Berry

Qualitätsdimension	Gegenstand
• Entgegenkommen („responsiveness')	• Bereitschaft und Fähigkeit der Mitarbeiter, schnell, pünktlich und unmittelbar zu arbeiten
• Erreichbarkeit („access')	• Leichte Erreichbarkeit, kurze Wartezeiten, günstige Öffnungszeiten
• Glaubwürdigkeit („credibility')	• Ruf des Unternehmens, Vertrauenswürdigkeit, Ehrlichkeit
• Höflichkeit, Zuvorkommenheit („courtesy')	• Respekt, Freundlichkeit und Aufmerksamkeit des Personals, ansprechendes Äußeres
• Kommunikation („communication')	• Bereitschaft und Fähigkeit der Mitarbeiter, Kunden ihren Wünschen und ihren Fähigkeiten entsprechend zu informieren
• Kompetenz („competence')	• Kenntnisse und Fähigkeiten aller Mitarbeiter
• Kundennähe („understanding / knowing customers')	• Anstrengungen der Mitarbeiter, die speziellen Bedürfnisse der Kunden zu erkennen; sensibler, unverzüglicher und konstruktiver Umgang mit den Anliegen und Problemen der Kunden; Stammkunden werden auch als solche behandelt
• Materielles Umfeld („tangibles')	• Gebäude, Ausstattung, physische Hilfsmittel entsprechend der Leistungsqualität
• Sicherheit („security')	• Sicherheit (z.B. finanzieller Art), seriöser Umgang mit vertraulichen Informationen
• Zuverlässigkeit („reliability')	• Akkurate, richtige, rechtzeitige Erbringung der Leistung in konstanter Qualität

Quelle: Parasuraman u.a. (1985, S.41ff.).

(2) **Leistungs- und Fachkompetenz („competence')**: Unternehmen besitzen Leistungs- und Fachkompetenz (= die in Aussicht gestellte Leistung kann fachgerecht (kompetent) und rasch erbracht werden), wenn
- o das Verhalten der Mitarbeiter geeignet ist, bei den Kunden Vertrauen zu wecken.

- o Kunden sich bei den durchgeführten Transaktionen sicher fühlen.
- o die Mitarbeiter zu allen Kunden stets gleich bleibend höflich sind.
- o die Mitarbeiter das Fachwissen besitzen, die von den Kunden gestellten Fragen kompetent zu beantworten.

(3) **Freundlichkeit und Entgegenkommen ('responsiveness')**: Unternehmen bzw. deren Mitarbeiter zeichnen sich durch Freundlichkeit und Entgegenkommen (= Fähigkeit, auf Kundenwünsche einzugehen und diese zuvorkommend zu erfüllen) aus, wenn die Mitarbeiter
- o zu jedem Zeitpunkt über den Stand der Leistungsausführung Auskunft geben können.
- o ihre Kunden prompt bedienen.
- o stets bereit sind, ihren Kunden zu helfen.
- o nie „zu beschäftigt" sind, um auf Kundenwünsche nicht eingehen zu können.

(4) **Einfühlungsvermögen ('empathy')**: Mitarbeiter besitzen Einfühlungsvermögen (= Fähigkeit, sich in die Kunden einzufühlen und die Erwartungen sowie Bedürfnisse zu erkennen), wenn
- o die Mitarbeiter jedem Kunden ganz individuell ihre Aufmerksamkeit schenken.
- o das Unternehmen die Dienste zu Zeiten anbietet, die allen Kunden gerecht werden.
- o sich die Mitarbeiter den Kunden persönlich widmen.
- o den Mitarbeitern die Interessen der Kunden stets am Herzen liegen.
- o die Mitarbeiter die spezifischen Bedürfnisse ihrer Kunden nach Service verstehen.

(5) **Materielles Umfeld ('tangibles')**: Erscheinungsbild und Ausstattung eines Unternehmens zeichnen sich insbesondere durch folgende Eigenheiten aus:
- o Die technische Ausstattung ist modern.
- o Das Interieur fällt angenehm ins Auge.
- o Die Mitarbeiter sind ansprechend gekleidet.
- o Broschüren und Kundeninformationen sind ansprechend gestaltet.

So interessant und plausibel dieses Messkonzept auch sein mag, so kann es dennoch nicht darüber hinwegtäuschen, dass **empirische Belege** für die Richtigkeit bislang **Mangelware** sind. Im Gegenteil: Einiges spricht dafür, dass die fünfdimensionale Struktur wegen **teils starker Interkorrelationen** in der bestehenden Form nicht haltbar ist (vgl. z.B. Cronin/Taylor 1994). Außerdem müssen die einzelnen Dimensionen je nach Untersuchungsbereich inhaltlich konkretisiert und angepasst werden. Dies gilt im Übrigen nicht nur für den SERVQUAL-Ansatz, sondern auch für das PROSAT-Modell. Aus diesem Grund orientieren sich die Konzepte zur Messung von Kundenzufriedenheit heutzutage zwar an den Modellen von Parasuraman u.a. (1985) oder Rapp (1995), sie werden aber, wie bspw. die empirische Studie von Winter (2005) belegt, in verschiedener Hinsicht angepasst, z.B. an den Untersuchungsgegenstand.

> **Praxis-Fall**
>
> **Operationalisierung der Dienstleistungsqualität bzw. Kundenzufriedenheit am Beispiel „Warenhaus"**

„Wie zufrieden sind Sie mit folgenden Leistungen in der gesamten Filiale, das heißt zusammengefasst in allen Abteilungen, in denen Sie hier einkaufen?"

Sortiment
- Auswahl
- Qualität der angebotenen Produkte
- Modische Aktualität des Angebotes
- Anzahl und Vielfalt der verschiedenen Abteilungen

Verkaufsraumgestaltung
- Einkaufsatmosphäre (Einkaufsklima, Stimmung) im Haus
- Übersichtlichkeit und Orientierung
- Sauberkeit und Ordnung

Preise
- Preis-/Leistungs-Verhältnis (− „Das, was man für sein Geld bekommt.")

Mitarbeiter
- Erkennbarkeit der Mitarbeiter
- Anzahl der für Sie verfügbaren Mitarbeiter
- Selbständige Kontaktaufnahme durch die Mitarbeiter
- Freundlichkeit der Mitarbeiter
- Hilfsbereitschaft der Mitarbeiter
- Fachliche Beratung (Kompetenz)

Standort
- Lage und Attraktivität des Filial-Standortes

Kassenabwicklung
- Anzahl der besetzten Kassen
- Abwicklung des Kassiervorgangs

Kundenzufriedenheit (insgesamt)
- Wie zufrieden sind Sie insgesamt mit dieser Filiale?

Quelle: Winter (2005, S.225).

2.4 Beziehung zwischen Gesamtzufriedenheit und den einzelnen Zufriedenheitsdimensionen

Kundenzufriedenheit (wie im Übrigen auch Mitarbeiterzufriedenheit) ist ein sog. **mehrdimensionales Konstrukt**. Allerdings ist unklar, welche Beziehung zwischen den einzelnen Zufriedenheitsdimensionen und der Gesamtzufriedenheit (hier = Kundenzufriedenheit) besteht. **Zwei grundsätzliche Perspektiven** sind denkbar (vgl. zum Folgenden z.B. Winter 2005).

- Wer Kundenzufriedenheit als **latentes Konstrukt** betrachtet (= ‚factor view', ‚factor model' bzw. ‚latent model'), geht davon aus, dass die einzelnen Kundenzufriedenheitsdimensionen (z.B. Zufriedenheit mit der Produktqualität, mit der Kompetenz der Mitarbeiter, mit den Öffnungszeiten) unterschiedliche Manifestationen des zugrunde liegenden latenten Konstrukts (= Kundenzufriedenheit) bilden (vgl. Abb. 13).
- Wer indessen meint, dass Kundenzufriedenheit ein **zusammengesetztes Konstrukt** darstellt (= ‚composite view', ‚composite model' bzw. ‚aggregate model'), nimmt an, dass sich Kundenzufriedenheit aus einzelnen Facetten zusammensetzt (vgl. Abb. 13). Kundenzufriedenheit ist demzufolge das Ergebnis seiner Dimensionen, die i.d.R. additiv (= linear) oder multiplikativ (= nonlinear) verknüpft werden.

Wer vor diesem Hintergrund ein Konzept zur Messung von Kundenzufriedenheit entwickeln will, dem stehen folglich **zwei Optionen** zur Verfügung:

- Kundenzufriedenheit als latentes Konstrukt liegt den Einzelzufriedenheiten zugrunde und **beeinflusst** folglich die Zufriedenheit mit der Produktqualität, mit dem Preis / Leistungs-Verhältnis, mit dem Service, mit der Freundlichkeit der Mitarbeiter usw.
- Kundenzufriedenheit als zusammengesetztes Konstrukt ist das **Ergebnis** der einzelnen Zufriedenheitsdimensionen (z.B. Kundenzufriedenheit als Er-

2.4 Beziehung zwischen Gesamtzufriedenheit und den Zufriedenheitsdimensionen

gebnis der Zufriedenheit mit der Produktqualität, mit dem Preis / Leistungs-Verhältnis, mit dem Service, mit der Freundlichkeit der Mitarbeiter usw.).

Abb. 13: Verhältnis zwischen Kundenzufriedenheit und dessen Dimensionen: latentes vs. zusammengesetztes Konstrukt

Zufriedenheit als latentes Konstrukt ('factor view', 'factor model')	Zufriedenheit als zusammengesetztes Konstrukt ('composite view', 'composite model')
Zufriedenheitsdimension 1 →	Zufriedenheitsdimension 1 →
Zufriedenheitsdimension 2 →	Zufriedenheitsdimension 2 →
Zufriedenheitsdimension 3 → Konstrukt "Kundenzufriedenheit"	Zufriedenheitsdimension 3 → Konstrukt "Kundenzufriedenheit"
Zufriedenheitsdimension 4 →	Zufriedenheitsdimension 4 →
Zufriedenheitsdimension 5 →	Zufriedenheitsdimension 5 →
Zufriedenheitsdimension n →	Zufriedenheitsdimension n →

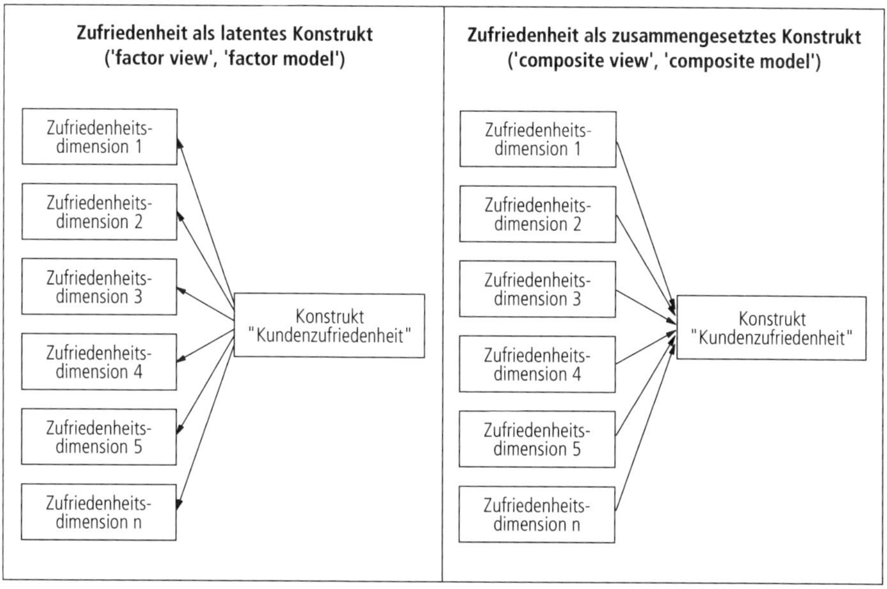

Quelle: in Anlehnung an Winter (2005, S.41).

Im Falle des latenten Konstrukts verlaufen die **Wirkungspfade** somit vom Zufriedenheitskonstrukt zu den Zufriedenheitsdimensionen, beim zusammengesetzten Konstrukt von den Zufriedenheitsdimensionen zum Zufriedenheitskonstrukt (vgl. Abb. 13).

Da die Richtung der Beziehung zwischen Konstrukt und seinen Dimensionen in beiden Modellen genau entgegengesetzt verläuft, ist auch deren theoretische Bedeutung unterschiedlich (vgl. Law u.a. 1998):
- Die jeweilige **Beziehung** zwischen den Dimensionen **unterscheidet sich**. Ein latentes Konstrukt ist definiert als **Kommunalität** (= gemeinsamer Teil) seiner Dimensionen, weshalb seine Dimensionen interkorrelieren müssen. Im Falle zusammengesetzter Konstrukte gilt diese Restriktion hingegen nicht (vgl. Law u.a. 1998).

- Die **Konstruktvarianz** ist **unterschiedlich** definiert. Im latenten Modell wird lediglich die allen Dimensionen gemeinsame Varianz als Konstruktvarianz betrachtet (wohingegen man die spezifischen Varianzen der einzelnen Dimensionen sowie die Kovarianzen einzelner Dimensionen als Fehlervarianz betrachtet). Beim zusammengesetzten Modell hingegen sind alle dimensionenspezifischen Varianzen und Kovarianzen auch Teil des Konstrukts.

Die Unterscheidung ist v.a. deshalb bedeutsam, weil sich die Ergebnisse bzw. Schlussfolgerungen je nach Sichtweise vollkommen unterscheiden (vgl. z.B. Law/Wong 1999). Deshalb ist zu klären, ob Kundenzufriedenheit ein latentes oder ein zusammengesetztes Konstrukt ist.

Wegen seiner weiten Verbreitung könnte man annehmen, dass das latente Modell das Zufriedenheitskonzept am Besten widerspiegelt. Allerdings lässt sich dieser Umstand u.a. damit begründen, dass sich latente Modelle mit Hilfe der gängigen Auswertungsprogramme (z.B. AMOS, LISREL, EQS) mittlerweile leicht berechnen lassen. **Strukturgleichungsmodelle** (mit Kausalindikatoren), die man für die Analyse zusammengesetzter Modelle benötigt, sind hingegen schwerer zu identifizieren (vgl. MacCallum/Browne 1993). Dennoch spricht vieles dafür, (Kunden-)Zufriedenheit als zusammengesetztes Konstrukt zu betrachten. Diese ‚composite view' steht in Einklang mit den **bedürfnistheoretischen Ansätzen**, wonach Zufriedenheit durch die Befriedigung verschiedener Bedürfnisse entsteht. Auf das Konzept der Kundenzufriedenheit übertragen lässt sich folgern, dass ein Kunde dann (generell) zufrieden ist, wenn er mit allen für ihn wesentlichen Leistungsdimensionen zufrieden ist. Mit anderen Worten: (Kunden-)**Zufriedenheit** mit den einzelnen Leistungsdimensionen (des Unternehmens, des Produktes bzw. der Dienstleistung) führt zu **Gesamtzufriedenheit** und nicht umgekehrt (vgl. Law/Wong 1999; Meffert/Schwetje 1999, S.44).

2.5 Auswirkungen von Kundenzufriedenheit

Die in der Literatur diskutierten Konsequenzen lassen sich verschiedenen Gruppen zuordnen (vgl. Abb. 14). Kundenzufriedenheit beeinflusst demnach
- die **Psychologie** der Kunden in Form von ‚Commitment' bzw. Kundenbindung (= psychologische Wirkung),

- das **Verhalten der Kunden**, v.a. deren Bereitschaft,
  - die fragliche Leistung erneut zu erwerben (= **Wiederkauf**),
  - andere Leistungen desselben Anbieters in Anspruch zu nehmen (= '**Cross buying**'),
  - das Unternehmen bzw. dessen Angebot **weiterzuempfehlen**
- das konkrete **Verhalten** der Kunden gegenüber **Unternehmensmitarbeitern** (z.B. Beschwerde / Lob).

Kundenzufriedenheit beeinflusst somit indirekt auch den **wirtschaftlichen Erfolg** des Unternehmens.

Abb. 14: Auswirkungen von Kundenzufriedenheit

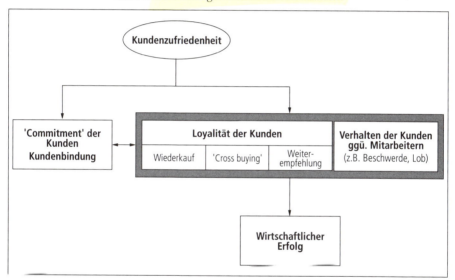

Quelle: eigene Darstellung auf der Basis von Winter (2005, S.54).

2.5.1 ‚Commitment' bzw. Bindung der Kunden

Kundencommitment und Kundenbindung werden zwar häufig gleichgesetzt, drücken aber unterschiedliche Sachverhalte aus.
- Das ‚Commitment' eines Kunden bezeichnet dessen **langfristige Verhaltensdisposition**, eine Austauschbeziehung mit einem Unternehmen möglichst lange zum gegenseitigen Nutzen aufrechtzuerhalten (vgl. Grund 1998, S.114).

- Kundenbindung hingegen ist – ähnlich wie Kundenloyalität oder Kundentreue – wesentlich **verhaltensnäher** und bezieht sich auf
    o das **bisherige Verhalten** eines Kunden (= Wiederkauf, Weiterempfehlung) sowie auf
    o dessen **Verhaltensabsicht** (= Absicht, ein Produkt erneut zu kaufen, ein weiteres Produkt zu erwerben bzw. das Produkt weiterzuempfehlen).

Kundenbindung bildet mithin die **Schnittstelle** zwischen ‚Commitment' und konkretem Verhalten (vgl. Homburg/Faßnacht 1998; Homburg u.a. 1998).

Zahlreiche empirische Studien belegen zwar den (positiven) Zusammenhang zwischen Kundenzufriedenheit und Kundenbindung (vgl. z.B. Patterson u.a. 1997; Anderson/Sullivan 1993), ihre funktionale Beziehung (vgl. z.B. Abb. 15) ist aber bislang ebenso wenig geklärt wie der Einfluss moderierender Faktoren (vgl. Homburg u.a. 1998).

Abb. 15: Möglicher Zusammenhang zwischen Kundenzufriedenheit und Kundenbindung

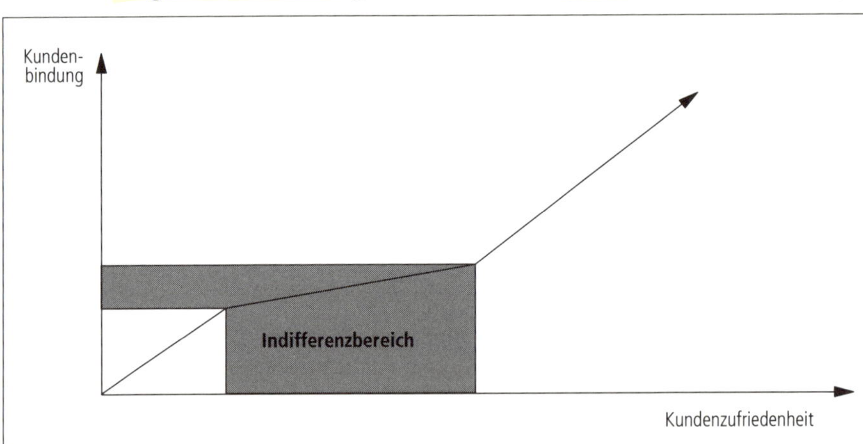

Quelle: Ploss (2001, S.35).

Herrmann u.a. (2000, S.45ff.) verweisen auf vier Phasen mit unterschiedlichem Zusammenhang zwischen den beiden Konstrukten (vgl. Abb. 16).
- In der **Abwanderungszone** lässt die Kundenbindung mit wachsender Unzufriedenheit überproportional nach (et vice versa).
- In der **Zufriedenheitszone** ändert sich die Kundenbindung trotz zunehmender Zufriedenheit allenfalls marginal.

- In der **Vertrauenszone** verstärkt sich die Kundenbindung mit zunehmender Zufriedenheit zunächst überproportional, um sich nach einem Wendepunkt abzuschwächen.
- Trotz Zunahme der Kundenzufriedenheit kann die Kundenbindung in der **Sättigungszone** kaum mehr verstärkt werden.

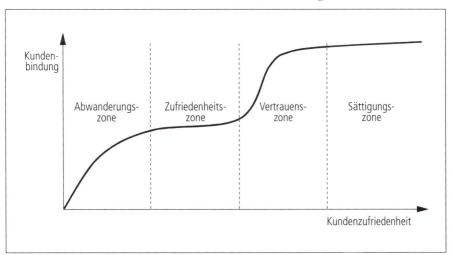

Abb. 16: Vier-Phasen-Ansatz zum Zusammenhang zwischen Kundenzufriedenheit und Kundenbindung

Quelle: Herrmann u.a. (2000, S.45ff.).

Nicht selten wechseln Kunden in der Sättigungszone, obwohl sie mit ihrer Marke bzw. ihrem Anbieter zufrieden sind. Dieses als ‚**Variety seeking**' (= Suche nach Abwechslung aufgrund von Langeweile bzw. Neugier) bezeichnete Phänomen tritt insbesondere bei solchen Produkten auf, bei denen
- Verbraucher lediglich ein **geringes Kaufrisiko** wahrnehmen,
- der **Geschmack** im Vordergrund steht (vgl. McAlister 1982, S.141ff.).

Folglich lässt sich in diesem Fall eine dauerhafte Kundenbeziehung nicht dadurch erreichen, dass das Unternehmen die Kundenzufriedenheit optimiert. Vielmehr sollte das Unternehmen **Wechselbarrieren** errichten; denn diese hindern einen Kunden daran, eine bestehende Geschäftsbeziehung aufzugeben. Zu denken ist dabei an Maßnahmen bzw. Instrumente, die
- den Kunden technisch, ökonomisch, juristisch, psychisch und / oder sozial binden, so dass die **Bindung** den Wunsch nach Abwechslung überlagert.

- in den Augen des Kunden auf **Abwechslung** ausgerichtet sind.

Dass Kundenzufriedenheit v.a. im Dienstleistungsbereich einen starken Einfluss auf die Kundenbindung auszuüben vermag (vgl. Homburg/Stock 2005; Bernhardt u.a. 2000; Reichheld/Sasser 1991), dürfte nicht zuletzt auf den Umstand zurückzuführen sein, dass Kunden wegen der **Intangibilität** von Dienstleistungen eher bereit sind, einem Anbieter treu zu bleiben, wenn sie mit ihm zufrieden sind. Denn mit einem Wechsel des Dienstleisters geht auch das Risiko eines Fehlkaufs einher (vgl. Weiber/Adler 1995).

2.5.2 Loyalität der Kunden

Zahlreiche empirische Studien belegen den Einfluss der Kundenzufriedenheit auf die auf der Verhaltensebene angesiedelte Kundenloyalität (vgl. z.B. Homburg 2006; Bruhn/Homburg 2005; Giering 2000; Cronin u.a. 2000; Fornell u.a. 1996; Anderson/Sullivan 1993; Oliver 1980). Diese umfasst Wiederkauf, ‚Cross buying' (= Kauf zusätzlicher Produkte des Unternehmens) sowie Weiterempfehlung. Insgesamt lässt sich festhalten: Je zufriedener ein Kunde, desto

- größer ist seine Absicht bzw. Bereitschaft, das betreffende Produkt **erneut zu kaufen** (vgl. z.B. Mittal/Kamakura 2001; Meyer/Dornach 1995; Dabholkar/Thorpe 1994; Rust/Zahorik 1993; Cronin/Taylor 1992),
- **weniger anfällig** ist er **für Marketingmaßnahmen** anderer Anbieter und desto **weniger intensiv sucht** er nach anderen Dienstleistern (vgl. z.B. Schütze 1994),
- größer ist seine **Zahlungsbereitschaft** bzw. desto geringer ist seine **Preissensitivität** (vgl. z.B. Adam u.a. 2002; Koschate 2002; Meyer/Dornach 1992),
- weniger ist er **bereit, abzuwandern** bzw. die **Marke** zu **wechseln** (vgl. z.B. Oliver 1987; Andreasen 1985),
- eher ist er bereit, auch andere Produkte bzw. Dienstleistungen des Anbieters in Anspruch zu nehmen (= ‚**Cross buying'**; vgl. z.B. Meyer/Dornach 1996),
- größer ist seine **Bereitschaft**, das Unternehmen bzw. dessen Leistungen **weiterzuempfehlen** (vgl. z.B. Meyer/Dornach 1996). Positive Erfahrungen werden dabei an durchschnittlich drei Personen weitergeleitet, negative im allgemeinen an mindestens neun (vgl. z.B. Scharioth 1993).

2.5.3 Verhalten der Kunden gegenüber den Mitarbeitern

Unzufriedene Kunden müssen nicht zwangsläufig abwandern oder durch negative Mundpropaganda ihrem Unmut Luft verschaffen. Sie haben darüber hinaus bspw. die Möglichkeit, sich beim Unternehmen zu beschweren. Zahlreiche Studien belegen, dass mit wachsender Unzufriedenheit zwar die Wahrscheinlichkeit zunimmt, dass sich ein Kunde beschwert (vgl. z.B. Singh 1990; Swan/Oliver 1989; Bearden/Teel 1983); ob er dies aber tatsächlich tut, hängt von zahlreichen Faktoren ab (vgl. Stauss/Seidel 1998), bspw. von

- der Höhe der **(wahrgenommenen) Kosten einer Beschwerde**, z.B. Aufwand an Zeit und Geld, Ärger,
- dem **(wahrgenommenen) Nutzen einer Beschwerde**, z.B. Erfolgswahrscheinlichkeit der Beschwerde, Zusatznutzen der durch die Beschwerde geschaffenen Problemlösung,
- dem **Stellenwert des Konsums** der betreffenden Leistung,
- der Möglichkeit des Kunden, das **Problem nachzuweisen** bzw. den **Leistungserbringer** für die Ursache der Beschwerde **verantwortlich zu machen**,
- **soziodemographischen**, **psychographischen** und **verhaltensbezogenen** Faktoren,
- **Zeitdruck** und **sozialer Unterstützung**.

Bedeutsam ist darüber hinaus, dass zufriedene Kunden eher **kooperative Verhaltensweisen** (z.B. Höflichkeit) an den Tag legen und eher bereit sind, gemeinsam mit den Mitarbeitern **Problemlösungen** zu erarbeiten.

2.5.4 Wirtschaftlicher Erfolg

Kundenzufriedenheit beeinflusst auch den wirtschaftlichen Erfolg bzw. die **Profitabilität** der betreffenden Unternehmen (vgl. z.B. Rust u.a. 2001; Matzler/Stahl 2000; Meffert/Schwetje 1998; Anderson u.a. 1997; Anderson u.a. 1994; Garvin 1988; Crosby 1979). Eine entscheidende Rolle in diesem Zusammenspiel übernimmt – als „**moderierende Variable**" – die Kundenloyalität (vgl. z.B. Siebrecht 2004): Sie wirkt sich positiv auf den Markterfolg aus, welcher wiederum den wirtschaftlichen Erfolg des betreffenden Unternehmens maßgeblich determiniert.

(1) Umsatz

- Die sog. **TARP-Studien** (= ‚Technical Assistance Research Program') ergaben, dass in der Automobilbranche ein Verbraucher während seines gesamten Lebens einen durchschnittlichen Umsatz von 150.000 € erbringt.
- Für den Lebensmitteleinzelhandel errechnete Peters (1987) einen **Kundenlebensumsatz** von 125.000 €.
- Bereits Anfang der 90er Jahre ermittelte die Boston Consulting Group die in Tab. 2 dargestellten „**Kundenwerte**". Wenngleich die Zahlen mittlerweile veraltet sind, so belegen sie dennoch eindrucksvoll,
  o welch **großes Potential** sich eröffnet, wenn Unternehmen ihre Kunden dauerhaft halten können,
  o dass in zahlreichen Branchen Unternehmen nur einen **(Bruch-)Teil des möglichen Lebensumsatzes** realisieren, d.h. erhebliches **Umsatzpotential verlieren**, weil ihre Kunden abwandern, was überwiegend auf deren Unzufriedenheit zurückzuführen sein dürfte.

Tab. 2: Potentielle und realisierte Lebensumsätze pro Kunde

Produktkategorie / Branche	Potentieller Lebensumsatz pro Kunde	Durchschnittliche Dauer der Kundenbeziehung	Durchschnittlich realisierter Wert	Durchschnittlich realisierter Wert
	(in €)	(in Jahren)	(in €)	(in %)
Supermärkte	175.000	4,5	11.500*	6,6
Automobile	105.000	20,0	35.000	33,3
Telekommunikation	50.000	50,0	50.000	100,0
Bier	10.000	4,0	1.000	10,0
Bankbeziehung	7.500	17,0	3.500	46,7
Haushaltsgeräte	7.500	20,0	3.750	50,0
Windeln	2.500	2,5	1.000	40,0
Wochenzeitungen	1.925	5,5	350	18,2

Legende: *) pro durchschnittlichem 4 Personen-Haushalt

Quelle: Boston Consulting Group, zit. nach Rapp (1992, S.15).

Besonders interessant erscheint die Entwicklung im Telekommunikationssektor: Während die Branche zum Untersuchungszeitpunkt monopolistisch geprägt war, ist die Deutsche Telekom seit der Öffnung des Marktes für Wettbewerber von massiven Abwanderungen betroffen.

> **Praxis-Fall** **Der Wert des Kunden eines Mobilfunkanbieters**
>
> Im Mobilfunkmarkt bestimmen zwei Faktoren ganz wesentlich den Wert eines Unternehmens:
> - die an ein Unternehmen vertraglich gebunden Kunden,
> - die erwarteten Wachstumsraten der Gewinnung neuer Kunden.
>
> Dabei steigen die Preise für die „Einheit Kunde" von Übernahme zu Übernahme. Während die Deutsche Telekom „nur" etwa 4.500 € für einen One-2-One-Kunden zahlte, musste France Télécom bei der geplanten Übernahme von E-Plus mehr als 5.000 € je Kunde ausgeben. Die Mannesmann AG, die ebenso wie France Télécom wegen der geforderten Preise aus dem Bietergefecht um One-2-One ausgestiegen war, musste einige Zeit danach mehr als 8.500 € je „Orange-Kunde" aufwenden, um den Hauptaktionär Hutchinson, Hongkong, zum Verkauf zu bewegen. Der Grund für die hohen Kaufsummen ist im Wesentlichen darin zu erblicken, dass die betreffenden Mobilfunkunternehmen auf große Zuwachsraten im Geschäft mit neuen Kunden spekulieren, die dann unter wenigen Anbietern „verteilt" werden.
>
> Quelle: J. Winkelhage: Milliarden für Kunden: Die Übernahmen in der Telekommunikation, in: Frankfurter Allgemeine Zeitung, Nr. 252 (29.10.1999), S.11.

Der Wert eines zufriedenen Kunden bemisst sich allerdings nicht nur anhand seines **‚Life time value'**, d.h. seines Lebensumsatzpotentials. Hinzu kommen bspw.
- die Auswirkungen der positiven Mundpropaganda,
- Einsparungen bei den Aufwendungen für Akquisitionen,
- ‚Cross selling'-Effekte,
- abnehmende Preissensibilität zufriedener Kunden,

so dass man grundsätzlich davon ausgehen kann, dass der **Wert** eines Kunden mit zunehmender **Bindungsdauer** wächst (vgl. hierzu auch Hinterhuber u.a. 1997, S.11).

(2) Gewinn

In ihren Untersuchungen stellten Reichheld/Sasser (1991) fest, dass sich mit zunehmender Dauer der Geschäftsbeziehung das **Gewinnpotential** je Kunde vergrößert. Während bspw. Kreditkartenunternehmen nach einer einjährigen Geschäftsbeziehung einen Überschuss von 30 € je Kunde erzielen, wächst dieser bis zum fünften Jahr auf 55 € pro Kunde und Jahr.

Die positive Beziehung zwischen Dauer der Kundenbeziehung und Gewinn je Kunde lässt sich u.a. damit erklären, dass sich die zu Beginn der Geschäftsbe-

ziehung anfallenden Kosten der Kundenakquisition erst im Verlauf der Geschäftsbeziehung **amortisieren**. Für die im Zeitverlauf wachsenden Gewinne zeichnen außerdem folgende Ursachen verantwortlich:
- Erhöhung der Kauffrequenz,
- Verringerung der Betriebskosten (z.B. Werbung, Kundenberatung u.ä.),
- Preiszuschläge, die aufgrund abnehmender Preissensibilität des Kunden immer weniger wahrgenommen werden,
- Weiterempfehlung an neue Kunden.

Dass die **Kundenabwanderungsrate** ein entscheidender Stellhebel ist, konnte Reichheld (1996) eindrucksvoll belegen: Gelingt es einem Unternehmen, die Quote der abwandernden Kunden um 5% zu verringern, so birgt dies ein **Erlössteigerungspotential** von 35 bis 95%. Zudem konnte bereits verschiedentlich gezeigt werden, dass die zur Akquisition eines Kunden erforderlichen Kosten fünfmal (vgl. Rust/Zahorik 1993) bis achtmal (vgl. Christopher u.a. 1998) so hoch sind wie die Kosten, welche ein Unternehmen erbringen muss, um einen Kunden zu halten. Weitere wirtschaftliche Vorteile finden sich zuhauf.

Praxis-Fall	Ökonomische Konsequenzen von Kundenzufriedenheit

- Die Wahrscheinlichkeit, dass sehr zufriedene (= begeisterte) Kunden das betreffende Unternehmen erneut aufsuchen, ist 300% größer als bei Kunden, die „nur" zufrieden sind.
- Die Wahrscheinlichkeit, dass sehr zufriedene (= begeisterte) Kunden positive Mundpropaganda betreiben, liegt bei 100%. Ihre positiven Erlebnisse erzählen sie 4 bis 8mal weiter.
- Drei Viertel der Kunden, die zu Konkurrenten wechseln, sind mit der Service-Qualität unzufrieden, ein Viertel mit der Produktqualität oder dem Preis.
- Nur etwa 5% der unzufriedenen Kunden verleihen ihrer Unzufriedenheit durch eine Beschwerde Ausdruck. Die „schweigende Mehrheit" (= 95%) wandert ab bzw. schadet dem Unternehmen durch negative Mundpropaganda.
- 95% der verärgerten Kunden bleiben (dennoch) treu, wenn das Unternehmen das Ärgernis binnen 5 Tagen aus der Welt schafft.
- Nachbesserungen verursachen 30% der Gesamtkosten von Dienstleistern.
- Steigt die Kundenzufriedenheit nachhaltig um einen Prozentpunkt, so führt dies zu einer Rendite-Steigerung von 7,25%.

Quellen: Töpfer/Mann (1996, S.26 u. S.80); Reichheld/Sasser (1991, S.108ff.); TARP (1986).

3 Messung der Kundenzufriedenheit

3.1 Funktionen

Wer als Unternehmen die Zufriedenheit seiner Kunden analysiert, erfüllt damit **drei wichtige Funktionen** (vgl. Günter 1995, S.279ff.).

(1) Behebung von Einzelfällen (= **Reparaturfunktion**)
Zunächst konzentriert man sich darauf, einzelne Fälle von Unzufriedenheit aufzuspüren und das negative Urteil unzufriedener Kunden über das Unternehmen und dessen Leistungen zu korrigieren. Das Spektrum der Möglichkeiten reicht dabei von Umtausch über Reparatur, Schadenersatz, Preisnachlass, Geldrückgabe, Beratung, kleine Geschenke bis hin zu Gutscheinen, Entschuldigung u.ä.

(2) Ermittlung von Verbesserungspotential (= **Lernfunktion**)
Unternehmen, die sich darauf beschränken, Einzelfälle zu beheben, ändern damit freilich nichts an der zukünftigen Qualität ihrer Leistungen, so dass dieselben Fehler grundsätzlich immer wieder auftreten können. Wer indessen aus den negativen Erfahrungen lernen und seine Leistung verbessern will, sollte die aufgetretenen negativen Ereignisse
- dokumentieren,
- auswerten und
- diskutieren.

Nur so können Unternehmen – zusammen mit ihren Mitarbeitern – aus Fehlern lernen und Verbesserungspotential erkennen.

(3) Kennzahlen für das Personal-Management (= **Anreizfunktion**)
Diese Funktion ist mit den beiden anderen unmittelbar vernetzt, da sie diese unterstützt bzw. flankiert. Denn wer Kundenzufriedenheit propagiert, weil er seinem Unternehmen einen ökonomischen Nutzen bescheren will, der muss die Mitarbeiter konsequenterweise an diesem Prozess beteiligen und damit am Erfolg teilhaben lassen – idealerweise durch ‚**Intrapreneurship'**, d.h. durch „Unternehmertum im Unternehmen". Hierfür eignet sich ein auf Kundenzufriedenheit basierendes Anreizsystem, welches wiederum voraussetzt, dass Kundenzufriedenheit kontinuierlich erfasst wird.

3.2 Verfahren

3.2.1 Überblick

Zur Messung bzw. Analyse der Kundenzufriedenheit stehen zahlreiche Verfahren zur Verfügung (vgl. z.B. Bruhn 2006; Homburg 2006; Töpfer 2006; Kaiser 2005). Die am weitesten verbreiteten **nachfrageorientierten Messansätze** rücken die Perspektive der Kunden in den Mittelpunkt und lassen sich in objektive und subjektive Messansätze unterteilen (vgl. Abb. 17). Der besondere Stellenwert der Kundenperspektive lässt sich nicht zuletzt an **Zahl** und **Differenzierungsgrad** der kundenorientierten Messkonzepte ablesen.

Abb. 17: Verfahren zur Bewertung der Kundenzufriedenheit

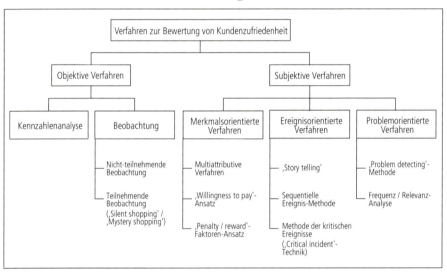

Die (im Folgenden nicht näher betrachteten) **anbieter-** bzw. **unternehmensorientierten Messansätze** versuchen, die Zufriedenheit der Kunden aus Sicht der Unternehmensmitglieder (= Management und / oder Mitarbeiter) zu bestimmen. Sie dienen i.d.R. aber vorzugsweise dazu festzustellen, ob Management und Mitarbeiter die Erwartungen ihrer Kunden und deren Zufriedenheit richtig einschätzen können.

3.2.2 Objektive Verfahren

Ziel dieser Verfahren ist es, die Zufriedenheit der Kunden bzw. die von ihnen wahrgenommene Leistungsqualität mit Hilfe objektiver Indikatoren oder anhand des Urteils einer dritten, unabhängigen Person (d.h. weder Unternehmensmitarbeiter noch Nachfrager) zu ermitteln. Anstatt also die subjektive Einschätzung der Kunden bzw. Mitarbeiter heranzuziehen, rekurriert das Unternehmen bspw. auf Kennzahlen und die Beobachtung, der u.a. das ‚Silent shopping' zuzurechnen ist.

3.2.2.1 Kennzahlenanalyse

Rückschluss auf die Zufriedenheit der Kunden erlauben bspw. (Finanz-)Kennzahlen wie Marktanteil, Anteil der sog. Wiederkäufer, Abwanderungsrate, Umsatz, Gewinn oder Rendite (‚Return on investment'). Dahinter steht die Überlegung, dass Kundenzufriedenheit zu ökonomischem Erfolg führt und sich folglich an diesem ablesen lässt. Derartige **Kennzahlen** haben jedoch verschiedene **Nachteile**: Sie

- sind i.d.R. sog. **Spätindikatoren**, d.h. Kennzahlen, die erst mit erheblicher zeitlicher Verzögerung das wahre Ausmaß der Kundenzufriedenheit zu erkennen geben. Beispielsweise lässt sich die (Un-)Zufriedenheit der Kunden häufig erst nach einem längeren Zeitraum am Gewinn (= Spätindikator) ablesen.
- geben **keine Auskunft** über die **Ursachen** einer bestimmten Entwicklung und liefern damit keine Ansatzpunkte für eventuell notwendige Korrekturmaßnahmen.
- werden nicht nur von der Kundenzufriedenheit beeinflusst, sondern von einer **Vielzahl weiterer Faktoren** (z.B. Verhalten der Konkurrenten).

Die Kennzahlenanalyse eignet sich vor allem zur **Evaluation der einzelnen Stufen der Leistungserbringung**, die der Kunde zwar nicht sieht, die aber dennoch dessen Zufriedenheit beeinflussen; man denke etwa an die zahlreichen komplexen **internen Abläufe** in einem Hotel, in einer Versicherung oder in einer Bank. Kunden können diese Phasen i.d.R. nicht vollkommen überblicken; außerdem wäre es im Allgemeinen zu zeitaufwendig, wenn man die Qualität aller Stufen in einer Kundenbefragung bewerten ließe (vgl. Scharnbacher/Kiefer 2003, S.19).

3.2.2.2 Beobachtung

3.2.2.2.1 Nicht-teilnehmende Beobachtung

Mit Hilfe dieser Form der Beobachtung (= systematische Erfassung von sinnlich wahrnehmbaren Verhaltensweisen bzw. Eigenschaften von Personen im Augenblick ihres Auftretens durch den Beobachter) lassen sich die einzelnen **Schritte des Dienstleistungsprozesses** analysieren und Schwächen in der Mitarbeiter / Kunde-Beziehung aufdecken. Entsprechende Erkenntnisse über Mängel liefern so Hinweise auf mögliche Quellen der Unzufriedenheit von Kunden.

Bei der Beobachtung bewerten **Dritte** (quasi stellvertretend für die Kunden), wie zufriedenstellend Unternehmen ihre Leistungen erbringen. Die **Analyse der Kundenkontaktsituation** verläuft dabei i.d.R.
- standardisiert (= Beurteilung anhand eines Fragebogens),
- verdeckt (= der Beobachtete weiß nicht, dass er beobachtet wird),
- in einem realen Unternehmen (= Feldbeobachtung),
- persönlich-visuell (= durch einen Beobachter) oder unpersönlich-apparativ (z.B. mit Hilfe einer Videokamera).

Der wesentliche Vorteil dieser Vorgehensweise ist darin zu sehen, dass sich die Personen (im Gegensatz zur Befragung) in einer realen (= **biotischen**) Situation befinden und sich deshalb „wie gewohnt" verhalten. Außerdem lassen sich durch den Einsatz apparativer Verfahren bestimmte Sachverhalte vergleichsweise genau erfassen, z.B. das Verhalten der Kunden oder der Mitarbeiter am ‚Point of sale'.

Neben Fragen der **Forschungsethik**, man denke etwa an den „Missbrauch" des Vertrauensverhältnisses zwischen Unternehmen und beobachteten Kunden (vgl. z.B. Atteslander 2000, S.93ff.), ist zu berücksichtigen, dass die Beobachtung **keinen Einblick** in die **Psyche des Kunden** erlaubt, so dass auch die Kundenzufriedenheit nur rudimentär eingeschätzt werden kann. Im Übrigen kann selbstverständlich auch der Beobachter wegen der hochgradigen Subjektivität der Wahrnehmung falsche Schlüsse ziehen. Die nicht-teilnehmende Beobachtung ist insgesamt wenig geeignet, die Qualität beziehungsintensiver Dienstleistungen zu ermitteln; denn selbst **objektive Größen**, wie Anfahrtswege, Bearbeitungsdauer oder Wartezeiten, nehmen die Kunden **subjektiv** höchst unterschiedlich wahr.

3.2.2.2.2 Teilnehmende Beobachtung („Silent shopping' / „Mystery shopping')

Bei diesem Verfahren **simulieren** Testkäufer für die Mitarbeiter nicht erkennbare „reale" Dienstleistungssituationen, um Mängel im Dienstleistungsprozess aufzudecken (vgl. z.B. van der Wiele u.a. 2005). Diese auch als **‚Silent shopping'** bezeichnete Form der Beobachtung verläuft
- persönlich (= durch einen Beobachter),
- standardisiert (= Beurteilung anhand eines Fragebogens),
- verdeckt (= der Beobachtete weiß nicht, dass er beobachtet wird),
- in einem realen Unternehmen (= Feldbeobachtung).

Mit Hilfe des ‚Silent shopping' verfolgt ein Unternehmen v.a. folgende Ziele:
- **Schwachstellen** identifizieren und **Verbesserungspotential** aufspüren,
- Mitarbeitern **sensibilisieren** und **motivieren**, indem sie vorab über den Einsatz des Verfahrens informiert werden,
- Vergleich der Leistung der eigenen Filiale mit anderen sowie mit Wettbewerbern (im Sinne eines **‚Benchmarking'**),
- **Außendarstellung** des Unternehmens, indem Kunden und sonstige Zielgruppen über den Einsatz des Verfahrens informiert werden.

In erster Linie will ein Unternehmen mit Hilfe des ‚Silent shopping' prüfen, ob seine Mitarbeiter die im Vorfeld festgelegten **Leistungsstandards** erfüllen – jedenfalls aus der Sicht von „vermeintlichen" Kunden.

Praxis-Fall	Beispielhafte Leistungsstandards von Dienstleistern

- Wir grüßen jeden Kunden mit Blickkontakt und fragen ihn freundlich nach seinem Wunsch
- Wir heben den Telefonhörer spätestens beim dritten Klingelzeichen ab.
- Wir beantworten schriftliche Anfragen innerhalb von maximal zwei Tagen.
- Wir bestätigen mündliche Vereinbarungen spätestens am folgenden Werktag schriftlich.
- Wir reagieren innerhalb von maximal zwei Tagen auf Beschwerden.
- Wir befragen unsere Kunden einmal im Jahr schriftlich.

‚Silent shopping' untersucht die Qualität eines Anbieters vor und während des Kaufs, d.h. in der wichtigsten Phase der Kaufentscheidung: ‚Pre sales service', Freundlichkeit, Verkäufer-‚Know how' und Kundenorientierung. Wer Testkunden einsetzt, sollte auf jeden Fall beachten, dass nach § 94 BetrVG allgemeine Beurteilungsgrundsätze für Mitarbeiter nur nach **Zustimmung des Betriebsrats** aufgestellt werden dürfen.

Testkäufe werden nicht nur aus **marketingpolitischen** Erwägungen eingesetzt, sondern auch aus **Sicherheitsgründen**, z.B. Prüfung der Arbeit von Kassierer(inne)n, und zu **forensischen** Zwecken, z.B. Kontrolle der Einhaltung
- **wettbewerbsrechtlicher Vorschriften** (Preisauszeichnung, -nachlässe, Zugaben und Ladenöffnungszeiten) sowie
- **vertraglicher Vereinbarungen** im Rahmen horizontaler und vertikaler Absatzbindung.

Zu den Auftraggebern dieser Art von Testkäufen gehören Lieferanten, Mitbewerber, Wettbewerbsvereine, Wirtschaftsverbände, aber auch unabhängige Experten, z.B. Testesser von Restaurantführern. Auch die Stiftung Warentest bedient sich, wenn sie Dienstleistungen analysiert, des ‚Silent shopping'.

> **Praxis-Fall** | **Stiftung Warentest**
>
> Bereits seit 1974 beschäftigt sich eine eigene Abteilung des Instituts mit Dienstleistungen. Deren Ergebnisse werden u.a. in der Zeitschrift „Finanztest" einer breiten Öffentlichkeit zugänglich gemacht. Ein wesentliches Ziel der Stiftung ist es, die Qualität konkurrierender (Dienstleistungs-)Unternehmen neutral und objektiv vergleichend zu analysieren. Dass dies auch für das renommierte Institut freilich nur bedingt erreichbar ist, liegt an dem hohen Maß an menschlicher Interaktion, welches viele Dienstleistungen einem objektiven Vergleich entzieht. So können die per ‚Silent shopping' simulierten Beratungsgespräche mit Mitarbeitern von Banken, Versicherungen, Behörden oder Bausparkassen i.d.R. kein repräsentatives Bild des gesamten Angebots der einzelnen Einrichtungen zeichnen.

Für die **Durchführung** des ‚Silent shopping' bietet sich folgender **vierstufiger Ablauf** an:

Stufe 1: Konzeption der Untersuchung
Unternehmen müssen zunächst die grundsätzliche Frage klären, ob sie Marktforschungsinstitute mit eigenem **Testpersonal** oder externe Käufer bzw. autorisierte Mitarbeiter in Eigenregie als Testkunden einsetzen wollen. Außerdem sind mit den **Projektverantwortlichen** folgende Fragen zu klären:

- Welche(s) **Ziel(e)** verfolgt man mit dem Test?
- Welche **Leistungsstandards** sollen überprüft werden?
- In welchen **Filialen** soll getestet werden?
- Welche **Zielgruppen** sollen die Testkäufer repräsentieren (z.B. Kunden, potentielle Kunden, ehemalige Kunden)?
- Wie **oft** und wie **lange** soll getestet werden?
- **Wann** sollen die Testkäufe stattfinden (z.B. zur Mittagszeit, kurz vor Ladenschluss)?

Stufe 2: Suche, Auswahl und ggf. Schulung / Einweisung der Testkäufer
Falls keine eigenen Mitarbeiter als verdeckte Kunden auftreten sollen, müssen geeignete Testkäufer gesucht und geschult werden.

Stufe 3: Durchführung des Testkaufs / Notierung der Beobachtungen auf einem (standardisierten) Fragebogen
Im Anschluss an den Einkauf muss der Testkäufer seine Angaben bei der Beobachtung präzise und vollständig auf einem (idealerweise **standardisierten**) **Fragebogen** notieren. Am Beispiel Lebensmitteleinzelhandel zeigt Abb. 18 einen Auszug aus einem solchen Fragebogen.

Eine wesentliche Voraussetzung für den Erfolg des ‚Silent shopping' ist die **Qualität der Testkäufer**. Diese lässt sich insbesondere auf folgende Weise kontrollieren:
- Auswertung der **Belege** von Testkäufen,
- **stichpunktartige** Überprüfung, ob der Mitarbeiter persönlich und zum festgelegten Zeitpunkt am vereinbarten Ort war,
- regelmäßige **Gespräche** mit den Testkäufern (v.a. Einbindung von Fragen, welche die Testkäufer nur beantworten können, wenn sie persönlich den Auftrag ordnungsgemäß ausgeführt haben),
- **Information** der ‚Silent shopper', dass man sie stichpunktartig kontrolliert.

Stufe 4: Auswertung der Fragebögen / Vorschlag von Verbesserungsmaßnahmen auf Basis der Befunde
Zu den Aufgaben der letzten Phase des Testkaufs gehört es,
- die Daten **auszuwerten** und **aufzubereiten**,
- die Ergebnisse mit internen (und ggf. externen) Interessenten in Workshops, Qualitätszirkeln oder Fokusgruppen **aufzuarbeiten**, um geeignete **Verbesserungsmaßnahmen** zu entwickeln,

- ggf. im Zuge einer vergleichenden Beobachtung flankierend „Testkäufe" bei der Konkurrenz durchzuführen (,**Benchmarking**').

Abb. 18: Testkauf-Fragebogen am Beispiel Lebensmitteleinzelhandel

Filiale (Adresse): _____		
Datum: _____ Uhrzeit: _____ Tester-Code: _____		
	Ja	Nein
• Haben Sie direkt auf dem Firmengelände einen Parkplatz gefunden?	❏	❏
• Waren auf dem Parkplatz genügend Einkaufswagen verfügbar?	❏	❏
• Lagen im Eingangsbereich Prospekte mit Sonderangeboten aus?	❏	❏
• Waren die Geschäftsräume sauber?	❏	❏
• Trugen die Mitarbeiter Namensschilder?	❏	❏
• Half Ihnen der erste angesprochene Mitarbeiter direkt weiter?	❏	❏
• Wurden Sie zum entsprechenden Regal geführt?	❏	❏
• Wurden Sie gefragt, ob Ihnen auch anderweitig geholfen werden könne?	❏	❏
• War das Haltbarkeitsdatum auf den gekauften Produkten noch gültig?	❏	❏
• Betrug die Wartezeit an der Kasse weniger als fünf Minuten?	❏	❏
• Waren alle Kassen geöffnet?	❏	❏
• War das Laufband an der Kasse sauber?	❏	❏
• Wurden die korrekten Preise berechnet?	❏	❏
• Hat man Ihnen Ihren Kassenzettel ohne Nachfragen ausgehändigt?	❏	❏
• Hat der Kassierer Sie freundlich verabschiedet?	❏	❏
• Lagen an der Kasse Pappkartons zum Einpacken der Ware aus?	❏	❏
• Waren die Einkaufswagen ordentlich aufgestellt?	❏	❏
•	❏	❏
Sonstige Anmerkungen: _____		

3.2.2.2.3 *Kritische Würdigung*

Ungeachtet der Vorteile und Möglichkeiten der verschiedenen Formen der Beobachtung sind damit auch zahlreiche **Probleme** verbunden.

- Je nach Fragestellung kann es zu Schwierigkeiten bezüglich der **Repräsentativität** kommen. Zurückzuführen ist dieser Umstand u.a. darauf, dass verschiedene Kundengruppen zu unterschiedlichen Tages-, Wochen- und Jahreszeiten bevorzugt einkaufen, was gerade bei der zeitlich begrenzten Beobachtung in Geschäften zu verzerrten Stichproben führen kann.
- ‚Silent shopping' birgt die Gefahr, dass der Beobachter
  o den zu untersuchenden Sachverhalt **steuert**,
  o die Daten nur **selektiv erfasst** und / oder
  o die Befunde durch seine (subjektive) **Wahrnehmung** verzerrt bzw. **falsch interpretiert**.

  Deshalb werden die Ergebnisse von Testkäufen insbesondere bei Dienstleistungen häufig in Zweifel gezogen. Außerdem – so jedenfalls die Meinung der betroffenen Mitarbeiter – repräsentieren Testkäufe **Momentaufnahmen**, die den wahren Leistungsstand nur ausschnittsweise abbilden. Angesichts derartiger Probleme, die bei den Betroffenen – mitunter zurecht – Skepsis auslösen, sollten Tests auf jeden Fall wiederholt werden, bspw. indem zwei Testkäufer den gleichen Sachverhalt unabhängig voneinander messen (= **Kreuzvalidierung**).
- **Objektivität** i.e.S. ist in der Realität praktisch **nicht herstellbar**. Zwar versprechen (vermeintlich?) unabhängige Experten (z.B. Vertreter von Warentestinstituten, Testesser von Restaurantführern) weitgehend objektive Ergebnisse; man darf aber auch in diesem Fall nicht übersehen, dass bei zahlreichen Dienstleistungen das hohe Maß an **menschlicher Interaktion** eine objektive Beurteilung erschwert – wenn nicht gar unmöglich macht. Beratungsgespräche etwa bei Banken oder Versicherungen können zwar simuliert werden, zeichnen aber allenfalls einen kleinen Ausschnitt der Leistungsqualität. Gerade Warentests können zwar den Grundnutzen von Produkten untersuchen, Komponenten aber, die wie Design, Image oder Erlebniswert beim Kauf und Gebrauch einen Zusatznutzen stiften, entziehen sich einer „objektiven" Überprüfung.

3.2.3 Subjektive Verfahren

Anders als bei den objektiven Verfahren sind hier nicht „harte Fakten" Gegenstand der Betrachtung. Im Mittelpunkt steht vielmehr die **(subjektive) Einschätzung der Kunden** bezüglich der Leistungsqualität eines Unternehmens.

Neben merkmals- und ereignisorientierten Methoden gehören auch sog. problemorientierte Verfahren zu dieser Gruppe von Analyseansätzen.

3.2.3.1 Merkmalsorientierte Verfahren

Diese gehen davon aus, dass sich die Gesamtzufriedenheit aus der Bewertung der einzelnen **Leistungskomponenten** zusammensetzt. Hierzu gehören
- multiattributive Verfahren,
- Willingness to pay-Ansatz,
- ‚Penalty / reward'-Faktoren-Ansatz.

3.2.3.1.1 *Multiattributive Verfahren*

3.2.3.1.1.1 *Grundzüge*

Diese Verfahren, die auch den **kundenorientierten Methoden** zur Messung der Dienstleistungsqualität subsumiert werden, basieren auf folgenden Annahmen: Kundenzufriedenheit ist
- das **globale Urteil** eines Kunden über die Qualität einer (Dienst-)Leistung,
- das Ergebnis der **individuellen (= kundenspezifischen) Einschätzung** einer Vielzahl („**multi**") von Leistungsmerkmalen („**attribute**"), die die Kunden jeweils einzeln bewerten.

Mathematisch lässt sich dieser Sachverhalt folgendermaßen abbilden:

$$Q_{ij} = f(Q_{ij1}, Q_{ij2}, ..., Q_{ijn})$$

Legende:
Q_{ij} = Qualitätsurteil von Konsument i bez. der (Dienst-)Leistung j (= Pauschalurteil)

Q_{ijk} = Qualitätsurteil von Konsument i bez. der Eigenschaft k von (Dienst-)Leistung j (k = 1, ..., n)

Wer die Qualität einer (Dienst-)Leistung bestimmen – und damit die Zufriedenheit der Kunden erfassen – will, kann auf zwei Ansätze zurückgreifen, die verschiedene **Perspektiven** widerspiegeln:
- Wer die **einstellungsorientierte** Richtung einschlägt, unterstellt eine **Prädisposition**, wonach das Qualitätsurteil eines Kunden eine relativ dauerhafte, gelernte, positive oder negative **innere Haltung** gegenüber einem Beurteilungsobjekt (z.B. Produkt, Dienstleistung) darstellt. Demnach ist

Zufriedenheit das Ergebnis eines Lernprozesses, in welchem der Kunde nicht nur eigene Erfahrungen mit dem (Dienst-)Leistungsanbieter verarbeitet, sondern auch Erfahrungen Dritter (z.B. durch Mundpropaganda unzufriedener Kunden).
- Die **zufriedenheitsorientierten** Ansätze hingegen gehen davon aus, dass das Qualitätsurteil eines Kunden aus der **Diskrepanz** zwischen **erlebter** und **erwarteter** (Dienst-)Leistungsqualität resultiert. Dies bedeutet, dass sich die Qualität und damit die Zufriedenheit eines Kunden nur dann bestimmen lässt, wenn dieser bereits Erfahrungen mit dem Anbieter gesammelt hat.

Es erscheint indessen wenig zweckmäßig, zwischen beiden Ansätzen derart strikt zu trennen. Beispielsweise kann man vermuten, dass mit zunehmendem (zeitlichen) Abstand zu einer konkreten (Dienst-)Leistung die Zufriedenheit immer mehr einer (pauschalen) Einstellung gegenüber der betreffenden Leistung weichen wird.

3.2.3.1.1.2 Einstellungsorientierte Messansätze
Der Begriff **Einstellung** bezeichnet die Bereitschaft zur positiven oder negativen Bewertung einer Person, eines Objekts oder eines Sachverhalts (vgl. Güttler 2000, S.95ff.; Fischer/Wiswede 1997, S.206ff.). Einige Autoren vertreten die Ansicht, dass auch dieses **Schlüsselkonstrukt** der modernen Sozialpsychologie Rückschlüsse auf die Zufriedenheit einer Person zulässt. Dabei nimmt man an, dass diese um so **zufriedener** ist (bspw. mit einem Produkt), je positiver ihre Einstellung gegenüber dem fraglichen Objekt ausfällt. Einstellungen können direkt oder indirekt gemessen werden.

(1) Verfahren zur direkten Messung der Einstellung
a) Die **kognitive** Komponente beschreibt die objektbezogenen Prozesse der Wahrnehmung, der Überzeugung bzw. des Wissens, welches ein Individuum besitzt, z.B. Vermutung oder Wissen über die Qualität einer bestimmten Dienstleistung oder über die Höhe der Preise (vgl. Abb. 19).

b) Das Gefühl, welches ein Individuum einem Einstellungsobjekt entgegenbringt, kommt in der **affektiven** Komponente (Fühlen, emotionale Bindung etc.) zum Ausdruck, z.B. in der Freude, die eine Person empfindet, wenn sie an eine bestimmte Dienstleistungsqualität denkt (vgl. Abb. 20).

Abb. 19: Beispiel zur Messung der kognitiven Leistungskomponenten

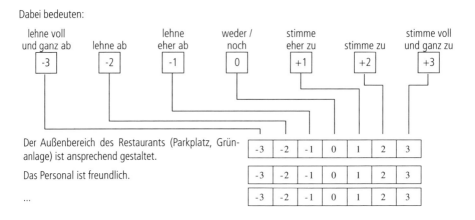

Abb. 20: Beispiel zur Messung der affektiven Leistungskomponenten

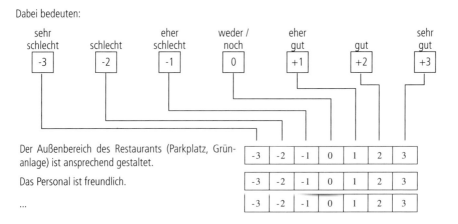

Kognitive und affektive Komponente werden mit Hilfe folgender Formel verknüpft, so dass sich ein sog. **Gesamteinstellungswert** ergibt:

$$E = \sum_{i=1}^{n} k_i \cdot a_i$$

Legende:
E = Einstellung (hier = interpretiert als Zufriedenheit)
k_i = Wissen über die Ausprägung von Leistungskomponente i (= kognitiv)
a_i = Gefühl gegenüber Leistungskomponente i (= affektiv)

Dabei gilt: Je **größer** der Gesamteinstellungswert, desto **positiver** die Einstellung – und damit die Zufriedenheit. Zu beachten ist allerdings, dass die Skalenwerte, die, wie in Abb. 19 und Abb. 20 dargestellt, aus Gründen einer fundierten Datenerhebung auf einer siebenstufigen Skala von -3 bis +3 erfasst wurden, in einem ersten Schritt **transponiert** werden müssen: durch **Addition von jeweils +4** auf eine Skala von 1 bis 7.

(2) Verfahren zur indirekten Messung (= ‚Gap'-Ansatz)
Diese auch als ‚**Gap'-Ansatz** bekannten Messverfahren beruhen auf der Annahme, dass eine Person um so zufriedener ist, je weniger sich Realität und **Idealvorstellung** unterscheiden. Im Mittelpunkt steht demnach ein **Soll / Ist-Vergleich**:
- Man erfasst zum einen die **wahrgenommene** (bzw. **tatsächlichen**) Ausprägungen und
- zum anderen die als ideal empfundenen Ausprägungen (= **Erwartungen**)

der Beurteilungsebenen explizit. Dabei werden
- entweder **vor** Inanspruchnahme der Leistung (= **ex ante**) oder
- **nach** Inanspruchnahme der Leistung (= **ex post**)

die **Erwartungen** je Leistungskomponente ermittelt. Erfasst man überdies die **wahrgenommene** (bzw. **empfundene**) **Leistungsqualität**, so lässt sich die Zufriedenheit mit der jeweiligen Leistungskomponente bestimmen, indem man zunächst je Leistungskomponente die einzelnen Differenzen zwischen wahrgenommener Qualität und Erwartung berechnet.

Häufig berücksichtigt man überdies die kundenspezische **Wichtigkeit** der einzelnen Leistungskomponenten. Werden die Differenzen anschließend mit der jeweiligen Wichtigkeit multipliziert und die einzelnen Werte addiert, so ergibt sich die **Gesamtzufriedenheit**. Die entsprechende Formel lautet:

$$GZ = \sum_{i}^{n} (Q_i - E_i) \cdot W_i$$

Legende:
GZ = Gesamtzufriedenheit
Q_i = Wahrgenommene Qualität der Leistungskomponente i
E_i = Erwartungen an die Leistungskomponente i
W_i = Bedeutung der Leistungskomponente i
i = Art der Leistungskomponente (z.B. Freundlichkeit des Servicepersonals)

Im Folgenden finden sich zwei Beispiele, welche die beiden skizzierten Ansätze der ‚Gap'-Analyse verdeutlichen (vgl. Abb. 21 [= **ex ante**] sowie Abb. 22 [= **ex post**]). ‚Gaps', d.h. Differenzen zwischen tatsächlicher und gewünschter Leistungsqualität, können positiv, aber auch negativ sein. Ein negativer (positiver) ‚Gap' drückt aus, dass die Bedeutung, die ein Kunde einem bestimmten Merkmal beimisst, die entsprechende Zufriedenheit mit dieser Leistungskomponente übersteigt (unterschreitet), d.h.: Je größer der negative (positive) Wert, desto größer das Leistungsdefizit (der Leistungsüberschuss). Wer in einem positiven ‚Gap' indessen eine spezifische Stärke des betreffenden Unternehmens erblickt, erliegt womöglich einem Trugschluss (vgl. Lohmann 1997, S.173). Denn ein Leistungsüberschuss

- spricht für **‚over spending'**, welches zwar Kosten verursacht, dem Unternehmen aber nicht zwangsläufig einen größeren Nutzen (= Ertrag) stiftet,
- kann auch bedeuten, dass das fragliche Kriterium für den Kunden eine **geringe Bedeutung** besitzt.

Die ‚Gap'-Analyse ist allerdings mit gewissen **Problemen** behaftet:
- Es erweist sich als schwierig, den Begriff Erwartung zu **operationalisieren**.
- Da Erwartungen und wahrgenommene Qualität auf einer auf den ersten Blick ähnlichen Skala gemessen werden, tendieren Befragte zu **konsistentem Antwortverhalten**, so dass die Differenz beider Messungen von der tatsächlich empfundenen Zufriedenheit abweichen kann.
- Führt man die Messung zu **zwei Zeitpunkten** durch, d.h. ex post (= vor der Leistungserbringung) die Erwartung und ex ante (= danach) die wahrgenommene Leistung, so geht damit ein vergleichsweise großer Erhebungsaufwand einher.

Abb. 21: ,Gap'-Analyse: Indirekte Messung der Kundenzufriedenheit am Beispiel „Erwartungen an die Leistungskomponenten ex ante"

1. Messung der Erwartungen an die Leistungskomponenten (ex ante)

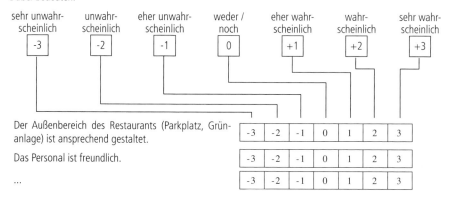

2. Messung der wahrgenommenen Qualität der Leistungskomponenten (ex post)

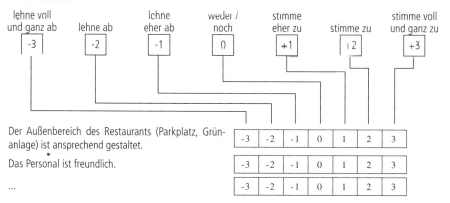

Abb. 22: ‚Gap'-Analyse: Indirekte Messung der Kundenzufriedenheit am Beispiel „Erwartungen an die Leistungskomponente ex post"

1. Messung der Erwartungen an die Leistungskomponenten (ex post)

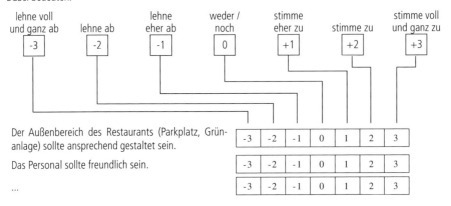

2. Messung der wahrgenommenen Qualität der Leistungskomponenten (ex post)

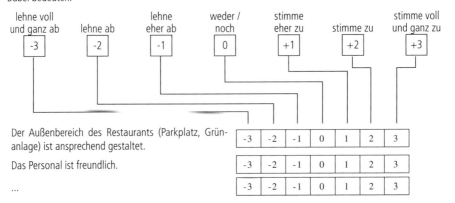

- Kunden, die vor Inanspruchnahme der Leistung nach ihren Erwartungen befragt werden, erliegen häufig dem Phänomen der **Anspruchsinflation**. Befragt man sie indessen ex post, so führt dies dazu, dass sich die ursprünglichen Erwartungen durch die Inanspruchnahme der Leistung **verschoben** haben, sich also nicht mehr mit jenen decken, welche ex ante bestanden.

> **Praxis-Tipp**   Formulierung von Fragen

- Stellen Sie keine Suggestivfragen, da diese dem Befragten eine bestimmte Antwortvorgabe nahe legen.
- Formulieren Sie eindeutige Fragen.
- Ihre Fragen bzw. Antworten sollten sich auf konkrete Situationen beziehen.
- Wenn Sie zu einem Sachverhalt, den der Befragte nicht unbedingt kennen kann, Fragen stellen, sollten Sie eine kurze Erklärung oder ein Beispiel voranstellen.
- Soll sich der Befragte in eine bestimmte Situation versetzen, sind Zeit, Ort und Zusammenhang anzugeben; z.B.: sollte nicht formuliert werden „Als Sie jung waren ...", sondern konkreter „Als Sie zur Grundschule gingen ...".
- Stellen Sie neutrale Fragen.
- Vermeiden Sie „negativ beladene" Begriffe.
- Vermeiden Sie – wenn möglich – unrealistische Beispiele, insbes. hypothetische Situationen.
- Erfassen Sie je Frage lediglich einen Sachverhalt (schlechtes Bsp.: „Wie zufrieden sind Sie mit Qualität und Frische der Produkte?"; besser: „Wie zufrieden sind Sie mit der Qualität der Produkte?" und „Wie zufrieden sind Sie mit der Frische der Produkte?").
- Stellen Sie Fragen, die eine Auskunftsperson leicht erfassen kann, d.h. insbesondere
    o keine doppelte Verneinung (z.B. „Ist es nicht richtig, dass Sie Produkt X nicht gekauft haben, weil Sie ...?"),
    o möglichst kurze Fragen,
    o einfache Formulierungen, die sich an der Alltagssprache orientieren,
    o keine ungebräuchlichen Fachausdrücke, Fremdwörter und Abkürzungen,
    o keine komplexen Berechnungen (schlechtes Bsp.: „Wie viel Prozent Ihrer Freizeit verbringen Sie mit dem Lesen von Büchern?"; gutes Bsp.: alle Aktivitäten getrennt erfragen: „Wie viele Stunden verbringen Sie grundsätzlich pro Woche mit Freizeit (generell), mit Lesen, mit Musik hören, mit Sport, ...?").
- Formulieren Sie Ihre Fragen teils positiv, teils negativ, um Gewöhnungseffekte beim Ankreuzen zu vermeiden.

3.2.3.1.1.3 Zufriedenheitsorientierte Messansätze
Anders als die einstellungsorientierten Ansätze setzen diese Messverfahren an konkreten, von einer Person **unmittelbar erlebten** Situationen an, z.B. Kauf, Gebrauch, Verbrauch eines Produkts, Nutzung einer Dienstleistung.

(1) Eindimensionale Messverfahren
Auch sie werden den merkmalsorientierten Verfahren subsumiert, erfassen Kundenzufriedenheit aber lediglich anhand einer Frage (vgl. Abb. 23), was mit Blick auf die **Mehrdimensionalität** des Konstrukts weder sachlogisch noch zweckmäßig ist. Denn dem Forscher erschließt sich damit nicht, wie der Kunde zu seinem Zufriedenheitsurteil gelangt. Außerdem bleibt im Dunkeln, **welche Faktoren** für die (Un-)Zufriedenheit verantwortlich sind. Beispielsweise gewinnt das Zufriedenheitsurteil (mit einem Restaurant) von +1,8 (auf einer Skala von -3 = sehr unzufrieden bis +3 = sehr zufrieden) erst dann an Aussagekraft, wenn man zusätzlich erfährt, dass vor allem die (Un-)Zufriedenheit mit „Freundlichkeit" und „Hilfsbereitschaft des Servicepersonals" sowie mit der „Atmosphäre im Restaurant" für die Zufriedenheit verantwortlich sind.

Abb. 23: Messung der Kundenzufriedenheit mit dem eindimensionalen Messverfahren

Wenn Sie einmal all Ihre Erfahrungen Revue passieren lassen: Wie zufrieden sind Sie mit unserem **Restaurant ganz allgemein**?

sehr unzufrieden	unzufrieden	eher unzufrieden	weder / noch	eher zufrieden	zufrieden	sehr zufrieden
-3	-2	-1	0	+1	+2	+3

(2) Berücksichtigung der verschiedenen Leistungsebenen / Dimensionen
Die oben geschilderten Probleme lassen sich mit Hilfe des **mehrdimensionalen Ansatzes** beheben. Am Beispiel „Restaurantbesuch" verdeutlicht Abb. 24 auszugsweise, wie eine idealtypische Befragung zum Thema „Zufriedenheit der Restaurantgäste" konzipiert sein könnte.

Wenn Kunden, Gäste bzw. Konsumenten Einzelurteile - wie in Abb. 24 gefordert - abgeben, so stellt sich die Frage, wie sie diese „Einzelzufriedenheiten" zur **Gesamtzufriedenheit verdichten**. Hierzu bedienen sie sich normalerweise einer sog. Heuristik, einer vereinfachenden Regel (vgl. Kuß 2001, S.747ff.). Die Wesentlichen werden im Folgenden skizziert.

Abb. 24: Multiattributive Erfassung der Kundenzufriedenheit am Beispiel „Restaurantbesuch"

Bitte geben Sie an, wie **zufrieden** Sie mit den folgenden **Kriterien** bzw. **Leistungsebenen** unseres **Restaurants** sind?

Dabei bedeuten:

sehr unzufrieden	unzufrieden	eher unzufrieden	weder / noch	eher zufrieden	zufrieden	sehr zufrieden
-3	-2	-1	0	+1	+2	+3

Kriterium	-3	-2	-1	0	1	2	3	Kann ich nicht beurteilen
Außenbereich des Restaurants (Parkplatz, Grünanlage)	-3	-2	-1	0	1	2	3	☐
Freundlichkeit des Personals	-3	-2	-1	0	1	2	3	☐
Sauberkeit des Restaurants	-3	-2	-1	0	1	2	3	☐
Ambiente	-3	-2	-1	0	1	2	3	☐
Vielfalt der Getränke	-3	-2	-1	0	1	2	3	☐
Vielfalt der Speisen	-3	-2	-1	0	1	2	3	☐
Kompetenz des Personals	-3	-2	-1	0	1	2	3	☐
Erscheinungsbild der Mitarbeiter	-3	-2	-1	0	1	2	3	☐
Freundlichkeit der Mitarbeiter	-3	-2	-1	0	1	2	3	☐
Hilfsbereitschaft der Mitarbeiter	-3	-2	-1	0	1	2	3	☐
Verfügbarkeit der Speisen	-3	-2	-1	0	1	2	3	☐
Qualität der Getränke	-3	-2	-1	0	1	2	3	☐
Wartezeit auf Speisenausgabe	-3	-2	-1	0	1	2	3	☐
Organisation der Speisenausgabe	-3	-2	-1	0	1	2	3	☐
Präsentation der Speisen	-3	-2	-1	0	1	2	3	☐
Geschmack der Speisen	-3	-2	-1	0	1	2	3	☐
Frische der Speisen	-3	-2	-1	0	1	2	3	☐
Qualität der Speisen	-3	-2	-1	0	1	2	3	☐
Sauberkeit der Toiletten	-3	-2	-1	0	1	2	3	☐
Umgang mit Reklamationen	-3	-2	-1	0	1	2	3	☐
Preis / Leistungs-Verhältnis	-3	-2	-1	0	1	2	3	☐
...	-3	-2	-1	0	1	2	3	☐

(1) Wendet ein Kunde **nicht-kompensatorische Regeln** an, so kann er bereits dann generell unzufrieden werden, wenn er mit einem Teilaspekt der Leistung unzufrieden ist. Mit Blick auf das Phänomen „Kundenzufriedenheit" sind dabei zwei Regeln besonders bedeutsam (vgl. Bettman 1979, S.176ff.; Aschenbrenner 1977, S.28):

- **Disjunktionsregel**: Für den Kunden ist ein Kriterium dominant. Erfüllt das Produkt bzw. die Dienstleistung das auf recht hohem Niveau festgelegte Ausschlusskriterium, ist er zufrieden, andernfalls unzufrieden.
- **Konjunktive Regel**: Der Kunde bestimmt für jede relevante (Produkt-)Eigenschaft eine Minimalanforderung. Wird diese auch nur bei einer Eigenschaft unterschritten, ist er unzufrieden.

(2) **Kompensatorische Heuristiken** beruhen auf der Annahme, dass positive Eigenschaften eines Produkts / einer Dienstleistung die negativen kompensieren können. Bei dem in der Zufriedenheitsmessung am weitesten verbreiteten Beurteilungsmodell werden die relevanten Eigenschaften

- bewertet,
- gewichtet und
- additiv zur Gesamtzufriedenheit verknüpft (= **linear-kompensatorische Regel**).

Hierzu wird in einem ersten Schritt die Zufriedenheit des Kunden mit den einzelnen Leistungskomponenten erhoben (z.B. Zufriedenheit mit der Freundlichkeit der Mitarbeiter, der Beratungsqualität, der Qualität der Produkte, der Auswahl, der Präsentation, dem Serviceangebot, den Öffnungszeiten, dem Standort, der Preiswürdigkeit). Die Gesamtzufriedenheit lässt sich anschließend berechnen, indem man

- die **jeweils ermittelte Zufriedenheit** (mit den einzelnen Leistungskomponenten) mit
- deren **Relevanz** für den Kunden multipliziert und
- diese derart gewichteten **Einzelzufriedenheiten** anschließend addiert.

In mathematischer Schreibweise lässt sich dieser Sachverhalt folgendermaßen darstellen:

$$GZ = \sum_{i}^{n} EZ_i \cdot W_i$$

Legende:

GZ = Gesamtzufriedenheit
EZ_i = Zufriedenheit mit der Leistungskomponente i („Einzelzufriedenheit")
W_i = Wichtigkeit der Leistungskomponente i
i = Art der Leistungskomponente (z.B. Beratungsqualität, Öffnungszeiten)

3.2.3.1.1.4 Hinweise zur Skalierung

Kundenzufriedenheit sollte grundsätzlich mit sog. **Rating-Skalen** gemessen werden, die i.d.R. von -3 (= sehr unzufrieden) bis +3 (= sehr zufrieden) reichen (vgl. Abb. 25).

Abb. 25: Typische Rating-Skala zur Messung der Kundenzufriedenheit

Andere Messmethoden, z.B. Vergabe von **Schulnoten** (von 1 bis 6) oder Angabe der Zufriedenheit auf einer Skala von 0 bis 100, werden zwar bisweilen angewandt, sind aber mit Blick auf deren Validität problematisch. Dasselbe gilt grundsätzlich auch für sog. **Smileys**. Diese sollten allenfalls dann eingesetzt werden, wenn in einem Land Verbraucher verschiedener Nationen befragt werden sollen (z.B. Befragung deutscher und ausländischer Kunden zu deren Zufriedenheit mit einem deutschen Discounter). Verbale und symbolische Umschreibung der Zufriedenheitsintensität sollten dann aber gemeinsam aufgeführt werden (vgl. Abb. 26).

Praxis-Tipp   **Skalierung**

- Die Zahl der Antwortkategorien hängt ab von
  - dem Ziel der Informationsgewinnung,
  - der gewünschten Analysemethode,

o dem Differenzierungsvermögen der Befragten.
- Die Zahl der Antwortkategorien sollte ungerade sein (i.d.R. sieben Kategorien), z.B. mit „weder / noch" als Mitte.
- Die Skala muss ausgeglichen sein (von „sehr" bis „sehr"), z.B. „sehr unzufrieden" bis „sehr zufrieden".
- Auskunftspersonen sollten die Möglichkeit haben, ggf. die Kategorie „Kann ich nicht beurteilen", „Weiß nicht" oder bspw. „Keine Kenntnisse" anzukreuzen, da man sonst Gefahr läuft, die Indifferenzkategorie „weder / noch" nicht eindeutig interpretieren zu können: Ist der Kunde mit dieser Eigenschaft tatsächlich weder zufrieden noch unzufrieden? Oder wählt er diese Option, weil er die erfragte Leistungskategorie nicht bewerten kann?

Abb. 26: Möglichkeit zur Nutzung von Smileys bei der Kundenzufriedenheitsmessung

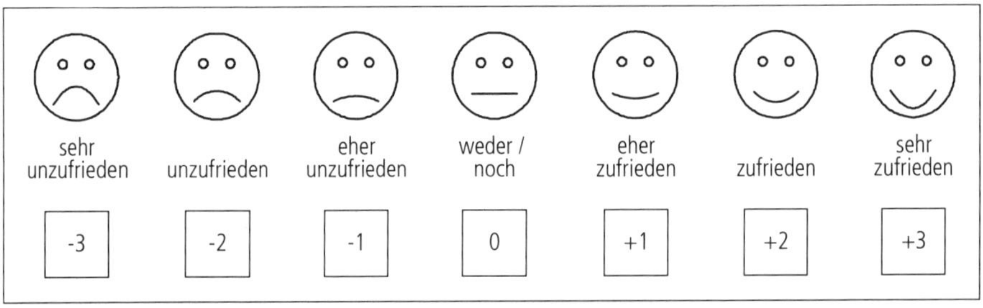

3.2.3.1.1.5 Messung der Wichtigkeit

Menschen neigen dazu, ihre Ansprüche zu maximieren, weshalb sie – wenn sie als Kunde „aktiv" werden – nahezu alle Eigenschaften als (sehr) wichtig einstufen. Wegen dieser als **„Anspruchsinflation"** bekannten typisch menschlichen Eigenheit ist es nicht zweckmäßig, die Wichtigkeit von Leistungskomponenten mit Hilfe einer Rating-Skala zu erfassen, weil dann tatsächlich bestehende Unterschiede in der Relevanz der einzelnen Leistungskomponenten wegen des sog. **‚Ceiling'-Effekts** (ceiling = Höchstgrenze) verschwimmen. Statt mit Rating-Skalen sollte man die Wichtigkeit mit anderen Verfahren messen.

(1) Das Problem der „Anspruchsinflation" lässt sich bspw. mit Hilfe der sog. **Konstantsummen-Methode** mindern, bei welcher jede Auskunftsperson eine bestimmte Punktzahl (z.B. 100 Punkte) nach Maßgabe der jeweils empfundenen Wichtigkeit auf die einzelnen Leistungskomponenten verteilen muss. Der Vorteil dieser Vorgehensweise ist darin zu sehen, dass die Befragten ihre Ansprüche

nicht maximieren können, sondern sich zwischen den Eigenschaften entscheiden müssen (= ‚trade off'): Denn wer einer Eigenschaft viele Punkte gibt, hat zwangsläufig weniger Punkte übrig, welche er auf die restlichen Leistungskomponenten verteilen kann. Abb. 27 erläutert die Konstantsummen-Methode am Beispiel „Kfz-Werkstatt".

Abb. 27: Anwendung der Konstantsummen-Methode am Beispiel „Kundenzufriedenheitsfragebogen einer Kfz-Werkstatt"

Um unser Angebot zu optimieren, möchten wir gerne von Ihnen erfahren, welche Leistungen Sie von unserer Autowerkstatt erwarten. Bitte geben Sie deshalb an, wie wichtig Ihnen die folgenden Leistungseigenschaften sind, wenn Sie eine Autowerkstatt auswählen. Verteilen Sie hierzu 100 Punkte entsprechend Ihren ganz persönlichen Bedürfnissen. Je wichtiger eine Eigenschaft für Sie ist, desto mehr Punkte sollten Sie ihr geben. Wenn Sie eine Eigenschaft für völlig unwichtig halten, dann geben Sie ihr 0 Punkte. Geben Sie jeder Eigenschaft hingegen dieselbe Punktzahl, so drücken Sie damit aus, dass Ihnen alle Eigenschaften gleich wichtig sind. Sie können aber auch alle Punkte einer Eigenschaft zuweisen.		
Eigenschaften	Platz zum Ausrechnen	Endgültige Punkteverteilung
• Freundlichkeit der Mitarbeiter	5	4
• Hilfsbereitschaft der Mitarbeiter	5	3
• Fachkenntnisse der Mitarbeiter	15	14
• Qualität der durchgeführten Arbeiten	20	14
• Einhaltung des Kostenvoranschlags	0	5
• Preiswürdigkeit der durchgeführten Arbeiten	5	10
• Verständlichkeit der Rechnung	5	5
• Erklärung der durchgeführten Arbeiten	5	0
• Flexibilität bei der Terminvereinbarung	15	10
• Einhaltung des vereinbarten Termins	5	10
• Öffnungszeiten	5	0
• Optisches Erscheinungsbild der Werkstatt	0	5
• Optisches Erscheinungsbild der Mitarbeiter	10	5
• Prompte Bedienung	0	5
• Bereitstellung eines Ersatzfahrzeugs/Taxigutschein	5	10
Summe	**100**	**100**

Wer die **Konstantsummen-Methode** nutzen will, sollte folgende Hinweise beachten:
- Anzahl der Eigenschaften (hier = 15) und zu vergebende Punktzahl müssen in einem für die Befragungsperson **nachvollziehbaren** Verhältnis stehen

(z.B. 100 oder 150 Punkte). Beispielsweise würde es die Aufgabe unnötig erschweren (und damit die Validität der Ergebnisse mindern), wenn ein Proband 65 Punkte auf 17 Eigenschaften verteilen sollte.
- Wenn sowohl die Zufriedenheit mit den einzelnen Eigenschaften als auch deren Wichtigkeit erhoben werden, dann sollten **Reihenfolge** und **Formulierung** der Merkmale bei beiden Fragen **identisch** sein.
- Die Beantwortung von Fragen zur Wichtigkeit ist für Kunden sehr **anspruchsvoll**. Dieses Verfahren sollte deshalb selten eingesetzt werden (i.d.R. höchstens einmal pro Befragung).

Kritiker führen ins Feld, dass Fragen zur Wichtigkeit von Leistungseigenschaften einen Fragebogen nur unnötig **aufblähen**, **monoton** seien und ohnehin **keine sinnvollen** Ergebnisse lieferten (vgl. Homburg/Rudolph 1995). Dass etwa das zuletzt genannte Argument nicht ganz von der Hand zu weisen ist, verdeutlicht folgendes Beispiel zum Thema „Kfz-Werkstatt".

Angenommen, die Konstantsummen-Methode ergab, dass der typische Kunde einer Kfz-Werkstatt das Kriterium „Einhaltung des vereinbarten Termins" als vergleichsweise unbedeutend einstuft. Den Besitzer einer Werkstatt könnte dieses Resultat zu der Annahme verleiten, dass diese Leistungsdimension vernachlässigbar sei. Tatsächlich aber drückt ein geringer Punktwert bei dieser Eigenschaft vielmehr aus, dass Kunden es als selbstverständlich erachten, dass eine Werkstatt ihre vereinbarten Termine einhält. Man kann sich unschwer das Ausmaß der „Zufriedenheit" eines Kunden vorstellen, der – wie vereinbart – gegen 17.00 Uhr sein Fahrzeug aus der Werkstatt abholen möchte, dann aber erfährt, dass die Reparatur noch nicht abgeschlossen sei und auch leider kein Ersatzfahrzeug zur Verfügung stehe, welches ihn zu seiner 15 Kilometer entfernten Wohnung zurückbringt.

(2) Die Wichtigkeit von Leistungsbestandteilen lässt sich auch mit sog. **dekompositionellen Verfahren** ermitteln. Dabei werden zunächst ein **globales Zufriedenheitsurteil** sowie entsprechende **Einzelzufriedenheiten** ermittelt, um anschließend auf **indirektem** Wege mit Hilfe **multivariater Verfahren** (i.d.R. eine Kombination aus Regressions- und Faktorenanalyse) die Wichtigkeit einzelner Leistungskomponenten zu erschließen.

Regressionsanalytische Modelle sind wichtig, weil sie die Einzelzufriedenheiten (= unabhängige Variablen) und die Gesamtzufriedenheit (= abhängige Variable) verknüpfen und auf diese Weise **Richtung** und **Stärke** des Zusammenhangs zwischen diesen Größen analysieren. Das Spektrum an Möglichkeiten zur mathematischen **Verknüpfung** reicht dabei von linear-additiven über multiplikative bis hin zu komplexeren Modellen.

Folgende Gleichung, der ein linear-additives Modell zugrunde liegt, verdeutlicht den **Einfluss** der **Teilzufriedenheiten** (z.B. Preis / Leistungsverhältnis, Freundlichkeit der Mitarbeiter, Sortimentsbreite, Sortimentstiefe, Öffnungszeiten usw.) auf die Gesamtzufriedenheit. Die **Regressionskoeffizienten** (= a, b, c usw.) bilden dabei die Wichtigkeit der Einzelzufriedenheiten ab:

$$GZ = a \cdot EZ_1 + b \cdot EZ_2 + c \cdot EZ_3 + \ldots + x \cdot EZ_i$$

Legende:

GZ	=	Gesamtzufriedenheit
EZ_i	=	Einzelzufriedenheit (= Zufriedenheit mit Leistungskomponente i)
i	=	1, 2, 3, …, n
a, b, c, …, x	=	Regressionskoeffizienten (= analytisch ermittelte Wichtigkeit der einzelnen Leistungskomponenten)

Die Relevanz der einzelnen Leistungskomponenten lässt sich an der Größe der regressionsanalytisch gewonnenen „**standardisierten Beta-Gewichte**" ablesen. Deren Stellenwert erkennt, wer jedes standardisierte Gewicht zur **Summe aller standardisierten Beta-Gewichte** ins Verhältnis setzt: Je größer das anteilige Gewicht, desto bedeutsamer ist das betreffende Merkmal. In dem in Abb. 28 dargestellten Fall etwa ließ sich regressionsanalytisch nachweisen, dass drei Faktoren eines Unternehmens die Loyalität seiner Kunden beeinflussen – wenngleich in unterschiedlichem Maße. Denn wie das Verhältnis der standardisierten Beta-Gewichte offenbart, ist der Telefonkontakt am wichtigsten (= 45%), gefolgt von Anlieferung (= 35%) und Rechnung, das mit 20% im Vergleich zu den beiden anderen am wenigsten Einfluss auf die Loyalität ausübt.

Häufig wird der Regressionsanalyse eine Faktorenanalyse vorgeschaltet mit dem Ziel, die Vielzahl der in einer Befragung erhobenen Teilzufriedenheiten auf wenige **zentrale Zufriedenheitsdimensionen** zu **verdichten**. Diese Vorgehensweise hat **zwei Vorteile**:

- Sie stellt die für eine fundierte Regressionsanalyse notwendige Bedingung sicher, dass die unabhängigen Variablen (hier = Einzelzufriedenheiten) unkorreliert, d.h. **tatsächlich unabhängig** sind.

- Indem man statt der ursprünglichen Einzelzufriedenheiten die faktoranalytisch gewonnenen Zufriedenheitsdimensionen zugrunde gelegt, kann man in zukünftigen Befragungen den **Erhebungsaufwand ggf. reduzieren**.

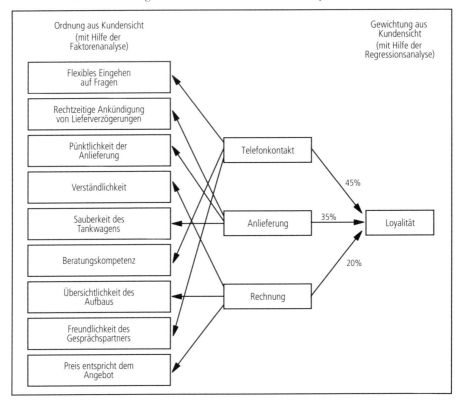

Abb. 28: Bedeutung der Einzelzufriedenheiten für die Loyalität der Kunden

(3) Auch mit der sog. **Vignette-Methode**, einer Variante der **dekompositionellen Verfahren**, kann man den Stellenwert einzelner Eigenschaften für ein Globalurteil (hier = Gesamtzufriedenheit) ermitteln. Das Verfahren basiert auf dem **Conjoint Measurement** und unterstellt, dass sich der Gesamtnutzen einer Leistung additiv aus dem Nutzen der einzelnen Komponenten (sog. **Teilnutzenwerte**; hier = Nutzen der Zufriedenheitsdimensionen) zusammensetzt. Außerdem geht die Vignette-Methode davon aus, dass für das Zustandekommen eines Zufriedenheitsurteils eine relativ geringe Anzahl an Faktoren (= Zufriedenheitsdimensionen) relevant ist. Dies bedeutet, dass man zunächst

diese „**Critical quality characteristics**" (CQCs) ermitteln muss, d.h. all jene Faktoren, welche für die Qualitätsbeurteilung entscheidend sind.

Die Vignette-Methode lässt sich grob in folgende **Schritte** unterteilen:

(1) Durch **systematische Kombination** der Ausprägungen der festgelegten CQCs werden fiktive Situationen konstruiert, welche auf sog. **Vignetten** präsentiert werden.

(2) Jede Auskunftsperson (z.B. ein Bankkunde) soll nun die verschiedenen Vignetten beurteilen. Dies geschieht i.d.R. dadurch, dass die befragte Person alle Karten gemäß der von ihr empfundenen **Präferenz** in eine **Rangordnung** bringt. Denkbar ist allerdings auch, dass man statt einer Ordinal- eine **Intervallskala** (z.B. von „sehr gut" bis „sehr schlecht") verwendet.

(3) Auf Basis der so erhaltenen Daten kann man mit Hilfe des **Conjoint Measurement** berechnen, welchen Beitrag die einzelnen Eigenschaftsausprägungen zur Gesamtzufriedenheit stiften, d.h. wie bedeutsam sie sind.

Der konkrete Ablauf der Vignette-Methode soll im Folgenden an einem vereinfachten Beispiel zum Thema „**Zufriedenheit mit der Abwicklung von Kreditanträgen (Laufzeit 10 Jahre)**" verdeutlicht werden. Ziel ist es, aus dem empirisch erhobenen globalen Urteil (hier = Präferenz für die Abwicklung von Kreditanträgen) den Nutzenbeitrag – und damit die Relevanz – der für die Kundenzufriedenheit bedeutsamen Merkmale (= „Critical quality characteristics") zu erschließen. Beispielsweise könnten für die Zufriedenheit folgende CQCs – sowie die jeweils aufgeführten Ausprägungen – bedeutsam sein:

- Qualität der Beratung: sehr gut, durchschnittlich, sehr schlecht,
- Höhe des letztlich angebotenen Kreditzinses: 3,9%, 4,0%, 4,1%,
- Schnelligkeit der Abwicklung: 3 Tage, 1 Woche, 2 Wochen.

Durch systematische Kombination der Ausprägungen der drei CQCs wurden verschiedene Dienstleistungen „konstruiert", die es zu bewerten galt. Weil eine zu große Anzahl zu bewertender Stimuli die Befragungspersonen gewöhnlich überfordert und damit die **Reliabilität** der Ergebnisse mindert, wurde mit Hilfe des von Addelman (1962) entwickelten Basic plan ein **reduziertes Erhebungsdesign** konzipiert, das statt der ursprünglich 3 x 3 x 3 = 27 möglichen Kombinationen lediglich noch neun Varianten der Antragsabwicklung umfasst. Diese in Abb. 29 dargestellten Optionen waren von (potentiellen) Bankkunden nach Maßgabe der jeweiligen Präferenz in eine Rangfolge zu bringen. Das so gewonnene globale Urteil über die neun Konzepte bildete die Datenbasis für das Conjoint-Measurement.

Abb. 29: Reduziertes Erhebungsdesign zur Ermittlung der Relevanz der „Critical quality characteristics" bei der Abwicklung von Kreditanträgen

Konzept zur Abwicklung eines Kreditantrags	Qualität der Beratung	Höhe des Kreditzinses (*in %*)	Schnelligkeit der Abwicklung
A	sehr schlecht	3,9	2 Wochen
B	durchschnittlich	4,0	3 Tage
C	sehr gut	3,9	3 Tage
D	sehr schlecht	4,0	1 Woche
E	sehr schlecht	4,1	3 Tage
F	durchschnittlich	3,9	2 Wochen
G	durchschnittlich	4,1	1 Woche
H	sehr gut	4,1	2 Wochen
I	sehr gut	4,0	1 Woche

Wer die relative Wichtigkeit der Eigenschaften bestimmen will, sollte bedenken, dass die für eine Person errechneten Teilnutzenwerte der Eigenschaften „Qualität der Beratung", „Schnelligkeit der Abwicklung", „Höhe des letztlich angebotenen Kreditzinses" nicht unmittelbar miteinander vergleichbar sind (= **fehlende intraindividuelle Vergleichbarkeit**; vgl. z.B. Schweikl 1985). Dasselbe gilt für die für verschiedene Personen ermittelten Teilnutzenwerte derselben Eigenschaft (= fehlende **interindividuelle** Vergleichbarkeit). Deshalb müssen conjoint-analytisch errechnete Werte **transponiert** (= Voraussetzung für die **intraindividuelle** Vergleichbarkeit) und anschließend **normalisiert** (= Voraussetzung für die interindividuelle Vergleichbarkeit) werden (vgl. hierzu Bauer/Thomas 1984). Auf diese Weise erhält man für die einzelnen Eigenschaftsausprägungen normierte Teilnutzenwerte, die sich je Proband (hier = Bankkunde) zu eins addieren. Der Einfluss der Eigenschaften auf die individuelle Präferenzbildung wurde mit Hilfe folgender Formel berechnet:

$$E_j = \frac{\max_i \beta_{ij} + \left|\min_i \beta_{ij}\right|}{\sum_{j=1}^{J}(\max_i \beta_{ij} + \left|\min_i \beta_{ij}\right|)}$$

Dabei bedeuten:

E_j = Einfluss der Eigenschaft j auf die individuelle Präferenzbildung
β_{ij} = Teilnutzenwert der Ausprägung i von Eigenschaft j
i = Ausprägung einer Eigenschaft
I = Anzahl der Ausprägungen i einer Eigenschaft
j = Eigenschaft (= „Critical quality characteristic")
J = Anzahl der Eigenschaften

Bei diesem Algorithmus wird die Bedeutung einer Eigenschaft mit Hilfe der **Spannweite** der einzelnen Teilnutzenwerte berechnet. Eine solche Vorgehensweise bietet den Vorteil, dass der jeweils größte Teilnutzenwert pro Eigenschaft besonders berücksichtigt wird, was der Intention des additiven Conjoint Measurement, die ideale Alternative durch die Summe der besten Eigenschaften darzustellen, entspricht. Allerdings reagiert dieses Verfahren besonders sensibel auf **Ausreißerwerte** (vgl. Thomas 1979, S.210).

Abb. 30 stellt die für den „**Durchschnitts-Bankkunden**" ermittelten Teilnutzenwerte zusammenfassend dar.

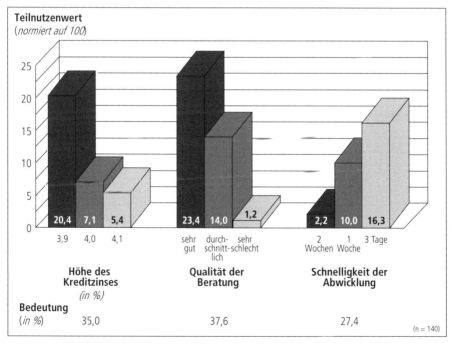

Abb. 30: Durchschnittliche Wichtigkeit der einzelnen „Critical quality characteristics" für die Befragten

- Eine sehr gute **Beratung** wird als besonders bedeutsam erachtet. Mit einem mittleren **normierten Teilnutzenwert (TNW)** von 23,4 genießt sie von den drei zu beurteilenden Optionen die mit Abstand größte Attraktivität. Hingegen werden eine durchschnittliche (= 14,0 TNW) bzw. eine sehr schlechte Beratung (= 1,2 TNW) weniger geschätzt.
- Die Kunden bevorzugen einen günstigen **Kreditzins** (hier = 3,9%). Dieser stiftet durchschnittlich 20,4 „Nutzeneinheiten", wohingegen höhere Kreditzinsen (4,0% bzw. 4,1%) weniger attraktiv sind (7,1 bzw. 5,4 TNW).
- Außerdem bevorzugt der „Durchschnitts-Kunde" eine schnellere **Abwicklung**. Während 2 Wochen lediglich 2,2 TNW stiften, liegt der Nutzen einer Abwicklung innerhalb 1 Woche bei 10,0 TNW. Im Falle von 3 Tagen wächst der mittlere normierte Teilnutzenwert auf 16,3.

Berechnet man den **Beitrag** der einzelnen Eigenschaften zum Zustandekommen der individuellen Präferenzen, so ergeben sich die in Abb. 30 gleichfalls dargestellten Werte. Demnach ist den Bankkunden im Durchschnitt die „Qualität der Beratung" am wichtigsten (= 37,6%). Ähnlich bedeutsam ist die „Höhe des letztlich angebotenen Kreditzinses" (= 35,0%), während die „Schnelligkeit der Abwicklung" einen etwas schwächeren Einfluss ausübt (= 27,4%).

3.2.3.1.2 ‚Willingness to pay'-Ansatz
Dieser Ansatz basiert auf der **Equity**- bzw. **Gerechtigkeits-Theorie** (vgl. Adams 1963): Eine Person, die das Verhältnis von Aufwand und Ertrag als unfair empfindet (z.B. höherer Preis bei gleichbleibender Leistung), entwickelt **Spannungen**. Gleichgewicht – und damit Zufriedenheit – werden erreicht, wenn es dem Unternehmen gelingt, diese Spannungen abzubauen.

Zu den wesentlichen Annahmen dieses Ansatzes gehört, dass ein Kunde die erhaltene Leistung mit den
- finanziellen,
- zeitlichen,
- psychischen und
- physischen

Aufwendungen **vergleicht**, die er für den Erwerb bzw. die Inanspruchnahme der Leistung aufbringen musste. Hierzu gehören insbesondere
- **Information** (z.B. Erwerb / Lesen von Katalogen, Fachzeitschriften und Internetseiten, Zeitaufwand für Informationsgespräche),

- **Fahrten** zu bzw. Führen von **Verhandlungsgesprächen** (z.B. Preisverhandlungen mit Anbietern),
- **Transfer** (u.a. Zeit, um die Distanz zwischen Wohn- und Einkaufsort zurückzulegen),
- **Kontrolle** der Richtigkeit des Kaufs (z.B. Suche nach und Verarbeitung von Konsonanz fördernden Informationen).

Ist die wahrgenommene Leistung größer als der damit verbundene Aufwand, ist der Kunde zufrieden, andernfalls unzufrieden. Da aber Kunden die zahlreichen mittelbaren Kosten z.B. psychischer oder physischer Art häufig nicht ins Kalkül ziehen, wird bei diesem Ansatz der Aufwand meist mit dem für die Leistung zu erbringenden **Kaufpreis** gleichgesetzt. Anschließend wird der Preis

- entweder mit dem aus einzelnen Leistungsmerkmalen zusammengesetzten **Nutzen** in Beziehung gesetzt oder
- im Rahmen eines multiattributiven Messverfahrens in die **Merkmalsliste** aufgenommen.

Wenngleich der ‚Willingness to pay'-Ansatz bisweilen als Verfahren zur Messung von Kundenzufriedenheit aufgeführt wird, so ist sein diesbezügliches Potential dennoch **äußerst begrenzt** (vgl. Meffert/Bruhn 1997, S.216). Vielmehr bietet sich diese Methode bspw. dann an, wenn Unternehmen Dienstleistungen im Rahmen der Leistungspolitik variieren und damit feststellen wollen, ob Kunden bereit sind, für eine Erweiterung bzw. Verbesserung des Leistungsangebots einen höheren Preis zu entrichten.

3.2.3.1.3 ‚Penalty / reward'-Faktoren-Ansatz

Die Philosophie des ‚Penalty / reward'-Faktoren-Ansatzes beruht auf der **Motivationstheorie** von Herzberg u.a. (1959), die wiederum der **Arbeitszufriedenheitsforschung** entstammt. In einer Studie mit mehr als 200 Probanden (Ingenieure, Buchhalter) kamen die Forscher zu folgenden Ergebnissen:

- Das Gegenteil von Arbeitszufriedenheit ist „**Nicht-Arbeitszufriedenheit**".
- Das Gegenteil von Arbeitsunzufriedenheit ist „**Nicht-Arbeitsunzufriedenheit**".

Darauf aufbauend unterschieden Herzberg u.a. (1959) zwischen

- **Hygienefaktoren** (= **extrinsische** Faktoren), die dazu beitragen, Unzufriedenheit abzubauen, und
- **Motivatoren** (= **intrinsische** Faktoren), welche die Zufriedenheit steigern.

Sind nicht alle **Hygienefaktoren** erfüllt, werden die Mitarbeiter unzufrieden. Werden hingegen alle Faktoren berücksichtigt, so lässt dies nicht den Umkehrschluss zu, die Mitarbeiter seien nun motiviert bzw. zufrieden (= ‚**Penalty'-Faktoren**). Um Zufriedenheit überhaupt zu gewährleisten, müssen zusätzlich **Motivationsfaktoren** erfüllt sein, sog. ‚**Reward'-Faktoren**. Überträgt man die Befunde von Herzberg u.a. (1959) auf die Kundenzufriedenheit, so ergibt sich im Wesentlichen das in Abb. 31 dargestellte Bild.

Abb. 31: Zweifaktoren-Theorie von Herzberg angewandt auf Kundenzufriedenheit

‚Penalty'-Faktoren	‚Reward'-Faktoren	
	befriedigend	nicht befriedigend
befriedigend	Zufriedenheit der Kunden	keine Unzufriedenheit, aber auch keine Zufriedenheit der Kunden
nicht befriedigend	Unzufriedenheit der Kunden	Unzufriedenheit der Kunden

Quelle: In Anlehnung an Thommen/Achleitner (1998, S.629).

Auf diesem grundlegenden Zusammenhang basiert der ‚Penalty / reward'-Faktoren-Ansatz der Kundenzufriedenheit:
- ‚**Penalty'-Faktoren** (bzw. **Routinefaktoren**) führen, wenn sie erfüllt werden, **nicht zu höherer Kundenzufriedenheit**. Werden sie indessen nicht erfüllt, so löst dies bei den Kunden **Unzufriedenheit** aus.
- ‚**Reward'-Faktoren** (bzw. **Ausnahmefaktoren**) hingegen sind Zusatzleistungen, welche die Zufriedenheit der Kunden verbessern können. Sie steigern die globale Zufriedenheit, wenn die Leistung besser als erwartet ist, senken sie jedoch nicht, wenn die Leistung schlechter ausfällt (vgl. Meffert/Bruhn 1997, S.213f.).

Unternehmen sollten deshalb zunächst ‚Penalty'-Faktoren so ausgestalten, dass sie „zufrieden stellen" und sich erst anschließend den ‚Reward'-Attributen zuwenden.

Aufbauend auf diesem Konzept entwickelte Kano (1984) sein Modell der Kundenzufriedenheit. Allerdings modifizierte er seinen Ansatz, indem er den

Basisanforderungen (= ‚Penalty'-Faktoren) und den **Begeisterungsanforderungen** (= ‚Reward'-Faktoren) die sog. **Leistungsanforderungen** hinzufügte (vgl. Abb. 32). Kano (1984) unterscheidet demnach drei Leistungskategorien:
- **Basisanforderungen** sind Muss-Kriterien, deren Nichterfüllung zu extremer Unzufriedenheit führt. Sie zu erfüllen hat jedoch keinen wesentlichen Einfluss auf die Zufriedenheit.
- **Begeisterungsanforderungen** werden vom Kunden nicht erwartet. Sie nicht zu erfüllen, führt deshalb auch nicht zu Unzufriedenheit. Werden sie allerdings erfüllt, so ist der Kunde begeistert.
- **Leistungsanforderungen** sind Sollkriterien: Je besser diese erfüllt werden, desto zufriedener sind die Kunden.

Abb. 32: Das Kano-Modell der Kundenzufriedenheit

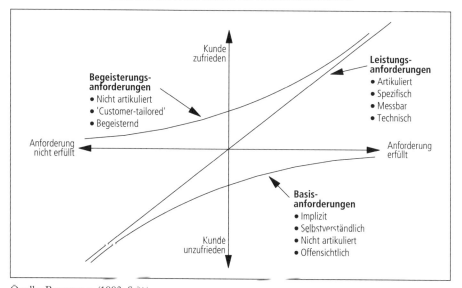

Quelle: Berger u.a. (1993, S.26).

Der ‚Penalty / reward'-Faktoren-Ansatz eignet sich für **empirische Studien**, wobei Basisanforderungen, Begeisterungsanforderungen und Leistungsanforderungen auf folgende Weise **ermittelt** werden können:
(1) Bestimmung der **Globalzufriedenheit** (= abhängige Variable) mit Hilfe einer siebenstufigen Skala (-3 = „sehr unzufrieden"; ...; +3 = „sehr unzufrieden"),

(2) **Bewertung** der verschiedenen **Leistungsattribute** (= unabhängige Variablen) mit einer siebenstufigen Skala (-3 = „viel schlechter als erwartet"; ...; +3 = „viel besser als erwartet")

(3) **Klassifikation** der Probanden in zwei Gruppen,
- o **unzufriedene** Kunden (= sehr unzufrieden bis zur Grenze der Indifferenz),
- o **zufriedene** Kunden (= Grenze der Indifferenz bis sehr zufrieden),

(4) Im Rahmen einer anschließend durchgeführten ‚**Penalty / reward-contrast**'-Analyse werden die Daten der beiden Gruppen jeweils einer **multiplen Regressionsanalyse** unterzogen.

Auf diese Weise kann man feststellen, ob es sich bei den untersuchten Leistungsattributen jeweils um ‚Penalty'-Faktoren, ‚Reward'-Faktoren oder um Leistungsfaktoren handelt.

Abb. 33 verdeutlicht das empirische Ergebnis einer ‚Penalty / reward'-Faktoren-Analyse. Dabei ergibt sich folgendes Bild:
- „Leistungsvermögen" und „Zuverlässigkeit" sind ‚Penalty'-Faktoren,
- „Einfühlungsvermögen" und „Annehmlichkeit des Umfeldes" entsprechen ‚Reward'-Faktoren,
- „Reaktionsfähigkeit" ist ein Leistungsfaktor.

3.2.3.2 Ereignisorientierte Verfahren

Im Gegensatz zu den statischen merkmalsorientierten Ansätzen reflektieren die ereignisorientierten Verfahren den **prozessualen** Charakter der Leistungserbringung (= **dynamische Perspektive**). Zu den relevanten Verfahren zählt neben
- ‚Critical incident'-Technik und
- Sequentieller Ereignis-Methode

auch ‚**Story telling**'. Bei diesem vereinfachten Vorläufer der beiden anderen soll der Kunde seine Erlebnisse mit dem Unternehmen schildern, wobei ihm weder eine konkrete Fragestellung noch eine Struktur vorgegeben werden. Das betreffende Unternehmen analysiert anschließend die **erlebten Situationen** in Bezug auf positive und negative Ereignisse, (Un-)Zufriedenheit, Kaufverhalten u.ä.

Abb. 33: Ergebnis einer ‚Penalty / reward'-Faktoren-Analyse

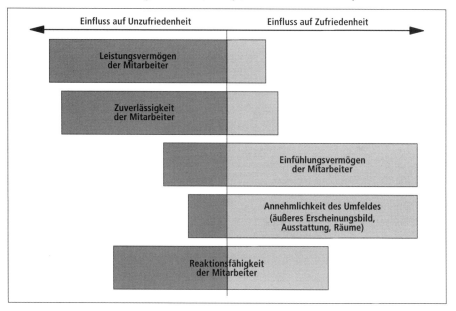

3.2.3.2.1 Methode der kritischen Ereignisse

Die Methode der kritischen Ereignisse, die sog. ‚**Critical incident'-Technik (CIT)**, zählt zu den **struktur-entdeckenden Verfahren**. Für die hier diskutierte Problemstellung ist sie v.a. deshalb geeignet, weil bisherige Ergebnisse der Kundenzufriedenheitsforschung dafür sprechen, dass CIT das Verständnis dafür erweitert,

- wie Kunden die Qualität von Dienstleistungen **wahrnehmen** und **bewerten** und
- welche **Konsequenzen** sie daraus ziehen.

Die CIT wurde bereits in den 1950er Jahren entwickelt und lange Zeit vorzugsweise in der **Arbeitszufriedenheitsforschung** sowie in der Sozialpsychologie eingesetzt (vgl. Lohmann 1997, S.98ff.). Mittlerweile hat die CIT u.a. auch im Marketing große Aufmerksamkeit erlangt. Da Kunden gerade **Extremerlebnisse** in Erinnerung behalten, wenn sie an ein Unternehmen denken, eignet sich die CIT sehr gut, **Defizite** während der Erbringung von Dienstleistungen **aufzuspüren** und zu **analysieren**.

Wesentliches Ziel der CIT ist es, die während der Interaktion zweier Parteien (z.B. Restaurant / Kunde) auftretenden **Probleme** zu **identifizieren**. Kritische Ereignisse („**critical incidents**') sind kurze, in sich abgeschlossene Ereignisse (**Episoden**), die ein Kunde im Kontakt mit einem Unternehmen bzw. dessen Mitarbeiter(n) als besonders positiv bzw. negativ erlebt. „Kritisch" sind solche Erlebnisse dann, wenn sie die Wahrscheinlichkeit signifikant vergrößern (bzw. verringern), dass einer der Partner seine Ziele (z.B. Kundenloyalität) erreicht. In einem Restaurant etwa kämen folglich alle Situationen in Betracht, in welchen ein Gast den Restaurantbetreiber für das **Ergebnis** der **Interaktion** (= Zufriedenheit des Gastes) verantwortlich machen kann. Während eine angenehme Atmosphäre im Restaurant (z.B. leise Hintergrundmusik, Raumtemperatur, Dekoration von Raum und Tischen), eine schnelle, freundliche Bedienung oder der unkomplizierte Umgang mit einer Reklamation positive Erlebnisse darstellen, welche u.U. dafür sorgen, dass der Gast (noch) zufriedener wird, gehören bspw. lange Wartezeiten, als überhöht empfundene Preise oder das berühmte „Haar in der Suppe" zu den negativen Erlebnissen.

| Praxis-Fall | **Beispielhafte kritische Ereignisse im Restaurant (Phase: „Bezahlung")** |

- Der Wunsch „Zahlen" wird lange Zeit ignoriert.
- Der Gast muss lange auf die Rechnung warten.
- Der Kellner kennt die verzehrten Speisen und Getränke nicht mehr.
- Der Kellner verrechnet sich zu ungunsten des Gastes.
- Der Kellner akzeptiert „getrennte Kasse" nicht.
- Der Gast muss lange auf sein Wechselgeld warten.
- Das Wechselgeld stimmt nicht.

Quelle: Romeiß-Stracke (1995, S.45).

Da sog. **offene Fragen** beantwortet werden, sind ‚critical incidents' relativ einfach zu operationalisieren: Der Interviewer bittet die Auskunftsperson, sich möglichst genau an **positive** bzw. **negative Erlebnisse** mit einem Unternehmen zu erinnern und diese zu schildern.
Beispiel:

a) Vielleicht haben Sie sich schon einmal oder mehrmals über unser Restaurant geärgert. Bitte schildern Sie dieses Erlebnis bzw. diese Erlebnisse kurz, aber so konkret wie möglich.

b) Hatten Sie in unserem Restaurant schon einmal ein Erlebnis, an das Sie sich gerne erinnern? Bitte schildern Sie dieses kurz, aber so konkret wie möglich.

Die anschließenden Fragen dienen dazu, die Ereignisse jeweils zu präzisieren.

> **Praxis-Fall**   **Typische Fragestellungen in einer CIT-Analyse**
>
> - Was genau ist damals passiert? (= action)
> - Wer genau machte was? (= actor)
> - Wer oder was war Gegenstand des Vorfalls? (= object)
> - Wo fand der Vorfall statt? (= place)
> - Wann fand der Vorfall statt? (= time)
> - Wie bewerten Sie das Ergebnis? (= evaluation)
> - Was genau hat bei Ihnen (Un-)Zufriedenheit ausgelöst? (= cause)
> - Wie haben Sie reagiert bzw. wie wollen Sie reagieren? (= consequence)
>
> Quelle: Stauss (1994).

Die folgenden Beispiele aus den Bereichen „Bahn" (vgl. Abb. 34) und „Tankstelle" (Schwerpunkt „Luft / Wasser-Insel"; vgl. Abb. 35a / b / c) verdeutlichen Ablauf und Potential der CIT.

Die Methode der kritischen Ereignisse eignet sich insbesondere dann, wenn **konkrete Erlebnisse** der Kunden ermittelt und den Mitarbeitern plastisch vor Augen geführt werden sollen. Ein Nachteil besteht allerdings darin, dass die Auswertung der Antworten wegen der zu analysierenden offenen Fragen vergleichsweise **aufwendig** ist. Außerdem vermitteln die von den Kunden geschilderten ‚critical incidents', bei denen es sich um Extremerfahrungen im Sinne besonders negativer bzw. positiver Erlebnisse handelt, plausiblerweise **keinen repräsentativen Überblick** über den Leistungsstand eines Unternehmens. Man kann aber die Methode der kritischen Ereignisse sehr gut mit dem merkmalsgestützten Verfahren **kombinieren**, um so im Vorfeld einer standardisierten Befragung sämtliche **Dimensionen** der **Zufriedenheit** aus Kundenperspektive zu erschließen. Falls CIT in ein und derselben Befragung mit der ‚Gap'-Analyse kombiniert werden soll, ist es jedoch zwingend erforderlich, zuerst die Methode der kritischen Ereignisse durchzuführen, da sonst die durch CIT gewonnenen Antworten von den in der ‚Gap'-Analyse vorgegebenen Merkmalen beeinflusst werden.

Abb. 34: Kritische Ereignisse bei der Bahn (während der Reise)

Positive Ereignisse (n = 556 bzw. 54,9 %)				Negative Ereignisse (n = 457 bzw. 45,1 %)			
Kontaktpunkt	Häufigkeit			Kontaktpunkt	Häufigkeit		
	abs.	in %	Summe		abs.	in %	Summe
Abfahrt			72 (= 12,9 %)	**Abfahrt**			32 (= 7,0 %)
• Pünktlichkeit	72	12,9		• Pünktlichkeit	32	7,0	
Abteil			221 (= 39,7 %)	**Abteil**			279 (= 61,0 %)
• Minibar	7	1,3		• Volle / fehlende Mülleimer / Aschenbecher	12	2,6	
• Komfort (Abteil, Sitz)	51	9,2		• Komfort (Abteil, Sitz)	50	10,9	
• Bequemlichkeit	28	5,0		• Durchsagen (Verständlichkeit)	13	2,8	
• Durchsagen	10	1,8		• Überfüllung	70	15,3	
• Sitzplatzangebot	5	0,9		• Klimatisierung	55	12,0	
• Klimatisierung	16	2,9		• Belästigung durch Zigarettenrauch	16	3,5	
• Sauberkeit / neue Züge	25	4,5		• Sauberkeit / alte Züge	21	4,6	
• Ruhe/ Arbeitsmöglichkeit	34	6,1		• Fahrgeräusche	12	2,6	
• Leeres Abteil	20	3,6		• Fehlende Stromanschlüsse für Notebooks	3	0,7	
• Bewegungsfreiheit (im Zug)	6	1,1		• Kein Platz für Kinder; keine Wickelmöglichkeit	8	1,8	
• Gepäckverstauung	3	0,5		• Unübersichtliche Sitzplatznummern	4	0,9	
• Telefon / Informationstafeln	5	0,9		• Mangelnder Stauraum für Gepäck	15	3,3	
• Nette Mitreisende	5	0,9					
• Zeitung / Video	6	1,1					
Personal			164 (= 29,5 %)	**Personal**			26 (= 5,7 %)
• Am Platz-Service	39	7,0		• Am Platz-Service	2	0,4	
• Kompetenz	29	5,2		• Unfreundlichkeit	15	3,3	
• Freundlichkeit	96	17,3		• Häufige Fahrscheinkontrolle	9	2,0	
Restaurant			29 (= 5,3 %)	**Restaurant**			53 (= 11,6 %)
• Preis / Leistungs-Verhältnis	22	4,0		• Preis / Leistungs-Verhältnis	43	9,4	
• Servicepersonal	7	1,3		• Servicepersonal	4	0,9	
				• Atmosphäre	6	1,3	
Toiletten			2 (= 0,4 %)	**Toiletten**			25 (= 5,5%)
• Sauberkeit	2	0,4		• Mangelnde Sauberkeit	25	5,5	
Ankunft			68 (= 12,2 %)	**Ankunft**			42 (= 9,2 %)
• Schnelligkeit	28	5,0		• Zu lange Fahrtdauer	8	1,8	
• Pünktlichkeit	40	7,2		• Verspätung	27	5,9	
				• Unplanmäßige Stopps	7	1,5	
		100	100 %			100	100 %

Quelle: Kreilkamp (2003; Folien 33ff.).

3.2 Verfahren

Abb. 35a: Negative Kundenerlebnisse an der Tankstelle (Beispiel „Luft / Wasser-Insel")

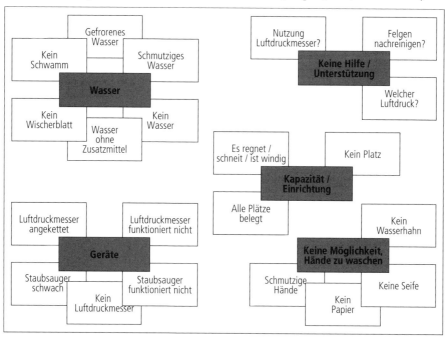

Abb. 35b: Negative Kundenerlebnisse an der Tankstelle
(Blockaden der Mitarbeiter im Bereich „Wasser")

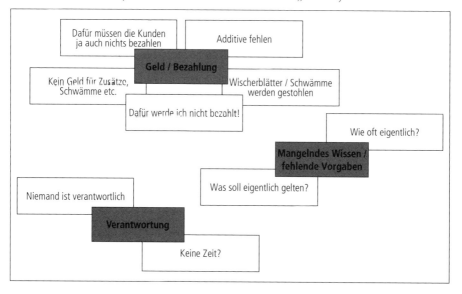

Abb. 35c: Negative Kundenerlebnisse an der Tankstelle:
Maßnahmen zur Beseitigung des Handlungsbedarfs Wasser

Maßnahmen	Können wir selbst und sofort	Dazu brauchen wir Hilfe	Maßnahmen-pate	Bis wann zu erledigen?	Wie zu messen?
• Größeres Budget für Zusätze, Schwämme, Wischerblätter usw.	Ja	-	Buchholz	Bis in spätestens zwei Wochen	Nachfragen
• Kontrolle alle zwei Stunden; ggf. Wasser austauschen / nachfüllen; Schwamm bzw. Wischer ersetzen	Ja	-	Hellfried	Sofort	Checkliste
• Vorrat an Anti-Frost-Schutz auffüllen (für November bis März)	Ja	-	Neuberger	15. November	Nachfragen
• Vorrat an Insektenlösern bereitstellen (für April bis September)	Ja	-	Neuberger	15. März	Nachfragen

3.2.3.2.2 Sequentielle Ereignis-Methode

Mit diesem **phasenorientierten** Instrument der Kundenbefragung wird eine Dienstleistung in einzelne Phasen zerlegt, um so die „**Augenblicke der Wahrheit**" (= ‚**Moments of truth'**) zu ermitteln, d.h. die Erlebnisse der Kunden während des Konsums einer Dienstleistung. Hierzu beschreiben die Befragten die einzelnen Phasen des Leistungserlebnisses anhand sog. ‚**Blueprints'** (= Blaupausen), wobei sie über die als außergewöhnlich positiv bzw. negativ empfundenen Ereignisse in den verschiedenen Phasen der Dienstleistung sowie über die jeweils empfundenen Gefühle und Gedanken Auskunft geben (vgl. Schulze 1999, S.345ff.). Mit Hilfe der Sequentiellen Ereignis-Methode lassen sich Ablauf und Ursachen all jener Probleme identifizieren und analysieren, welche die Zufriedenheit des Kunden maßgeblich beeinflussen.

Bei der Durchführung dieses Verfahrens, welches im Folgenden am Beispiel „Hotelaufenthalt" verdeutlicht wird (vgl. Abb. 36), hat sich folgender Ablauf bewährt (vgl. Hinterhuber u.a. 1997, S.71; Quartapelle/Larsen 1996, S.76ff.; Stauss/Seidel 1995; Bitner 1993):

(1) **Visualisierung** sämtlicher Situationen, in denen ein Kunde während der Dienstleistung mit dem Anbieter in Kontakt kommt (in einem Ablaufdiagramm)

Im vorliegenden Fall reichen diese sog. Kontaktpunkte von der Hotelankunft über Gepäckabgabe, ‚Check in', Weg zum Zimmer, Empfang des Gepäcks, Aufenthalt im Zimmer, Anruf des ‚Room service', Erhalt der Speisen und Essen bis hin zu ‚Check out' und Abfahrt.

Abb. 36: Ablauf der Kundenprozessanalyse am Beispiel „Hotelaufenthalt"

Physisches Umfeld	Hotel Außenanlage Garage	Handwagen	Rezeption Schlüssel	Lift Flure	Handwagen	Einrichtung Bad	Speisekarte	Tablett Aussehen der Speisen	Speisen	Rechnung
Kunde	Hotelankunft	Gepäckabgabe	'Check in'	Weg zum Zimmer	Gepäckempfang	Aufenthalt Zimmer	Anruf 'Room service'	Erhalt der Speisen	Essen	'Check out' / Abfahrt

line of external interaction

| Kontaktpersonal | | Gepäckträger | Rezeptionspersonal | | Gepäckträger | | | Kellner | | Rezeptionspersonal |

line of visibility

| Nicht wahrnehmbarer Prozess | | | | | Gepäcktransport | | Annahme der Bestellung | | | |
| | | | Registrationssystem | | | | Speisenzubereitung | | | Registrationssystem |

Quelle: Bitner (1993, S.364).

(2) Herstellung der einzelnen **Verbindungen** zu den unternehmensinternen Prozessen

Die sog. ‚**Line of external interaction**' trennt die vom Kunden allein ausgeführten Handlungen (hier z.B. Hotelankunft, Weg zum Zimmer, dortiger Aufenthalt) von den Kontakten mit den Mitarbeitern des Unternehmens (z.B. ‚Check in' und ‚Check out' an der Rezeption). Die sog. ‚**Line of visibility**' wiederum grenzt den für den Kunden sichtbaren Teil des Dienstleistungssystems (z.B. Servieren der Speisen) vom unsichtbaren Teil (z.B. Zubereitung der Speisen) ab.

(3) Darstellung / Abbildung der wesentlichen Punkte des **physischen Umfeldes**, die der Kunde während der einzelnen Kontakte erlebt (z.B. Außenanlage des Hotels, Garage, Einrichtung / Ausstattung des Zimmers); denn

diese spielen bei der Beurteilung der wahrgenommenen Dienstleistungsqualität eine wesentliche Rolle.

(4) Ermittlung von **Problemen**, **Kriterien** und **Teilprozessen**, welche die (Un-)Zufriedenheit der Kunden maßgeblich beeinflussen. Hierzu bietet es sich an, die Sequentielle Ereignis-Methode mit der ‚Critical incident'-Technik zu verknüpfen, um so die Ursachen der (Un-)Zufriedenheit des Kunden umfassend nachvollziehen zu können.

Die Sequentielle Ereignis-Methode ist eine Form der **gestützten Befragung**. Sie erleichtert es den Befragten wesentlich, sich an die einzelnen **Kontaktphasen** zu erinnern, und trägt damit maßgeblich dazu bei, Erinnerungslücken zu schließen. Damit verknüpft ist indessen der Nachteil, dass aufgrund der mit dem ‚Blueprinting' einher gehenden Aktualisierung die Befragten alle Kontaktpunkte übermäßig stark bewerten (überbewerten), d.h. auch solche Situationen, welche für die Kunden eigentlich vergleichsweise unwichtig sind. Außerdem ist dieses Verfahren zeit- und kostenintensiv. Abb. 37 verdeutlicht die Vorgehensweise dieser Methode abschließend am Beispiel „Restaurantbesuch".

3.2.3.3 Problemorientierte Verfahren

Ziel dieser Verfahren ist es, jene Problemfelder zu ermitteln, welche die von den Kunden wahrgenommene Qualität – und damit die Kundenzufriedenheit – maßgeblich beeinflussen. Hierzu zählen insbesondere die
- ‚Problem detecting'-Methode sowie die
- Frequenz / Relevanz-Analyse von Problemen (FRAP).

3.2.3.3.1 *‚Problem detecting'-Methode*

Dieses Verfahren basiert auf den **Ergebnissen qualitativer Verfahren** (z.B. ‚Critical incident'-Technik). Aufgabe ist es, die bereits identifizierten Probleme bzw. negativen Erlebnisse der Kunden weiter zu analysieren. Die ‚Problem detecting'-Methode geht davon aus, dass Konsumenten die Qualität einer (Dienst)Leistung **erst nach** einem negativen Erlebnis in Frage stellen. Ziel ist es deshalb, Hinweise auf die **Dringlichkeit der Problembehebung** zu finden, wobei man davon ausgeht, dass der **Handlungsbedarf** bei der Problembehebung um so größer ist,
- je **häufiger** ein Problem auftritt und
- je **bedeutender** es für den Kunden ist (vgl. Meffert/Bruhn 1995, S.221f.).

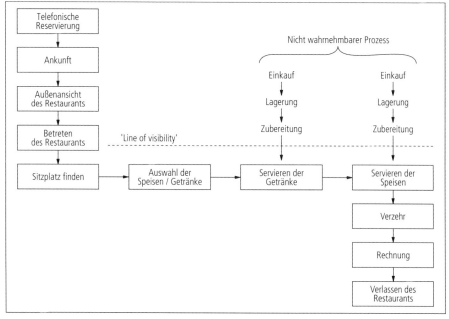

Abb. 37: ‚Blueprinting' am Beispiel „Restaurantbesuch"

Quelle: Kreilkamp (2003, Folie 29).

In einem ersten Schritt wird deshalb mit Hilfe einer schriftlichen, mündlichen oder telefonischen Befragung untersucht,
- wie **häufig** ein Problem bei der Leistungserbringung auftritt („frequency"),
- als wie **bedeutsam** Kunden dieses Problem wahrnehmen (**Valenz**; „importance") bzw. wie sehr sie sich ggf. über auftretende Probleme **ärgern** („bothersomeness").

Die Kunden sollen außerdem
- **Lösungen** zur Problembeseitigung vorschlagen („preemptibility") und
- darüber Auskunft geben, ob das betreffende Unternehmen ihrer Einschätzung nach **Problemlösungskompetenz** („effectiveness") besitzt.

Nach der Kundenbefragung werden die Daten mit Hilfe sog. Problemwertindizes ausgewertet (vgl. Scharitzer 1994, S.140ff.; Stauss/Hentschel 1990, S.233ff.), was sog. **Problem-Rankings** ermöglicht.

3.2.3.3.2 Frequenz / Relevanz-Analyse von Problemen

Die Frequenz / Relevanz-Analyse von Problemen (FRAP), die in Abb. 38 beispielhaft dargestellt ist, gehört zu den Instrumenten des Qualitätsmanagement. Sie ist eine Weiterentwicklung der ‚Problem detecting methode': Um den **Handlungsbedarf** zu **konkretisieren**, ermittelt man Frequenz und Relevanz von Problemen, die das Unternehmen selbst oder bspw. mit Hilfe von Kundenbeschwerden erkannt hat (vgl. Töpfer 1999, S.305).

Abb. 38: Frequenz / Relevanz-Analyse von Problemen (FRAP): ein Beispiel

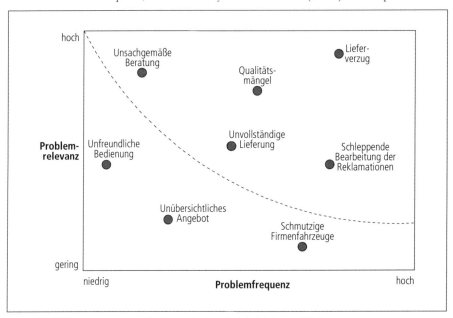

Quelle: elogics Management Services GmbH (2006); leicht modifiziert.

Im Zuge der FRAP werden Problemklassen nach
- der Häufigkeit ihres Auftretens (= **Problemfrequenz**) und
- ihrer Bedeutung für den Kunden (= **Problemrelevanz**)

angeordnet. Diese spezifische, relativ umfassende Form der Kundenproblemanalyse verknüpft qualitative und quantitative Methoden, wobei i.d.R. folgender Ablauf zugrunde liegt.

(1) **Aufstellung einer Liste** möglicher Probleme: Ausgangspunkt sind die
  o von Unternehmen identifizierten Probleme oder aber die

o von Kunden geäußerten Beschwerden bzw. Reklamationen.
(2) **Klassifikation** der Probleme: Einzelne Probleme werden verschiedenen Kategorien zugeordnet.
(3) **Kundenbefragung**: Wie häufig tritt das Problem auf, und wie groß ist die dabei entstehende Verärgerung?
(4) **Visualisierung** der Befunde: Die Ergebnisse der Kundenbefragung können (bspw. unter Verwendung einer Konzentrationskurve) in ein Diagramm eingetragen werden. Dabei dienen die Problemrelevanz (gering bis hoch) und die Problemfrequenz (niedrig bis hoch) als Achsen des Koordinatensystems.

Die Frequenz / Relevanz-Analyse eignet sich insbesondere für
- Leistungen, welche Kunden häufig und über einen längeren Zeitraum in Anspruch nehmen,
- Beziehungen, bei denen nicht bereits zu Beginn die Gefahr besteht, dass Kunden abwandern, z.B. bei längerfristig bindenden Verträgen (vgl. z.B. Stauss/Hentschel 1990, S.252).

4 Analyse der Kundenzufriedenheit am Beispiel der Befragung

4.1 Eigen- vs. Fremdforschung als Grundsatzentscheidung

Wer einen profunden Einblick in die Zufriedenheit seiner Kunden, seiner potentiellen Kunden bzw. seiner ehemaligen Kunden gewinnen will, kommt gewöhnlich nicht umhin, **Primärforschung** zu betreiben und eine Befragung durchzuführen. Unternehmen sollten sich darüber im Klaren werden, ob sie dieses Projekt in Eigenregie oder zusammen mit einem Marktforschungsunternehmen durchführen wollen. Eine Entscheidungshilfe bieten dabei die in Abb. 39 dargestellten Vorteile der beiden grundsätzlichen Optionen.

Abb. 39: Vorteile von Eigen- und Fremdforschung

Eigenforschung	Fremdforschung
• Vertrautheit mit der Problemstellung	• Keine Betriebsblindheit der Forschenden
• Größere Praxisrelevanz der Analyse	• Interessengefärbte Ergebnisse weniger wahrscheinlich, d.h. mehr Objektivität
• Bessere Einfluss- und Kontrollmöglichkeiten auf den Ablauf der Studie	• Einsatz von Spezialisten (z.B. bei Fragebogengestaltung, statistischer Auswertung der Daten)
• Weniger Kommunikationsprobleme	• Aktualität des Fachwissens
• ‚Job enrichment' für die beteiligten Mitarbeiter	
• 100% Diskretion	
• Kein ‚Brain drain' (Kenntnisse, Forschungserfahrungen und die aus erster Hand gewonnenen Informationen bleiben im eigenen Haus)	

Mit der Durchführung der Kundenzufriedenheitsstudie sollte man im Allgemeinen ein **Projektteam** – bestehend aus eigenen Mitarbeitern und Vertretern des externen Dienstleisters – beauftragen. Insbesondere kleine und mittelständische Unternehmen scheuen sich wegen der Kosten häufig, **Marktforschungsunternehmen** in ein solches Projekt einzubeziehen, sind dann aber mit Aufgaben, wie Konzeption des Fragebogens und / oder statistische Auswertung der Daten, **überfordert**. Dies führt nicht selten zu **dilettantischen** Untersuchungen und gravierenden **Fehlschlüssen** – mit letztlich höheren Kosten. Viele Großunternehmen haben dies erkannt und vergeben deshalb zahlreiche Marktforschungsaufgaben an externe Spezialisten (= ‚**Outsourcing**'). Dennoch sollte ein Unternehmen gegenüber seinen Kunden signalisieren, dass es bei einem Kundenzufriedenheitsprojekt die **Federführung** übernommen hat; denn es unterstreicht damit den Stellenwert der Studie und verdeutlicht nach außen, v.a. aber nach innen, dass es sich dabei um eine **Chefsache** handelt.

Wer mit Marktforschungsinstituten kooperiert, sollte verschiedene **Spielregeln** beachten (vgl. o. V. 1996, S.37). Diese gelten grundsätzlich auch dann, wenn das Unternehmen das Kundenzufriedenheitsprojekt eigenständig durchführt.

- Das Leistungspotential der Marktforschung lässt sich nur dann ausschöpfen, wenn man sie **kontinuierlich** – als **Frühwarnsystem** – nutzt. Marktforschung sollte deshalb nicht erst einsetzen, wenn der Erfolg eines Unternehmens gefährdet ist (= „Marktforschung als Feuerwehr").
- Unternehmen sollten Daten nicht nur sammeln, sondern auch **problemgerecht auswerten**, **aufbereiten** – und **nutzen**, da man sonst Gefahr läuft, dass die „teuren Berichte ungelesen in den Regalen verstauben".
- Wer das Vertrauen seiner Mitarbeiter in Unternehmensführung und zukünftige Marktforschungsprojekte nicht verspielen will, sollte **keine „Pseudoforschung"** betreiben, die hauptsächlich dazu dient, bereits getroffene Entscheidungen abzusichern bzw. zu rechtfertigen.
- Unternehmen sollten die Marktforschung in die Suche nach Problemlösungen **integrieren** und nicht zum „Zahlenknecht" degradieren. Marktforschungsprojekte (und ggf. die Zusammenarbeit mit einem Institut) enden demnach nicht – wie häufig üblich – mit der Abgabe des Ergebnisberichts, sondern werden vielmehr weitergeführt, bspw. durch ergänzende / begleitende Beratung, Sonderauswertungen oder Unterstützung bei der Umsetzung der Ergebnisse in konkrete Maßnahmen.
- Mitarbeiter akzeptieren die Befunde eines Marktforschungsprojekts nur, wenn auch sie (neben dem Marktforschungsinstitut) im **Projektteam** vertreten sind.
- Marktforscher sollten die für die Marketingentscheidungen relevanten Informationen **verständlich darstellen**: visuell aufbereitet, fachlich kompetent kommentiert, managementorientiert kommuniziert (z.B. als Berichtsband mit Tabellen und Abbildungen, als Folienpräsentation oder auf CD).

Auftraggeber, die die Möglichkeiten und Grenzen der Marktforschung kennen, fördern damit den Dialog mit dem Marktforschungsinstitut und stellen sicher, dass die **Marktforschungsbefunde umgesetzt** bzw. spätere Projekte in Eigenregie durchgeführt werden können.

Bei seiner Zusammenarbeit mit einem Marktforschungsinstitut sollte sich ein Auftraggeber an folgendem **Ablaufplan** orientieren (vgl. Schütz 1996a/b).

1. Wesentliche Bestandteile des ‚**Research briefing**' sind:
   o Formulierung des **Problemhintergrunds** (Warum will das Unternehmen eine Marktforschungsstudie in Auftrag geben?),
   o Übersicht über bereits **vorhandene Daten**, d.h. Ergebnisberichte bisheriger Studien, sekundärstatistisches Datenmaterial (z.B. Reklamations- und Garantiestatistiken, Unternehmenspublikationen, Geschäftsberichte, Umsatz- und Gewinnentwicklungen),
   o Ideen bezüglich des **Forschungsdesigns** (z.B. persönliche Interviews ausschließlich bei gewerblichen Kunden),
   o **Budget, Zeitrahmen,**
   o Benennung von **Ansprechpartnern** aus dem Unternehmen,
   o ggf. Einrichtung eines **Projektteams** (besetzt mit eigenen Mitarbeitern und Vertretern des Marktforschungsinstituts),
   o Festlegung sog. **Aktionsstandards**, d.h. Maßnahmen, die je nach Untersuchungsbefund ins Auge gefasst werden.

2. Im Mittelpunkt der **Konferenz** steht die Frage, inwieweit es dem Marktforschungsunternehmen bzw. dem Projektteam gelungen ist, die Vorstellungen des Auftraggebers umzusetzen (v.a. Untersuchungsdesign, Fragebogen).

3. In ihrem **Zwischenbericht** dokumentieren die Vertreter des Marktforschungsinstituts den aktuellen Stand des Projektes, so dass ggf. korrigierende Maßnahmen eingeleitet werden können.

4. Eine **Auswertungssitzung** bietet sich an, um gemeinsam die wesentlichen Ergebnisse und Erkenntnisse der Studie zu besprechen und Gestaltungsempfehlungen abzuleiten.

5. Inhalt der **abschließenden Präsentation der Ergebnisse** sollte sein:
   o **Ausgangssituation** und **Ziel** der Untersuchung,
   o Darstellung des **Untersuchungsdesigns**,

o Zeitraum der **Planung**, Durchführung der **Feldarbeit**, **Analyse** der Daten,
o **Rücklaufquote** (bei schriftlichen Befragungen),
o Angaben zur **Repräsentativität** der Befunde,
o Übersichtliche, management- und entscheidungsorientiert **aufbereitete** Darstellung der **Ergebnisse** (keine „Zahlenfriedhöfe"!),
o **Zusammenfassung** der wesentlichen Ergebnisse / Kernaussagen,
o **Diskussion** mit den Teilnehmern.

4.2 Überblick über die sechs Phasen einer fundierten Studie zur Kundenzufriedenheit

Im Folgenden werden wir uns ausführlich damit auseinandersetzen, wie eine Studie zur Analyse der Kundenzufriedenheit geplant und durchgeführt werden sollte. Ausgangspunkt ist dabei ein **sechsstufiger Ablaufplan** (vgl. Abb. 40), der eine Kundenzufriedenheitsstudie am Beispiel einer schriftlichen Befragung erläutert (vgl. zum Folgenden Schneider 2006, S.77ff.; Backhaus u.a. 2006; Berekoven u.a. 2006; Homburg 2006; Nieschlag u.a. 2002; Meffert 1992). Je nach unternehmensspezifischen Gesichtspunkten lässt sich das Phasenkonzept ohne Schwierigkeiten an andere Formen der Befragung anpassen.

| Praxis-Fall | Einstellung von Unternehmen gegenüber Kundenbefragungen |

Eine im Herbst 2001 von der Forschungsgruppe Management + Marketing (Prof. Dr. Armin Töpfer), Kassel, durchgeführte Unternehmensbefragung zum Thema „Kundenbefragungen: Pflicht oder Kür?" ergab:

- Die Unternehmen sind gegenüber Kundenbefragungen grundsätzlich positiv eingestellt.
- Die Hälfte der Unternehmen befragt ihre Kunden regelmäßig.
- 69% der Befragten sind der Auffassung, dass Kundenbefragungen die Kundenorientierung im Unternehmen entscheidend verstärken. Kundenbefragungen tragen außerdem dazu bei, die eigene Marktposition zu bestimmen (= 60%) und die Kundenzufriedenheit bzw. Kundenbindung zu verbessern (= 59%).
- Mehr als 50% beurteilt den Nutzen der bisherigen Kundenbefragungen als groß (= 43%) bzw. sehr groß (= 10%). Auffällig dabei ist, dass diese Unternehmen regelmäßig Befragungen durchführen, die jeweiligen Ergebnisse an ihre Kunden weiter-

leiten und Verbesserungen konsequent umsetzen (und dadurch Umsatz und Gewinn steigern bzw. Kosten senken).
- Unternehmen, die mit Hilfe von Kundenbefragungen ihren Umsatz oder Gewinn steigern bzw. ihre Kosten senken können, gehen bei der Durchführung der Kundenanalysen außerdem wesentlich professioneller vor als andere Unternehmen.

Abb. 40: Die sechs Phasen einer fundierten Studie zur Kundenzufriedenheit

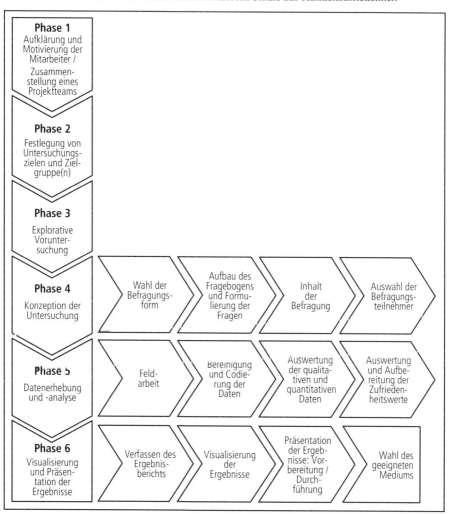

4.3 Aufklärung und Motivierung der Mitarbeiter sowie Zusammenstellung eines Projektteams (= Phase 1)

Unternehmen, die eine Kundenzufriedenheits-Studie planen, sollten frühzeitig ihre Belegschaft in die Überlegungen mit **einbeziehen**, um so Akzeptanz und ggf. Bereitschaft zur Mitwirkung zu steigern. Hierzu bietet es sich bspw. an, allen betroffenen Mitarbeitern Informationsmaterial zur Verfügung zu stellen, in welchem die Geschäftsführung Sinn und Bedeutung des Projekts erläutert. Außerdem ist es zweckmäßig, ein **Projektteam** einzurichten (vgl. hierzu auch Doppler/Lauterburg 1999, S.277ff.). Mit dessen Leitung sollte ein Mitarbeiter betraut werden, der bereits eine Funktion in der Organisations- und / oder Strategieentwicklung ausgeübt hat und folglich einschlägige Erfahrungen im Projektmanagement besitzt. Um Stellenwert und institutionelle Verankerung des Projekts zu dokumentieren, sollte diese Stelle – falls möglich – mit einem **Abteilungsleiter** besetzt werden. Denn eine **Führungskraft** dieser Ebene könnte dann ggf. die notwendigen weitreichenden Konsequenzen entsprechend absichern und jene Widerstände vermeiden, die dann entstehen, wenn hierarchisch untergeordnete Mitarbeiter Maßnahmen und Verhalten von Führungskräften kritisieren.

| Praxis-Tipp | Checkliste: Anforderungen an die Projektleitung |

- Sachkompetenz
- Methodenkompetenz
- Sozialkompetenz
- Zeitliche Verfügbarkeit
- Persönliches Engagement

Außerdem sollten die Mitglieder des Projektteams einer ähnlichen Hierarchieebene angehören, nicht zuletzt weil dies eine offene, fruchtbare Kommunikation fördert. Außerdem ist es zweckmäßig, viele Unternehmenseinheiten, Sparten, Funktionsbereiche bzw. Abteilungen in das Projektteam zu **integrieren**, damit möglichst das gesamte Unternehmen das Projekt **unterstützt**. Da Teamarbeit mit zunehmender Größe ineffizient zu werden droht, sollten der Gruppe maximal acht bis zehn Mitarbeiter angehören.

> **Praxis-Tipp** — **Checkliste: Anforderungen an das Projektteam**
>
> - Teamfähigkeit
> - Sachkompetenz, um Probleme und Lösungen richtig beurteilen zu können
> - Methodenkompetenz
> - Sozialkompetenz
> - Fähigkeit zur Selbstkritik
> - Energie, Engagement und ausreichend Zeit für die Projektarbeit

4.4 Festlegung von Untersuchungszielen und Zielgruppe(n) (= Phase 2)

Das Unternehmen muss nunmehr klären, welche Ziele es mit der Kundenbefragung verfolgt (vgl. Abb. 41). Im Wesentlichen geht es darum, Antworten auf folgende **Fragen** zu finden:

(1) Wie viele **Kundensegmente** sollen befragt werden?
In diesem Zusammenhang ist zunächst zu beantworten, ob sämtliche

- Kundengruppen (z.B. Schlüsselkunden, Clubmitglieder, interne / externe Kunden),
- Produktgruppen (z.B. LKW-Sparte),
- Verantwortungsbereiche (z.B. Niederlassungen),
- Vertriebswege,
- Länder und / oder
- Regionen

befragt werden sollen oder aber lediglich einzelne Segmente. Grundsätzlich sollte man sich bei der erstmaligen Durchführung einer Kundenzufriedenheitsbefragung (= **Pilotprojekt**) auf ein Segment konzentrieren. Auf diese Weise kann das Unternehmen aus „Anfängerfehlern" lernen. Um Vergleichbarkeit bzw. Repräsentativität der Befunde herzustellen, sollten zu einem späteren Zeitpunkt Kunden aller Marktsegmente befragt werden – vorausgesetzt, es sind entsprechende Budgets und Kapazitäten vorhanden. Außerdem lässt sich auf diesem Weg eine Unternehmenskultur im Sinne einer **ganzheitlichen Kundenorientierung** glaubwürdig verankern.

Abb. 41: Phase zwei einer fundierten Studie zur Kundenzufriedenheit

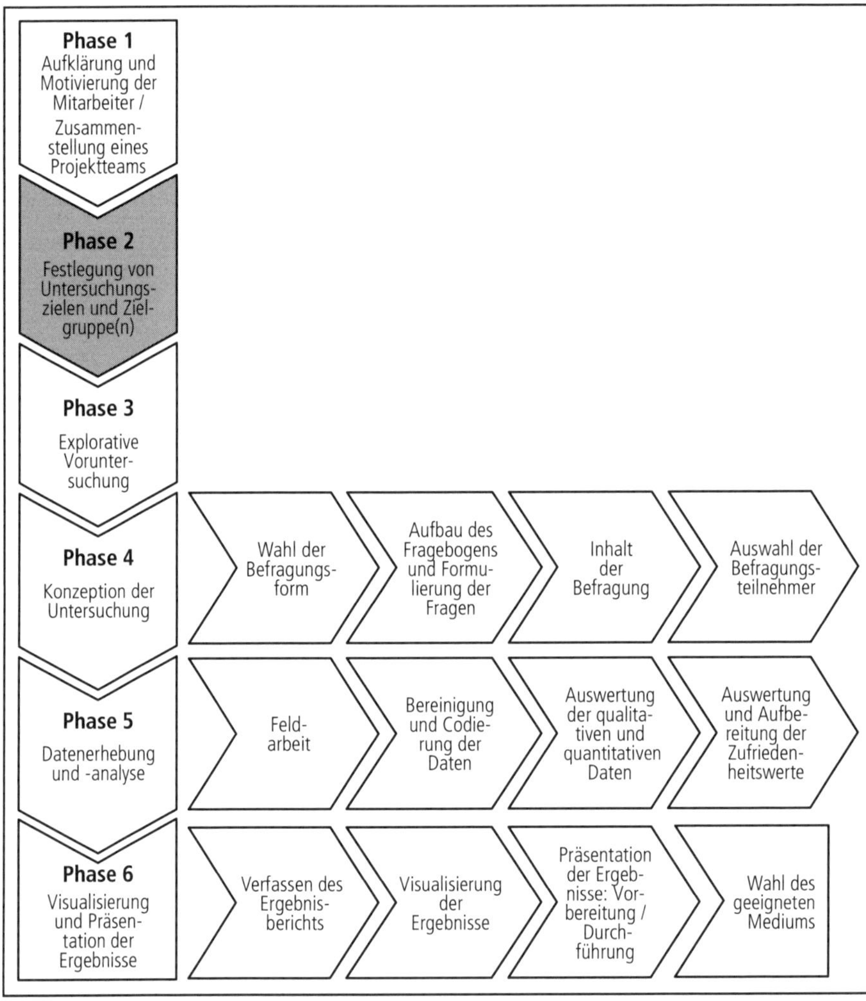

Phase 1 Aufklärung und Motivierung der Mitarbeiter / Zusammenstellung eines Projektteams				
Phase 2 **Festlegung von Untersuchungszielen und Zielgruppe(n)**				
Phase 3 Explorative Voruntersuchung				
Phase 4 Konzeption der Untersuchung	Wahl der Befragungsform	Aufbau des Fragebogens und Formulierung der Fragen	Inhalt der Befragung	Auswahl der Befragungsteilnehmer
Phase 5 Datenerhebung und -analyse	Feldarbeit	Bereinigung und Codierung der Daten	Auswertung der qualitativen und quantitativen Daten	Auswertung und Aufbereitung der Zufriedenheitswerte
Phase 6 Visualisierung und Präsentation der Ergebnisse	Verfassen des Ergebnisberichts	Visualisierung der Ergebnisse	Präsentation der Ergebnisse: Vorbereitung / Durchführung	Wahl des geeigneten Mediums

(2) Sollen sämtliche **Leistungskomponenten**, d.h. sowohl Produkte als auch Dienstleistungen analysiert werden?

Wie sich am Beispiel eines Kfz-Vertragshändlers verdeutlichen lasst, unterscheiden Kunden gemeinhin nicht zwischen Produkt und Dienstleistung, sondern betrachten die von einem Unternehmen angebotenen Leistungen als Ganzes (im Sinne einer **Problemlösung**). Denn wer etwa lediglich nach der Zufriedenheit mit dem erworbenen Kraftfahrzeug fragt, kann **Ausstrahlungseffekte** des

Kundenservice – etwa bei Wartung und Reparatur – nicht erkennen. Wer indessen nur die Leistungen der Kfz-Werkstatt analysiert, lässt positive oder negative Einflüsse, die vom erworbenen Fahrzeug ausgehen, außen vor. Aus diesem Grund empfiehlt es sich, die **Zufriedenheit mit sämtlichen Leistungskomponenten** abzufragen.

(3) An wen wendet man sich, wenn **gewerbliche Kunden** befragt werden sollen?

Wie u.a. das ‚**Buying center'-Konzept** verdeutlicht, sind an einer gewerblichen Kaufentscheidung mindestens vier Funktionsbereiche unmittelbar beteiligt:
- Einkauf,
- Nutzer,
- Geschäftsleitung,
- Finanzabteilung.

Da in Unternehmen deshalb im Allgemeinen mehrere Personen mit den Leistungen eines anderen Unternehmens in Kontakt kommen, mag die Zufriedenheit der einzelnen Personen auch unterschiedlich ausfallen (= „**multipersonale Zufriedenheit**"). Deshalb müssen i.d.R. mehrere Funktionsbereiche bzw. Personen gleichzeitig befragt werden (vgl. hierzu auch Schütze 1994).

Praxis-Fall   **Kauf eines Transporters**

Die **Geschäftsleitung** der Müller GmbH, eines mittelständischen Unternehmens im Möbeleinzelhandel, beabsichtigt, für die Auslieferung an Kunden zwei neue Transporter zu beschaffen. Deshalb beauftragt sie die **Einkaufsabteilung** damit, entsprechende Angebote einzuholen. Der Chef der Einkaufsabteilung spricht zunächst mit einigen **Fahrern**, notiert deren Erfahrungen mit dem bisherigen Fuhrpark, erfragt deren Wünsche bezüglich der Anschaffung neuer Fahrzeuge und holt anschließend entsprechende Angebote ein. Nach deren Prüfung präsentiert er seine Vorschläge der Geschäftsführung: Diese schließt sich nach kurzer Überlegung der Empfehlung des Chefeinkäufers (Erwerb von zwei Transportern des Automobilherstellers CD) an. Um Details (Finanzierung, Leasing, Zahlungsabwicklung) zu klären, soll sich die **Finanzabteilung** mit dem Lieferanten in Verbindung setzen.

Das Beispiel verdeutlicht, dass an einer gewerblichen Kaufentscheidung gewöhnlich mehrere Funktionsbereiche beteiligt sind, weshalb es für die Kaufentscheidung bedeutsam ist, dass alle Beteiligten mit einem bestimmten Produkt zufrieden (d.h. mit dessen Erwerb einverstanden) sind. Während in kleineren Unternehmen häufig eine einzige Person die angesprochenen Funktionsbereiche ausübt (so dass bei einer Befragung diesbezüglich keine Probleme auftreten), muss man bei einer Befragung in größeren Unternehmen (mit multipersonalen Kaufentscheidungen) den Fragebogen nach einzelnen **Funktionsbereichen** unterteilen (i.d.R. Einkauf, Geschäftsleitung, Nutzer, Finanzabteilung) und die einzelnen **Module** von den jeweiligen Vertretern ausfüllen lassen.

(4) Welche **Zielgruppen** sollen befragt werden?
Grundsätzlich kommen die in Abb. 42 dargestellten Gruppen in Betracht:

Abb. 42: Mögliche Zielgruppen einer Zufriedenheitsbefragung

Gruppe	Ziel der Befragung
Potentielle Kunden	• Aufspüren von Neukundenpotential • Akquisition neuer Kunden • Suche nach Verbesserungspotential durch Benchmarking (‚benchmarks' = Höhepunkte bei der Landvermessung; die eigenen Leistungen und Prozesse werden in Relation zu den Spitzenleistungen der Konkurrenz und / oder von Marktführern in anderen Branchen gesetzt)
Derzeitige Kunden	• Kundenbindung • ‚Cross selling' (= bessere Ausschöpfung des Kundenpotentials durch Angebot der gesamten Produktpalette und damit Denken in Geschäftsbeziehungen statt in Einmalkontakten)
Ehemalige Kunden	• Aufdecken von Schwachstellen • Rückgewinnung abgewanderter Kunden

Insbesondere mit Blick auf die **Befragung ehemaliger Kunden** gilt: Sollen die Ergebnisse aussagekräftig sein, so muss wegen der in diesem Segment grundsätzlich recht **geringen Rücklaufquote** eine entsprechend große Stichprobe gezogen werden. Ehemalige Kunden nehmen insbesondere aus **zwei Gründen** nicht oder nur selten an derartigen Befragungen teil:

- Aus Unzufriedenheit abgewanderte Kunden sind häufig so **verärgert**, dass sie dem Unternehmen nicht auch noch mit ihren Auskünften behilflich sein wollen.
- Ein Teil der Kunden ist **physisch abgewandert**, d.h. aus dem Einzugsgebiet weggezogen und somit nur noch unter großem Aufwand erreichbar.

Am Ende von Phase 2 sollten folgende Aufgaben abgeschlossen sein:
- **Formulierung / Konkretisierung** der Problemstellung (Warum will das Unternehmen eine Befragung durchführen?),
- Festlegung der zu befragenden **Zielgruppen** (= derzeitige, potentielle und / oder abgewanderte Kunden),
- **Übersicht** über bereits vorhandene **Daten** (= Ergebnisberichte bisheriger Studien, sekundärstatistisches Datenmaterial wie Reklamations- und Garantiestatistiken, Unternehmenspublikationen, Geschäftsberichte, Umsatz- und Gewinnentwicklungen u.ä.),
- **Budget** und **Zeitrahmen**,
- Festlegung sog. **Aktionsstandards** (= Maßnahmen, die je nach Untersuchungsbefund ins Auge gefasst werden).

4.5 Explorative Voruntersuchung (= Phase 3)

Vor der detaillierten Ausgestaltung des Untersuchungsansatzes sollte das Unternehmen eine **explorative**, d.h. eine das Problemfeld aufhellende und strukturierende **Voruntersuchung** durchführen (vgl. Abb. 43). Auf diese Weise lässt sich ermitteln, welche
- **Erwartungen** die Kunden an den Anbieter sowie an dessen Produkte und Dienstleistungen stellen und welche
- **Faktoren** (Preise, Frische der Waren, ...) die Kaufentscheidung beeinflussen.

Hierzu bieten sich zwei Methoden an:
(1) das **halbstrukturierte Interview** mit dem Ziel, tiefe Erkenntnisse zu erlangen,
(2) die **Gruppendiskussion**, die breite Einblicke gewährt.

| Praxis-Tipp | Gestaltung einer explorativen Voruntersuchung |

- Unabhängig von der Befragungsmethode sollte vor der explorativen Studie ein Interviewerleitfaden erstellt werden, der die Vorgehensweise grob skizziert.
- Außerdem hat es sich als nützlich erwiesen, die Gespräche bzw. Diskussionen auf Tonband aufzuzeichnen – das Einverständnis der Teilnehmer vorausgesetzt.
- Man sollte sich darüber im Klaren sein, dass sowohl das halbstrukturierte Interview als auch die Gruppendiskussion vergleichsweise hohe Anforderungen an die-

jenigen stellt, welche die Interviews führen bzw. die dabei gewonnenen Angaben auswerten.
- Um Erkenntnisse über die konkrete Ausgestaltung des Untersuchungsansatzes zu gewinnen, sollten in der explorativen Phase sowohl einige Kunden als auch ausgewählte Mitarbeiter befragt werden.
- Weitere Anregungen ergeben sich i.d.R. aus der Beschwerdeanalyse, der ‚Critical incident'-Technik sowie aus der Kundenprozessanalyse.

Abb. 43: Phase drei einer fundierten Studie zur Kundenzufriedenheit

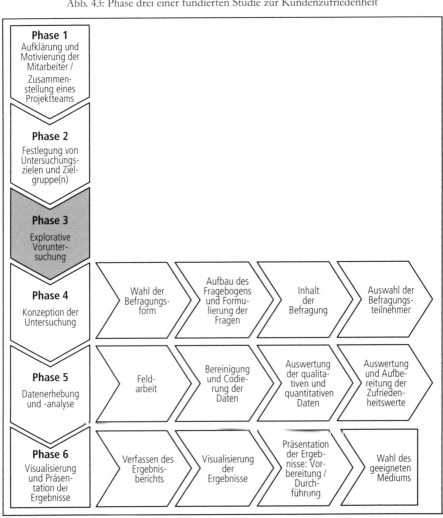

4.6 Konzeption der Untersuchung (= Phase 4)

In dieser Phase der Primärstudie, in welcher es darum geht, den **Befragungsansatz** zu **konkretisieren**, sind insbesondere **vier Sachverhalte** zu klären (vgl. Abb. 44):

(1) Welche **Befragungsform** soll genutzt werden: schriftlich, mündlich, telefonisch?

Abb. 44: Phase vier einer fundierten Studie zur Kundenzufriedenheit

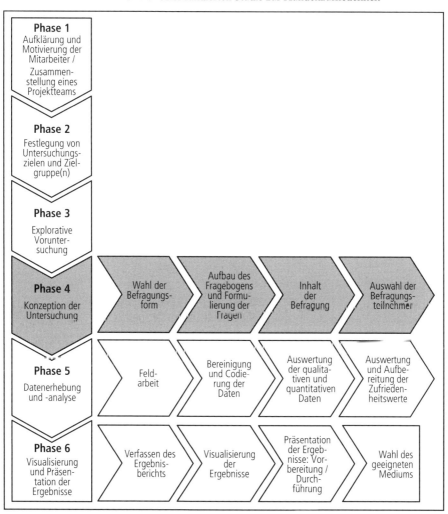

(2) Wie sollen der **Fragebogen aufgebaut** und wie die **Fragen formuliert** werden (offen, geschlossen)?
(3) Was ist konkret **Gegenstand** der **Befragung**?
(4) Wie sollen die **Befragungsteilnehmer** ausgewählt werden?

4.6.1 Wahl der Befragungsform

Wer seine Kunden befragen will, kann grundsätzlich drei Wege einschlagen (vgl. Abb. 45): schriftliche, mündliche und telefonische Befragung (vgl. im Folgenden Kornmeier/Schneider 2006, S.85ff; Schneider 2006, S.96ff. sowie die dort angegebene Literatur).

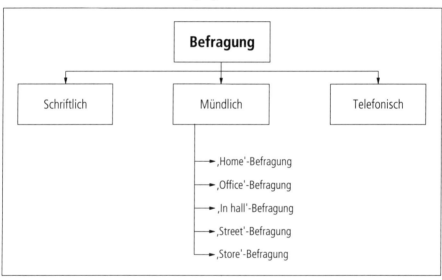

Abb. 45: Befragungsformen im Überblick

4.6.1.1 Schriftliche Befragung

Nach einem erfolgreichen ‚**Pretest**' (Vorabtest) wird der Fragebogen an die Auskunftspersonen verteilt oder verschickt. Die Probanden füllen den Fragebogen aus und senden ihn an das Unternehmen bzw. an das mit der Zufriedenheitsstudie beauftragte Marktforschungsinstitut. In Zukunft wird eine vergleichsweise innovative Form der schriftlichen Datenerhebung, deren wesentlichen Vor- und Nachteile in Abb. 46 zusammenfassend dargestellt sind, an Bedeutung gewinnen: die sog. **Internet-Befragung**.

Abb. 46: Vor- und Nachteile der schriftlichen Befragung

Vorteile	Nachteile
• Schnelle Auskunft von vielen Auskunftspersonen	• Die Teilnahmebereitschaft der Auskunftspersonen sinkt bei längeren Fragebogen bzw. bei heiklen Fragen (z.B. Einkommen)
• Befragte haben ausreichend Zeit zum Nachdenken	
• Da keine Interviewer benötigt werden,	• Abfrage spontaner Antworten nicht möglich
- ist die Befragung leichter zu organisieren,	• Geringe Möglichkeit zur Stichprobenkontrolle (= keine Sicherheit, ob der Adressat selbst antwortet)
- entfällt der Interviewer-Einfluss (= ‚Interviewer bias') – und damit (nahezu vollständig) die Gefahr sozial erwünschter Antworten,	• Tendenziell eher geringe Rücklaufquoten (u.a. abhängig vom Thema der Befragung)
- entstehen vergleichsweise geringe Kosten, was insbesondere in großen Befragungsgebieten zu Buche schlägt.	

Ein wesentliches Problem schriftlicher Befragungen ist in den grundsätzlich eher geringen **Rücklaufquoten** zu erblicken, welche die **Repräsentativität** der Ergebnisse u.U. gefährden. Dies ist insbesondere bei sog. **echten Ausfällen** bzw. **Antwortverweigerungen** der Fall; denn wenn ein Teil der Zielgruppe des Unternehmens sich weigert, Auskunft zu geben (sog. **‚Non response'-Problem**), kann dies die Befunde erheblich verzerren. Unechte bzw. **stichprobenneutrale** Ausfälle (z.B. Kunden, die aus dem Einzugsgebiet eines Unternehmens weggezogen sind) sind hingegen im Regelfall unproblematisch.

| Praxis-Tipp | Erzielung höherer Rücklaufquoten |

- Überwiegend geschlossene Fragen („80 / 20-Regel")
- Optische Verkleinerung des Fragebogens (z.B. durch kleinere Schrifttypen oder Bedrucken von Vorder- und Rückseite)
- Zeitaufwand für das Ausfüllen des Fragebogens reduzieren (bei privaten Haushalten max. 15 Minuten, bei gewerblichen Kunden max. 30 Minuten)
- Verständliche Fragen / klarer, nachvollziehbarer Aufbau des Fragebogens (mit Hilfe eines ‚Pretests' prüfen)
- Hotline für eventuelle Rückfragen der Befragungsteilnehmer

- Anleitung zum Ausfüllen des Fragebogens
- Individualisierung des Anschreibens und eigenhändige Unterschrift
- Begleitschreiben mit
  - Erläuterung von Untersuchungszweck und zugrunde liegendem Auswahlverfahren
  - Zusicherung der Anonymität
  - (bereits im Vorfeld der Studie) Dank für die Teilnahme
  - Hinweis auf Zeitpunkt, zu dem der Fragebogen spätestens zurückgeschickt werden sollte (14 Tage bis drei Wochen)
- Adressierten, frankierten Rückumschlag beilegen
- Materielle Anreize für die Befragungsteilnehmer (‚Incentives'), z.B. Teilnahme an einer Verlosung; Briefmarkenbriefchen, Telefonkarten, Gutscheine
- Wahl eines günstigen Versandzeitpunkts (bei Befragung privater Haushalte: Donnerstag oder Freitag; stressintensive Zeiten wie Vorurlaubs- und Urlaubszeit, Vorweihnachtszeit meiden)
- Ggf. Nachfassaktion (2. und 3. Welle) (erneut Fragebogen beilegen)

Praxis-Fall   **Steigerung der Rücklaufquote bei ANACOMP und Bang & Olufsen**

ANACOMP, Weltmarktführer bei Mikrographie-Produkten (= Miniaturisierung und Speicherung von Dokumenten und Datenbeständen auf Mikrofilm oder -fiches), erzielt regelmäßig Rücklaufquoten von über 70%. Das ‚Incentive': Für jeden ausgefüllt zurückgesendeten Fragebogen spendet ANACOMP einer gemeinnützigen Organisation (z.B. SOS-Kinderdorf) einen bestimmten Betrag (bis zu 20 €). Nach Abschluss der Befragung wird jeder Kunde über die gespendete Summe informiert, was dessen Bereitschaft vergrößert, an künftigen Befragungen erneut teilzunehmen.

Interessant ist in diesem Zusammenhang auch der Ansatz von Bang & Olufsen. Der Hersteller von Unterhaltungselektronik räumt allen Befragungsteilnehmern eine ein Jahr längere Garantiefrist ein.

4.6.1.2 Mündliche Befragung

In diesem Fall stehen sich Interviewer und Auskunftsperson unmittelbar gegenüber (= **‚Face to face-Interview'**), wobei verschiedene Varianten in Betracht kommen (vgl. Abb. 45):

- ‚Home'-Befragung: Die Befragung wird in der **Wohnung** der Auskunftsperson durchgeführt.

4.6 Konzeption der Untersuchung (= Phase 4)

- ‚Office'-Interview: Diese Befragung empfiehlt sich, wenn **Experten, gewerbliche Kunden** bzw. **Führungskräfte** einer vergleichsweise hohen Hierarchiestufe befragt werden.
- ‚In hall'-Befragung: Die Erhebung findet in einem **Testlokal** statt (z.B. in einem angemieteten Raum in einem Einkaufszentrum).
- ‚Street'-Interview: Die Befragung wird an einem **stark frequentierten Ort** durchgeführt (z.B. Straßenkreuzung, Fußgängerzone).
- ‚Store'-Interview: Das Interview findet in der **Einkaufsstätte** statt.

Für die **mündliche Befragung**, deren Vor- und Nachteile Abb. 47 zu entnehmen sind, bieten sich grundsätzlich **zwei Optionen**:

(1) Beim **standardisierten Interview** sind Inhalt und Reihenfolge der Fragen genau festgelegt. Da er die Fragen vorlesen und die Antworten exakt dokumentieren muss, kann der Interviewer den Befragten vergleichsweise **wenig beeinflussen**. Diese Methode eignet sich insbesondere für repräsentative Studien mit einer größeren Anzahl an Auskunftspersonen.

Abb. 47: Vor- und Nachteile der mündlichen Befragung

Vorteile	Nachteile
• Die Auskunftsbereitschaft ist größer als bei der schriftlichen Befragung, u.a. weil der Interviewer psychologische Hemmschwellen und Zweifel der Befragten im direkten Gespräch ausräumen kann.	• Vergleichsweise hohe Kosten
• Kontrollierbare Gesprächssituation	• Tendenziell erhöhter Zeitaufwand
• Geringere Gefahr von Missverständnissen durch Rückfragen (sowohl Befragter als auch Interviewer)	• (Ungewollter) Einfluss des Interviewers auf den Befragten und damit Tendenz zu sozial erwünschten Antworten (= ‚Interviewer bias')

(2) Liegt es im Ermessen des Interviewers, wie er die Fragen formuliert, in welcher Reihenfolge er sie stellt und welche Erläuterungen er hinzufügt, so handelt es sich um ein **freies Interview**. Ein wesentlicher Vorteil dieser Vorgehensweise, bei der lediglich Ablauf und Inhalt des Interviews grob festgelegt sind (in einem **Gesprächsleitfaden**), ist darin zu sehen, dass der Interviewer tiefer- und weitergehend auf den Befragten **eingehen** kann (bspw. um neue Einsichten in einen Problemkreis zu gewinnen). Das freie Interview eignet sich demnach vor allem dann, wenn **Experten** oder Vertre-

ter höherer Hierarchieebenen befragt werden sollen. Ein großer Nachteil sind die relativ **hohen Kosten**; denn das freie Interview stellt hohe **Anforderungen** an die Interviewer und damit an deren Ausbildung. Um systematische Fehler und **Verzerrungen** zu verringern bzw. zu vermeiden, ist es mitunter erforderlich – und damit teuer – mehrere Interviewer einzusetzen. Weil die Daten nicht standardisiert erhoben werden können („offene Fragen"), ist es mit Blick auf Zeit und Kosten außerdem viel **aufwendiger**, die gewonnenen Informationen auszuwerten.

4.6.1.3 Telefonische Befragung

Die telefonische Befragung eignet sich immer dann, wenn nur wenige, **leicht zu beantwortende Fragen** gestellt werden, in deren Mittelpunkt vorzugsweise Fakten stehen. Da aber manche Unternehmen des Direktvertriebs eine (vermeintliche) telefonische Befragung für Verkaufsgespräche **missbrauchen**, wächst in Teilen der Bevölkerung die Skepsis gegenüber dieser Variante.

Interviewer, die CATI (= ‚**Computer aided telephone interviewing**') nutzen, werden vom Computer unterstützt, wobei eine Software via Bildschirm Stichprobenauswahl, Instruktionen für den Interviewer und Dokumentation der Antworten steuert. Die vielfältigen Fortschritte in der Computertechnologie können auch für schriftliche und persönliche Befragung genutzt werden: Beim CAPI (= ‚**Computer assisted personal interviewing**') gibt der Interviewer die Daten ein, beim CSAQ (= ‚**Computerized self-administered questioning**') der Befragte selbst.

4.6.2 Aufbau des Fragebogens und Formulierung der Fragen

4.6.2.1 Aufbau des Fragebogens

Hierfür bietet sich folgende **Struktur** an:

(1) **Eisbrecherfragen** (Einleitungs- / Kontaktfragen) dienen dazu, das Interview einzuleiten, dem Befragten die Befangenheit zu nehmen und eine entkrampfte Atmosphäre zu schaffen (sog. Aufwärmphase).

(2) **Sachfragen** betreffen den eigentlichen Untersuchungsgegenstand und bilden den Hauptteil der Befragung.

(3) Mit **Kontrollfragen** (Plausibilitätsfragen) will man in erster Linie prüfen, ob die Befragten konsistent antworten. Hierzu platziert man an einer anderen Stelle des Fragebogens eine inhaltlich identische, aber anders formulierte Frage. Diesen Fragetyp sollte man allerdings sehr sparsam einsetzen, da Auskunftspersonen, die „das Prinzip" erkennen, häufig mit Reaktanz kontern: Sie sind verärgert und brechen dann nicht selten das Interview ab.

(4) **Fragen zur Person** sollten am Ende des Fragebogens stehen, nicht zuletzt weil erst im Laufe der Befragung jenes Vertrauen entstanden ist, welches man benötigt, wenn der Proband Angaben zu „heiklen Themen" (z.B. Einkommen, Alter, Bildung) machen soll. Soziodemographische Daten (z.B. Alter, Einkommen, Haushaltsgröße) sind wichtig, um anschließend bspw. Kundensegmente (z.B. zufriedene vs. unzufriedene Kunden) charakterisieren zu können.

4.6.2.2 Formulierung der Fragen

Drei Varianten stehen zur Verfügung (vgl. Abb. 48): die offene Frage, die geschlossene Frage sowie die Kombination dieser beiden.

Abb. 48: Fragetypen im Überblick

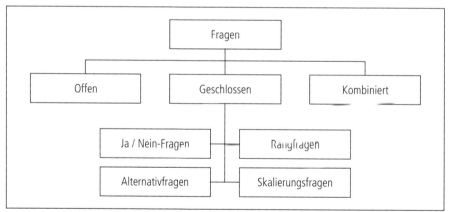

(1) Bei **offenen Fragen** werden keine Antwortkategorien vorgegeben (Bsp.: „Was sind Ihres Erachtens die Stärken unseres Unternehmens?"), so dass die Antworten nicht verzerrt werden. Außerdem lassen sich auf diese Weise leichter neue Aspekte zu einem bestimmten Problem aufdecken. Dass die Antwor-

ten nicht vergleichbar sind, ist jedoch ebenso als Nachteil zu werten wie die Vielfalt an Antworten, was Kodierung und Auswertung der Daten erschwert.

(2) Bei **geschlossenen Fragen** sind Antwortmöglichkeiten vorgegeben, weshalb sich die Wahl der Antwortkategorien am Differenzierungsvermögen der Befragungspersonen orientieren muss. Folgende Varianten sind verfügbar:
- **Ja / Nein-Fragen** (Nominalskala: lediglich Klassifizierung, ohne Wertung)
  o Beispiel: „Haben Sie in den vergangenen vier Wochen in unserem Unternehmen Möbel gekauft?"
  o Antwortkategorien: Ja/nein
- **Alternativfragen** (Nominalskala: lediglich Klassifizierung, ohne Wertung), bei denen eine oder mehrere Antworten aus einer Reihe vorgegebener Antwortmöglichkeiten ausgewählt werden müssen
  o Beispiel: „An welchem Wochentag kaufen Sie gewöhnlich ein?"
  o Antwortkategorien: Montag, Dienstag., Mittwoch usw.
- **Zuordnung von Rängen** (Ordinalskala: keine Aussage über Abstände)
  o Beispiel: „Welche der folgenden Medien nutzen Sie gewöhnlich, um sich über Fernsehgeräte zu informieren? Bitte bringen Sie die aufgeführten Medien (Prospekt, TV, Rundfunk, Zeitung, Plakat, Handzettel usw.) nach Maßgabe Ihrer Präferenz in eine Rangfolge von 1 bis 10."
  o Antwortkategorien: Rang 1, 2, 3, ..., 10
- **Skalierungsfragen** (Intervall- / Verhältnisskala)
  o Beispiel für eine **Intervallskala** (= feste Abstände; z.B. Temperatur): „Wenn Sie einmal Ihre Erfahrungen Revue passieren lassen: Wie zufrieden sind Sie ganz generell mit den Leistungen unseres Unternehmens?"
  o Antwortkategorien:

  o Beispiel für eine **Verhältnisskala** (= absoluter Nullpunkt ist gegeben; z.B. Länge, Gewicht): „Wie viele Personen leben in Ihrem Haushalt?"
  o Antwortmöglichkeiten: z.B. 1, 2, 3, 4, 5 usw.

Aus verschiedenen Gründen bietet es sich an, **überwiegend geschlossene Fragen** einzusetzen, bspw. weil deren Beantwortung, Codierung und Auswertung relativ wenig Mühe bereiten. Als **Daumenregel** gilt: 80% geschlossene, 20% offene Fragen.

> **Praxis-Tipp** — **Befragungen: die häufigsten Probleme und Lösungsmöglichkeiten**
>
> - **Soziale Erwünschtheit**: Auskunftspersonen, die zu tabuisierten Themen oder Fragen zu Prestige und Status (z.B. Einkommen, Vermögensverhältnisse, Besitz von Produkten) Stellung nehmen sollen, geben häufig nicht ihre eigene Meinung bzw. den tatsächlichen Sachverhalt wieder. Stattdessen antworten sie so, wie sie glauben, dass ihre Umwelt bzw. der Interviewer es von ihnen erwartet. Für dieses Problem der „sozialen Erwünschtheit" bieten sich zwei Lösungsmöglichkeiten:
>   - Formulierung indirekter Fragen (z.B. „Was glauben Sie, denken die meisten Menschen über ...?") oder
>   - Vorgabe eines anderen als des tatsächlichen Befragungsthemas.
> - **Ja-Sage-Tendenz**: Auskunftspersonen neigen dazu, häufiger mit „ja" als mit „nein" zu antworten, wenn Fragen schwer nachvollziehbar sind und die Probanden lediglich zwischen Zustimmung und Ablehnung wählen können. Um zu vermeiden, dass die sog. Ja-Sage-Tendenz die Befragungsergebnisse verzerrt, kann man bspw. auch negative Formulierungen von Fragen verwenden (Bsp.: „Ich bin dagegen, dass ..." oder „... sollte man abschaffen").
> - **Verständnisprobleme**: Fragen mit Fremdwörtern, mehrdeutigen Begriffen (z.B. selten, häufig) oder einem gehobenen Sprachstil überfordern i.d.R. viele Auskunftspersonen, weshalb man einfache, eindeutige und neutrale Fragestellungen verwenden sollte.

4.6.3 Inhalt der Befragung

Im Mittelpunkt einer Kundenzufriedenheitsstudie stehen – nomen est omen – plausiblerweise Fragen zur Zufriedenheit des Kunden. Hierzu bieten sich **zwei Methoden** an, die bereits ausführlich dargestellt wurden, und die es zu kombinieren gilt:
- Methode der kritischen Ereignisse,
- direkte Befragung der Zufriedenheit mit Hilfe des merkmalsgestützten Verfahrens.

Angesichts des mit einer Zufriedenheitsstudie verbundenen Aufwands ist es zweckmäßig, neben der Zufriedenheit sowie den einzelnen Zufriedenheitsdimensionen **weitere Faktoren** zu erfragen, die geeignet sind, Hintergrund und Verhaltensweisen der Kunden zu beleuchten. Hierzu zählen z.B.
- **Dauer** der Beziehung zum Unternehmen,

- **Zeitpunkt** des letzten Unternehmensbesuchs,
- **Grund** für den letzten Unternehmensbesuch,
- **positive** bzw. **negative** Erlebnisse mit dem Unternehmen,
- **Beschwerdeverhalten** und **-zufriedenheit**,
- **Benchmarking** (z.B. Nennung eines mustergültigen Wettbewerbers),
- **Wünsche** an das Unternehmen,
- **soziodemographische** Merkmale (z.B. Geschlecht, Alter).

4.6.4 Auswahl der Befragungsteilnehmer

Die zentrale Frage dieses Abschnitts lautet: Wie viele Untersuchungsteilnehmer werden für eine aussagekräftige Erhebung benötigt, und wie werden diese ausgewählt? Ausgangspunkt ist dabei die Frage nach der **Grundgesamtheit**: Werden bspw. lediglich die (derzeitigen) Kunden befragt, oder sollen auch potentielle bzw. abgewanderte Kunden in die Untersuchung einbezogen werden?

Darüber hinaus ist zu beantworten, ob man eine Vollerhebung (= Befragung sämtlicher Kunden) oder eine Teilerhebung (= Befragung eines Teils der Klientel) durchführen möchte.
- Eine **Vollerhebung** empfiehlt sich bei einer überschaubaren Zahl von Kunden, die ein bestimmtes Umsatzvolumen auf sich vereinen, z.B. Kunden eines Küchenstudios oder eines Automobilhändlers.
- Zeit- und Kostengründe zwingen indessen häufig dazu, sich bei der Befragung auf einen Teil der Kunden zu beschränken (= **Teilerhebung**). Entsprechende Stichproben lassen sich mit verschiedenen Verfahren ziehen (vgl. Abb. 49), von denen im Folgenden jedoch lediglich die in der Unternehmenspraxis am weitesten verbreiteten vorgestellt werden (vgl. Nieschlag u.a. 2002, S.430ff.; Meffert 1992, S.189ff.).

4.6.4.1 Stichprobenverfahren

4.6.4.1.1 Nicht-zufallsgesteuerte Verfahren
Willkürliche und bewusste Auswahl gehören zu den nicht zufallsgesteuerten Verfahren.
- Wer sich für die **willkürliche Auswahl** entscheidet, benötigt keinen Erhebungsplan, sondern geht aufs Geratewohl vor. Ein Beispiel dafür ist die Be-

fragung von Kunden, die zu einer bestimmten Stunde ein Geschäft betreten. Je nach Tageszeit wird man dann in der Mehrzahl Berufstätige, Rentner, Schüler oder Studierende antreffen, deren Angaben aber keinesfalls die Meinung sämtlicher Kunden widerspiegeln. Folglich ist der Wert solcher Befunde stark eingeschränkt.

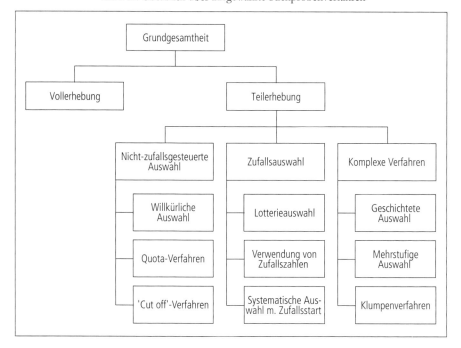

Abb. 49: Überblick über ausgewählte Stichprobenverfahren

- Wer hingegen für die Teilerhebung **bewusst auswählen** will, muss die Struktur der Grundgesamtheit kennen:
  o Beim **‚Cut off'-Verfahren**, das sich insbesondere im Investitionsgüter- und im Handelsmarketing bewährt hat, berücksichtigt man nur die wichtigsten Elemente (z.B. Kunden ab einem bestimmen Auftragsvolumen).
  o Beim **Quota-Verfahren** werden dem Interviewer Merkmalsquoten vorgegeben, die er bei der Auswahl seiner Befragungsteilnehmer zu berücksichtigen hat.

Beispiel: Angenommen es sollen 60 Personen in vier Altersklassen (unter 21 Jahren; 21 bis 40 Jahre; 41 bis 60 Jahre; über 60 Jahre) befragt werden. Um die reale **Kundenstruktur abzubilden**, sollen lediglich 20% der Probanden unter 20 bzw. über 60 Jahre alt sein, während die beiden anderen Altersgruppen zu 10% (= 21 bis 40 Jahre) bzw. zu 50% (= 41 bis 60 Jahre) in der Stichprobe vertreten sein sollen. Außerdem ist (ausgehend von der Kundenstruktur) darauf zu achten, dass ebenso viele Frauen wie Männer befragt werden (= 50% / 50%). Auf Basis dieser **Vorgaben** kann der in Tab. 3 dargestellte **Quotenplan** entwickelt werden. Demnach muss der Interviewer bspw. darauf achten, dass er lediglich 3 männliche und 3 weibliche Personen zwischen 21 und 40 Jahren befragt. Für die Altergruppe 41 bis 60 Jahre benötigt er hingegen jeweils 15 männliche und 15 weibliche Probanden.

Tab. 3: Beispielhafter Quotenplan als Grundlage des Quota-Verfahrens

Altersklasse	Geschlecht		Summe
	Männlich (= 50%)	Weiblich (= 50%)	
unter 21 Jahre (= 20%)	6	6	12
21 bis 40 Jahre (= 10%)	3	3	6
41 bis 60 Jahre (= 50%)	15	15	30
über 60 Jahre (= 20%)	6	6	12
Summe	30	30	60

Das Quota-Verfahren ist einfach zu planen und anzuwenden, wenngleich es bisweilen schwierig ist, die Restquoten „aufzufüllen". Außerdem muss man **geeignete Quotenmerkmale** finden.

4.6.4.1.2 Zufallsauswahl
Wer eines dieser Verfahren anwendet, gibt jedem Element der Grundgesamtheit dieselbe berechenbare, von Null verschiedene Chance, in die Stichprobe zu gelangen. Dies indessen ist nur möglich, wenn für die Ziehung ein vollständiges **Verzeichnis** der **Grundgesamtheit** vorliegt (z.B. Kundendatei).
- Bei der **Lotterieauswahl** werden Zettel o.ä. aus einem Behälter gezogen, weshalb sie für große Stichproben zu aufwendig ist.

- Verwendet man **Zufallszahlen**, so ordnet man jedem Element eine Zahl zu, wobei diese Elemente in einem zweiten Schritt mit Hilfe eines Zufallsgenerators ausgewählt werden. Auch diese Vorgehensweise ist i.d.R. zu aufwendig und damit wenig praktikabel.
- Leicht handhabbar ist die **systematische Auswahl mit Zufallsstart** (= sog. Herausgreifen des n-ten Falls). Angenommen ein Unternehmen verfüge über eine alphabetisch geordnete Kundendatei mit 5.000 Adressen. Um eine Stichprobe von 1.000 Personen zu ziehen, wählt man jede fünfte Adresse aus (d.h. Herausgreifen des n-ten (hier = fünften) Falles).

4.6.4.1.3 Komplexe Formen der Stichprobenziehung

(1) Bei der **geschichteten Auswahl** wird eine heterogene Grundgesamtheit anhand bestimmter Kriterien in möglichst homogene Schichten aufgeteilt, z.B. in A-, B- und C-Kunden mit einem bestimmten Auftragsvolumen pro Jahr. In diesem Zusammenhang ist auch zu klären, ob die fraglichen Segmente in der Stichprobe gleich stark vertreten sein sollen (= **proportionale Stichprobe**) oder ob man manchen Schichten – z.B. nach Maßgabe ihrer Relevanz – (z.B. A-Kunden) – einen größeren Anteil zubilligt (= **disproportionale Stichprobe**).

(2) Hierarchisch strukturierte Grundgesamtheiten (z.B. Verkaufsregion → einzelner Vertreter in dieser Region → Kunden der jeweiligen Vertreter) kann man sich bei der **mehrstufigen Auswahl** zunutze machen. So wäre es möglich, zunächst unter den Verkaufsregionen eine Stichprobe zu ziehen, um anschließend aus den gezogenen Regionen jeweils Vertreter auszuwählen. Abschließend zieht man erneut eine Stichprobe und zwar unter den Kunden der jeweils ausgewählten Vertreter. Wegen des einfachen Prinzips (Erhebungsarbeit, räumliche Konzentration, bessere Kontrolle der Interviewer) ist dieses Verfahrens recht kostengünstig. Allerdings ist es schwierig, die Auswahlchancen der einzelnen Elemente exakt zu berechnen.

(3) Beim **Klumpenverfahren** wird die Grundgesamtheit in Untergruppen aufgeteilt, aus denen dann – zufällig oder systematisch – einzelne Gruppen ausgewählt werden. Diese wiederum werden vollständig in die Stichprobe einbezogen. Voraussetzung ist, dass diese Stichprobe „**typisch**" (und damit in gewissem Sinne repräsentativ) für die Grundgesamtheit ist. Anstatt bspw. alle Kunden einer Großbank zu befragen, könnte man sich darauf beschränken, lediglich in allen Geschäftsstellen einer Stadt eine Vollerhebung durchzuführen.

Wegen der Kosten- und Zeitersparnis ist diese Vorgehensweise durchaus vorteilhaft. Sie liefert allerdings schlechte Ergebnisse, wenn die Stichprobe „nicht typisch" ist, die Kunden in Stadt A also andere Vorstellungen haben als jene in Stadt B oder in der ländlichen Region C (= **„Klumpeneffekt"**).

4.6.4.2 Fehlerquellen

Bei der Stichprobenziehung sind folgende Fehlerquellen besonders bedeutsam (vgl. Nieschlag u.a. 2002, S.441f.):

(1) **Planungsfehler** treten auf, wenn das Unternehmen seine Untersuchungsziele unpräzise definiert bzw. die Grundgesamtheit nicht eindeutig abgrenzt. Wer etwa die Gründe für die Unzufriedenheit seiner Kunden ermitteln will, darf nicht nur sein derzeitiges Klientel befragen, sondern muss plausiblerweise auch abgewanderte Kunden einbeziehen. Denn schließlich finden sich gerade in diesem Segment sehr viele, die wegen eines negativen Erlebnisses mit dem Unternehmen abgewandert sind. Ein Fall aus den 1940er Jahren veranschaulicht den wohl bekanntesten Planungsfehler und dessen Folgen.

Praxis-Fall	Planungsfehler in der Meinungsforschung

Abgesehen vom Gallup-Institut erklärten alle Meinungsforschungsinstitute, die im Zuge der Wahl des US-amerikanischen Präsidenten im Jahre 1948 tätig waren, Thomas Dewey (= Kandidat der Republikaner) zum neuen Präsidenten der USA. Dass lediglich das Gallup-Institut den richtigen Wahlsieger, den Demokraten Harry S. Truman, vorhersagte, lag u.a. am Planungsfehler der anderen Institute. Diese hatten telefonisch befragt, dabei aber übersehen, dass in ihrer Stichprobe diejenigen überrepräsentiert waren, die sich zur damaligen Zeit ein Telefon leisten konnten: die wohlhabenden Bevölkerungsschichten – die (traditionell) eher republikanisch wähl(t)en. Lediglich das Gallup-Institut, das persönlich befragte, konnte ein repräsentatives Stimmungsbild zeichnen.

Quelle: Adler (1955, S.65ff.).

(2) Den **systematischen Fehlern** subsumiert man sämtliche Unzulänglichkeiten, die im Zuge der Erhebung entstehen und die Validität mindern, etwa
- **fehlerhafte Fragebogengestaltung**, z.B. Suggestivfragen, die Auskunftspersonen eine bestimmte Antwort nahe legen, die nicht dem eigentlichen

Willen der Person entspricht (Bsp.: „Wenn Sie zukünftig wieder bei uns einkaufen, welche der folgenden Produkte würden Sie dann erwerben?"),
- **mangelhaftes Auswahlverfahren**, z.B. Fehler bei der Stichprobenziehung,
- **Fehler** bei der **Auswahl der Interviewer**, die Fragebogen teils schlampig (z.B. bei offenen Fragen) oder teils gar selbst ausfüllen oder die bei Rückfragen des Probanden keine kompetente Auskunft erteilen können.

(3) **Sachliche Fehler** sind Verzerrungen, die insbesondere dann auftreten, wenn Probanden falsche Auskünfte geben (z.B. sozial erwünschte Antworten) oder wenn übermäßig viele Auskunftspersonen einer bestimmten Gruppe nicht bereit sind, an der Befragung teilzunehmen (z.B. Berufstätige, die beim Kurzeinkauf während der Mittagspause keine Zeit für ein zehnminütiges Interview haben). Diese Fehlerquellen, welche die Reliabilität mindern, sind am schwierigsten zu beheben.

(4) Unter einem **Stichprobenfehler** versteht man die Abweichung eines Stichprobenergebnisses vom wahren (jedoch unbekannten) Wert der Grundgesamtheit. Grundsätzlich gilt: Je größer die Stichprobe, desto größer die Chance, ein repräsentatives Bild der Grundgesamtheit zu erhalten. Entsprechend groß ist allerdings der **Aufwand** an Zeit und Geld.

4.6.4.3 Größe der Stichprobe

In der Literatur finden sich zahlreiche Faustregeln, die i.d.R. auf Erfahrungswerten basieren. So empfehlen manche Autoren einen Mindestumfang von 100 auswertbaren Fragebögen, andere wiederum nur 50 oder gar 30. Derartige Angaben sind allerdings nicht viel mehr als das Ergebnis von „Kaffeesatzleserei", zumal der erforderliche – oder mitunter praktikable – Stichprobenumfang auch von der jeweiligen Situation abhängt. Während etwa im Konsumgüterbereich viele Kunden jeweils relativ wenig Umsatz erbringen, finden sich im Investitionsgütersektor häufig nur wenige Auftraggeber mit großen Einkaufsvolumina. Wer einen umfassenden Eindruck von seinen Kunden gewinnen will, müsste im ersten Fall relativ viele Kunden befragen, während es im zweiten u.U. genügen könnte, die Meinung von lediglich ein paar Kunden einzuholen.

Der Umfang einer Stichprobe hängt davon ab,
- wie groß die **Grundgesamtheit** ist,
- wie **genau** das Stichprobenergebnis sein soll und

- mit welcher **Sicherheit** die Aussagen zutreffen sollen, wobei sich
  - eine Sicherheit von mindestens 95,5 % mit
  - einer Genauigkeit von 5 % als empfehlenswert erwiesen hat.

Mit einer der beiden folgenden Formeln lässt sich – abhängig von der Größe der Grundgesamtheit – berechnen, wie viele Elemente die Stichprobe enthalten muss:

Falls Grundgesamtheit N < 100.000:

$$n = \frac{t^2 \cdot p \cdot q \cdot N}{t^2 \cdot p \cdot q + e^2 \cdot (N-1)}$$

Falls Grundgesamtheit N > 100.000:

$$n = \frac{t^2 \cdot p \cdot q}{e^2}$$

Dabei gilt:

n = Stichprobenumfang
t = zulässiger Fehlerbereich:
- für t = 1: 68,3 % Sicherheit
- für t = 2: 95,5 % Sicherheit
- für t = 3: 99,7 % Sicherheit

p = Anteil der Elemente in der Stichprobe, welche die Merkmalsausprägung aufweisen
q = Anteil der Elemente in der Stichprobe, welche die Merkmalsausprägung nicht aufweisen. Da p und q im Voraus nicht bekannt sind, wird der ungünstigste Fall angenommen, nämlich jeweils 50% (d.h. 50·50).
N = Größe der Grundgesamtheit
e = Genauigkeit

Den Formeln zufolge ergäbe sich bei einer Grundgesamtheit von 5.000 Kunden bspw. ein Stichprobenumfang von 370 Personen, wenn man überdies eine Sicherheit von 95,5 % und eine Genauigkeit von 5 % anstrebte (vgl. Hinterhuber u.a. 1997, S.75f.). Berücksichtigte man darüber hinaus, dass bei schriftlichen Befragungen lediglich ein Teil der Angeschriebenen antwortet und legte man deshalb im vorliegenden Beispiel eine Rücklaufquote von 20 % (geschätzt) zugrunde, dann müssten in der 1. Befragungswelle 1.850 Fragebogen versandt werden.

4.7 Datenerhebung und -analyse (= Phase 5)

4.7.1 Feldarbeit

Auch während der sog. Feldphase (vgl. Abb. 50), in der die erforderlichen Daten erhoben werden, sind zahlreiche **Aufgaben** zu erledigen.

Abb. 50: Phase fünf einer fundierten Studie zur Kundenzufriedenheit

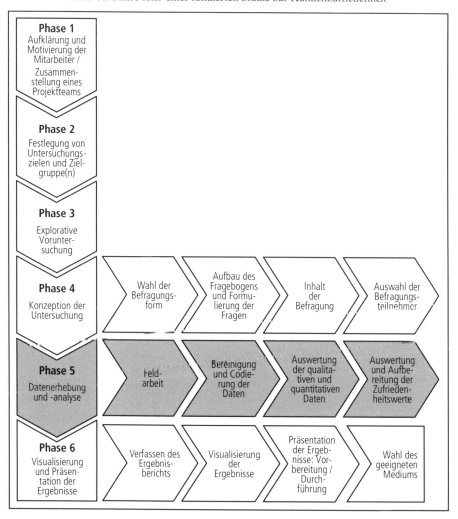

Im Falle einer Befragung sind dies etwa
- Druck der Fragebögen,
- Verfassen eines Begleitschreibens und Versand der Fragebogen incl. Rückantwortkuverts (bei schriftlicher Befragung),
- Anwerbung, Schulung und stichprobenartige Kontrolle der Interviewer (bei mündlichen und telefonischen Befragungen),
- Suche nach einem geeigneten Standplatz für die Interviewer (bei mündlicher Befragung),
- Dokumentation der Rücklaufquote und des Erhebungsfortschritts.

Praxis-Tipp	Bei schriftlichen Befragungen die Portokosten im Auge behalten

- Welches Gewicht haben Fragebogen, Anschreiben, die Umschläge (Schreiben, Rückantwort) sowie das evtl. beigefügte „kleine Dankeschön"?
- Ist es möglich, leichteres oder weniger Papier (z.B. durch kleinere Schrift, bedruckte Vorder- und Rückseite) zu verwenden?
- Wie muss die so geschnürte Briefsendung deklariert werden?
- Lassen sich durch Vorsortieren der Post (nach Postleitzahlgebieten) Gebühren sparen?

Unterstützung bei der Beantwortung dieser Fragen bietet das aktuelle Informationsmaterial der nationalen Briefbeförderer.

4.7.2 Bereinigung und Codierung der Daten

Die während der Befragung gesammelten Daten sind nicht immer **vollständig** (= fehlende Information) bzw. **korrekt** (= fehlerhafte Information), bspw. weil
- die Auskunftspersonen den Fragebogen unbewusst (mangels Konzentration) oder bewusst falsch ausfüllen,
- die Probanden die Fragen nicht beantworten können,
- bei der Übertragung in die für die Analyse benötigte EDV-Datenmaske Fehler auftreten.

Fragebogen, die ganz offensichtlich bewusst falsch, widersprüchlich oder weitgehend unvollständig ausgefüllt sind, sollten von der Analyse ausgeschlossen werden. Fehlen bei einem Fragebogen hingegen nur vereinzelt Angaben, so

kann man dieses Problem sog. **‚Missing values'** fallweise lösen, indem man die fehlenden Werte durch
- einen Platzhalter (häufig die Ziffer „9") oder durch
- den jeweiligen Mittelwert der Variable

ersetzt.

Wer bei künftigen Befragungen das Problem fehlender Werte mindern will, sollte nach der Datenanalyse den Ursachen für ‚Missing values' auf den Grund gehen. Haben bspw. auffällig viele Befragungsteilnehmer eine bestimmte Frage nicht beantwortet, so kann dies darauf zurückzuführen sein, dass
- die Frage **unverständlich** formuliert war, so dass der Proband gar nicht korrekt antworten konnte,
- der Befragungsteilnehmer **nicht** antworten **wollte**, bspw. weil ihm die Frage zu peinlich oder zu aufwendig erschien,
- die Antwortkategorie „**Kann ich nicht beurteilen**" fehlte,
- der Proband die Befragung vorzeitig **abbrach**, z.B. wegen Länge oder Monotonie des Fragebogens.

Um auch nach der Dateneingabe jeden Datensatz dem jeweiligen Fragebogen zuordnen zu können, ist es erforderlich, beide anhand einer **Fragebogennummer** (die im Datensatz und auf dem Fragebogen steht) zu verknüpfen.

Im nächsten Schritt („**Codierung der bereinigten Daten**") weist man den einzelnen Ausprägungen der Variablen Zahlen zu (z.B. Geschlecht: weiblich = 1; männlich = 0), die anschließend in eine Datenmatrix eingetragen werden – mit den erhobenen Merkmalen (z.B. Zufriedenheit, Dauer der Beziehung zum Unternehmen, Alter, Geschlecht) in den Spalten und den Elementen (= Fälle; z.B. Kunden) in den Zeilen.

4.7.3 Auswertung der qualitativen und quantitativen Daten

4.7.3.1 Möglichkeiten zur Auswertung qualitativer Daten

Die Auswertung qualitativer Daten, die mit Hilfe offener Fragen erhoben werden, ist vergleichsweise aufwendig, nicht zuletzt weil standardisierte Antwortkategorien fehlen. Wer offene Fragen bestmöglich nutzen, den Analyseaufwand aber dennoch in einem überschaubaren Rahmen halten will, sollte folgende Vorgehensweise wählen:

(1) **Schnelldurchsicht** der Antworten und **Kategorienbildung**

Um die vielzähligen und vielfältigen Antworten sinnvoll zu komprimieren, sollte man im ersten Durchlauf übergeordnete Kategorien bilden. **Verzerrungseffekte** lassen sich **vermeiden**, wenn mindestens zwei Mitglieder des Auswertungsteams

- unabhängig voneinander ein **Kategoriensystem** entwickeln,
- dieses anschließend abstimmen und
- zu einem gemeinsamen System verdichten.

Die Zahl der letztlich festgelegten Kategorien bleibt überschaubar, wenn man Kategorien mit einem geringen Prozentsatz (z.B. ≤ 3 %) der Rubrik „Sonstiges" subsumiert.

(2) **Zuordnung** der Antworten zu den einzelnen Gruppen und **Häufigkeitsauszählung**

Indem man die Angaben der Probanden nach Maßgabe der festgelegten Kategorien gruppiert und deren Häufigkeit erfasst, ergeben sich bereits erste Hinweise z.B. auf Verbesserungsmaßnahmen.

(3) Wörtliche Wiedergabe **prägnanter Aussagen**

Sämtliche Aussagen wörtlich zu erfassen (auch in der Datenmaske) ist zwar sehr aufwendig, erleichtert es aber, im Ergebnisbericht besonders bedeutsame Beispiele zu präsentieren. Nicht zuletzt eignen sich wörtliche Zitate dazu, quantitative Daten und Kennzahlen anschaulich zu untermalen.

4.7.3.2 Verfahren zur Analyse quantitativer Daten

Mit der Analyse quantitativer Daten will man im Wesentlichen
- Einzeldaten verdichten (= **Datenkomprimierung**),
- anhand der Daten beobachtbare Sachverhalte beschreiben (= **Deskription**) bzw.
- Ursache / Wirkungs-Beziehungen aufdecken (= **Erklärung** und **Prognose**).

Je nach **Untersuchungsziel** stehen die im Folgenden skizzierten Analyseverfahren zur Verfügung (vgl. Backhaus u.a. 2006; Hammann/Erichson 2006; Nieschlag u.a. 2002).

4.7.3.2.1 Univariate Analyseverfahren
Zu den univariaten Verfahren gehören Maß- und Verhältniszahlen.
- Mit **Maßzahlen** kann man Daten (zu einem gewissen Grad) verdichten und Sachverhalte beschreiben. Vertreter dieser Verfahrensgruppe sind (vgl. Bleymüller u.a. 2000; Fischbach 1999):
    - der **arithmetische Mittelwert** (z.B. die durchschnittliche Zufriedenheit), dessen Berechnung metrisches Skalenniveau erfordert.
    - der **Median**, der genau in der Mitte einer Rangwertreihe liegt, so dass sich links und rechts davon eine gleich große Anzahl an Merkmalswerten befindet. Dieses Lagemaß, das lediglich ordinales Skalenniveau erfordert, bietet sich u.a. bei einer Stichprobe mit extremen Ausreißern an, weil in diesem Fall das arithmetische Mittel an Aussagekraft verliert.
    - der **Modus** (= die am häufigsten auftretende Merkmalsausprägung), der insbesondere bei nominal skalierten Merkmalen angewandt wird.
    - die **Varianz**, die angibt, wie weit die Merkmalswerte um den arithmetischen Mittelwert streuen.
- Mit **Verhältniszahlen**, die man durch Verknüpfung zweier Maßzahlen gewinnt, kann man gleichfalls Daten verdichten und Sachverhalte beschreiben:
    - **Prozentzahlen** (z.B. 70 % der befragten Kunden sind mit den Leistungen unseres Hauses zufrieden),
    - **Indexzahlen** (z.B. Bildung eines Zufriedenheitsindex).

4.7.3.2.2 Bivariate Analyseverfahren
Mit bivariaten Verfahren (vgl. z.B. Tab. 4) kann man den zwischen zwei Variablen bestehenden Zusammenhang entdecken bzw. überprüfen:

Tab. 4: Beispiel für eine Kreuztabelle

Erworbene Marke	Unzufriedene Kunden	Zufriedene Kunden	Summe
X	30 (37,5 %)	150 (68,2 %)	180 (60 %)
Y	50 (62,5 %)	70 (31,8 %)	120 (40 %)
Summe	80	220	300

- **Kreuztabellierung**, d.h. Darstellung aller Kombinationen zweier nominal skalierter Merkmale in einer Tabelle. Tab. 4 etwa ist zu entnehmen, dass der

Anteil der zufriedenen Kunden unter den Käufern der Marke X mit 68,2 % mehr als doppelt so groß ist wie bei den Käufern der Marke Y (= 31,8 %).
- **Korrelation**, d.h. Stärke des Zusammenhangs zwischen zwei metrischen Variablen. Die Korrelationsanalyse kann bspw. beantworten, wie stark die Beziehung zwischen Kundenzufriedenheit und Wiederkaufabsicht ist.

4.7.3.2.3 Multivariate Analyseverfahren

Ein wesentlicher Vorteil dieser Verfahren besteht in der Möglichkeit, den Zusammenhang zwischen mehr als zwei Variablen zu untersuchen. Angesichts der Komplexität dieser Methoden kann das vorliegende Buch allenfalls einen ersten Eindruck vom **Nutzenpotential** dieser Verfahren vermitteln, indem Zielsetzung und mögliche Fragestellungen – insbesondere mit Blick auf die Analyse von Kundenzufriedenheit – exemplarisch dargestellt werden (vgl. zum Folgenden insbesondere Backhaus u.a. 2006).

Multivariate Verfahren lassen sich **zwei Gruppen** zuordnen (vgl. Abb. 51):
- Wer bereits Hypothesen über die Beziehung zwischen den Variablen formuliert hat und diese nun testen will, kann ein **strukturprüfendes** Verfahren wählen.
- Andernfalls stehen **strukturentdeckende** Verfahren zur Verfügung, deren vornehmliche Aufgabe es ist, etwaige Zusammenhänge zwischen den Variablen aufzudecken.

(1) Die **Regressionsanalyse** ist das wichtigste und am häufigsten eingesetzte multivariate Analyseverfahren. Sie analysiert Richtung und Stärke des Zusammenhangs zwischen einer abhängigen und einer oder mehreren unabhängigen Variablen, die allerdings metrisch skaliert sein müssen (vgl. Abb. 52). Das Verfahren ist flexibel einsetzbar und eignet sich nicht nur für die Analyse von **Zusammenhängen**, sondern auch für **Prognosen**.
- Beispiele:
  o Welche Eigenschaften (Preis, Qualität, Kompetenz des Personals, Freundlichkeit der Mitarbeiter) spielen bei der Zufriedenheit des Kunden eine entscheidende Rolle? Welche sind (eher) unbedeutend?
  o Wie stark beeinflussen folgende Faktoren die Kundenzufriedenheit: Dauer der Beziehung zu einem Anbieter (= 1), Zufriedenheit mit dem Ergebnis einer Beschwerde (= 2)?

4.7 Datenerhebung und -analyse (= Phase 5)   127

Abb. 51: Die multivariaten Datenanalyseverfahren im Überblick

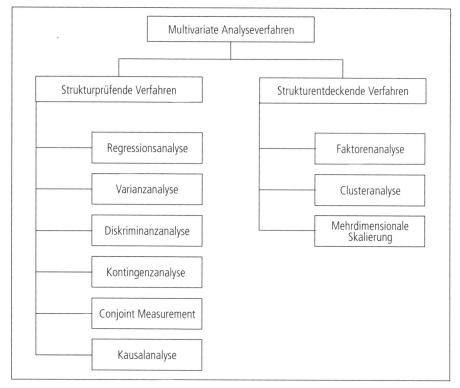

Abb. 52: Einordnung strukturprüfender Analyseverfahren anhand
des Skalenniveaus der Variablen

Skalenniveau der abhängigen Variable	Skalenniveau der unabhängigen Variable	
	Metrisch	Nominal
Metrisch	Regressionsanalyse	Varianzanalyse
Nominal	Diskriminanzanalyse	Kontingenzanalyse

Quelle: Backhaus u.a. (2006).

(2) Die **Varianzanalyse** untersucht die Wirkung von Faktoren auf die interessierende(n) Variable(n), wobei gilt: Die unabhängige Variable ist nominal ska-

liert, die abhängige(n) Variable(n) metrisch. Die Varianzanalyse genießt insbesondere bei der Auswertung von **Experimenten** große Bedeutung.
- Beispiele:
  - Beeinflussen Beruf und Zugehörigkeit zu einer sozialen Schicht (= unabhängige Variablen; nominales Skalenniveau) die Kundenzufriedenheit (= abhängige Variable; metrisches Skalenniveau)?
  - Welchen Einfluss hat die Einführung einer Werbekampagne (= unabhängige Variable; nominales Skalenniveau) auf Zufriedenheit und Markentreue der Kunden (= abhängige Variablen; metrisches Skalenniveau)?
  - Beeinflussen Vertriebsweg und Kaufzeitpunkt (= unabhängige Variablen) den Absatz des Produktes und die Zufriedenheit der Kunden (= abhängige Variablen)?

(3) Mit der **Diskriminanzanalyse** kann man Gruppenunterschiede erklären bzw. Objekte vorher definierten Gruppen zuordnen. In diesem Fall sind die unabhängigen Variablen metrisch und die abhängige Variable nominal skaliert.
- Beispiel:
  - Mit der Diskriminanzanalyse lässt sich etwa klären, bei welchen soziodemographischen (z.B. Alter, Höhe des Einkommens) und psychographischen Merkmalen (z.B. Risikoeinstellung, Zukunftsorientierung) sich zufriedene von unzufriedenen Kunden **unterscheiden**. Die abhängige nominal skalierte Variable legt die **Gruppenzugehörigkeit** fest (hier = Zufriedene vs. Unzufriedene), die metrisch skalierten unabhängigen Variablen charakterisieren wiederum die Gruppenelemente (hier = z.B. Alter, Einkommen, Risikoeinstellung).
  - Die Diskriminanzanalyse eignet sich überdies zur **Einordnung von Elementen** (Subjekte oder Objekte); denn wer die Zusammenhänge zwischen Gruppenzugehörigkeit der Elemente und ihren Merkmalen kennt, kann damit plausiblerweise **prognostizieren**, welcher Gruppe ein Element mit bestimmten soziodemographischen bzw. psychographischen Merkmalen (vermutlich) angehören wird.

(4) Sind alle Variablen lediglich nominal skaliert, dann kommt für die Untersuchung des Zusammenhangs zwischen den fraglichen Daten die **Kontingenzanalyse** in Betracht.
- Beispiele:

- o Gibt es einen Zusammenhang zwischen sozialer Schichtung und Kundengruppen mit spezifischem Zufriedenheitsniveau?
- o Besteht ein Zusammenhang zwischen Zufriedenheit (zufriedene vs. unzufriedene Kunden) und Wohnort der Kunden (Süddeutschland vs. Norddeutschland)?
- o Hängen Wiederkauf eines Produkts (ja vs. nein) und Geschlecht einer Person (männlich vs. weiblich) zusammen?

Weiterführende Verfahren, z.B. die **Logit-Analyse**, können die Abhängigkeit einer nominalen Variablen von mehreren nominalen Einflussgrößen analysieren.

(5) Die **Logistische Regression** beantwortet ähnliche Fragen wie die Diskriminanzanalyse, beruht aber auf **Wahrscheinlichkeiten**. Sie bestimmt demnach die Wahrscheinlichkeit der Zugehörigkeit zu einer Gruppe in Abhängigkeit von einer oder mehreren Einflussgrößen. Diese Variablen können dabei metrisches oder nominales Skalenniveau aufweisen.
- Beispiel: Wiederkaufwahrscheinlichkeit von Kunden in Abhängigkeit von deren Zufriedenheit und Alter

(6) Dem **Conjoint Measurement** (conjoint = verbunden) liegen abhängige Variablen mit zumeist ordinalem Skalenniveau zugrunde. Zu den bedeutenden Anwendungsgebieten gehört die Analyse ordinal gemessener **Präferenzen**. Ziel ist es festzustellen, inwieweit einzelne Eigenschaften eines Objekts zu dessen **Gesamtnutzen** beitragen. Da man den Beitrag einzelner Eigenschaften aus einem Globalurteil destilliert, wird diese Methode auch als **dekompositioneller** Ansatz bezeichnet. Das Conjoint Measurement leistet u.a bei der Gestaltung neuer Produkte einen wichtigen Beitrag. Indem bspw. Testpersonen verschiedene Versionen neuer Produkte in eine Rangfolge bringen (gemäß der von ihnen empfundenen Präferenz), lässt sich anschließend conjointanalytisch berechnen, welchen Beitrag die einzelnen Eigenschaftsausprägungen zum Gesamtnutzen – und damit zur Kundenzufriedenheit – leisten.
- Beispiel: Welchen Nutzen stiften Marke, Preis und Verpackungsgröße? Kann eine Marke ihr Imagedefizit durch Preissenkungen kompensieren?

(7) Die **Kausalanalyse** wird angewandt, wenn nicht unmittelbar zu beobachtende Variablen (= „**hypothetische Konstrukte**" bzw. „latente Variablen")

analysiert werden sollen. Neben Emotion, Motivation und Einstellung gehören hierzu u.a. auch Konstrukte wie Kundenzufriedenheit und Kundenloyalität. Die Kausalanalyse unterscheidet zwei Modellebenen (vgl. Abb. 53):
- Das **Messmodell** dokumentiert die Beziehungen zwischen den latenten Variablen und den Indikatoren, mit welchen sie (indirekt) gemessen (= operationalisiert) werden.
- Das **Strukturmodell** reflektiert die Beziehungen zwischen den latenten Variablen. Diese gilt es letztlich zu prüfen.

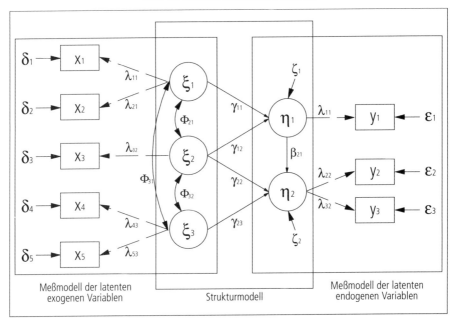

Abb. 53: Aufbau eines Kausal-Modells

Das beispielhafte Kausalmodell in Abb. 54 soll den Zusammenhang zwischen Kundenzufriedenheit und Kundenbindung erklären. Da es sich hierbei um **hypothetische** (= nicht direkt beobachtbare) **Konstrukte** handelt, muss man für das Messmodell geeignete Indikatoren finden. Kundenzufriedenheit könnte z.B. anhand verschiedener Zufriedenheitswerte (siebenstufige Skalen) operationalisiert werden, Kundenbindung mit Hilfe der Variablen „Anzahl der Wiederholungskäufe" und „Dauer der Beziehung zum Anbieter" (vgl. Abb. 54). Nicht alle Variablen des Strukturmodells müssen latent sein. Ein Beispiel, in

4.7 Datenerhebung und -analyse (= Phase 5) 131

dem lediglich die unabhängigen Variablen latent sind, ist die Abhängigkeit der abgesetzten Menge eines Produktes von der subjektiven, d.h. von den Verbrauchern wahrgenommenen Produkt- und Servicequalität eines Anbieters.

Abb. 54: Vereinfachte Darstellung eines Kausalmodells am Beispiel Kundenzufriedenheit / Kundenbindung

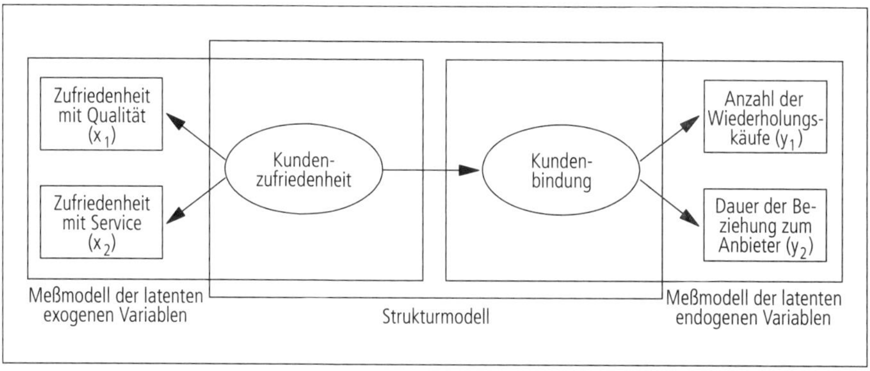

```
┌─────────────────────────────────────────────────────────────────────┐
│  ┌──────────┐                                          ┌──────────┐ │
│  │Zufrieden-│                                          │Anzahl der│ │
│  │heit mit  │    ╱‾‾‾‾‾‾╲         ╱‾‾‾‾‾‾╲             │Wiederho- │ │
│  │Qualität  │───▶│Kunden- │──────▶│Kunden- │──────────▶│lungskäufe│ │
│  │ (x₁)     │    │zufrie- │       │bindung │           │ (y₁)     │ │
│  └──────────┘    │denheit │       │        │           └──────────┘ │
│  ┌──────────┐    ╲_____╱         ╲_____╱             ┌──────────┐ │
│  │Zufrieden-│───▶                                      │Dauer der │ │
│  │heit mit  │                                          │Beziehung │ │
│  │Service   │                                     ────▶│zum       │ │
│  │ (x₂)     │                                          │Anbieter  │ │
│  │          │                                          │(y₂)      │ │
│  └──────────┘                                          └──────────┘ │
│  Meßmodell der latenten                              Meßmodell der  │
│  exogenen Variablen         Strukturmodell      latenten endogenen  │
│                                                         Variablen   │
└─────────────────────────────────────────────────────────────────────┘
```

Quelle: in Anlehnung an Meffert (1992, S.307).

(8) Mit der **Faktorenanalyse** kann man eine Vielzahl an Variablen (= Informationen) auf eine überschaubare Anzahl an übergeordneten Kategorien reduzieren, wobei zwischen **Komplexitätsreduktion** und Informationsverlust abzuwägen ist. Die Faktorenanalyse beantwortet insbesondere die Frage, inwieweit zahlreiche Merkmale (z.B. verschiedene Teilzufriedenheiten) auf wenige **zentrale Eigenschaften zurückgeführt** werden können. Häufig wird die Faktorenanalyse für die Positionierung von Produkten oder Unternehmen eingesetzt (sog. faktorielle Positionierung). Denn wenn man die zahlreichen Bewertungen der Eigenschaften (z.B. Zufriedenheit) faktorenanalytisch auf wenige Dimensionen **verdichten** kann (z.B. zwei oder drei), dann lassen sich die bewerteten Objekte (z.B. Zufriedenheit mit verschiedenen Einzelhandelsgeschäften) **grafisch** darstellen (zwei- oder dreidimensional).
- Beispiel: Lässt sich die Vielzahl der erhobenen Teilzufriedenheiten (z.B. Preis, Qualität, Freundlichkeit, Kompetenz, Innenausstattung, Angebotspalette, Öffnungszeiten, Termineinhaltung, Sauberkeit) auf wenige übergeordnete Faktoren verdichten?

(9) Im Gegensatz zur Faktorenanalyse bündelt die **Clusteranalyse** nicht Eigenschaften, sondern **Objekte** bzw. **Subjekte** (z.B. Kunden), die sich durch ge-

meinsame Merkmale auszeichnen. Diese Elemente werden so „geclustert", dass die Objekte innerhalb einer Gruppe **möglichst homogen**, die verschiedenen Gruppen (Cluster) hingegen möglichst heterogen sind. Das Marketing nutzt die Clusteranalyse v.a. zur Bildung von Marktsegmenten (auf Basis nachfragerelevanter Merkmale der Konsumenten).

- Beispiel: Lassen sich Kundensegmente identifizieren, die mit den einzelnen Teilleistungen ähnlich (un-)zufrieden sind?

(10) Die **Multidimensionale Skalierung** (= MDS) dient dazu, Objekte im Wahrnehmungsraum zu positionieren (vgl. Abb. 55). Im Unterschied zum Positionierungsansatz der Faktorenanalyse entsteht der Wahrnehmungsraum nicht anhand der subjektiven Beurteilung der Eigenschaften, sondern auf Basis der von den Probanden wahrgenommenen globalen Ähnlichkeiten zwischen den Objekten.

Abb. 55: Mit Hilfe der MDS entwickelter Produktmarktraum

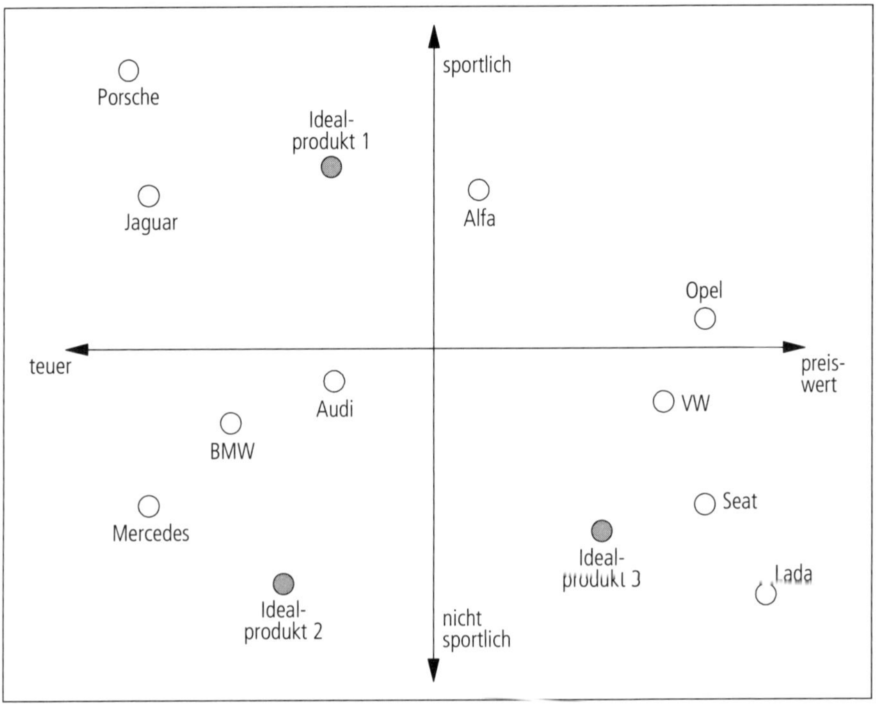

Quelle: in Anlehnung an Wind (1982, S.87).

- Beispiel: Probanden geben nicht an, wie sie bspw. Qualität, Prestige und Sicherheit der Automarken BMW, Mercedes, Porsche und VW beurteilen; stattdessen sollen sie Eigenschaftspaare (z.B. BMW vs. Mercedes, Mercedes vs. Porsche) vergleichen und bewerten, wie (un-)ähnlich die einzelnen Paare sind. Die Information über die wahrgenommene (Un-)Ähnlichkeit aller Paare genügt, um die Automarken so zu positionieren, dass die räumliche Nähe (Distanz) zweier Marken deren Ähnlichkeit (Unähnlichkeit) ausdrückt. Mit Hilfe des sog. ‚**Property fitting**' lässt sich überdies feststellen, welche Dimensionen den wahrgenommenen Ähnlichkeiten zugrunde liegen. Die MDS bietet sich deshalb v.a. dann an, wenn man keine konkreten Vorstellungen davon hat, anhand welcher Eigenschaften Kunden ein Objekt (z.B. Produkt, Marke, Unternehmen) tatsächlich bewerten.

4.7.4 Auswertung und Aufbereitung der Zufriedenheitswerte

4.7.4.1 Gesamtzufriedenheit und attributspezifische Zufriedenheitswerte
Zufriedenheitswerte lassen sich besser darstellen und sind leichter verständlich, wenn man die zugrunde liegende Skala (z.B. von -3 bis +3) auf eine von 0 bis 100 reichende Skala **transformiert**. Beispielsweise ist ein Zufriedenheitswert von 70 leichter nachvollziehbar als ein Mittelwert von +1,2.

Betrachten wir der Anschaulichkeit halber im Folgenden die beispielhaften Ergebnisse einer Zufriedenheitsstudie aus dem Bereich „Kfz-Werkstatt". Die in dieser Studie ermittelten Skalenwerte (von -3 bis +3) wurden **transformiert** (von 0 bis 100), so dass sich eine durchschnittliche Gesamtzufriedenheit von 68 Punkten ergab. Da dieser Wert jedoch keinen Einblick in die Ursachen der (Un-)Zufriedenheit erlaubt, bot es sich an, die attributspezifischen Zufriedenheitswerte genauer zu analysieren.

In einem ersten Schritt wurden zunächst die ursprünglich 14 Leistungsbestandteile mit der **Faktorenanalyse** auf sieben **unabhängige** Kerndimensionen **verdichtet** und die jeweiligen Zufriedenheitswerte identifiziert:
- Leistungsqualität (= 85 Punkte)
  - Fachkenntnisse
  - Qualität der durchgeführten Arbeiten
- Preis/Leistungs-Verhältnis (= 66 Punkte)

o Preiswürdigkeit der durchgeführten Arbeiten
- Transparenz (= 64 Punkte)
  o Verständlichkeit der Rechnung
  o Erklärung der durchgeführten Arbeiten
- Zuverlässigkeit (= 75 Punkte)
  o Einhaltung des vereinbarten Termins
  o Einhaltung des Kostenvoranschlags
- Freundlichkeit und Hilfsbereitschaft (= 70 Punkte)
  o Freundlichkeit und Hilfsbereitschaft
- Convenience (Bequemlichkeit) (= 48 Punkte)
  o Nähe der Werkstätte zu Wohnung/Arbeitsplatz
  o Bereitstellung eines Ersatzfahrzeugs/Taxigutschein
  o Öffnungszeiten
  o Flexibilität bei der Terminvereinbarung
  o Prompte Bedienung
- Erscheinungsbild (= 45 Punkte)
  o Optisches Erscheinungsbild der Werkstatt
  o Optisches Erscheinungsbild der Mitarbeiter

Diese Dimensionen sind in unterschiedlichem Maße für die Gesamtzufriedenheit der Werkstattkunden verantwortlich und werden mit Blick auf die Werkstätten auch unterschiedlich beurteilt. Während die Kunden die Leistungsqualität (= 85 Punkte) vergleichsweise positiv einstufen, fällt ihr Zufriedenheitsurteil in Bezug auf Bequemlichkeit (= 48 Punkte) und optisches Gesamterscheinungsbild (= 45 Punkte) deutlich schlechter aus. Offensichtlich besteht bei diesen weichen Faktoren erheblicher Verbesserungsbedarf.

4.7.4.2 Kundenzufriedenheitsportfolio als Instrument zur Strategie- und Maßnahmenfindung

Ein Kundenzufriedenheitsportfolio basiert auf zwei **Dimensionen**:
- **Zufriedenheit** der Kunden mit den einzelnen Leistungskomponenten,
- **Bedeutung** der einzelnen Leistungskomponenten.

Beide Dimensionen spannen eine Fläche mit vier Quadranten auf. Hierfür lassen sich unterschiedliche **Normstrategien** ableiten (vgl. Abb. 56):
- „Rechts unten-Position": Mit diesen Leistungsbestandteilen sind die Kunden zwar (sehr) zufrieden, sie spielen aber für deren Gesamtzufriedenheit le-

diglich eine unterdurchschnittliche Rolle. Unternehmen, die bei diesen Merkmalen ‚**over-spending**' betreiben, könnten – weil der eigentliche Kundennutzen gering ist – diese Kosten verursachenden Leistungen u.U. zurückschrauben oder gar streichen und damit Einsparpotential realisieren. Dennoch sollte man diese Leistungsbestandteile im Auge behalten, falls sich deren Relevanz im Zeitablauf vergrößert.

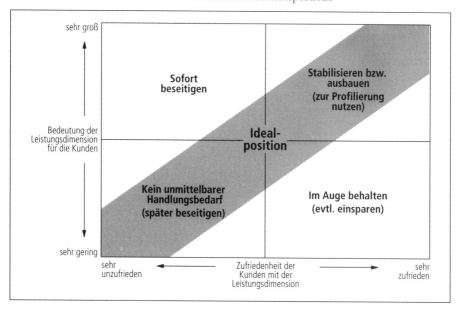

Abb. 56: Das Kundenzufriedenheitsportfolio

- „**Links unten-Position**": Kunden erachten diese Leistungskomponenten als vergleichsweise unbedeutend. Wenn Kunden mit diesen Merkmalen weniger zufrieden sind, so ist dieses Defizit folglich nicht so gravierend. Handlungsbedarf entsteht indessen, wenn sich die Kundenwahrnehmung verändern sollte.
- „**Rechts oben-Position**": Diese Leistungskomponenten, mit denen die Kunden (sehr) zufrieden sind, spielen für die Gesamtzufriedenheit eine große Rolle. Sie sollten ausgebaut oder zumindest gehalten und v.a. auch den Kunden **kommuniziert** werden, da sich Unternehmen damit **Wettbewerbsvorteile** verschaffen können.

- **„Links oben-Position"**: Mit diesen Leistungen, die für Kunden eine große Bedeutung haben, sind die Kunden (sehr) unzufrieden. Ziel muss es demnach sein, die identifizierten Schwachstellen unter allen Umständen zu beseitigen.

Abb. 57 verdeutlicht den konkreten **Nutzen** des Kundenportfolios am Beispiel „Kundenzufriedenheit mit einem Maschinenbauunternehmen". Demnach besteht v.a. bei der Servicedisposition großer **Handlungsbedarf**. Dieser ließe sich möglicherweise durch eine 24 Stunden-Hotline decken. Diesbezüglich anfallende Kosten könnte das Unternehmen u.U. teilweise dadurch kompensieren, dass es die Verkaufsberatung reduziert, die für die Kunden eine vergleichsweise geringe Bedeutung spielt.

Abb. 57: Kundenzufriedenheitsportfolio am Beispiel „Maschinenbauunternehmen"

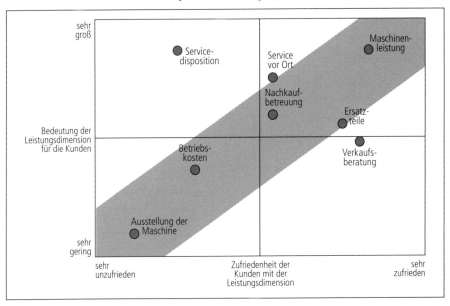

Konkreten Aufschluss gibt allerdings erst Abb. 58, in welcher die einzelnen Kriterien der Leistungsdimension „Servicedisposition" dargestellt sind. Berechnet man mit der ‚Gap'-Analyse die Differenz zwischen tatsächlicher und erwarteter Leistung je Merkmal und stellt man diesen ‚Gaps' die Wichtigkeit der jeweiligen Kriterien gegenüber, so offenbart sich der **tatsächliche Handlungsbedarf**:

- Wartezeit bis Service vor Ort,
- Qualität der Diagnose / Fehlereingrenzung sowie
- Notdienst an Sonn- und Feiertagen

sind die Einzelmerkmale der Leistungsdimension „Servicedisposition", denen das Unternehmen bislang nicht hinreichend gerecht wird – jedenfalls in den Augen der Kunden. Dasselbe gilt für das Kriterium „Erreichbarkeit rund um die Uhr", welches für die Kunden aber eine vergleichsweise geringe Bedeutung hat.

Abb. 58: Leistungsportfolio zur Ermittlung des Handlungsbedarfs bezüglich der Leistungsdimension „Servicedisposition"

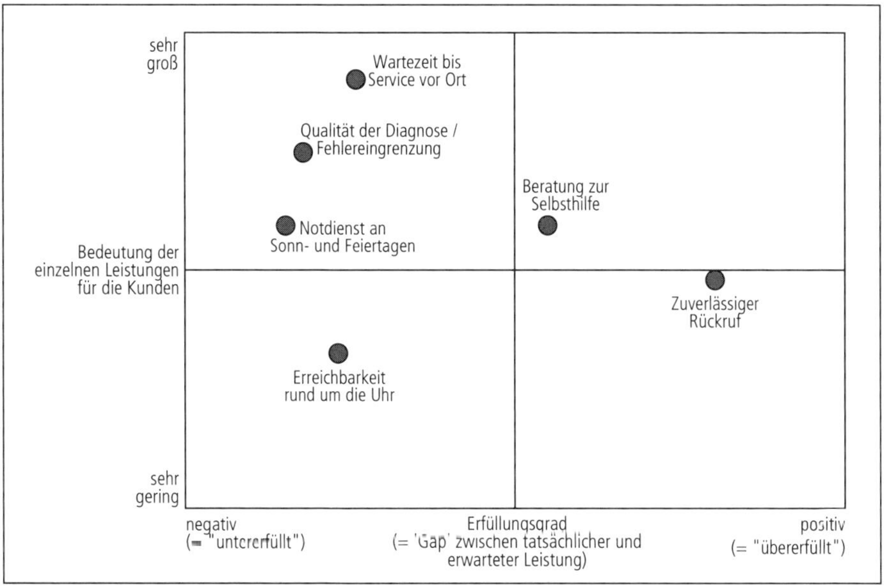

Anhand der so gewonnenen Erkenntnisse lassen sich anschließend, wie in Abb. 59 beispielhaft dargestellt, konkrete **Maßnahmenpläne** entwickeln.

4.7.4.3 Quer- und Längsschnittanalysen

Im Falle der bereits erwähnten Kundenzufriedenheitsstudie „Kfz-Werkstatt" ließ sich **querschnittsanalytisch** u.a. nachweisen, dass die Zufriedenheit der Kunden der einzelnen Niederlassungen erheblich variiert (vgl. Abb. 60). Beachtenswert erscheint dieser Zusammenhang vor dem Hintergrund, dass einige

Kfz-Hersteller Bonussysteme eingeführt haben, die auf Kundenzufriedenheit basieren. Die Gegner dieser Systeme führen ins Feld, dass sie als Vertragshändler zahlreiche Ursachen der Kunden(un-)zufriedenheit (z.B. Qualität der Fahrzeuge) nicht beeinflussen könnten. Unbestreitbar aber ist, dass alle Händler dieselben herstellerbezogenen Rahmenbedingungen haben (z.B. Qualität der Fahrzeuge, Preise), so dass dennoch bestehende Unterschiede in der Zufriedenheit ihrer Kunden folglich auf die händlerspezifische Leistung zurückzuführen sind.

Abb. 59: Beispielhafte Maßnahmen zur Verbesserung der Leistungsdimension „Servicedisposition"

	Schritt			
	1	2	3	4
Ziel der Sitzung	• Kundenerlebnisse nachvollziehen	• Interne Blockaden abbauen	• Maßnahmenplan	• Revision des Plans
Inhalt	• Positive Erlebnisse, die Kunden heute vermissen • Negative Erlebnisse, die nach Meinung der Kunden heute zu häufig auftreten	• Blockaden, die uns hindern, die „Erlebnisbilanz" zu verbessern • Schritte zu ihrer Beseitigung	• Was muss getan werden? • Wer sollte es tun? • Wie können die Ergebnisse gemessen werden?	• Haben wir getan, was geplant war? • Haben die Kunden reagiert? Wenn ja, wie?
Hausaufgabe	• Blockaden identifizieren	• Arbeitsplan entwickeln	• Umsetzung	• Falls nötig: Revision und Wiederholung der Schritte 2 bis 4

Kundenzufriedenheit sollte nicht nur **zeitpunkt**-, sondern auch **zeitraumbezogen** analysiert werden. Während die Querschnittsanalyse einen Vergleich z.B. verschiedener Filialen einer Handelskette erlaubt und sich für **Benchmarking** eignet, ist die **Längsschnittanalyse** zweckmäßig, wenn man Veränderungen der Kundenzufriedenheit im Zeitverlauf beobachten will. Damit könnte man im vorliegenden Fall (vgl. Abb. 61) bspw. nachweisen, dass die Kunden seit 2001 zwar kontinuierlich zufriedener geworden sind, dass man aber von der Zielvorgabe (hier = 90 Punkte) noch weit entfernt ist.

4.7 Datenerhebung und -analyse (= Phase 5)   139

Abb. 60: Kundenzufriedenheit als Gegenstand der Querschnittsanalyse

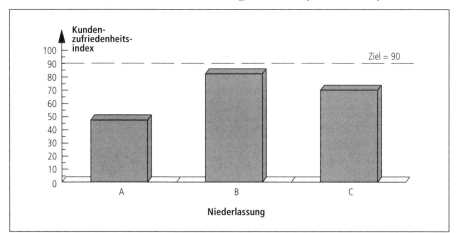

Abb. 61: Kundenzufriedenheit als Gegenstand der Längsschnittanalyse

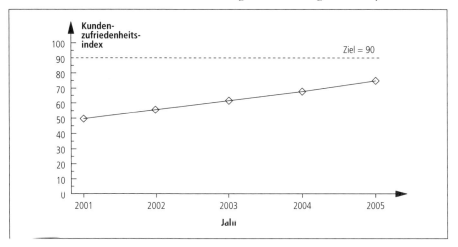

4.7.4.4 Identifikation homogener Zielgruppen mit Hilfe der Clusteranalyse

Kunden stellen vielfältige Anforderungen an ein Unternehmen und sind deshalb mit den verschiedenen Leistungsebenen auch in unterschiedlichem Maße zufrieden. Wer Kundenzufriedenheit lediglich auf globaler Ebene betrachtet, übersieht deshalb die zwischen den Kundengruppen bestehenden Unterschiede. Viel aufschlussreicher ist es, mit der Clusteranalyse **homogene Ziel-**

gruppen zu **identifizieren**, die ähnliche Bedürfnisse haben und deshalb mit spezifischen Marketinginstrumenten „zielgruppengerecht" bearbeitet werden können (= **Marktsegmentierung**).

Im vorliegenden Beispiel „Kfz-Werkstatt" wurden clusteranalytisch **fünf Zielgruppen** ermittelt:

- „**Die Bequemen**" empfinden Reparatur- und Wartungsarbeiten als lästiges Übel, das sie so bequem und schnell wie möglich beseitigen wollen. Deshalb stehen Kriterien wie Nähe der Werkstatt, günstige Öffnungszeiten, Flexibilität bei der Terminvereinbarung und prompte Bedienung ganz oben auf ihrer Prioritätenliste.
- Für „**die Preisorientierten**" sind Eigenschaften wie günstiges Preis / Leistungs-Verhältnis und Leistungstransparenz im Vordergrund. Bei älteren Fahrzeugen spielen zeitwertgerechte Reparaturen eine erhebliche Rolle.
- Für „**die Laien**" ist das Auto eine ‚Black box', die sie nicht verstehen, die aber funktionieren muss. Wegen fehlender Kompetenz beurteilen sie die Kfz-Werkstatt anhand von Ersatzgrößen, z.B. Freundlichkeit / Hilfsbereitschaft des Personals, optisches Erscheinungsbild des Gesamtunternehmens.
- „**Die Autointeressierten**" begeistern sich in weit überdurchschnittlichem Maße für das Thema Automobil und legen deshalb großen Wert auf Leistungstransparenz und Fachkompetenz der Werkstatt. Preisgünstigkeit hingegen ist weniger bedeutsam.
- „**Die Sicherheitsorientierten**" leben permanent in der Angst, übervorteilt zu werden. Vor diesem Hintergrund erlangen die Leistungsdimensionen Zuverlässigkeit (i.S.v. Einhaltung des Kostenvoranschlags) und Transparenz (= Verständlichkeit der Rechnung, Erklärung der durchgeführten Arbeiten) eine zentrale Bedeutung.

4.8 Visualisierung und Präsentation der Ergebnisse (= Phase 6)

4.8.1 Verfassen des Ergebnisberichts

Zum Abschluss des Projekts sollten die Analyseergebnisse in einem **schriftlichen Ergebnisbericht** zusammengefasst werden (vgl. Abb. 62), und zwar
- verständlich formuliert,

4.8 Visualisierung und Präsentation der Ergebnisse (= Phase 6)   141

- visuell ansprechend aufbereitet,
- fachlich kompetent kommentiert und
- managementorientiert kommuniziert.

Abb. 62: Phase sechs einer fundierten Studie zur Kundenzufriedenheit

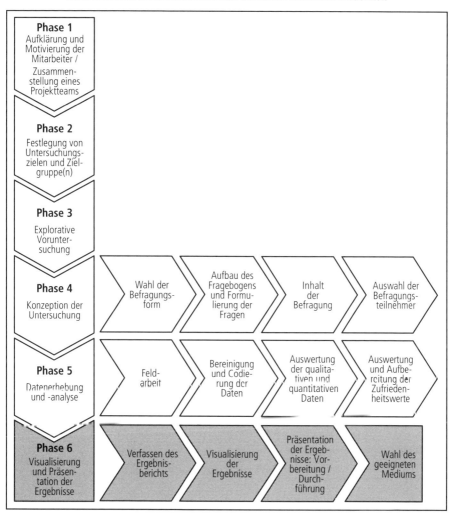

Der Berichtsband kann je nach Bedarf um
- einen Tabellen- und Abbildungsband,
- Overhead-Folien sowie

- eine CD

ergänzt werden.

> **Praxis-Tipp** **Aufbau eines Ergebnisberichts**
>
> Folgender Aufbau hat sich bewährt:
> 1. Zentrale Befunde im Überblick
> 2. Ausgangssituation und Ziel der Untersuchung
> 3. Darstellung des Untersuchungsdesigns
> 4. Untersuchungssteckbrief (vgl. Abb. 63)
> 5. Angaben zur Repräsentativität der Befunde
> 6. Übersichtliche Darstellung mit Interpretation der Ergebnisse (keine Zahlenfriedhöfe!)
> 7. Zusammenfassung, wobei keine neuen Argumente und Informationen nachgeschoben werden sollen
> 8. Gestaltungsempfehlungen

Abb. 63: Beispielhafter Untersuchungssteckbrief

Baustein	Inhalt
Design der Untersuchung	• Analyse der Zufriedenheit derzeitiger und abgewanderter Kunden
Datengewinnung	• Schriftliche Befragung mit standardisiertem Fragebogen • Befragungsdauer max. 10 Minuten
Auswahlverfahren	• Zufallsprinzip nach der Methode Herausgreifen des n-ten Falles aus der Kundendatei
Stichprobenumfang	• Je Filiale: n = 500 (derzeitige Kunden: n = 400, abgewanderte Kunden: n = 100) d.h. Stichprobenumfang (gesamt) bei 10 Filialen: n = 5.000
Untersuchte Filialen	• Dresden, Düsseldorf, Frankfurt, Freiburg, Köln, Leipzig, Mannheim, München, Oberhausen, Stuttgart
Rücklaufquote	• Derzeitige Kunden: 10 % (= 400 auswertbare Fragebögen) • Abgewanderte Kunden: 5 % (= 50 auswertbare Fragebögen)
Zeitlicher Ablauf	• Konzeption: • Pretest: • Feldarbeit: • Datenaufbereitung: • Datenanalyse: • Verfassen des Berichts:

4.8.2 Visualisierung der Befunde

Die Ergebnisse können verständlich, vergleichbar und leicht nachvollziehbar kommuniziert werden, wenn man sie in Form von Graphiken visualisiert. Hierzu stehen folgende Typen von Schaubildern zur Verfügung (vgl. Kornmeier/Schneider 2006; Zelazny 2003):

- Das **Kreisdiagramm** (vgl. Abb. 64) eignet sich, um Anteile an der Gesamtheit darzustellen.
  - Kennzeichen: Worte wie Anteil, Prozentsatz, X %
  - Bsp.: „35% der Kunden sind mit Unternehmen X sehr zufrieden" oder „Das Unternehmen hatte 2004 einen Marktanteil von unter 3%."

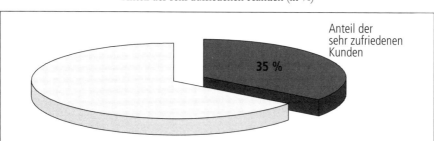

Abb. 64: Einsatzmöglichkeit des Kreisdiagramms:
Anteil der sehr zufriedenen Kunden (in %)

- **Balkendiagramm** bzw. **Säulendiagramm** kommen in Betracht, um Einzelobjekte in eine Rangreihe zu bringen.
  - Kennzeichen: Worte wie größer als, kleiner als, gleich
  - Bsp.: „2005 waren die Kunden von Niederlassung B zufriedener als die der Niederlassungen A und C." (vgl. z.B. Abb. 60).

Außerdem kann man mit einem Balken- bzw. Säulendiagramm die Besetzung von **Größenklassen** visualisieren.
  - Kennzeichen: Worte wie Verteilung, Häufigkeit, Bereich X – Y, Konzentration
  - Bsp.: „Verteilt nach Altersgruppen sind deutliche Unterschiede in der Kundenzufriedenheit festzustellen."

- Das **Kurvendiagramm** eignet sich, um Veränderungen im Zeitverlauf darzustellen.
  - Kennzeichen: Worte wie verändern, wachsen, steigen, zunehmen, fallen, sinken, schwanken

- o Bsp.: „Seit 2001 sind die Kunden unseres Unternehmens kontinuierlich zufriedener geworden." (vgl. Abb. 61).
- Das **Punktediagramm** ist sinnvoll, wenn es darum geht, Beziehungen zwischen Variablen darzustellen.
  - o Kennzeichen: Worte wie relativ zu ..., steigt (nicht) mit ..., fällt (nicht) mit, verändert sich (nicht)
  - o Bsp.: „Mit der Dauer ihrer Beziehung zum Unternehmen werden Kunden zufriedener."

Praxis-Tipp | **Vermeidung der drei häufigsten Fehler bei der Visualisierung von Befunden**

Fehler Nr. 1: Die Betrachter werden mit Informationen überlastet.
Lösung:
- Wandeln Sie Tabellen in Abbildungen um. So vermeiden Sie Zahlenfriedhöfe.
- Runden Sie Zahlen grundsätzlich auf eine Stelle hinter dem Komma.
- Vermeiden Sie „doppelte" bzw. unnötige Informationen.
- Verzichten Sie auf „EDV-Spielereien".

Fehler Nr. 2: Wichtige Informationen fehlen.
Lösung:
- Erstellen Sie eine Legende, welche die einzelnen Symbole und Kontrastierungen erklärt.
- Beschriften Sie die Achsen mit Dimensionen.
- Wählen Sie für jedes Schaubild einen zweckmäßigen und aussagekräftigen Titel.

Fehler Nr. 3: Mangelnde Übersichtlichkeit
Lösung:
- Wählen Sie deutliche Kontrastierungen, sich klar voneinander abhebende Symbole sowie eine bedarfsgerechte Schriftgröße.
- Nutzen Sie den zur Verfügung stehenden Raum möglichst optimal.
- Wählen Sie zweckmäßige Unterteilungen.
- Führen Sie ggf. ein Lesebeispiel an.

Darüber hinaus bietet es sich an, Tabellen einzusetzen – allerdings möglichst sparsam und „hochverdichtet". Tab. 5 entspricht einem solchen „Idealfall", der auf engstem Raum sehr viel Information liefert. Auch Abb. 65, in welcher tabellenartig (es handelt sich aber um eine Abbildung) die wesentlichen Informationen dargestellt sind, eignet sich sehr gut für einen Berichtsband.

Tab. 5: Filiale X im Leistungs-Check:
Stärken und Schwächen gegenüber den anderen Filialen

Leistungsebene	Eigene Filiale	‚Poor dog'	Abweichung vom ‚Poor dog'	‚Benchmark'	Abweichung vom ‚Benchmark'	Alle Filialen (= Durchschnitt)	Abweichung vom Durchschnitt	Veränderung ggü. Vorjahr	Position im Ranking aller Filialen
Gesamtzufriedenheit	2,2	1,4	+0,8	2,8	-0,6	2,0	+0,2	-0,2	18
Außenbereich der Filiale	1,8	0,0	+1,8	2,6	-0,8	1,9	-0,1	+0,2	23
Sauberkeit des Marktes		……							
Verfügbarkeit der Waren		……							
…………	……								

Legende: ‚Poor dog' / ‚Benchmark' = Filiale, welche bei der jeweiligen Leistungsebene am schlechtesten / am besten abschneidet.

Abb. 65: Einsatzmöglichkeit einer tabellenartigen Abbildung am Beispiel „Handlungsbedarf in einer Niederlassung"

Priorität	Frage	Inhalt	Erfolgsbereiche
1.	F1	Freundlichkeit des Gesprächspartners	Telefonkontakt
2.	L3	Pünktlichkeit der Anlieferung	Anlieferung
3.	R2	Verständlichkeit der Rechnung	Rechnung
…………	…………	………………………	………………………

4.8.3 Präsentation der Ergebnisse: Vorbereitung und Durchführung

Der Erfolg eines Vortrags hängt zu wesentlichen Teilen davon ab, wie professionell er vorbereitet wird. Wer deshalb seine Präsentation systematisch planen und durchführen will, sollte folgende **Grundsätze** beachten (vgl. Kornmeier/Schneider 2006; Boylan 1996):

1. Die Präsentation ist an den **spezifischen Bedürfnissen** der angesprochenen Zielgruppe auszurichten.

Deshalb sind zunächst folgende Fragen zu beantworten:
- Was **erwarten** die Zuhörer vom Vortrag, und was will der Referent bei ihnen erreichen bzw. auslösen? Neugier, Betroffenheit, Nachdenklichkeit, Skepsis, Begeisterung?

- Was **weiß** das Publikum bereits über das Thema? Welches Fachwissen bzw. welche Vorbildung besitzen die Zuhörer? Hat es schon Erfahrungen mit der Thematik gesammelt? Die Klärung dieser Fragen ist von zentraler Bedeutung für die sprachliche Formulierung, die Auswahl der zu behandelnden Aspekte sowie die Visualisierung der Befunde. Bei Nichtberücksichtigung läuft der Referent Gefahr, seine Zuhörerschaft entweder zu langweilen oder zu überfordern.
- Welcher **Hierarchiestufe** gehört das Auditorium an? Dies wirkt sich unmittelbar auf den Grad der Informationsverdichtung aus. Konkret bedeutet dies: Bei höheren Ebenen sollte man tendenziell generelle und strategische Aspekte in den Vordergrund stellen, bei nachgeordneten Hierarchieebenen sind detaillierte Informationen von größerer Bedeutung.
- Mit welchen **Einwänden** ist zu rechnen, und wie kann man diesen bereits im Vorfeld begegnen? In diesem Zusammenhang hat sich die Strategie der zweiseitigen Argumentation bewährt. Als Redner sollte man mögliche Einwände im Vorfeld selbst aufgreifen und versuchen, diese zu entkräften. Der Referent steigert dadurch seine Glaubwürdigkeit und nimmt möglichen Widersachern frühzeitig den Wind aus den Segeln.

Praxis-Tipp	**Übersichtliche und eindeutige Struktur der Präsentation**

Bei der logischen Gliederung von Vorträgen hat sich folgendes Schema bewährt:

- Einstieg, indem ein persönlicher oder sachlicher Kontakt zum Auditorium hergestellt wird,
- Anliegen des Vortrags,
- Ablauf,
- Erläuterung der einzelnen Punkte mit Vor- und Nachteilen, Fakten und persönlichen Erfahrungen zu den einzelnen Punkten,
- Fokussierung der Ergebnisse auf einige Kernaussagen, wobei keine neuen Argumente und Informationen nachgeschoben werden sollten,
- Gestaltungsempfehlungen,
- Ausstieg (mit persönlichem Stil),
- Diskussion mit den Teilnehmern im Anschluss an die Präsentation.

2. Die Präsentation muss das **Interesse der Zuhörer** wecken.

Ziel einer jeden Präsentation ist es, die Zuhörerschaft „in Bewegung zu setzen". Hierbei sollte der Vortragende zunächst klären, bei welchem Inhalt er das Auditorium auf welche Weise **einbeziehen** kann.

- Beispielsweise könnte man die Teilnehmer **aktivieren**, indem man Fragen stellt, anstatt den kompletten Inhalt „mundgerecht" zu präsentieren. Um Beiträge kontinuierlich aufzunehmen, hat es sich bewährt, ein Flipchart einzusetzen.
- Überdies gilt es zu klären, ob während der Präsentation **Zwischenfragen** möglich sind oder ob die Teilnehmer ihre Fragen notieren und am Ende des Vortrags stellen sollen.
- Der Referent sollte **anschaulich** formulieren und seine Ausführungen durch Beispiele, eigene Erfahrungen und bildhafte Vergleiche (,Talking by painting') anreichern.
- Wichtig ist ebenfalls, **Blickkontakt** zum Publikum zu halten. Seine Wirkung auf die Zuhörerschaft kann der Vortragende im Übrigen durch wohldosierte Visualisierung intensivieren.
- Darüber hinaus sollte man auf „Satzungetüme" ebenso verzichten wie auf Fremdwörter und ein Übermaß an Fachbegriffen. Wesentlich besser ist es, kurze, **einfache Sätze** und geläufige Wörter zu nutzen.

3. Die Präsentation muss **organisiert** sein.

Dabei ist zunächst zu klären, wie viel Zeit für die Vorbereitung des Vortrags sowie für die eigentliche Präsentation (Vortrags- und Diskussionszeit) benötigt werden. Der Referent muss sich außerdem darüber im Klaren werden,

- welche **Infrastruktur** (Hinweisschilder, ausreichende Sitzmöglichkeiten, Anordnung der Stuhlreihen, Möglichkeit zur Verdunklung des Raumes, Getränke, Schreibunterlagen für die Teilnehmer u.ä.) und
- welche **Hilfsmittel** (Overhead-Projektor, Flipchart, Pinnwand, PC-Beamer, Dia-Projektor, Stifte, Metaplan-Koffer usw.)

er nutzen kann bzw. will.

Zu denken ist schließlich auch an

- ein **Einladungsschreiben** (Thema, Ort, Datum, Uhrzeit [mit Beginn und Ende], Agenda, evtl. Anfahrtsskizze und Parkmöglichkeiten) sowie an
- Unterlagen für die Teilnehmer (sog. ,**Hand out**').

| Praxis-Tipp | Durchführung einer Präsentation |

- Machen Sie sich vor Ihrem Vortrag mit den **technischen Hilfsmitteln** vertraut. Wenn Sie bspw. einen Overhead-Projektor nutzen wollen, dann sorgen Sie dafür, dass eine Ersatzlampe vorrätig ist. Trainieren Sie deren Austausch.
- Setzen Sie das gesamte Spektrum **verbaler** Signale ein, d.h. Tonfall, Lautstärke, Formulierung, Klarheit, Ausdrucksweise, Pausen, Geschwindigkeit sowie Rhythmus.
- Nutzen Sie auch die gesamte Bandbreite **nonverbaler Signale** (Gestik / Mimik, äußeres Erscheinungsbild, Körperhaltung sowie Distanz bzw. Nähe).
- Geben Sie zu Beginn einen **Überblick** über Ihre Präsentation und zeigen Sie in deren Verlauf immer wieder auf, bei welchem **Gliederungspunkt** Sie sich gerade befinden.
- Achten Sie darauf, dass Ihre Zuhörer nicht überfordert werden. Sie selbst sind mit dem Inhalt Ihres Vortrages vertraut, Ihre Zuhörer hören bzw. sehen diesen aber zum ersten Mal (Gefahr der **Informationsüberlastung**).
- Stellen Sie sich nicht vor Ihre Präsentationsobjekte (bspw. ins Bild des Overhead-Projektors), und achten Sie auf **Stolperfallen** (z.B. Kabel eines Projektors).
- Halten Sie **Blickkontakt** zum Publikum und wenden Sie diesem nicht den Rücken zu, wenn Sie die an die Wand geworfenen Befunde betrachten. Wechseln Sie außerdem des Öfteren die **Position**. Auf diese Weise gelingt es Ihnen, **Dynamik** in Ihren Vortrag zu bringen und zu allen Teilnehmern den Kontakt zu halten.
- Kleben Sie nicht zu stark an Ihrem **Manuskript**. Dies birgt die Gefahr in sich, dass Sie Ihr Publikum aus den Augen verlieren.
- Veranstalten Sie keinen **Medienzauber**. Das wirkt unseriös und lenkt von dem eigentlich Wichtigen ab: dem Inhalt Ihres Vortrags.
- Teilen Sie die **Teilnehmerunterlagen** erst am Ende Ihrer Präsentation aus. Sonst laufen Sie Gefahr, dass während Ihres gesamten Vortrags geblättert wird und es Ihnen nicht mehr gelingt, die Aufmerksamkeit des Publikums auf sich zu lenken.

4.8.4 Wahl des geeigneten Mediums

Im Folgenden findet sich eine Reihe von Hinweisen zur Eignung der verschiedenen Präsentationsmedien (vgl. Kornmeier/Schneider 2006; Boylan 1996).

1. Der **Overhead-Projektor** (vgl. Abb. 66) kommt für sämtliche Arten von Präsentationen in Betracht.

4.8 Visualisierung und Präsentation der Ergebnisse (= Phase 6)

Abb. 66: Vor- und Nachteile des Overhead-Projektors als Präsentationsmedium

Vorteile	Nachteile
• Ständiger Blickkontakt des Redners mit dem Auditorium	• Folienschlachten (im Durchschnitt pro Folie 5 Minuten einrechnen)
• Kopierbarkeit der Folien	• „Foliensalat" bei Rückfragen
• Aktivierung des Publikums, indem Beiträge auf Blankofolie geschrieben werden	

2. Der **Flipchart** (vgl. Abb. 67) eignet sich, um Gedankengänge zu entwickeln und Wortmeldungen zu sammeln.

Abb. 67: Vor- und Nachteile des Flipchart als Präsentationsmedium

Vorteile	Nachteile
• Nach kurzer Einübung leicht handhabbar	• Unleserlichkeit bei schlampiger Schrift
• Einzelne Charts können später als Protokoll dienen	• Verlust des Blickkontakts mit den Zuhörern

3. Die **Pinnwand** (vgl. Abb. 68) kann man bspw. einsetzen, wenn Themen erst während der Präsentation entwickelt werden.

Abb. 68: Vor- und Nachteile der Pinnwand als Präsentationsmedium

Vorteile	Nachteile
• Aktivierung der Teilnehmer	• Metaplan-Müdigkeit bei übermäßigem Einsatz
• Möglichkeit anonymer Beiträge	• Evtl. Überforderung des Vortragenden, da der Inhalt der einzelnen Kärtchen spontan strukturiert werden muss
• Zeitersparnis, da alle Teilnehmer gleichzeitig schreiben können	
	• Verlust des Blickkontakts mit den Zuhörern

4. Der **Dia-Projektor** (vgl. Abb. 69) eignet sich für die detailgetreue, reale Wiedergabe von Objekten.

Abb. 69: Vor- und Nachteile des Dia-Projektors als Präsentationsmedium

Vorteile	Nachteile
• Stimulierende Wirkung durch Farben	• Ermüdungsgefahr durch Abdunklung des Raumes
	• Hoher Zeitaufwand für Vorbereitung
	• Geringe Flexibilität, da Ablauf des Vortrags durch Reihenfolge der Dias vorgegeben ist

5. Bei computergestützten Präsentationen ist der **Beamer** (vgl. Abb. 70) ideal.

Abb. 70: Vor- und Nachteile des Beamer als Präsentationsmedium

Vorteile	Nachteile
• Vermittlung eines professionellen Eindrucks	• Hohe Anschaffungskosten
	• Zum Teil ungenügende Lichtstärke

5 Management der Kundenzufriedenheit

5.1 Die vier Säulen eines erfolgreichen Kundenzufriedenheitsmanagement

Um Ursachen und Elemente eines erfolgreichen Management der Kundenzufriedenheit zu verstehen, bietet sich folgende Fallstudie an.

Praxis-Fall — Schwierigkeiten bei der Umsetzung von Kundenzufriedenheit

Zusammen mit einem wissenschaftlichen Institut führte die Geschäftsführung eines Großhändlers für Kfz-Zubehörteile eine umfangreiche Kunden- und Mitarbeiterbefragung durch. Dabei zeigte sich, dass die Zufriedenheit der Kunden vergleichsweise schwach ausgeprägt war. Als wesentlich erwiesen sich dabei folgende Gründe:
- bei Problemen stand keine Hotline zur Verfügung,
- für Kunden war es schwierig, zum verantwortlichen Mitarbeiter durchzudringen,
- die Kunden waren v.a. mit dem Service (v.a. Liefergeschwindigkeit) und mit den Konditionen (v.a. bei Abnahme größerer Mengen) unzufrieden,
- Umgang mit Problemen,
- Beschwerden änderten nichts an der Situation.

Diese Defizite traten nur zum Teil an der direkten Schnittstelle zum Markt auf, sondern überwiegend bei kundenfernen Abteilungen sowie innerhalb des Unternehmens.

Während der externe Kooperationspartner die Befragungsergebnisse vor den Führungskräften präsentierte, wuchsen die Spannungen. Die Geschäftsleitung, die einen zwischen autoritär und patriarchalisch angesiedelten Führungsstil praktizierte, rieb sich angesichts der schlechten Zufriedenheitswerte geradezu süffisant die Hände und holte gemäß ihrem Selbstverständnis zum großen Schlag gegen das mittlere Management aus. Deren Vertreter hingegen versuchten, sich aus der Schusslinie zu retten. Zweifel am Untersuchungsansatz wurden geäußert, man verstrickte sich in Detailproblemen, und der akademisch ausgebildete Nachwuchs wollte sich gegenüber der Geschäftsleitung profilieren, indem er Fragen zur statistischen Auswertung der Daten stellte. Am Ende der Diskussion forderte die Geschäftsleitung das mittlere Management dazu auf, die Befunde den eigenen Mitarbeitern vor Ort zu vermitteln und Vorschläge zur Verbesserung der Kundenorientierung zu erarbeiten. Damit war der Auftrag für den externen Kooperationspartner zunächst erfüllt.

Nach drei Monaten wurde der externe Partner erneut eingeladen. Offensichtlich war man bei der Erarbeitung von Maßnahmen keinen Schritt weitergekommen. Der Versuch einer ‚Top down / bottom up'-Kommunikation über die einzelnen Hierarchieebenen hinweg war gescheitert. Es entstand der Eindruck, dass das mittlere Management bewusst nur einen kleinen und überdies verzerrt dargestellten Teil der Befunde an seine Mitarbeiter weitergegeben hatte. Außerdem waren die Führungskräfte augenscheinlich nicht in der Lage, zusammen mit ihren Mitarbeitern Verbesserungsvorschläge zu erarbeiten (mit Hilfe geeigneter Kreativitäts- und Moderationstechniken). Schließlich konnte man sich des Eindrucks nicht erwehren, dass die Führungskräfte gar kein Interesse daran hatten, Vorschläge zu entwickeln; denn dann würden sie ja nur Gefahr laufen, von der Geschäftsleitung damit beauftragt zu werden, die Konzepte umzusetzen.

Die Fallstudie offenbart vier zentrale **Problemfelder**, die beim Management von Kundenzufriedenheit immer wieder zu beobachten sind:
- Die von den Kunden zum Ausdruck gebrachte Unzufriedenheit wird **nicht ernst genommen**.
- Die Ursachen für mangelnde Kundenzufriedenheit sucht man ausschließlich an der **direkten Schnittstelle zum Kunden**.
- Den Mitarbeitern **fehlt der Anreiz**, in ihrer und durch ihre Tätigkeit Kunden zufrieden zu machen.
- Unternehmen und deren Mitarbeitern **mangelt** es an **Instrumenten** und **Fähigkeiten**, den Wandel hin zu mehr Kundenorientierung zu bewältigen.

Vor dem Hintergrund der eben skizzierten Probleme lässt sich unschwer erkennen, dass erfolgreiches Management von Kundenzufriedenheit auf vier Säulen beruht (vgl. Abb. 71):

1. Motivation der Mitarbeiter durch Verankerung des Leitgedankens der Kundenzufriedenheit durch **Beschwerdemanagement** (vgl. z.B. Brückner 2005; Kukat 2005; Stauss/Schöler 2003; Jeschke/Schulze 1999),

2. Ausrichtung sämtlicher, d.h. auch kundenferner Abteilungen an den Bedürfnissen externer und interner Kunden durch **Customer Relationship Management** (vgl. z.B. Bruhn 2005; Raab/Werner 2005; Rapp 2005; Schmidt 2005; Rudolph/Rudolph 2000),

3. Motivation der Mitarbeiter durch **Internes Marketing-Management** (vgl. z.B. Christiani 2002; Bruhn 1999),

4. Unternehmenswandel mit Hilfe der Instrumente des **Change Management** (vgl. z.B. Kostka 2005; Greif u.a. 2004; Gattermeyer 2001).

Abb. 71: Die vier Säulen eines erfolgreichen Management von Kundenzufriedenheit

5.2 Beschwerdemanagement

5.2.1 Beschwerden unter Kosten / Nutzen-Gesichtspunkten

Wer Kundenzufriedenheit erfolgreich managen will, muss Beschwerden systematisch
- bearbeiten,
- sammeln,
- auswerten und
- nutzen.

Da es bereits vor dem Kauf Grund zur Klage geben kann (z.B. unfreundliche Bedienung, unzulängliche Beratung, ungünstige Öffnungszeiten), überschreiten Beschwerden den Rahmen rechtlich begründeter **Reklamationen**. Letztere zeichnen sich dadurch aus, dass der Verkäufer nach §§ 459ff. BGB für Sachmängel haftet und bilden demnach einen Sonderfall der Beschwerde. Dies verdeutlicht, dass eine ausschließliche Fokussierung auf Reklamationen, wie sie die meisten Unternehmen praktizieren, zu kurz greift (vgl. zum Folgenden Wildemann 2005; Stauss/Seidel 1998; Bruhn 1982).

Unternehmen, die auf Beschwerden angemessen reagieren wollen, müssen das Verhalten ihrer unzufriedenen Kunden genau kennen. Unzufriedenheit äußert sich etwa darin, dass jemand mehr oder weniger deutlich seinem Unmut Luft macht. Denkbar ist aber auch der umgekehrte Fall, dass er aus Unkenntnis, wegen einer Fehleinschätzung der Lage oder wegen vermeintlicher Aussichtslosigkeit des Unterfangens darauf verzichtet. Ob Unzufriedenheit zu einer Beschwerde führt (oder nicht), hängt im Wesentlichen von **drei Faktoren** ab (vgl. Hansen/Jeschke 1991, S.205ff.):

1. Unzufriedene Kunden wägen ab, ob
- der **voraussichtliche Erfolg** einer Beschwerde (z.B. Wiederherstellung der Funktionsfähigkeit des erworbenen Produkts, Ersatz der Ware, Rückerstattung oder nachträgliche Minderung des Kaufpreises, in der Kritik an einem Mitarbeiter liegende Befriedigung usw.)
- den mit der Beschwerde **einhergehenden Aufwand** (z.B. Telefon-, Porto- und Fahrtkosten; physische und psychische Anstrengungen) rechtfertigt.

Ist dies nicht der Fall, verzichten unzufriedene Kunden auf eine Beschwerde. Empirisch wurde bspw. festgestellt, dass sich unzufriedene Kunden häufig nicht beschweren, weil sie
- einen großen zeitlichen und finanziellen **Aufwand** fürchten,
- **nicht** mit einem **Erfolg** rechnen,
- sich von dem mit einer Beschwerde verbundenen **Ärger** abschrecken lassen (vgl. Goodman u.a. 1987, S.168ff.).

2. Käufer beschweren sich v.a. aus folgenden Gründen:
- Ihr Problem erscheint ihnen **bedeutsam**.
- Es handelt sich um einen **offenkundigen** Mangel.
- Die **Ursache** der Unzufriedenheit lässt sich relativ **genau formulieren** und **konkretisieren**.

Die meisten Unmutsäußerungen beziehen sich darauf, dass neue Produkte Mängel aufweisen oder in Gebrauch befindliche nicht sachgemäß repariert bzw. gewartet wurden (vgl. Weinhold-Stünzi/Baumgartner 1981, S.73).

3. Neben **soziodemographischen** Größen (z.B. Alter, Geschlecht, Bildung, Beruf) lässt sich die Bereitschaft zur Beschwerde v.a. mit **psychischen Faktoren** erklären. Demnach beschweren sich vorzugsweise solche Menschen, die
- **Selbstvertrauen** besitzen,
- **Meinungsführer** sind,
- fundierte **Produktkenntnisse** haben,
- über einschlägige **Informationen** und **Erfahrungen** im Umgang mit Kontrahenten verfügen (vgl. Bruhn 1982, S.145).

| Praxis-Fall | Der Schiedsrichter der Banken |

Um Meinungsverschiedenheiten mit ihren Kunden schneller aus dem Weg räumen zu können, haben Banken ein außergerichtliches Schlichtungsverfahren eingeführt. Seit 1992 steht Privatkunden ein unabhängiger Ombudsmann zur Seite, der Differenzen unbürokratisch und schnell klärt. Bis Ende der 1990er Jahre wurden insgesamt etwa 11.000 Reklamationen eingereicht, wobei nur knapp die Hälfte (= 46,0 %) der Verfahren zugunsten der Bankkunden entschieden wurde. In 4 % der Fälle wurde ein Vergleich angeregt, in 50 % der Fälle erhielten die Banken Recht. Bis zu einem Streitwert von 5.000 € ist der Schlichterspruch für die Bank bindend, nicht jedoch für den Kunden. Ist dieser mit der Entscheidung des Ombudsmanns nicht einverstanden, kann er den Rechtsweg einschlagen.

Quelle: o. V.: Der Ombudsmann der privaten Banken wird immer beliebter, in: Frankfurter Allgemeine Zeitung, Nr. 269 (18.11.1999), S.33.

Die meisten Unternehmen bzw. deren Mitarbeiter begreifen Beschwerden nicht als Chance, sondern neigen dazu, diese
- bewusst zu übersehen,
- nach außen abzuwehren und / oder
- nach innen zu vertuschen.

Begründen lässt sich dieses Verhalten u.a. mit folgenden **Befürchtungen**:
1. Mitarbeiter empfinden Beschwerden als **unangenehm**, da sie Fehler sichtbar machen und negative persönliche Konsequenzen nach sich ziehen können.
2. Geringe Beschwerderaten werden im Allgemeinen als Zeichen von Qualität gewertet, hohe hingegen als **negativ für das Image**.
3. Während der Nutzen des positiven Umgangs mit Beschwerden auf den ersten Blick nicht greifbar ist (z.B. Umsatzsicherung durch Kundenbindung, Mundpropaganda zufriedener Kunden), sind die **Kosten der Beschwerderegulierung** (z.B. Zahlungen aus Kulanzgründen, Gewährung von Geschenken, Verzicht auf Berechnung von Werkstattleistungen) meist offensichtlich – und gefürchtet.
4. Unternehmen, die mit Beschwerden positiv umgehen wollen, befürchten, dass die **Ansprüche der Kunden** wachsen und die neue Politik häufiger missbraucht wird (z.B. durch sog. **Querulantentum**).

Vor diesem Hintergrund verwundert es nicht, wenn Mitarbeiter Beschwerden zu verdrängen versuchen, indem sie

- **Beschwerdebarrieren** aufbauen (z.B. fehlende Ansprechpartner; keine klaren Zuständigkeiten),
- die Probleme im Kundengespräch **bagatellisieren**,
- Beschwerden **kleinlich** regulieren.

Derartige „Problemlösungsversuche" beheben indessen keinesfalls die möglichen negativen Folgen, z.B. stille Abwanderung oder negative Mundpropaganda. Welche Gefahren von einer solchen „Strategie" ausgehen und welche Chancen ein Unternehmen auf diese Weise verspielt, belegen die sog. **TARP-Studien** (TARP = Technical Assistance Research Program).

| Praxis-Fall | Ergebnisse der TARP-Studien |

- 19 von 20 unzufriedenen Kunden verzichten auf eine Beschwerde, v.a. weil die betreffenden Unternehmen – bewusst oder unbewusst – „Beschwerdehürden" aufbauen.
- Kunden, die sich beschweren, sind selbst dann eher bereit, ihrem Unternehmen treu zu bleiben, wenn die Ursache der Beschwerde nicht vollkommen zu ihrer Zufriedenheit gelöst wurde.
- Rund zwei Drittel der Kunden, die sich beschwert haben, bleiben dem Unternehmen, das ihr Problem gelöst hat, treu. Nehmen sie die Bearbeitung eines Problems als zügig wahr, wächst die Wiederkaufrate auf 95 %.
- Kunden, die das Gefühl haben, dass die Ursache ihrer Beschwerde beseitigt wurde, geben ihre positive Erfahrung an durchschnittlich fünf Personen weiter.

Zusammenfassend belegen die Untersuchungsergebnisse, dass aktives Beschwerdemanagement

- die Möglichkeit bietet, Unzufriedenheit **frühzeitig aufzuspüren** (sog. Frühwarnsignale),
- **Zufriedenheit** stiftet, was **Loyalität** und **Bereitschaft** zu positiver Mundpropaganda steigert.

| Praxis-Fall | Paradox? Wenn Management und Mitarbeiter nie zufrieden sind, ist es der Kunde ... |

„Toyotas neuer Vizepräsident Akio Toyoda [...] setzt das „Prinzip der drei Bedingungen – Höchstqualität, Niedrigkosten und absolutes Zeitmanagement" ohne Abstriche durch. In der Praxis läuft das allerdings „sehr kooperativ", wie Nishijima betont, dessen mittelständisches Unternehmen schon seit 40 Jahren im Dienste Toyotas steht. „Wenn ein Problem auftaucht, kommen sie sofort ins Werk und unterstützen uns – technisch wie finanziell." Selbst bei Pannen, sagt Nishijima, „wird nicht ein Schuldiger gesucht, sondern immer sofort eine Lösung." Dem Unternehmer Nishijima imponiert die Attitüde des Autokönigs: „Sie sind nie zufrieden.""

Quelle: A. Köhler: Fliegende Autos, in: Wirtschaftwoche, Nr.1/2 (5.1.2006), S.42.

Wer den durch den Verlust unzufriedener Kunden entstehenden wirtschaftlichen Schaden abschätzen will, sollte eine sog. **Kundenverlustanalyse** durchführen. Diese vollzieht sich im Wesentlichen in vier Schritten.

Praxis-Fall — Ablauf einer Kundenverlustanalyse

1. Berechnung der Kundenabwanderungsrate
Die Kundenabwanderungsrate bestimmen Sie, indem Sie feststellen, wie viele Ihrer Kunden auf Folgeaufträge verzichten. Erste Anhaltspunkte hierfür können die Kündigungsrate (etwa bei Zeitschriftenanbietern, Versicherungen) oder der Verzicht des Kunden auf die Befriedigung von Ersatzbedarf (z.B. bei Bürofachgeschäften, Kopiererherstellern) bieten.

2. Ursachen der Abwanderung
Zieht bspw. ein Kunde aus Ihrem Einzugsgebiet weg, so können Sie ihn selbst durch die Optimierung Ihres Leistungsangebotes nicht halten. Anders sieht es aus, wenn der Kunde Ihnen wegen schlechter Produkte, unfreundlicher Bedienung, mangelhaftem Service, einem ungünstigen Preis / Leistungs-Verhältnis oder anderen durch Ihr Haus zu verantwortenden Gründen den Rücken kehrt.

3. Bewertung des Verlusts
Jetzt sollten Sie abschätzen, wie hoch der Verlust ist, den Ihr Unternehmen aus den zuletzt genannten Gründen erleidet. Sie können dies entweder für den abgewanderten „Durchschnittskunden" oder aber für jeden einzelnen Kunden bestimmen. Der Verlust zeichnet sich am sog. Kundenverweilwert ab. Hierunter versteht man den Gewinn bzw. Deckungsbeitrag, den Sie erwirtschaftet hätten, wenn der Kunde Ihnen für die „normale" Kundenverweildauer treu geblieben wäre.

4. Kosten / Nutzen-Rechnung
Arbeiten Sie abschließend heraus, was es Sie kosten würde, die Abwanderungsrate zu verringern. Liegt der hierfür veranschlagte Aufwand über dem Ertrag, den Sie dadurch erzielen, dass Sie die Abwanderung verringern, dann sollten Sie die entsprechenden Maßnahmen unverzüglich einleiten.

Das in Abb. 72 dargestellte **Zahlenbeispiel** verdeutlicht Sachverhalt und konkreten Nutzen der Kundenverlustanalyse. Demnach können Beschwerden, die das Unternehmen wegen eines fehlenden bzw. unzureichenden Beschwerdemanagement nicht hinreichend berücksichtigt, unverhältnismäßig **hohe Kosten** verursachen, bspw. auch in Form von **entgangenem Gewinn**. Das Beispiel unterstreicht aber nicht nur den Stellenwert eines funktionierenden Beschwerdemanagement, sondern zeigt auch, wie bedeutsam es generell ist, Kunden nicht abwandern zu lassen.

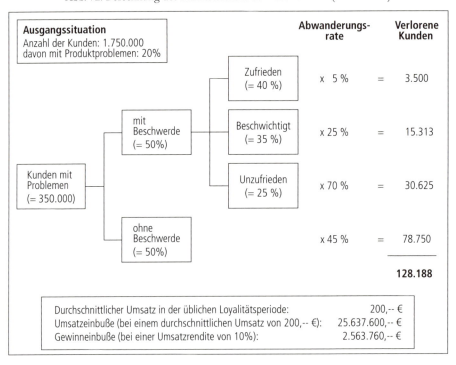

Abb. 72: Berechnung des Marktschadens bei Beschwerden (nach TARP)

5.2.2 Phasen des Beschwerdemanagement („KANBAN")

Aktives Beschwerdemanagement umfasst die in Abb. 73 dargestellten Schritte.

1. **Kanalisierung** der Beschwerden (und **Stimulierung**)
Unternehmen sollten unzufriedenen Kunden die Möglichkeit geben, ihrem Ärger Luft zu verschaffen; denn die Unternehmenspraxis zeigt, dass es vielen

unzufriedenen Kunden genügt, den Mitarbeitern des betreffenden Unternehmens einmal „die Meinung zu geigen" und ihnen das Versprechen auf Besserung abzunehmen. Es mag zunächst paradox erscheinen, aber Unternehmen sollten darauf achten, dass sich unzufriedene Kunden auch **tatsächlich** bei den Mitarbeitern **beschweren**. Nur so lässt sich verhindern, dass verärgerte Kunden still und leise abwandern. Folgende Maßnahmen erleichtern es unzufriedenen Kunden, sich zu beschweren.

| Praxis-Tipp | **Abbau von Beschwerdebarrieren** |

- Aktiver Hinweis der Mitarbeiter auf Möglichkeiten zur Beschwerde
- „Meckerkasten" (z.B. im Verkaufsraum)
- Beschwerdetelefon (Hinweis auf diese Einrichtung auf Rechnungsformularen, Gebrauchsanweisungen, Plakaten, in Anzeigen, Werbebriefen u. ä.)
- Geld zurück-Garantie („Bei Unzufriedenheit Geld zurück")

Abb. 73: Das „KANBAN-System" des Beschwerdemanagement

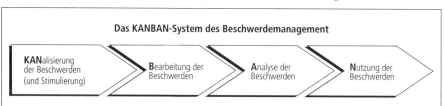

2. **Bearbeitung** der Beschwerden
Mitarbeiter mussen mit berechtigten Kundenklagen positiv umzugehen lernen. Dies bedeutet jedoch nicht, dass Unternehmen jede Beschwerde akzeptieren. Mit Blick auf die vielfältigen Beanstandungsursachen und vor dem Hintergrund des zunehmenden Querulantentums ist es vielmehr erforderlich, Beschwerden **fallweise** zu **prüfen**, indem man sich auf spezielle Kriterien, wie bisheriges Umsatzvolumen, Verantwortlichkeit oder Garantieanspruch, stützt. Gilt eine Beschwerde als berechtigt, sollte möglichst schnell eine für alle Beteiligten zufrieden stellende Lösung gefunden werden, nicht zuletzt, um die Zeitspanne für negative Mundpropaganda zu reduzieren.

3. **Analyse** der Beschwerden

Unternehmen, die aktives Beschwerdemanagement betreiben, um das zukünftige Ausmaß an Unzufriedenheit zu mindern, sollten die Beanstandungen **systematisch auswerten**, indem sie eine Prüfliste anlegen und die einzelnen Fälle darin dokumentieren. Auswertung und Vergleichbarkeit der Angaben lassen sich vereinfachen, wenn **detaillierte Antwortkategorien** vorgegeben werden. Eine **Prüfliste**, die der Dokumentation und Analyse bisheriger Beschwerden dient, sollte – ähnlich wie die Auswertung von Reklamationen und Garantiefällen – folgende Informationen enthalten.

Praxis-Tipp   **Prüfliste für Beschwerdedokumentation**

- Datum
- Adresse des sich beschwerenden Kunden
- Dauer der Beziehung zum Kunden, Umsatzvolumen des Kunden (falls möglich, Umsatzgrößenklassen vorgeben) und weitere entscheidungsrelevante Eigenschaften des Kunden
- Beschwerdeweg (Brief, Telefon, Gespräch)
- Grund der Beschwerde (Liste mit möglichen Gründen vorgeben, etwa Funktionsfähigkeit des Produkts, Freundlichkeit des Personals, Wartezeiten)
- Verantwortungsbereich (Liste mit Abteilungen oder Zuständigkeiten vorgeben, aber keine Namen von Mitarbeitern nennen, da sonst unternehmensinterne Akzeptanzprobleme entstehen)
- Garantieanspruch (ja / nein)
- Eingeleitete Maßnahme(n) (mögliche Kategorien: Preisnachlass, Geld zurück, Umtausch, Reparatur, Schadenersatz; Beratungsleistungen, Entschuldigung)
- Zeitraum zwischen Beschwerde und Bearbeitung sowie Lösung des Problems (tagesgenau)
- Zufriedenheit des Kunden mit der Lösung des Problems (siebenstufige Skala von -3 (= sehr unzufrieden) bis +3 (= sehr zufrieden))

---

4. **Nutzung** der Beschwerden

Die in der Beschwerdeanalyse gewonnenen Informationen erfüllen nur dann ihren Zweck, wenn sie an die betroffenen unternehmensinternen (z.B. Verkauf) und -externen (z.B. Lieferanten) Stellen weitergeleitet werden. Unternehmensintern können Informationen über Beschwerden für **Schwachstellenanalysen** genutzt werden (z.B. in Qualitätszirkeln oder Fokusgruppen).

5.3 Customer Relationship Management (CRM)

5.3.1 Begriff und zentrale Charakteristika

Das Customer Relationship Management (CRM) bzw. Kundenbeziehungsmanagement entstand erst Anfang der 1990er Jahre und ist damit ein vergleichsweise neues Managementkonzept. Es beruht auf dem Gedankengut des **Transaktionsmarketing** und wurde nicht zuletzt durch die Entwicklungen in den **Informations-** und **Kommunikationstechnologien** vorangetrieben. Unternehmen, die CRM betreiben, versuchen durch eine **kundenorientierte Strategie** (d.h. ganzheitliche, individuelle Marketing-, Vertriebs- und Servicekonzepte) mit Hilfe moderner Informations- und Kommunikationstechnologien langfristig profitable Kundenbeziehungen aufzubauen, zu stabilisieren, zu intensivieren – und ggf. auch wieder aufzugeben (vgl. Hippner/Wilde 2006; Hippner 2005, S.115ff.). Unternehmen stellen den Kunden in den Mittelpunkt sämtlicher **abteilungsübergreifend gesteuerten** Prozesse und verfolgen damit das Ziel, mit (ausgewählten) Kunden dergestalt langfristig und profitabel zusammen zu arbeiten, dass sie deren ‚**Customer lifetime value**' optimieren (vgl. zum Folgenden Buttle 2005; Grönroos 2005; Wilde u.a. 2005; E-Commerce-Center Handel 2001; Strauß 2001; Buser u.a. 2000). CRM **erweitert** die Perspektive der klassischen Kundenorientierung um vier wesentliche Aspekte:

1. CRM rückt von der Maxime einer uneingeschränkten Kundenorientierung ab. An deren Stelle tritt die **selektive Betreuung** der Klientel unter Profitgesichtspunkten (sog. ‚Customer lifetime value' = CLV), was in der Konsequenz nichts anderes bedeutet, als dass man sich von unrentablen Kunden trennt.

2. War Kundenorientierung traditionell Aufgabe des ‚**Front office**', d.h. derjenigen, die in Marketing, Service oder Vertrieb unmittelbar mit Kunden in Kontakt kamen, so verlangt CRM, dass sich sämtliche Abteilungen und damit auch das ‚**Back office**' an den Kunden ausrichten.

3. CRM betont, dass Unternehmen gegenüber ihren Kunden **koordiniert auftreten** müssen (= „One face to the customer"). Legte man traditionell

den Schwerpunkt auf Teilbereiche der Kundenorientierung (z.B. Beschwerdemanagement), so müssen Unternehmen nunmehr sämtliche Kommunikationskanäle zum Kunden synchron managen, wenn sie den Herausforderungen des **„Multi channeling'** gerecht werden wollen.

4. Für **Aufbau** und **Pflege der Kundenbeziehung** nutzt CRM das ganze Potential **moderner Informations- und Kommunikationstechnologien**. Dies führt nicht selten dazu, dass Unternehmen die technische Seite überbetonen und die Marketingperspektive vernachlässigen.

5.3.2 Architektur eines CRM-Systems

5.3.2.1 Überblick über die CRM-Komponenten

Die im Unternehmen vorhandenen Kundendaten werden in einem CRM-System vereinheitlicht und zusammengeführt (vgl. Abb. 74), um so den Mitarbeitern fundierte, aktuelle, vollständige und entscheidungsrelevante Kundeninformationen zur Verfügung zu stellen (vgl. z.B. Wilde 2002). Im Mittelpunkt steht der Aufbau einer **einheitlichen Kundendatenbank**, auf die alle Unternehmensbereiche zugreifen können. Im Einzelnen werden mit CRM folgende Ziele verfolgt:

- Optimierung sämtlicher Kommunikationskanäle zum Kunden (= **kommunikatives CRM**),
- Synchronisation und operative Unterstützung der Kundenkontaktpunkte des Unternehmens, insbesondere in den Marketing-, Vertriebs- und Serviceabteilungen (= **operatives CRM**),
- Zusammenführen und Auswerten sämtlicher Kundeninformationen (= **analytisches CRM**).

5.3.2.2 Operatives CRM: Optimierung der Geschäftsprozesse und Kundenkontakte

Im operativen CRM unterstützen Anwendungen zur Marketing-, Sales- und Service-Automation den Dialog zwischen Kunden und Unternehmen sowie die dazu erforderlichen Geschäftsprozesse. Durch die Anbindung des operativen CRM an **„Back office'-Lösungen** wie

5.3 Customer Relationship Management (CRM)

- **Enterprise Resource Planning** (= unternehmensweite Bereitstellung der Daten von Produktionsfaktoren),
- **Supply Chain Management** (= Versorgungsmanagement, das durch eine durchgängige Optimierung aller Güter- und Informationsflüsse vom Rohstoff bis zum Endverbraucher charakterisiert ist),
- **Computer Integrated Manufacturing** (= EDV-gestützte Produktion)

können Unternehmen ihre Kunden u.a. über Liefertermine oder die Verfügbarkeit von Waren informieren.

Abb. 74: Architektur eines CRM-Systems

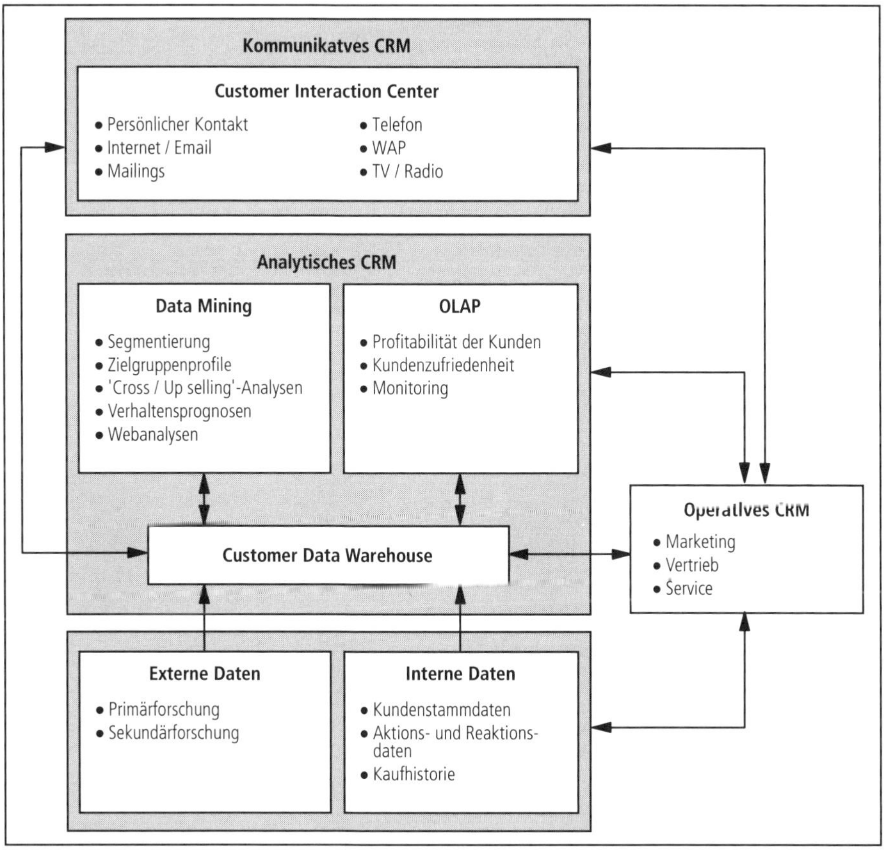

Kommunikatves CRM

Customer Interaction Center
- Persönlicher Kontakt
- Internet / Email
- Mailings
- Telefon
- WAP
- TV / Radio

Analytisches CRM

Data Mining
- Segmentierung
- Zielgruppenprofile
- 'Cross / Up selling'-Analysen
- Verhaltensprognosen
- Webanalysen

OLAP
- Profitabilität der Kunden
- Kundenzufriedenheit
- Monitoring

Customer Data Warehouse

Operatives CRM
- Marketing
- Vertrieb
- Service

Externe Daten
- Primärforschung
- Sekundärforschung

Interne Daten
- Kundenstammdaten
- Aktions- und Reaktionsdaten
- Kaufhistorie

Quelle: Wilde (2002).

Das operative CRM erfüllt zahlreiche administrative, analytische und kontaktunterstützende **Funktionen** (vgl. Abb. 75). Diese werden im Folgenden eingehend beschrieben (vgl. hierzu Wilde u.a. 2005; Wilde 2002).

Abb. 75: Aufgabenspektrum des operativen CRM

Bereich	Aufgaben		
	Administrativ	Analytisch	Kontaktunterstützend
Marketing Automation	• Database Marketing • Kampagnenmanagement	• Kundensegmentierung • Kundenbewertung (CLV / Churn / Bonität / ‚Cross selling') • ‚Targeting'	• Marketing-Enzyklopädie • Produktkonfiguratoren
Sales Automation	• Angebotserstellung / -überwachung • Verwaltung der Kundendaten • Administration • Erfolgsrechnung	• ‚Lost order'-Analyse • ‚Sales cycle'-Analyse • ‚Opportunity management'	• ‚Interactive selling systems' • Eskalations-Management • ‚Workflow management'
Service Automation	• Fernwartung • Materialdisposition • Verwaltung der Kundendaten • Administration • Erfolgsrechnung	• ‚Case based reasoning' • Schadensanalysen	• ‚Helpdesk' • Eskalations-Management • ‚Workflow management'

Quelle: Wilde (2002).

- **Database Marketing**, d.h. die Nutzung der in Kundendatenbanken gespeicherten Informationen, um mit Kunden individuell zu kommunizieren.
- **Kampagnenmanagement**: Traditionell konzipieren und realisieren Unternehmen ihre einzelnen Marketing- und Vertriebsaktionen unabhängig voneinander. Dies führt dazu, dass Aktionen häufig zeitlich geblockt und nicht koordiniert werden. Beispiele hierfür finden sich zuhauf:
    o Termine für Mailings werden nicht abgestimmt (z.B. gleichzeitiges Mahnschreiben und Begrüßung als Neukunde).
    o Der Vertrieb wird über Sonderangebots-Mailings oder Serviceprobleme nicht oder nur unzureichend informiert.
  Kampagnenmanagement als Ausdruck **kundenorientierter Geschäftsprozesse** zeichnet sich hingegen dadurch aus, dass einzelne Marketing- und

Vertriebsaktionen vernetzt geplant werden (**Prinzip = „One face to the customer"**). Darüber hinaus bedient man sich kunden(typ)spezifischer Kontaktfolgen, wobei die Marketing- und Vertriebsmaßnahmen zum passenden Zeitpunkt der **Kundenhistorie** zeitlich verteilt implementiert werden (vgl. Abb. 76).

Abb. 76: Beispiel kundentypspezifischer Kontaktfolgen

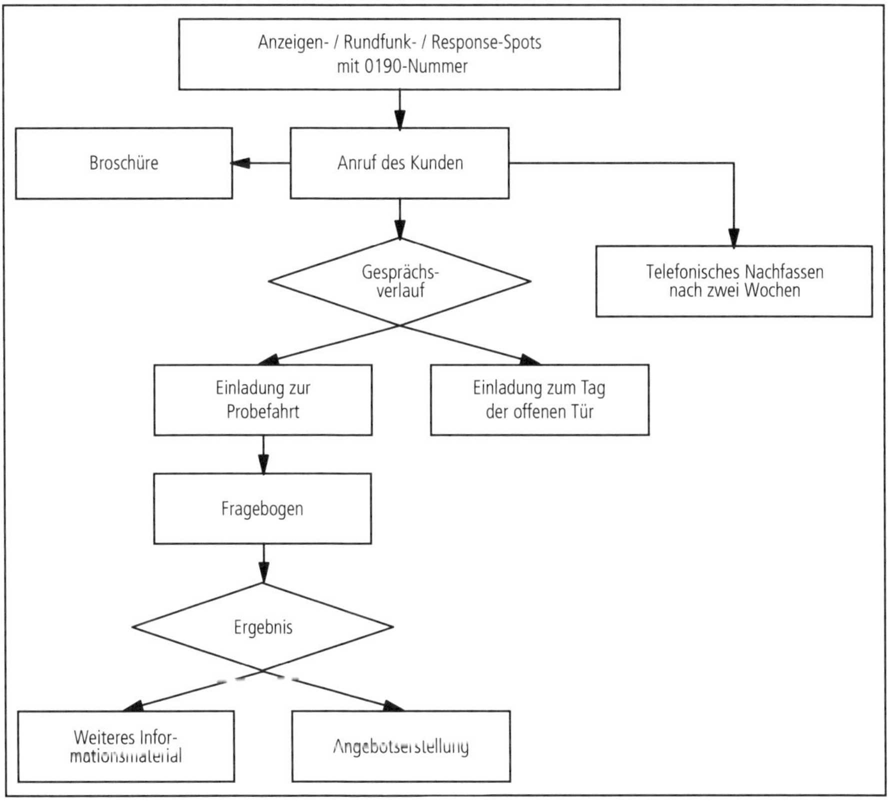

Quelle: Wilde (2002).

Dies bedeutet, dass man auf Basis der Stammdaten sowie der Kommunikations- und Kaufhistorie der Kunden für jeden den optimalen Folgekontakt und Kontaktzeitpunkt bestimmt. Die traditionell „aktionsorientierten" Geschäftsprozesse stellen dabei die „Bausteine" bereit, aus welchen in „kundenorientierten" Geschäftsprozessen kundenindividuelle Kontaktketten zusammengestellt werden (vgl. Wilde/Hippner 1998, S.9). So ist denkbar, dass ein Unternehmen einen Direktwerbebrief nicht auf Basis einer Zielgruppenselektion „geblockt" versendet, sondern an geeigneter Stelle und zum idealen Zeitpunkt in die kundenindividuelle Kontaktfolge einpasst.

- **Marketing-Enzyklopädien** sind multimediale Wissensarchive, in denen Unternehmen alle Informationen über Produkte, Werbematerialien, Marktsituation, Trainingsunterlagen usw. ablegen – gleichgültig, ob in geschriebener (z.B. Broschüren) und / oder in audiovisueller (z.B. Produktpräsentationen oder -videos) Form. Diese Daten werden zentral gepflegt und sind über Intranet (z.B. Unterstützung der Vertriebsmitarbeiter beim Kundengespräch) und Internet (z.B. Direktzugriff durch Kunden) abrufbar.
- Mit Hilfe von **Produktkonfiguratoren** lassen sich Produkte aus mehreren Komponenten bzw. Moduln (z.B. bei Autos oder PCs) je nach Kundenwunsch zusammenstellen. Gleichzeitig werden die Kompatibilität der Module automatisch geprüft und überdies die Angebotspreise der Konfiguration ermittelt (unter Berücksichtigung aktueller Sonderpreise und kundenabhängiger Konditionen). Dieses System eignet sich insbesondere für Vertriebsmitarbeiter im Rahmen der Kundenberatung sowie für Kunden, die sich via Internet informieren wollen.
- Die **Angebotserstellung / -überwachung** setzt sich zusammen aus
    o Produktkonfiguratoren,
    o Liefertermprognose (auf Basis von Enterprise Resource Planning, Supply Chain Management und Computer Integrated Manufacturing),
    o ‚Order tracking' (= Verfolgen des Stands der Auftragsbearbeitung),
    o Textverarbeitung mit Anbindung an Textbausteine, Marketing-Enzyklopädie, Kundendatenbank,
    o Serienbrieffunktion,
    o automatische Wiedervorlage für Nachbearbeitung von Angeboten sowie Erstellung von Folgeangeboten.
- Mit Hilfe der **Kundendatenverwaltung** kann ein Unternehmen seine Kundendaten pflegen und abrufen.
- Die **Administration** unterstützt bei der:
    o Erstellung von Besuchsberichten (teilstrukturiert),
    o Reisekostenabrechnung,
    o Kontaktplanung (Kundenselektion, Wiedervorlage, Termine),
    o Tourenplanung (Tourenbildung, Reihenfolge, Routenwahl),

- o Kommunikation (E-mail, Fax, Voice mail, Filetransfer = Verschicken von Dateien).
- Die **Erfolgsrechnung** strukturiert bspw. nach Kunden, Gebieten oder Mitarbeitern und erfasst u.a. Umsatz, Deckungsbeiträge, Erlösschmälerungen, Bearbeitungskosten, Auftragsstruktur und Angebotserfolg.
- Mittels ‚**Lost order'-Analysen** kann ein Unternehmen sämtliche Angebote, die nicht in einem Auftrag mündeten, auswerten, um so Ansatzpunkte für die Verbesserung der Wettbewerbsfähigkeit zu erkennen.
- Ziel der ‚**Sales cycle'-Analyse** ist es, Wiederbeschaffungszeitpunkte (z.B. für Telefonkartenverträge) vorzumerken, um Kunden rechtzeitig anzusprechen und sicherzustellen, dass sie nicht wegen Unachtsamkeit abwandern.
- Das ‚**Opportunity management'** erfasst, pflegt und qualifiziert jeden Kundenkontakt mehrstufig – von der anonymen Adresse bis zum Vertragsabschluss, so dass der Status aller Kundenkontakte zu jeder Zeit abgefragt werden kann. Unternehmen erhalten so einen aktuellen Überblick über bestehende Verkaufschancen (Betrag, Abschlusswahrscheinlichkeit, Abschlusstermin) pro Kontaktstufe.
- ‚**Interactive selling systems'** unterstützen den Vertriebsmitarbeiter im Kundengespräch, indem sie elektronische Produktkataloge, Produktkonfiguratoren und Marketing-Enzyklopädien bereitstellen. Kunden wiederum können die Systeme auf ‚Websites' und an Kiosk-Systemen direkt nutzen.
- Ziel des **Eskalations-Management** ist es, bei allen kundenorientierten Geschäftsprozessen die jeweils kritischen Zeitfenster einzuhalten. Dies geschieht dadurch, dass Kundentransaktionen (z.B. Anfragen, Störungsmeldungen, Beschwerden) automatisch an die nächst höhere Instanz weitergeleitet werden, wenn der verantwortliche Sachbearbeiter innerhalb einer bestimmten Zeitspanne nicht auf die Kundentransaktion reagiert. Wann und wie diese weitergeleitet werden, hängt u.a. ab von Transaktionsart und Kundentyp.
- Im ‚**Workflow management'** werden sämtliche kundenorientierten Geschäftsprozesse in Bezug auf Prozessabfolge, Verzweigungen und personelle Zuständigkeiten formal beschrieben (= ‚Workflow'-Modellierung). Dadurch wird sichergestellt, dass ein verantwortlicher Mitarbeiter eine Aufgabe automatisch bearbeitet, an den nächsten zuständigen Bearbeiter weiterleitet und diesen überwacht. Außerdem kann der Vertriebsmitarbeiter den Status der von ihm angestoßenen Kundenprozesse jederzeit kontrollieren.

- Zur **Fernwartung** gehören Routinediagnosen / -wartungen und ‚Software updates' per Internet / WAN (= Wide Area Network). In der Regel handelt es sich um ein weltumspannendes Netz, was insbesondere für international agierende Unternehmen bedeutsam ist, man denke etwa an die Fernwartung von Computersystemen.
- Die **Materialdisposition** verwaltet die Materialentnahme und deren Belastung beim Kunden und eröffnet darüber hinaus die Möglichkeit, die Ersatzteil- und Werkzeugausstattung des Service-Außendienstes auftragsspezifisch zu konfigurieren.
- Das ‚**Case based reasoning**'-**System** ist eine Datenbank, die formatierte Beschreibungen von Problemen incl. Lösungen bzw. Lösungswegen bereitstellt und deren Qualität einstuft. Durchforstet man diese Datenbank nach ähnlichen Problemen, so hat sie ggf. Lösungen bzw. Lösungswege parat. Außerdem lassen sich neue Fälle speichern.
- Ziel der **Schadensanalysen** ist es, Schadensfälle auf Häufungen bei bestimmten Konfigurationen, Betriebsbedingungen usw. zu untersuchen, um bei Routinewartungsarbeiten frühzeitig Maßnahmen ergreifen zu können.
- ‚**Helpdesk**' ist ein Datenbanksystem, das neue Störfälle aufnimmt und in einem bestimmten Format beschreibt. Mit Hilfe dieser formatierten Problembeschreibung ist es möglich, Probleme und Lösungen umfassend zu dokumentieren und automatisiert nach ähnlichen Problemfällen zu suchen. Das ‚Helpdesk' eignet sich deshalb zur Problemdiagnose, wird aber auch häufig mit dem Eskalations-Management vernetzt, so dass bei ungelösten Störfällen schnell höhere Instanzen eingeschaltet werden können.

5.3.2.3   Analytisches CRM: anwendungsorientierte Analyse der Kundendaten

5.3.2.3.1 Datenquellen
Aufgabe des analytischen CRM ist es, sämtliche Kundeninformationen zusammenzuführen und auszuwerten (vgl. zum Folgenden Wilde u.a. 2005; Wilde/Hippner 1998). Nach dem Ort der Entstehung lassen sich
- **unternehmensinterne** Daten, die im Rahmen der operativen Geschäftsprozesse anfallen, und
- **unternehmensexterne** Daten, die z.B. von Marktforschungsinstituten bezogen werden,

unterscheiden. Unternehmensinterne und unternehmensexterne Marketingdaten betrachten dabei unterschiedliche Themenbereiche und ergänzen sich gegenseitig (vgl. Abb. 77).

5.3.2.3.1.1 Unternehmensinterne Datenquellen
Zu den unternehmensintern wichtigen „Kundenkontaktstellen" (= ‚**Customer touch points'**) entlang der gesamten Wertschöpfungskette, die auf verschiedene operative Informationssysteme verteilt sind, gehören neben dem Customer Relationship Management u.a. verschiedene ‚**Back office'-Lösungen**:
- **Enterprise Resource Planning**, d.h. die unternehmensweite Bereitstellung der Daten von Produktionsfaktoren,
- **Supply Chain Management** (= Versorgungsmanagement), das versucht, alle Güter- und Informationsflüsse vom Rohstoff bis zum Endverbraucher zu optimieren,
- **Computer Integrated Manufacturing** (= EDV-gestützte Produktion),
- **Insellösungen**.

Neben den „klassischen" Kundenkontaktstellen, wie **Direktmarketing** und **Vertrieb**, sind auch zu nennen:
- **technischer Kundendienst** (z.B. Informationen über das Bedarfsumfeld beim Kunden, über den Einsatz von Produkten der Konkurrenz (beim Kunden), über das Beschwerde- und Reklamationsverhalten),
- **Logistik** (Retourenverhalten der Kunden),
- **Debitorenverwaltung** (Zahlungsgewohnheiten der Kunden),
- **Beschwerdemanagement** und **Kunden(zufriedenheits)untersuchungen** (Beschwerde- bzw. Reklamationsverhalten, Motive, Einstellungen, Bedürfnisse, Klagen der Kunden).

Auch das **Internet** bildet eine wichtige Schnittstelle zum Kunden: Es dokumentiert
- kundenindividuelle **Interessenschwerpunkte**, z.B. über die besuchten Web-Seiten und die jeweilige Verweildauer,
- **Meinungsäußerungen**, z.B. in E-Mails, Newsgroups, Chats oder auf Online-Fragebogen,
- **Produktpräferenzen**, z.B. aus Online-Bestellungen und aus der Nutzung von Produktkonfiguratoren.

Abb. 77: Informationsspektrum einer Kundendatenbank

Daten zur Identifikation		
• Name / Vorname	• Firma (B2B) / Anschrift	• Telefon / Telefax / eMail / WWW

Daten zur Deskription		
• Kundenstatus - Interessent - Neukunde - Aktiver Kunde - Passiver Kunde - Abgewanderter Kunde • Bedarfstruktur - Beschaffungsvolumen - Produktanforderungen - Serviceanforderungen • Unternehmensdaten (B2B) - Branche - Betriebsgröße - Ausstattung - Technologie - Beschaffungspläne • Ansprechpartner (B2B) - Hierarchie - Motivation - Einstellung - Informationsverhalten - Rolle im ‚Buying center' • Kaufhistorie - Produkte / Dienstleistungen - Mengen - Preise - Zeitpunkte - Zahlungsweise - Lieferweg - Reklamation / Beschwerde	• Soziographische Daten - Geburtsdatum - Geschlecht - Ausbildung - Beruf - Einkommen - Familienstand - Haushaltsgröße • Geschäftslage (B2B) - Marktwachstum - Marktstellung - Kapazitätsauslastung - Technologischer Wandel - Rechtlicher Rahmen - Rendite • Wettbewerbsposition - Angebote - Angebotserfolge - Ablehnungsgründe - Aufträge - Hauptwettbewerber • Konditionen - Preise, Rabatte - Lieferbedingungen - Zahlungsbedingungen • Bonitätsdaten - Mahnungsbedingungen - Bonitätskennziffer	• Psychographische Daten - Interessen - Einstellung - Hobbys / Freizeitaktivitäten - ‚Lifestyle' • Typologiemerkmale - Geotyp - Vornamenstyp • Zuordnungsdaten - Filiale - Verkäufer - Geschäftsstelle - Außendienstmitarbeiter • Entscheidungsgremium (B2B) - Größe - Zusammensetzung - Rollenverteilung • Herkunft der Adresse • Kaufverhalten - Preissensibilität - Servicesensibilität - Produktaffinität - Markenaffinität - Innovationsfreudigkeit

Daten zur Kommunikationshistorie		
• Kommunikationsgegenstand - Produkt - Wettbewerber - Verhandlung - Information - Angebot - Auftrag • Kommunikationsperson • Kommunikationsdatum und -zeit	• Kommunikationskanal - Dialoganzeige - ‚Direct mail' - E-Mail - Telefon - Außendienst - Veranstaltung - Ausstellung / Messe - Dialog-Radio / -TV • Datum des Erstkontakts	• Kommunikationsauslöser - Reaktion auf … - Spontananfrage - Empfehlungsanfrage - Informationswunsch - Besuchswunsch - Auftragserteilung • Kommunikationsinitiator (Kunde / Unternehmen)

Quelle: in Anlehnung an Wilde/Hippner (1998, S.8).

Wie folgendes Beispiel belegt, haben in der jüngeren Vergangenheit v.a. **Weblogs** (= Kunstwort aus „Web" und „Log"-Buch) an Bedeutung gewonnen. Dabei handelt es sich um u.a. von Unternehmen initiierte Online-Journale, mit denen Konsumenten bspw. Einträge verfassen und kommentieren können. Der Dialog beschränkt sich dabei i.d.R. auf den Austausch von Texten, die wiederum Unternehmen wichtige Hinweise für ihr Marketing geben.

| Praxis-Fall | Nutzenpotential von Weblogs |

„Sie heißen ‚Penne 4 Formaggi', ‚Fettuccine Filetto di Pollo' oder ‚Tagliatelle Salmone' – drei Pasta-Gerichte des Tiefkühlspezialisten Frosta. Sie sind seit Jahren auf dem Markt. Aber haben sie auch die richtigen, für deutsche Kunden nachvollziehbaren Namen? „Auf jeden Fall ist ein deutscher Name verständlicher", äußert sich etwa ein Frosta-Kunde unter dem Pseudonym Aka. „Ich habe schon mehrfach Produkte nicht gekauft, weil mir nicht 100% klar war, was das eigentlich ist." Offenbar keine Einzelmeinung: „Wenn dort irgendwelche fremdsprachlichen Bezeichnungen stehen, wo ich keinen blassen Schimmer habe, was das sein könnte", schreibt ein Kunde namens Ceryon, „dann bleibt das im Regal." Aka und Ceryon – zwei Verbraucher, die dem Bremerhavener Unternehmen ihre Meinung sagen – im Dialog auf dem Frosta-Weblog.

Diese Online-Diskussionsplattform bietet der Tiefkühlkost-Spezialist seit Ende Juni an. Im Schnitt rund 2500-mal täglich nutzen Online-User nach Angaben des Unternehmens seither das elektronische Dialogangebot. Tauschen Meinungen mit zehn Mitarbeitern aus Geschäftsleitung, Forschung und Entwicklung, Vertrieb, Produktion, Einkauf, PR, Marketing und Verbraucherservice aus, die seit acht Wochen regelmäßig online öffentlich über ihre tägliche Arbeit berichten und mit Verbrauchern diskutieren. Über Lachsfang in Alaska oder Brokkoli-Anbau in Ecuador. Über die Qualität der Frosta-Produkte und deren Platzierung im Einzelhandelsregal. Über die Popularität des Frosta-Jingles. Oder eben die Frage, ob die Frosta-Produktnamen den Nagel auf den Kopf treffen. „Wir wollen offen und ehrlich über unser Unternehmen informieren und bekommen über die Blogs interessante Anregungen von und Informationen über unsere Kunden", sagt Felix Ahlers. „Und zwar schneller, direkter und authentischer als über andere Marketingformen." Mit seiner Einstellung befindet sich der Frosta-Marketingvorstand in bester Gesellschaft. Setzen sich doch immer mehr Unternehmen inzwischen intensiv mit diesem neuen elektronischen Kommunikationswerkzeug auseinander [z.B. BASF, Procter & Gamble, Unilever]. [...] Die Spannbreite der Einsatzmöglichkeiten [von Weblogs] ist groß:

- **Interne Kommunikation**: Etwa nach dem Prinzip eines elektronischen schwarzen Bretts können Mitarbeiter über interne Blogs schnell und hierarchiefrei miteinander kommunizieren, Verantwortliche auf relevante Themen reagieren, Projektteams effizient zusammenarbeiten.

- **Mitarbeiter- und CEO-Blogs**: Das Unternehmen setzt ausgewählte Mitarbeiter ein, die über ein vom Unternehmen eingerichtetes Weblog einen offenen Dialog mit den Verbrauchern anbieten. Der Vorteil: direkte, interaktive, billige Kommunikation mit Kunden und Lieferanten. Und das – zumindest in den USA – immer öfter mit einem Vertreter der Chefetage. Darunter Intel-Boss Paul Otellini, Boeings Vice-President für Marketing Randy Baseler und Hewlett-Packard-Vice-President David Gee. Oder General Motors Vice-Chairman Bob Lutz, der in seinem Weblog „FastLane" mit kritischen Verbrauchern über die neuesten GM-Modelle diskutiert. Oder Jonathan Schwartz, Chief Operating Officer des Softwareriesen Sun Microsystems, der täglich bis zu 30.000 Reaktionen auf Einblicke in seinen Arbeitsalltag bekommt.
- **Customer Blogs**: Unternehmen bieten Blogs als zusätzlichen Kanal für Kundenanfragen an.
- **Branded Blogs**: Unternehmen eröffnen themenorientierte Blogs, über die sie mit Kunden branchennahe Themen neutral diskutieren, ohne eigene Produkte offensiv zu vermarkten.
- **Blogs als Werbeplattform**: Unternehmen können Blog-Sponsor werden – so wie etwa Motorradhersteller Ducati, der mit seinem Logo auf einem externen Ducati-Fan-Blog präsent ist, ohne sich aber inhaltlich einzumischen. Blog-Portale wie Gawker bieten die Möglichkeit, Online-Werbung zu schalten – womit Nike, Audi, General Electric und Dell gerade erste Erfahrungen sammeln –, weil Weblog-Leser mit hoher Technikaffinität und einem Durchschnittsalter von knapp unter 30 Jahren als interessante Zielgruppe gelten.

[...] Der Grund für die rasende Verbreitung dieser Web-Seiten:
- Anders als über die vergleichsweise komplizierte Programmierung einer eigenen Homepage bieten Weblogs auch technischen Laien die Möglichkeit, Meinungen zu selbst definierten Themen im Internet zu publizieren – kostengünstig, schnell, ungefiltert.
- Im Unterschied zu Chats oder Online-Foren können Einträge in Blogs problemlos aktualisiert und mit anderen Inhalten – Web-Seiten, Bildern, Videos, Audiodateien, anderen Weblogs – ergänzt und verlinkt werden. Dieser ausgeprägte Netzwerkeffekt ermöglicht es, zu geringen Kosten schnell eine breite Öffentlichkeit zu erreichen und mit ihr in Dialog zu treten. Einige Weblogs erreichen bereits bis zu 100.000 Zugriffe täglich. Eine Situation, die Ausdruck eines fundamentalen Wertewandels ist.

[...] Auch wenn klar ist, dass vermutlich weit mehr als 90% der Inhalte, die über diese Kommunikationsplattformen verbreitet werden, privaten Datenmüll enthalten („Bin zur Apotheke gelatscht. Juhu."), entwickeln sich Blogs doch Schritt für Schritt zu einem ernst zu nehmenden Medium. Und das nicht nur, weil längst hochrangige Vertreter der Finanzszene zur Blogger-Gemeinde zählen – darunter zahlreiche Ökonomie-Professoren bis hin zu Nobelpreisträger Gary Becker. Sondern, weil laut einer Studie der zur Werbeagentur BBDO gehörenden Unternehmensberatung Proximity sich mittlerweile auch in Deutschland acht Prozent aller deutschen Internetnutzer und 54 Prozent der Weblog-Nutzer in Blogs über Produkte informieren und deren Input wesentlich in ihre Kaufentscheidung einfließen lassen (vgl. Abb. 78).

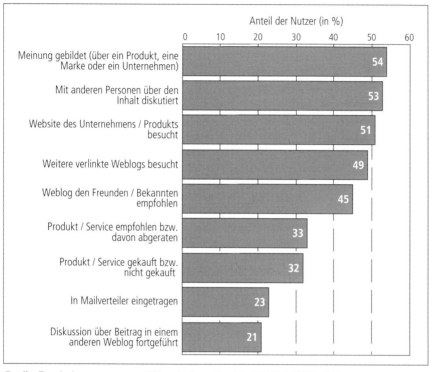

Abb. 78: Möglichkeiten zur Nutzung von Weblogs

Quelle: Proximity, entnommen: Wirtschaftswoche, Nr. 35 (25.8.2005), S.61.

„Blogger beeinflussen Produkt-, Marken- und Unternehmenskommunikation, verbreiten Informationen schneller und unkontrollierter als es über traditionelle Kanäle möglich ist", sagt Cornelia Kunze, Deutschland-Chefin des PR-Konzerns Edelman. „Blogger genießen hohe Glaubwürdigkeit bei Verbrauchern, sie machen Meinung und Märkte." Damit, so die Schlussfolgerung der Weblog-Studie von Deutsche Bank Research, tragen Blogs dazu bei, „die Rahmenbedingungen in der Kommunikation zu verändern". Auch, weil immer mehr Konsumenten auf klassische TV-Spots heute genauso scharf sind wie auf Spam.

Statt Standard-TV schauen sie werbefreies Abo-TV oder zappen teure Spots mit Leichtigkeit weg – per digitalem Videorekorder. Zeitungen lesen sie immer seltener, selbst Jobs suchen sie sich per Internet. Radiospots erreichen sie nicht – weil sie sich ihr Musikprogramm selbst aus dem Netz laden. Und dann per iPod hören. „Verbraucher stellen sich ihr Informationsangebot immer öfter selbst zusammen", sagt Trend-

forscher Peter Wippermann. „Da werden Blogs für Unternehmen auf Dauer unverzichtbar, um mit den Kunden auf Augenhöhe zu kommunizieren."
- Genau das will **Logitech**. Der Hersteller von Computerzubehör hat vor fünf Monaten den „Cordless Club" ins Leben gerufen – eine Informationsplattform rund um digitalen Lifestyle. Vier von Logitech ausgewählte Journalisten stellen die Infos zusammen und kommunizieren per Weblog mit allen, die sich zu den Themen zu Wort melden. Infos zu Logitech-Produkten tauchen nur auf, wenn sie zum Thema passen, offizielle Pressemitteilungen oder die aktuellen Quartalszahlen sind tabu. „Dafür haben wir andere Medien", sagt Logitech-PR-Managerin Katja Schleicher. „Wer über Blogs kommuniziert, erwartet von uns Gehaltvolleres."
- Was Unternehmen passieren kann, die diese Erwartungen nicht ernst nehmen, musste die L'Oréal-Tochter **Vichy Laboratoires** feststellen. Um eine neue Antifalten-Creme zu bewerben, startete der Kosmetikhersteller ein Blog, in dem eine fiktive Testerin namens Claire über ihre positiven Erfahrungen mit der Creme berichtete. Bloggerinnen bombardierten die Seite mit Kritik. Sie waren erst beruhigt, als L'Oréal einige von ihnen zum Test einlud – und diese vom Produkt zumindest nicht völlig enttäuscht waren.
- Nicht so glimpflich kam der amerikanische Fahrradschloss-Hersteller **Kryptonite** davon. Als in der Blogger-Szene ein Video kursierte, das zeigte, wie ein Kryptonite-Schloss mit einem billigen Plastikkugelschreiber in Sekundenschnelle geknackt werden konnte und die PR-Abteilung nur zögerlich reagierte, schwappte eine Welle des Protestes über das Unternehmen hinweg. Kryptonite sah sich gezwungen, 300.000 Schlösser auszutauschen. Bot 3.000 Dollar für jedes gestohlene Fahrrad. Und blieb auf knapp 700.000 Dollar Anwaltskosten sitzen. Finanzieller Gesamtschaden: mehr als zehn Millionen Dollar. „Ein smarter junger Teilzeitblogger für 500 Dollar monatlich", schreibt Blogger Hugh Macleod, „hätte Kryptonite Millionen gespart."
- Gary Hirshberg hat diesen Tipp nicht nötig. Der CEO des zu Danone gehörenden US-Joghurt-Produzenten **Stonyfield Farm** beschäftigt eine Chief Bloggerin und will zwei weitere Vollzeit-Blogger einstellen. „Die Blogs", sagt er, „sind für uns eine Art Handschlag mit dem Verbraucher."
- Auf den war auch **WPP** aus. Auf der Suche nach einer neuen Kampagne für den amerikanischen Mobilfunkanbieter U.S. Cellular Corporation analysierte der britische Werberiese Online-Diskussionen jugendlicher Telefonierer. Und entdeckte, dass die vor allem genervt davon waren, dass auch eingehende Anrufe ihr Gesprächskontingent belasteten. Die US Cellular Group reagierte – mit einem Tarif, der eingehende Anrufe unbegrenzt zuließ.
- Ähnlich ging auch ein großer **japanischer Autokonzern** vor. Die Analyse von Online-Kommentaren weiblicher Kunden zeigte, dass vor allem deren Kinder die Kaufentscheidung beeinflussten. Mütter mit kleinen Sprösslingen bevorzugten Minivans, weil der Nachwuchs diese als „Kinderzimmer auf Rädern" betrachtete. Teenagern waren die Minivans dagegen peinlich – sie bevorzugten sportliche Geländewagen. Die Konsequenz: Um Familien mit Kleinkindern bei der Stange zu halten, entwickelte der Autokonzern ein neues Treueprogramm. Statt Minivan-Eig-

ner davon zu überzeugen, ein neues Modell des gleichen Wagentyps zu kaufen, machte der Konzern von vornherein ein günstiges neues Angebot: für einen Off-Roader. [...]

Unternehmen gehen schrittweise dazu über, Verbrauchern bei der Entwicklung von Produkten und Dienstleistungen eine wirkliche Schlüsselrolle zuzuweisen. Eine Konstellation, die der Einsatz von Weblogs beschleunigt und die Vorteile dialogfähiger Online-Medien deutlich macht. [...] Für seine Schuhlinie „Open Source Footwear" setzt der kanadische Schuhhersteller [John Fluevog] vor allem auf Designs, die von seinen Kunden entworfen wurden. Produziert werden nur Entwürfe, die die Zustimmung der Fluevog-Online-Gemeinde erhalten haben. Das Prinzip hat sich längst bewährt. Verkaufen sich die Kundenschuhe doch bereits besser als die von den Fluevog-Profidesignern entworfenen Modelle."

Quelle: M. Engeser: Handschlag mit dem Kunden, in: Wirtschaftswoche, Nr. 35 (25.8.2005), S.58-61.

Die Einführung von **‚Mass customization'-Konzepten**, mit denen wegen des Einsatzes neuer Informations- und Produktionstechnologien maßgeschneiderte Produkte (annähernd) zum Preis von Massenprodukten hergestellt werden können (vgl. z.B. Stotko 2002), wird das Kaufverhalten vermutlich nachhaltig verändern. Beispielsweise dürften viele Kunden bereit sein, dem Unternehmen individuelle Bedarfsdaten umfassend, detailliert und exakt zur Verfügung zu stellen, sofern dies der **Konfiguration individueller Produkte** dient und einen unmittelbaren Kundennutzen stiftet. Es ist demnach zu vermuten, dass die derzeit noch vergleichsweise dürftigen **Kundenhistorien** in Zukunft quantitativ und qualitativ deutlich verbessert und erweitert werden.

5.3.2.3.1.2 Unternehmensexterne Datenquellen

Zur Ergänzung der unternehmensinternen Kundendaten sind für die meisten Branchen umfangreiche unternehmensexterne Daten verfügbar, welche Marketingdienstleister oder kooperierende Unternehmen (i.d.R. gegen Entgelt) beziehen können (vgl. Wilde u.a. 2005; Wilde/Hippner 1998):

- **Individualdaten**, die sich über Kundenname und -anschrift direkt mit den unternehmensinternen Kundendaten verknüpfen lassen,
- **Aggregatdaten**, die sich auf Kundenaggregate mit charakteristischen Merkmalsausprägungen beziehen (z.B. Marktsegmente, Kundengruppen, Regionen) und über diese Merkmalsausprägungen nur mittelbar mit den individuellen Kundendaten des Unternehmens verknüpft werden können (= ‚data matching').

Zu den wesentlichen Quellen für Individualdaten gehören:
- **Telefon- und Adressenverzeichnisse**, die auf CD oder in einer Datenbank zur Verfügung stehen und z.B. Auskunft geben über Berufsbezeichnungen oder Wohnverhältnisse in Privathaushalten. Indem man bspw. nach Wohnadressen sortiert, können Wohngebäude nach Ein-, Zwei- und Mehrfamilienhäusern klassifiziert werden.
- **Firmendatenbanken** für das Business to Business-Marketing (B2B), deren Daten Firmenpublikationen, Fachpublikationen, Selbstauskünften und speziellen Recherchen entstammen, enthalten Jahresabschlussdaten, Angaben über Führungskräfte, Produkte, Werke usw.
- ‚**Listbroker**' vermitteln zwischen Unternehmen qualifizierte Adressenlisten (z.B. Kundenlisten, Adressen mit bestimmten demographischen Merkmalen) – selbstverständlich im Rahmen des datenschutzrechtlichen Spielraums.
- **Datenaustausch mit kooperierenden Unternehmen**: Durch Kooperation zwischen Herstellern und Handelsunternehmen oder zwischen Herstellern bedarfsverwandter oder komplementärer Produkte können Kundendatenbanken (im Rahmen der datenschutzrechtlichen Vorschriften) mit kundenspezifischen Informationen angereichert werden, die dem Unternehmen ohne die Zusammenarbeit nicht zugänglich wären.
- ‚**Life style**'-**Daten**: Unternehmen wie GfK, Nürnberg, oder Nielsen führen seit Jahren flächendeckende Haushaltsbefragungen durch, bei denen neben Soziodemographika u.a. detaillierte Konsumprofile und Konsuminteressen erfragt werden. Die GfK etwa hat die sog. „**Euro styles**" mit entwickelt, in dessen Mittelpunkt der Lebensstil der europäischen Verbraucher steht. Er beruht auf etwa 1,5 Mio. Daten, die im Rahmen einer repräsentativen Befragung von 24.000 Erwachsenen in 15 europäischen Ländern regelmäßig erhoben bzw. aktualisiert werden. Neben dem ‚life style' erfasst der „Euro styles-Ansatz" auch Daten zu Produktnutzung, Konsum-, Einkaufs- und Mediengewohnheiten, Einstellung zu Werbung und Verpackung sowie zum Besitzstand. Falls die Befragungsteilnehmer die Daten für werbliche Zwecke freigeben, dürfen diese Informationen an Kundendatenbanken weitergegeben werden. Entsprechende Daten stehen mittlerweile für mehrere Millionen Haushalte zur Verfügung.
- **Wohngebäudedatenbanken**: Einige Unternehmen haben bereits mit der flächendeckenden Videodokumentation der Straßenansichten aller Wohngebäude begonnen. Entsprechende rechtliche Streitigkeiten über die Zulässig-

keit dieses Vorgehens sind geklärt, so dass auf dieser Basis aussagekräftige, kundenspezifische Daten über die Wohnverhältnisse gewonnen werden können.
- **Internet**: ‚Web sites' von Wettbewerbern und Firmenkunden, ‚Word of mouth' in Chat-Foren, **Newsgroups** und Communities gewinnen als Informationsquelle zunehmend an Bedeutung und können kostenlos abgerufen werden. Die zumeist nicht formatierten Freitexte müssen allerdings mit Hilfe von ‚Text mining'-Methoden (vgl. Dörre u.a. 2001) für eine numerische Datenanalyse erschlossen werden, um formatierte Merkmale zu destillieren, die zur Charakterisierung der Kunden herangezogen werden können. **‚Text mining'-Methoden** fassen Freitextdokumente anhand formaler und syntaktischer Ähnlichkeiten zu Gruppen zusammen. Damit und mit Hilfe nominal skalierter Merkmale kann der Dokumenteninhalt in einem bestimmten Format beschrieben werden. So ist es bspw. möglich, verschiedene Typen von Beschwerdebriefen aufzuspüren und die jeweiligen Kunden je nach Typzugehörigkeit des Briefes einem bestimmten Typ von Beschwerdeführern (z.B. Querulant) zuzuordnen (vgl. Dörre u.a. 2001; Cabena u.a. 1998, S.36).

Quellen für Aggregatdaten sind z.B.:
- **Mikrogeographische Segmentierung**: Ausgehend von kleinräumigen regionalen Marktsegmenten (z.B. Straßenabschnitt, Häuserblock) werden alle über eine Person verfügbaren Daten zu Demographie, Konsumverhalten, Wohnverhältnissen, Kfz-Nutzung usw. zu einer Wohngebietstypologie verarbeitet. Auf diese Weise lassen sich anhand der Wohnquartiere charakteristische Besonderheiten (z.B. Sozialstruktur, Familienlebenszyklus, Lebensstil) beschreiben. Anhand der Kundenadresse kann man jeden Kunden einem dieser **Wohngebietstypen** zuordnen. Die Konsumgewohnheiten des Wohngebietstyps lassen sich anschließend – mit tolerierbaren Unschärfen – auf den einzelnen Bewohner bzw. Kunden übertragen.
- **Marktforschungsdaten** werden grundsätzlich anonym erhoben und können somit nicht direkt mit Kundendaten verknüpft werden. Sind indessen bestimmte Merkmale in beiden Datenbanken verfügbar (z.B. Soziodemographika, Produktnutzung), so lassen sich auch diese Daten (mit gewissen Unschärfen) verknüpfen, d.h. auf den einzelnen Kunden übertragen (= **‚data matching'**; vgl. Liehr 2002).

5.3.2.3.2 ‚Data warehouse'
Unter ‚Data warehouse', in dessen Mittelpunkt das analytische CRM steht, versteht man ein **unternehmensweites Konzept**, das
- Fach- und Führungskräfte bei der Lösung analytischer Aufgaben und der Entscheidungsfindung **unterstützt**, indem es
- eine logische, zentrale, einheitliche und konsistente **Datenbasis aufbaut** und für die vielfältigen Anwendungen zur **Verfügung stellt** (vgl. z.B. Wilmes u.a. 2004; Kerner 2002).

Das losgelöst von den operativen Datenbanken betriebene ‚Data warehouse' zeichnet sich durch folgende **Eigenschaften** aus (vgl. Mucksch 2006, S.129ff.; Cabena u.a. 1998, S.19f.; Holthuis 1998, S.74ff.; Weiss/Indurkhya 1998, S.3f.):

1. Orientierung an betriebswirtschaftlichen Größen
Operative Datenbanken dienen dazu, das Tagesgeschäft effizient abzuwickeln (z.B. Zugriff auf einzelne Auftrags-, Artikel- oder Kundendaten über Identifikationsschlüssel wie Auftrags- und Artikelnummer oder Kundenname). Sie sind demnach durch dessen Erfordernisse geprägt. Das ‚Data warehouse' hingegen **unterstützt** die **Entscheidungen** des Management, weshalb die entsprechenden Daten nach **betriebswirtschaftlichen Kategorien** gruppiert werden müssen (z.B. Kundengruppen, Produkthierarchien, Vertriebskanäle).

2. Zeitraumbezogenheit
In operativen Datenbanken werden abgeschlossene Transaktionen normalerweise gelöscht und Informationen aktualisiert (= überschrieben), da für die Abwicklung von Geschäftsprozessen i.d.R. zeitpunktgenaue Daten erforderlich sind (z.B. Bestellzeitpunkt, Liefertermin, Zahlungszeitpunkt). Das Management hingegen benötigt für seine Entscheidungen zumeist **zeitraumbezogene Daten** (z.B. monatliches Umsatzvolumen eines Kunden in einer bestimmten Produktgruppe). Deshalb beträgt der im ‚Data warehouse' abgebildete **Zeithorizont** bis zu 10 Jahre, so dass die **Entwicklung** einzelner Daten **nachvollzogen werden kann**.

3. Vereinheitlichung von Daten (Struktur, Format)
Häufig ist es zweckmäßig, Daten aus verschiedenen operativen Informationssystemen und externen Informationsquellen mit unterschiedlichen, z.T. proprietären Datenverwaltungssystemen in einer gemeinsamen Datenbank mit **ein-**

heitlichen Formaten zusammenzuführen. Hierzu bedarf es einer sog. **syntaktischen Datenintegration**. Darüber hinaus ist nicht selten eine „**semantische Datenintegration**" vonnöten, da aufgrund der unterschiedlichen Herkunft der Daten semantische Inkonsistenzen entstehen können, z.B. durch

- unterschiedliche **Kodierung** der gleichen Merkmale,
- **Synonyme** (= gleicher Dateninhalt mit unterschiedlichen Bezeichnungen),
- **Homonyme** (= unterschiedlicher Dateninhalt mit gleicher Bezeichnung) oder
- Verwendung verschiedener **Maßeinheiten** in verschiedenen Quellsystemen (z.B. Angabe teils in kg, teils in Tonne).

Durch die „semantische Datenintegration" werden Kodierungen und Maßgrößen **vereinheitlicht**, Synonyme und Homonyme durch eindeutige Merkmalsbeschreibungen **ersetzt**. Wegen der Breite des vom ‚Data warehouse' abgedeckten Datenspektrums muss überdies damit gerechnet werden, dass sich die Merkmalsdefinitionen in den Quellsystemen verändern. Diese sind deshalb im ‚Data warehouse' ggf. zu vereinheitlichen, zumindest aber zu dokumentieren.

4. Nicht-Volatilität

Im Gegensatz zu den in operativen Datenbanken eingepflegten Informationen, die sich während der Geschäftsprozesse laufend verändern (z.B. Liefertermin), dürfen die im ‚Data warehouse' eingestellten Daten nicht mehr verändert werden – vorausgesetzt, sie wurden fehlerfrei übernommen. Die auf dem ‚Data warehouse' basierenden Analysen sind demnach **jederzeit reproduzierbar**.

5. Verzicht auf Echtzeitdaten

Anders als bei operativen Informationssystemen, die zu jedem Zeitpunkt den aktuellen Stand der Geschäftsprozesse widerspiegeln müssen (z.B. Liefertermin), sind im ‚Data warehouse' keine Echtzeitdaten erforderlich. Wegen ihres Zeitraumbezugs genügt es, die Datenbank in **festen Zeitintervallen** zu **aktualisieren** (z.B. tages-, wochen- oder monatsweise). Die Daten stammen aus unternehmensinternen sowie -externen Quellen und werden im „Warenhaus" gesammelt, um sie dann per ‚Data mining' oder mit anderen Analysetools (z.B. OLAP) zu analysieren. Für den Zeitpunkt der Aktualisierung ist dabei entscheidend, wie stark die operativen Informationssysteme belastet sind und wann die entsprechenden Informationen für Datenanalysen zur Verfügung stehen müssen.

5.3.2.3.3 ‚Data mining'

‚Mining', ein Begriff aus dem Bergbau, bezeichnet den technologisch aufwendigen maschinellen Abbau sowie die Aufbereitung riesiger Gesteinsmengen, um Edelmetalle bzw. Edelsteine zu fördern. Entsprechend versteht man unter ‚Data mining' die **EDV-gestützte Aufbereitung großer Datenmengen** mit anspruchsvollen, automatisierten Methoden, um bedeutsame, aussagekräftige **Muster** zu **identifizieren** (vgl. Beekmann/Chamoni 2006, S.263ff.; Neckel/Knobloch 2005). Ein wesentlicher Vorteil besteht darin, dass der Anwender a priori **keine Hypothesen** über ein mögliches Beziehungsgeflecht formulieren muss. Mit ‚Data mining' versucht man bspw., die Ursachen einer hohen Kundenfluktuation zu ermitteln. ‚Data mining' basiert auf

- **internen** Daten, die an sämtlichen ‚Customer touch points' (Marketing, Vertrieb, Service, ‚Call center', Web usw.) gewonnen werden, sowie auf
- **externen** Daten, die in individueller (z.B. Adressdaten) und aggregierter Form (Mikrogeographie, ‚Life style', Marktforschung usw.) vorliegen.

Voraussetzung für die Anwendung des ‚Data mining' ist die Verfügbarkeit **multivariater Analyseverfahren**.

5.3.2.3.4 OLAP (‚On line analytical processing')

Das ‚Data warehouse' stellt Marketing bzw. Marktforschung aufbereitete Daten zur Analyse bereit. Um diese auszuwerten, ist jedoch ein spezielles Werkzeug erforderlich, weshalb Codd u.a. (1993) das Konzept des **OLAP** (= ‚On line analytical processing') entwickelt haben (vgl. z.B. Gluchowski/Chamoni 2006, S.143ff.; Chamoni 2001). OLAP, das im Gegensatz zu ‚Data mining' eine **überschaubare Anzahl** an **A priori-Hypothesen** benötigt, bezeichnet demnach die maschinell unterstützte **manuelle Suche** nach **Zusammenhängen**. Dabei werden Informationen, wie Absatz, Umsatz, Kosten, Deckungsbeitrag oder Marktanteil, in multidimensionalen Datenwürfeln (sog. **‚Cubes'**) abgebildet, deren Dimensionen betriebswirtschaftlich relevanten Gliederungskriterien (z.B. Produktgruppen, Kundengruppen, Verkaufsgebiete, Vertriebskanäle) entsprechen (vgl. Chamoni 1998, S.233). Entlang dieser Dimensionen können die betriebswirtschaftlichen Maßzahlen je nach Fragestellung aufgebrochen oder aggregiert werden (vgl. Abb. 79), so dass aus dem **Datenwürfel** mit Hilfe bestimmter **Navigationsfunktionen** (z.B. ‚Drill down', ‚Roll up', ‚Slice', ‚Dice') die für die jeweilige Fragestellung konkret interessierenden „Scheiben", „Ebenen" oder „Teilwürfel" herausgezogen und angezeigt werden können (vgl. Bager u.a. 1997). Eine typische Fragestellung wäre etwa: „Hängt die Kündigungswahrscheinlichkeit vom Alter des Kunden ab?" OLAP eignet sich nicht bei unscharfen und / oder bei vielen **A priori-Hypothesen**, weshalb sich bspw. die Frage nach den vielfältigen Ursachen der Kündigungswahrscheinlichkeit eines Kunden eher mit ‚Data mining' beantworten lässt.

Abb. 79: Navigation in einem „Datenwürfel"

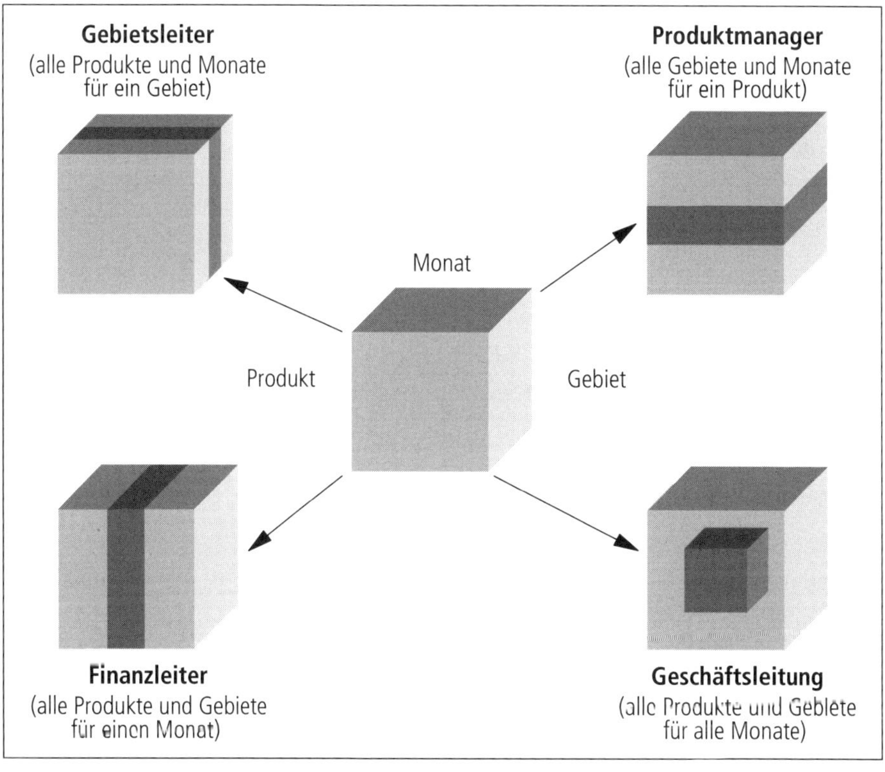

Gebietsleiter
(alle Produkte und Monate
für ein Gebiet)

Produktmanager
(alle Gebiete und Monate
für ein Produkt)

Monat

Produkt

Gebiet

Finanzleiter
(alle Produkte und Gebiete
für einen Monat)

Geschäftsleitung
(alle Produkte und Gebiete
für alle Monate)

Quelle: Bager u.a. (1997).

Abb. 80 veranschaulicht die Benutzeroberfläche eines OLAP-Werkzeugs. Das Navigationsfenster (links) zeigt die **Dimensionen des Datenwürfels**, d.h. ‚Time', ‚Measures', ‚Product', ‚Customer', ‚Channel', ‚Flavor', ‚Size', ‚COT'. Diese Dimensionen können den Zeilen (= ‚Product', ‚Measures') und Spalten (= ‚Time') des rechten Datenfensters zugewiesen werden. Außerdem kann man mit Hilfe des Navigationsfensters festlegen,

- welche **Dimensionen aggregiert** (= ‚Customer') und
- nach welchen **Merkmalsausprägungen** in den einzelnen Dimensionen **selektiert** werden soll (hier: Channel = Direct, Flavor = Apple, Size = 12oz, COT = Convenience).

Abb. 80: Benutzeroberfläche eines OLAP-Werkzeugs

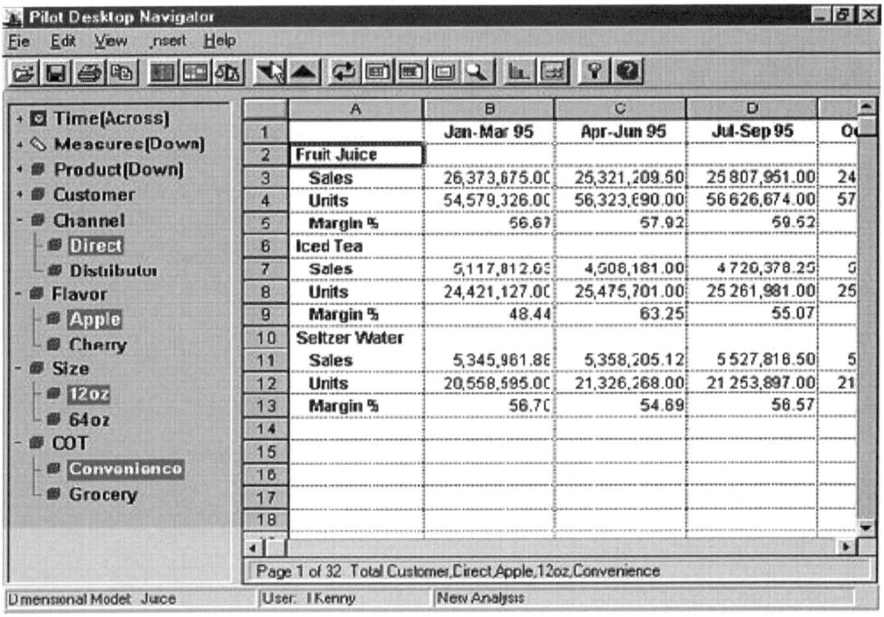

Quelle: Bager u.a. (1997).

Der festgelegte Ausschnitt des Datenwürfels wird im Datenfenster (rechts) angezeigt und ähnelt einem Tabellenkalkulationsprogramm. In dem in Abb. 80 dargestellten Beispiel sind folgende Informationen abgebildet: Umsatz, Absatz und Spanne der 12oz-Packungen aller Produkte mit Apfelgeschmack, die im Direktvertrieb über ‚Convenience stores' abgesetzt wurden. Die tabellarisch aufgeführten Informationen lassen sich auch als Grafiken abbilden, was Nachvollziehbarkeit und Verständlichkeit erleichtert. Benutzeroberflächen wie OLAP sind intuitiv und damit einfach bedienbar, was dem Management den **direkten Zugriff** und die **Analyse** unternehmensinterner und -externer Daten **erleichtert** – idealerweise über die ‚Frontend'-Schnittstelle eines ‚Data warehouse'.

Trotz der geschilderten Vorzüge leidet OLAP an zahlreichen **Einschränkungen** und **Schwächen**:
- OLAP kann Daten lediglich **beschreiben**. Wer Zusammenhänge aufdecken will, muss A priori-Hypothesen über mögliche Beziehungen formulieren. Außerdem überfordert dies häufig die kognitiven Fähigkeiten der Anwender, von den darstellungstechnischen Grenzen des OLAP-Werkzeugs ganz zu schweigen.
- Wer die Art des Zusammenhangs sowie die erklärungsrelevanten Merkmale (z.B. Kundenwert oder Kundengruppenzugehörigkeit) bestimmen will, muss **mehrere Tausend Möglichkeiten** analysieren. Aufgrund der bei OLAP umfangreichen Benutzerinteraktion übersteigt die erforderliche Zeit nicht selten das **Zeitbudget** des Management. OLAP sollte deshalb durch ‚Data mining' ergänzt werden.
- OLAP-Werkzeuge eignen sich zur **explorativen Datenanalyse**, insbesondere zur Aufbereitung der durch ‚Data mining' gewonnenen Informationen, d.h. zu deren Präsentation, Interpretation und Evaluation.

5.3.2.4 Kommunikatives / kollaboratives CRM: Effizientes ‚Multi channeling' durch Synchronisation der Kommunikationskanäle

5.3.2.4.1 Chancen und Risiken des ‚Multi channeling'
‚Multi channeling' beschreibt das Phänomen, dass Unternehmen wie auch (potentielle, aktuelle, ehemalige) Kunden in jeder Phase des
- **Kundenlebenszyklus** (Neukundengewinnung, Kundenbindung, Kundenrückgewinnng) bzw. des
- **Leistungszyklus** (Information, Beratung, Abschluss / Kauf, Transaktion, Service)

verschiedene Informations- und Kommunikationskanäle nutzen können, z.B. klassische Werbung, ‚Direct mail', Internet, Filiale, ‚Call center', Kundenselbstbedienung, Außendienst bzw. mobilen Vertrieb (vgl. Wilde u.a. 2005; Merx/Bachem 2004; Dach 2002; Wilde 2002). Da sich Kunden angesichts der vielfältigen Möglichkeiten jeweils für denjenigen Zugang bzw. Kontakt entscheiden, der sie **effizient** unterstützt und ihren Kaufprozess **vereinfacht**, wird die **Unternehmen / Kunde-Interaktion** immer komplexer. Damit wachsen Bedarf und Aufwand, die Kanäle auf strategischer, prozessualer und informationstechnischer Ebene zu optimieren, was in diesem Fall bedeutet: Kundennutzen steigern und Kosten reduzieren. Ziel des ‚Multi channeling' ist es deshalb, der richtigen Person das richtige Angebot zur richtigen Zeit über den richtigen Kanal anzubieten.

Wer **‚Multi channeling'** betreiben will, dessen Chancen und Risiken Abb. 81 zusammenfasst, sollte zunächst folgende **Fragen** beantworten:
- Welche **strategische (Neu-)Ausrichtung** wird mit ‚Multi channeling' angestrebt? Sollen bspw. neue Kundensegmente und / oder neue (räumliche) Märkte erschlossen werden?
- Welche **Kanäle** sollen aus welchen Gründen **auf- bzw. ausgebaut** werden? Wo soll wie viel investiert / desinvestiert werden?
- Welche **Produkte / Dienstleistungen** will das Unternehmen welchen Kunden(-segmenten) über welche Kanäle zu welchem Zeitpunkt anbieten?
- Sollen die Kanäle **integriert** oder **getrennt betrieben** werden?
- Soll das Unternehmen die Kanäle **zentral** (z.B. über ein ‚Customer interaction center') oder **dezentral steuern**?

Abb. 81: Chancen und Risiken des ‚Multi channeling'

Chancen	Risiken
• Bessere Erschließung des Marktpotentials und damit Verbreiterung der Marktabdeckung	• Kannibalisierung, was zu Spannungen in der Zusammenarbeit führt (Bsp.: Neben der Filiale konkurrieren auch der mobile Außendienst und der Internet-Vertrieb um die Aufträge der Kunden.)
• Beschleunigte Bekanntmachung von Produkten / Dienstleistungen durch eine größere Anzahl an Kontaktpunkten (= ‚Customer touch points')	
• Verbesserung der Leistungen durch schnelleres Lernen, da bestimmte Kommunikationskanäle (z.B. Internet) dem Kunden unmittelbar ‚Feed back' ermöglichen	• Uneinheitlicher Marketingauftritt oder größerer Koordinationsbedarf (Bsp.: Unterschiedliche Preise für das gleiche Produkt in Filialen und im Internet)
• Bedarfsgerechte Interaktion, da Kunden die von ihnen präferierten Kommunikationskanäle nutzen können	• Unbeabsichtigte Veränderungen des Image (Bsp.: ‚Trading down' eines Premiumanbieters durch Einführung eines Parallelvertriebs im Internet)
• Wirtschaftlichkeit: Kostengünstige bzw. effiziente Kommunikationskanäle ersetzen kostenintensive bzw. ineffiziente Optionen (z.B. wegen Streuverlusten)	• Verschärfung der Konkurrenz (Bsp.: Neue Anbieter, z.B. ‚Near' oder ‚Non banks', drängen als Anbieter von Finanzdienstleistungen auf den Markt oder vergrößern durch ‚Multi channeling' ihr räumliches Einzugsgebiet)
	• Markttransparenz (v.a. durch das Internet): Diese sorgt dafür, dass der Druck auf die Gewinnmarge zunimmt.

5.3.2.4.2 ‚Call center'

Wesentliche Aufgabe des kommunikativen CRM ist es, die **Kommunikationskanäle** zum Kunden (persönlicher Kontakt, Internet / Email, Mailings, Telefon, WAP, TV / Radio) zu **steuern** und zu **synchronisieren**. Eine zentrale Rolle spielt hierbei das ‚Call center', eine Organisationseinheit, die mittels moderner Informations- und Telekommunikationstechnologien mit Kunden in Dialog tritt (vgl. Wilde u.a. 2005; Helber/Stolletz 2004; Wilde 2002).

Während das **‚Inbound call center'** eingehende Anrufe (z.B. Anfragen, Aufträge, Reklamationen und Beschwerden) bearbeitet, ruft das **‚Outbound call center'** bei (potentiellen) Kunden an. Neben Kundenzufriedenheits- und Kundenbefragungen zählt hierzu u.a. auch das **‚Tracking'** (vgl. im Folgenden Allard 1999, S.30ff.): ‚Call center' rufen in regelmäßigen Abständen beim Kunden an, um zu prüfen,

- in welcher **Phase des ‚Customer life cycle'** sich die einzelnen Kunden gerade befinden und
- ob sie sich jeweils „**phasengerecht**" verhalten.

Da der Kunde an das Unternehmen erinnert wird, eignet sich ‚Tracking' auch dazu, die Beziehung zu den Kunden zu pflegen, indem man bspw. deren ‚Feedback' einholt. Selbstverständlich kann ein und dasselbe ‚Call center' gleichzeitig ‚Inbound'- und ‚Outbound'-Aufgaben wahrnehmen.

In der **Akquisitionsphase** des ‚Customer life cycle' stellen sich dem ‚Call center' folgende **Aufgaben**:

1. **‚Pre sales service'** (‚Inbound')
Der Agent vermittelt dem Anrufer Produktinformationen, beantwortet Fragen und / oder veranlasst die Zusendung von Unterlagen oder Prospekten.

2. **Adress- und Bedarfsqualifizierung** (‚Outbound')
Der ‚Call center'-Agent holt bei Angerufenen Kontaktinformationen ein und prüft deren grundsätzliches Interesse an den Leistungen des Unternehmens.

3. **Telefonverkauf** im B2B-Bereich (‚Outbound')
Basierend auf den Informationen aus der Adress- und Bedarfsqualifizierung ruft der ‚Call center'-Agent potentielle Kunden an, um sie zu einem Erstkauf oder einem Probekauf zu bewegen.

In der **Kundenbindungsphase** bieten sich dem ‚Call center' folgende **Einsatzmöglichkeiten**:

1. **'Welcome calls'** ('Outbound')
Indem sie ihre neuen Kunden mit einem Anruf begrüßen, wollen Unternehmen erreichen, dass sich ihre Kunden stärker mit dem Produkt bzw. dem Unternehmen identifizieren.

2. **'Nursing calls'** ('Outbound')
Insbesondere bei erklärungsbedürftigen Produkten, wie Mobiltelefonen, kontaktieren 'Call center'-Agenten Erstkäufer, um ggf. Probleme bei der Produktnutzung zu lösen und deren Intensität zu steigern.

3. **'Feedback calls'** ('Outbound')
'Call center'-Agenten erfragen Bedürfnisse, Präferenzen und Zufriedenheit der Neukunden.

4. **'Support service'** und **Kunden-Hotlines** ('Inbound')
Via Telefon können Kunden i.d.R. rund um die Uhr Hilfestellungen, Serviceleistungen und Informationen in Anspruch nehmen.

5. **'Cross selling'** ('Outbound')
Falls Analysen darauf hindeuten, dass Kunden auch an anderen Produkten bzw. Dienstleistungen des Unternehmens interessiert sind, werden ihnen auch diese Leistungen offeriert (= „aktiver Verkauf").

6. **Vertriebsunterstützung** ('Outbound')
Kunden mit einem geringen Kundenwert (= „C-Kunden"), bei denen regelmäßige Außendienstbesuche zu teuer sind, können ersatzweise telefonisch betreut werden.

In der **Kundenrückgewinnungsphase** bieten sich folgende Optionen:

1. **Beschwerdemanagement** ('Inbound')
Unzufriedene Kunden sollen ihrem Unmut möglichst ohne großen Aufwand Luft verschaffen können.

2. **'Tracking'** ('Outbound')
Unternehmen, die Zustand und Qualität der Kundenbeziehung kontinuierlich prüfen, können frühzeitig Probleme erkennen und Lösungsansätze entwickeln.

3. **'Customer retention'** ('Outbound')
'Call center'-Agenten befragen abgewanderte Kunden nach deren Gründen, um Schwachstellen zu identifizieren und zu beseitigen.

5.3.2.4.3 ‚Customer interaction center'

Kunden nutzen immer häufiger World Wide Web und E-Mail, wohingegen das Telefon als Kommunikationskanal an Bedeutung verliert. Deshalb müssen auch ‚Call center' neben dem Telefon weitere Kommunikationskanäle nutzen: Das ‚Customer interaction center', die **multimediale Weiterentwicklung** des Call Center, unterstützt neben Telephonie auch Kommunikationskanäle, wie Briefpost, Fax oder Internet (vgl. z.B. Gawlik u.a. 2002). Wegen des zunehmenden ‚Multi channeling' ist es erforderlich, einen sog. **‚Single point of entry'** einzurichten, der es Unternehmen erlaubt, koordiniert zu kommunizieren (im Sinne eines **„One face to the customer"**). Ein ‚Customer interaction center' eröffnet u.a. folgende neuen **Optionen**:

- **‚Self service'**: Kunden können bspw. selbständig Informationen abfragen, Produkte konfigurieren und / oder Bestellungen aufgeben.
- **‚Web chat'**: Agent und Kunde kommunizieren per Chat.
- **‚Collaborative browsing'**: Agent und Kunde betrachten gemeinsam und gleichzeitig Web-Seiten und können per Telefon darüber diskutieren.
- **‚Call me-buttons'**: Kunden werden nach dem Anklicken automatisch mit dem ‚Call center' des Unternehmens verbunden.

Gegenüber dem klassischen ‚Call center' bietet das ‚Customer interaction center' zahlreiche **Vorteile**:

1. Kunden können den jeweils **präferierten Kommunikationskanal** nutzen, was letztlich ihrer Zufriedenheit zugute kommt.
2. Da sämtliche Kommunikationskanäle in einer einzigen Abteilung zusammenlaufen und ein ‚Call center'-Agent die gesamte Kommunikation eines Kunden (in allen Kanälen) überblicken kann (= **‚Unified messaging'**), wird die Unternehmenskommunikation konsistenter bzw. besser und die Servicequalität nimmt zu. Denn gleichgültig, welchen Kanal ein Kunde nutzt, er hat immer das Gefühl, dass „sein" Agent seine gesamte **Kommunikationshistorie** kennt und ihn stets kompetent und auf die gleiche Art und Weise betreut.
3. Gewöhnlich steuert eine einzige Software das ‚Customer interaction center', weshalb die gesamte Kundenhistorie für sämtliche Kommunikationskanäle in einer einzigen Datenbank bereitgehalten werden kann (= sog. **‚Single contact history'**).

4. Indem sie die **Kommunikation** weg von kostenintensiven Kanälen (z.B. Telefon, Fax) hin zu Internet oder E-Mail **verlagern**, können Unternehmen (und Kunden) Kosten sparen.

5.3.3 Kundenwert als zentrales Selektions- und Segmentierungskriterium

5.3.3.1 Identifikation profitabler Kunden: Bedeutung und Konsequenzen

Weil die Dauer der Kundenbeziehung Rentabilität und Gewinn positiv beeinflusst, steht die Kundenbindung im Zentrum des CRM (vgl. z.B. Günter/Helm 2003). Ihre positive Beziehung zum Ertragszuwachs lässt sich folgendermaßen erklären:
- höhere **Kauffrequenz** loyaler Kunden,
- geringere **Betriebskosten**, was auf folgende Ursachen zurückzuführen ist:
  o Kostenreduktion durch **effiziente Anbieter / Kunde-Beziehung**: Im Laufe der Zeit kennen die Mitarbeiter die „Historie" ihrer Kunden, die wiederum das Leistungsangebot „ihres" Unternehmens kennen (und vermehrt nachfragen),
  o Produkt- und Serviceverbesserungen durch ,**Feed back'** des Kunden,
  o stärkere **Loyalität** der Mitarbeiter: Deren Leistung bestätigen die Kunden durch ihre Treue, was wiederum Motivation und Loyalität der Mitarbeiter zuträglich ist. Unternehmen reduzieren somit ihre Aufwendungen für Personalakquisition, -entwicklung und -freisetzung (z.B. durch Stellenanzeigen, Vorstellungsgespräche, Einarbeitungszeiten, Kündigungen, arbeitsrechtliche Auseinandersetzungen usw.),
- Preiszuschläge, die aufgrund **abnehmender Preissensibilität** der Kunden immer weniger wahrgenommen werden,
- **Weiterempfehlung** an neue Kunden.

Reichheld/Sasser (1991, S.108ff.), die den Zusammenhang zwischen Kundenbindung und Gewinn anhand von 100 Unternehmen aus 24 Branchen untersuchten, stellten fest, dass Unternehmen mit Stammkundenbeziehungen den Gewinn des ersten Jahres im Laufe von sieben Jahren auf das Neunfache steigern konnten. Davon entfallen ca.
- 11,1% auf den **Grundgewinn** des ersten Jahres,

- 34,4 % auf den Gewinn aus **erhöhter Kauffrequenz** und **gestiegenen Rechnungsbeträgen**,
- 21,1 % auf Gewinn aufgrund **geringerer Verwaltungs- und Vertriebskosten**,
- 32,2 % auf **Weiterempfehlungen** (= positive Mundpropaganda),
- 0,2 % auf Gewinne aus **Preisaufschlägen** infolge **abnehmender Preissensibilität** des Kunden.

Des Weiteren zeigte sich – jedenfalls auf Basis der von den Autoren zugrunde gelegten Stichprobe –, dass die **Kosten der Neukundenakquisition** das 1,3fache des Gewinns des ersten Jahres betragen.

Die Relevanz des Konstrukts Kundenbindung offenbart sich, wenn man bedenkt, dass folgende Phänomene, die geeignet wären, Kundenzufriedenheit zu steigern, gar nicht analysiert wurden (vgl. Loyalty Hamburg 2006a):

- ‚**Check average**' (= Steigerung des Wohlstands im Zeitablauf): Im Laufe des Lebens (Schüler → Student → Berufsanfänger → „Karrierist") wächst gewöhnlich das verfügbare Einkommen, was wiederum auch Unternehmen zugute kommt. Versicherungen etwa profitieren vom **Wohlstandszuwachs** ihrer loyalen Kunden und können die Prämienzahlungen um ca. 8 Prozent p. a. steigern (wenn man vom Inflationsausgleich einmal absieht).
- ‚**Share of wallet**': Je länger die Beziehung eines Kunden zu „seinem" Unternehmen dauert, und je zufriedener er mit der angebotenen Leistung ist, desto stärker wird er seine Ausgaben auf immer weniger Lieferanten konzentrieren – im Extremfall auf einen.
- ‚**Cross buying**': Während seiner Beziehung zum Unternehmen lernt der Kunde das entsprechende Angebot immer besser kennen, so dass er gewöhnlich früher oder später weitere (= mehr) Leistungen des Anbieters erwirbt. Kfz-Werkstätten etwa verdreifachen in den ersten drei Jahren ihren Umsatz mit einem Kunden.

Wer aus den vorliegenden Ergebnissen folgert, dass man jeden Kunden an sein Unternehmen binden sollte, erliegt einem Trugschluss. Ziel muss es vielmehr sein, die wertvollen Kunden herauszufiltern (vgl. im Folgenden Loyalty Hamburg 2006b; Krafft 2002; Krafft/Rutsatz 2001, S.239ff.). Hierfür bieten sich die folgenden **Instrumente** an:

- ABC-Analyse,
- Portfoliotechnik,

- Klassifikationsschlüssel,
- RFMR-Ansatz,
- ‚Scoring'-Methode sowie
- ‚Customer lifetime value'.

5.3.3.2 Methoden der Kundenklassifizierung

5.3.3.2.1 ABC-Analyse
Die ABC-Analyse strukturiert und klassifiziert Kunden mit Blick auf deren Bedeutung: A-Kunden sind sehr wichtig, B-Kunden weniger wichtig und C-Kunden eher unwichtig. Zur Strukturierung eignen sich verschiedene Kriterien, wobei sich die Unternehmenspraxis am häufigsten für den **Umsatz** entscheidet (vgl. Abb. 82). Ziel der ABC-Analyse ist es, Ressourcen und Aktivitäten noch stärker auf A-Kunden zu **konzentrieren**, die Betreuung der C-Kunden hingegen zurückzuschrauben bzw. ganz einzustellen.

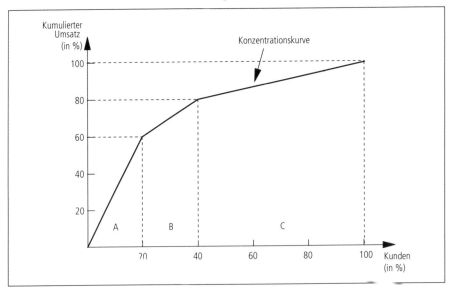

Abb. 82: Kundenbewertung mit Hilfe der ABC-Analyse

Wegen ihrer gewöhnlich **eindimensionalen Ausrichtung** (z.B. Umsatz als alleiniges Selektionskriterium) birgt die ABC-Analyse die Gefahr, dass Unter-

nehmen aus den Ergebnissen falsche Schlussfolgerungen ziehen. Deshalb sollten weitere Überlegungen in die Entscheidung einfließen:
- Umsatzstarke Kunden sind **nicht** unbedingt die **ertragsstärksten**, weshalb es nahe liegt, neben dem Umsatz zusätzliche Kriterien heranzuziehen, z.B. Rendite, Deckungsbeitrag.
- Die ausschließliche Konzentration auf A-Kunden eröffnet zwar Kostenvorteile, vergrößert aber die **Abhängigkeit** von diesen ‚cash cows'. Erwirtschaftet ein Unternehmen bspw. 70% seines Umsatzes mit A-Kunden, dann wären – im Falle von Absatzproblemen – 70% des Umsatzes gefährdet.
- ABC-Analysen sind im Allgemeinen gegenwarts- bzw. **vergangenheitsbezogen**. Wie sich die einzelnen Kunden in Zukunft entwickeln werden, bleibt indessen unberücksichtigt.

Trotz ihrer Schwächen ist die ABC-Analyse in der Praxis weit verbreitet, nicht zuletzt deshalb, weil sie einfach zu handhaben und flexibel einsetzbar ist. Im Übrigen ist der Umsatz nach wie vor eine der wichtigsten Zielgrößen.

5.3.3.2.2 Portfoliotechnik

Bei dieser Variante der Portfolioanalyse werden die Kunden anhand der **Kriterien „Umsatzanteil"** und geschätzter eigener **„Anteil als Lieferant"** kategorisiert (vgl. Abb. 83). Je nachdem, welchem Feld ein Kunde zugeordnet wird, kann das Unternehmen mit verschiedenen **Betreuungsstrategien** reagieren:
- **„Füller bzw. schlummerndes Potential"**: Im Kundensegment „links unten" befinden sich zum einen „Zeitdiebe", deren Betreuung deutlich zurückgenommen werden sollte, und zum anderen Kunden, deren Umsatzpotential das Unternehmen bislang nicht ausgeschöpft hat. Diese Kundengruppe sollte deshalb intensiv durchleuchtet werden.
- **Abhängige Kunden**: Diese sollte das Unternehmen weitaus weniger intensiv betreuen; denn aufgrund des geringen Anteils, den diese Kunden zum Unternehmensumsatz beisteuern, ist es (zumindest vordergründig) nicht rentabel, den Anteil als Lieferant auszubauen.
- **Starke Partner**: Bei diesen „Lieblingskunden" muss das Unternehmen seine Betreuungsintensität aufrechterhalten, um seine Position zu festigen.
- **Eigene Abhängigkeit**: Bei diesen Kunden, die einen großen Anteil zum Umsatz beitragen, ist die Position des Unternehmens als Lieferant – wegen des geringen Anteils am Einkaufsvolumen der Kunden – vergleichsweise

schwach. Das Unternehmen sollte deshalb seine eigene Position als Lieferant ausbauen, indem es bspw. sein **Key Account-Management** intensiviert und verbessert.

Der Portfolioansatz ist zwar sehr anschaulich, da sich Strategien unmittelbar ableiten lassen. Da aber Kunden im Wesentlichen nur danach beurteilt werden, welchen Umsatz sie beisteuern, sollte man diese Methode mit anderen Verfahren der Kundenwert-Bestimmung kombinieren.

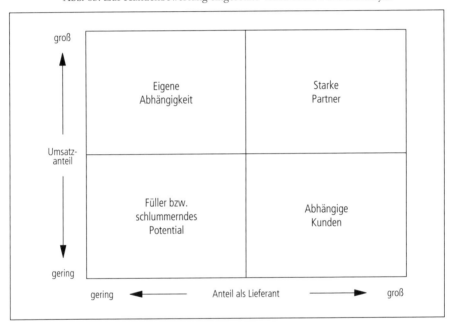

Abb. 83: Zur Kundenbewertung eingesetzte Variante der Portfolioanalyse

5.3.3.2.3 Klassifikationsschlüssel

Damit lassen sich Kundeninformationen anhand eines **firmenspezifischen Schlüssels** verdichten. Neben demographischen (z.B. 1 = Großhandel, 2 = Einzelhandel) und geographischen Größen (z.B. Postleitzahlengebiete) könnte bspw. der Wert eines Kunden anhand der Höhe des Deckungsbeitrags ausgedrückt werden (z.B. 1 = Deckungsbeitrag < 1.000 € p. a., 2 = Deckungsbeitrag 1.000 bis 2.000 € p. a. usw.). Der Zahlenschlüssel 2-69-2 würde beispielsweise für einen Einzelhandelskunden aus dem Raum Heidelberg stehen, mit dem ein Deckungsbeitrag zwischen 1.000 und 2.000 € p. a. erwirtschaftet wird.

Der Klassifikationsschlüssel ist demnach kein eigentliches Instrument zur Analyse des Kundenwertes, sondern vielmehr dazu gedacht, zahlreiche Informationen bzw. Kriterien in Bezug auf Kunden zu **verwalten**. Dies wiederum fördert die Gefahr, **Zahlenfriedhöfe** anzulegen.

5.3.3.2.4 RFMR-Ansatz

Der in den 1930er Jahren entwickelte RFMR-Ansatz eröffnet eine sehr pragmatische Möglichkeit, den **Kundenwert** zu berechnen. Dieser ergibt sich aus
- dem letzten Kauf (= ‚**Recency**'),
- der Kaufhäufigkeit (= ‚**Frequency**'),
- der Kaufsumme (= ‚**Monetary ratio**').

Dabei gilt bspw.: Kunden, die erst in der jüngeren Vergangenheit etwas erworben haben, werden höher bewertet als Kunden, die bereits vor längerer Zeit ihren letzten Einkauf getätigt haben. Mit anderen Worten: Kunden, die oft bzw. viel kaufen, sind „mehr wert" als Kunden, die selten bzw. wenig kaufen. Der RFMR-Ansatz ist – die Verfügbarkeit der erforderlichen Daten vorausgesetzt – eine **einfach handhabbare** Berechnungsmethode. Allerdings darf man nicht verkennen, dass dieses Instrument lediglich eine **Momentaufnahme** liefert, mit einem nicht zu unterschätzenden Erhebungsaufwand verbunden ist und im Übrigen das Kundenpotential weitgehend **ausblendet**.

Ein Beispiel verdeutlicht den Sachverhalt. Heute sei der 27. April 2006. Der Betrachtungszeitraum beträgt ein Jahr (= 365 Tage). Während dieser Zeit hat ein Kunde 15mal im Unternehmen eingekauft, zuletzt vor 50 Tagen (= am 8. März 2006). Insgesamt hat die betreffende Person 1.647,49 € ausgegeben (= 109,83 € pro Kauf). Wie Tab. 6 zu erkennen gibt, beträgt der anhand dieser Angaben bestimmbare **RFMR-Wert** = 0,09006. Dabei gilt: Je höher der RFMR-Wert, desto größer der **Kundenwert**.

Eine andere Variante des RFMR-Ansatzes, die im Folgenden am Beispiel „Versandhandel" erläutert wird (vgl. Tab. 7), ermittelt den Kundenwert mit Hilfe eines **Scoring**- bzw. **Punktbewertungs-Modells**.
- ‚**Recency**' richtet sich nach dem Datum der letzten Bestellung. Hat bspw. der Kunde (dessen „Startguthaben" im vorliegenden Fall 25 Punkte beträgt) in den zurückliegenden 6 Monaten Ware bestellt, erhält er 40 Punkte; war seine letzte Bestellung hingegen vor mehr als 24 Monaten, so werden ihm 15 Punkte abgezogen.

- **'Frequency'** ergibt sich aus der Anzahl der Aufträge innerhalb der vergangenen 18 Monate multipliziert mit dem Faktor 6.
- **'Monetary ratio'** wird folgendermaßen bestimmt: Abhängig von der Höhe des durchschnittlichen Umsatzes der letzten drei Käufe wird einem Kunden ein gewisser Punktwert gutgeschrieben. Im vorliegenden Fall erhält er bspw. für einen durchschnittlichen Umsatz von bis zu 50 € insgesamt 5 Punkte, bei mehr als 400 € hingegen 45 Punkte.

Tab. 6: Beispielhafte Berechnung des Kundenwerts mit dem RFMR-Ansatz

Kriterium	Formel	Beispiel	Ergebnis
'Recency'	$\dfrac{1}{t_{heute} - t_{Letztkauf}}$	$\dfrac{1}{50 (= 27.4 - 8.3.)}$	0,02
'Frequency'	$\dfrac{Kauf_1, Kauf_2, ..., Kauf_n}{t_{Periode}}$	$\dfrac{15}{365}$	0,041
'Monetary ratio'	$\dfrac{Umsatz_1, Umsatz_2, ..., Umsatz_n}{Kauf_1, Kauf_2, ..., Kauf_n}$	$\dfrac{1.647,49}{15}$	109,83

Ergebnis:
RFMR = R x F x MR,
hier: RFMR = 0,02 x 0,041 x 109,83 = 0,0900606

Legende:
t_{heute} = Datum des der Berechnung, numerisch ausgedrückt
$t_{Letztkauf}$ = Datum des letzten Kaufs, numerisch ausgedrückt
$t_{Periode}$ = Anzahl der Tage im Betrachtungszeitraum (im vorliegenden Fall 365 Tage)
$Kauf_n$ = Kaufvorgang n
$Umsatz_n$ = Umsatz des Kaufvorgangs n

Zur Berechnung des Kundenwerts berücksichtigt der vorliegende RFMR-Ansatz überdies die beiden **Kostenfaktoren** Retouren und Werbesendungen. Dabei gilt: Je größer die Zahl der Retouren bzw. Werbesendungen, desto mehr Punkte werden abgezogen. Folgendes **Beispiel** verdeutlicht die Bestimmung des Kundenwerts mit Hilfe des hier skizzierten Modells:

Ein Kunde (Startwert = 25 Punkte), der
- zuletzt vor 7 Monaten bestellt hat (= 25 Punkte),
- in den vergangenen 18 Monaten dreimal gekauft hat (= 3 x 6 = 18 Punkte),

- dem Versandhandelsunternehmen einen Umsatz von durchschnittlich 78 € „beschert" (= 15 Punkte),
- zweimal Ware zurückgesandt hat (= -5 Punkte) und
- einen Haupkatalog (= -12 Punkte), einen Sonderkatalog (= -6 Punkte) sowie zwei Mailings (= 2 x -2 = -4 Punkte) erhielt,

erreicht einen **Kundenwert** von 56 Punkten.

Tab. 7: Beispiel für die Berechnung des Kundenwerts nach dem RFMR-Ansatz (Angaben in Punkten)

Einflussgrößen	Startwert: 25 Punkte					
‚Recency' (= seit letztem Kauf vergangene Monate)	Bis 6: +40	Bis 9: +25	Bis 12: +15	Bis 18: +5	Bis 24: -5	früher: -15
‚Frequency' (= Kaufhäufigkeit in den letzten 18 Monaten)	Zahl der Käufe multipliziert mit dem Faktor 6					
‚Monetary ratio' (= durchschnittlicher Umsatz der letzten drei Käufe; *in €*)	Bis 50: +5	Bis 100: +15	Bis 200: +25	Bis 300: +35	Bis 400: +40	Über 400: +45
Retouren (kumuliert)	0 bis 1: 0	2 bis 3: -5	4 bis 6: -10	7 bis 10: -20	11 bis 15: -30	Über 15: -40
Werbesendungen seit dem letzten Kauf	Hauptkatalog: -12 je Zusendung		Sonderkatalog: -6 je Zusendung		Mailing: -2 je Zusendung	

Quelle: Krafft/Rutsatz (2001); Link/Hildebrand (1997); leicht modifiziert.

Wer den Kundenwert mit Hilfe des **Punktbewertungsmodells des RFMR-Ansatzes** bestimmen will, muss folgende Fragen beantworten:

- Welche **Merkmale** tragen zum Kundenwert bei und müssen demnach in die Berechnung einbezogen werden?
- Wie werden die Merkmale **erfasst**?
- Welche **Punktwerte** werden den einzelnen Merkmalsausprägungen zugewiesen?
- Welches **Gewicht** haben die einzelnen Merkmale?

Hier wie auch im zuerst dargestellten Beispiel stellt sich überdies die Frage, wie die einzelnen **Merkmalsausprägungen** zu einem Kundenwert **aggregiert** werden sollen (= lineares, additives oder kompensatorisches Modell).

5.3.3.2.5 Scoring-Methode
Die Scoring-Methode, deren grundlegender Aufbau in Tab. 8 beispielhaft dargestellt ist, vollzieht sich im Wesentlichen in **drei Schritten** (vgl. Krafft 2002):

(1) Auswahl der Faktoren
Zunächst sind jene Faktoren zu bestimmen, welche den **Wert eines Kunden** ausmachen. Diese Kriterien sollten
- nicht nur die derzeitige Bedeutung der Abnehmer abbilden, sondern auch das zukünftige Potential und außerdem
- harte und weiche Faktoren erfassen.

In der **Unternehmenspraxis** haben sich die in Tab. 8 aufgeführten Faktoren als besonders bedeutsam erwiesen.

Tab. 8: Grundlegender Aufbau eines Scoring-Modells zur Bestimmung des Kundenwerts

Faktor	Bedeutung (in %)	Punkte	Punktwert (*gewichtet*)
Harte Faktoren			
• Umsatz	0,10	10	1,00
• Umsatzpotential	0,05	8	0,40
• Deckungsbeitrag	0,30	5	1,50
• Deckungsbeitragspotential	0,15	6	0,90
• Liquiditätspotential	0,05	7	0,35
Weiche Faktoren			
• Informationspotential	0,20	10	2,00
• ‚Cross selling'-Potential	0,10	8	0,80
• Referenzpotential	0,05	5	0,25
Kundenwert			**7,20**

Anmerkung: Die Punkteskala reicht von 1 (= kein Wert) bis 10 (= sehr hoher Wert).

(2) Gewichtung der Faktoren
Indessen beeinflussen nicht alle Faktoren den Wert eines Kunden gleichermaßen, weshalb die einzelnen Faktoren – vor dem Hintergrund der unternehmensspezifischen Situation – gewichtet werden müssen. In dem in Tab. 8 dargestellten Beispiel etwa wiegt der **Deckungsbeitrag** am stärksten: Er trägt 30 % zum Gesamtkundenwert bei. Hingegen erhält der Umsatz ein Gewicht von lediglich 10 %, da er weniger Aussagekraft besitzt als der Deckungsbeitrag und beide Größen überdies zusammenhängen. Da sich der hier betrachtete Markt in der Wachstumsphase befindet, erhalten die Faktoren „Deckungsbeitragspoten-

tial" und „Umsatzpotential" ein Gewicht von 15 bzw. 5%. Unter den **weichen Faktoren** wird das Informationspotential der Kunden am stärksten gewichtet; denn der Markt ist (in diesem Fall) sehr dynamisch, weshalb den von Kunden gelieferten Informationen eine Schlüsselrolle zukommt.

(3) Bestimmung des Kundenwertes
Der Wert eines Kunden wird bestimmt, indem man jedem Faktor einen Wert zwischen 1 und 10 zuweist (1 = kein Wert; 10 = sehr hoher Wert). Umsatz und Deckungsbeitrag sind dabei vergleichsweise einfach zu bestimmen, ganz im Gegensatz zu den Potentialgrößen und den weichen Faktoren. Hierbei können folgende **Fragestellungen** hilfreich sein:
- Wie und wie schnell werden sich Unternehmen bzw. Markt künftig entwickeln (= **Umsatzpotential**)?
- Handelt es sich aus Sicht des Unternehmens eher um einen Wachstums- oder um einen gesättigten Markt, auf dem ein ruinöser Preiswettbewerb zu erwarten ist? Gibt es ernstzunehmende Wettbewerber und, falls ja, welche Wettbewerbsvorteile besitzt das Unternehmen? Wie viel Prozent des gesamten Auftragsvolumens des Kunden entfallen auf das eigene Unternehmen (= **Deckungsbeitragspotential**)?
- Wie ist die Zahlungsbereitschaft des Kunden? Nimmt er Zahlungsziele in Anspruch? Wie solide tritt der Kunde insgesamt auf? Und wie sind seine Überlebenschancen im Wettbewerb (= **Liquiditätspotential**)?
- Besitzt der Kunde Informationen, die wichtig für den Anbieter sind? Ist er bereit, diese auch in Zukunft zur Verfügung zu stellen (= **Informationspotential**)?
- Kennt der Kunde die gesamte Leistungspalette des Anbieters? Könnten auch andere Leistungen des Anbieters für den Kunden nützlich sein? Hat der Kunde evtl. Bedürfnisse, die der Anbieter mit seinem bisherigen Leistungsspektrum nicht befriedigen konnte (= ,**Cross selling'-Potential**)?
- Ist der Kunde ein positiver Imageträger? Wie groß ist seine Bereitschaft, den Anbieter weiterzuempfehlen? Kann der Anbieter ihn als Referenz nutzen? Was würde passieren, wenn der Kunde Negatives über den Anbieter berichtete (= **Referenzpotential**)?

Die einzelnen Faktorwerte werden nunmehr mit ihrer prozentualen Bedeutung gewichtet und zu einem Gesamtkundenwert addiert. Dieser liegt zwischen 1 (= kein Kundenwert) und 10 (= sehr hoher Kundenwert). Im vorliegenden Beispiel zeigt sich, dass der Kunde trotz eines hohen Umsatzes (= 10) allenfalls einen leicht überdurchschnittlichen Kundenwert (= 7,20) aufweist.

Die Scoring-Methode ist ein ebenso fundiertes wie pragmatisch handhabbares Instrument zur Bestimmung des Kundenwertes. Obwohl auch Praktiker das Verfahren als sehr sinnvoll einstufen, nutzen sie es nur selten. So belegt eine vom Institut für Marketing und Handel der Universität St. Gallen durchgeführte Befragung bei 700 Top-Unternehmen, dass lediglich 9 % der Untersuchungsteilnehmer die Scoring-Methode regelmäßig einsetzen (vgl. Krafft 2002).

5.3.3.2.6 ‚Customer lifetime value'
Wer mit Blick auf künftige Geschäftsbeziehungen lukrative Kunden identifizieren will, muss sich für ein Verfahren entscheiden, welches den Wert eines Kunden bezogen auf die gesamte Dauer der Geschäftsbeziehung analysiert: den sog. **‚Customer lifetime value'** (vgl. z.B. Hempelmann/Lürwer 2003; Dipak/Singh 2002). Dieser basiert auf der **Kapitalwertmethode** (vgl. Abb. 84) und reflektiert den derzeitigen Wert wie auch das **zukünftige Potential** eines Kunden.

Abb. 84: Berechnung des Kundenwerts auf Basis der Kapitalwertmethode

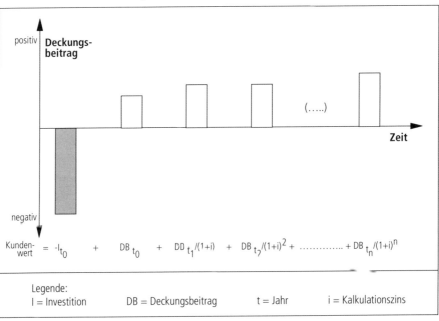

Der ‚Customer lifetime value' (CLV), d.h. der jeweilige Wert eines Kunden für ein Unternehmen während der **gesamten Geschäftsbeziehung**, ergibt sich auf Basis quantitativer und qualitativer **Bestimmungsgrößen**. Zu den **quantitativen** gehören insbesondere
- zu Beginn der Kundenbeziehung anfallende **Akquisitionskosten**,
- sämtliche **Einzahlungen** des Kunden vermindert um die jeweils anfallenden Kosten in Form von Stückkosten usw.,
- Kosten für **Kundenbindungsmaßnahmen** (z.B. ‚Mailing'-Aktionen, Kundenbesuche, Werbegeschenke, Serviceleistungen),
- **Rückgewinnungskosten**.

Qualitative Einflussfaktoren des Kundenwerts sind
- **‚Up selling'-Potential** (= Kunde kauft während der Geschäftsbeziehung auch höherwertige Produkte),
- **‚Cross selling'-Potential** (= Kunde kauft während der Geschäftsbeziehung weitere Produkte der Angebotspalette),
- Funktion des Kunden als **‚Lead customer'** (= Meinungsführer in seinem Umfeld),
- **Weiterempfehlungspotential** (= positive Mundpropaganda in seinem Umfeld),
- Wert als **Datenlieferant** für Marketing-Forschung.

Die Berechnung des ‚Customer lifetime value', dessen Kalkulationsschema Tab. 9 zu entnehmen ist, vollzieht sich in **drei Schritten**:

(1) Berechnung des **‚Potential value'** (= Kundendeckungsbeitrag)
Dieser bildet das Potential des Kunden für das Unternehmen ab. Zu diesem Zweck sind die zukünftigen Erträge und Aufwendungen zu schätzen und in einer Zeitreihe anzuordnen.

(2) Berechnung des **‚Present value'** (= diskontierter Kundendeckungsbeitrag)
Hierzu werden die in einer Zeitreihe angeordneten Erträge und Aufwendungen auf den Bezugszeitpunkt abgezinst, wobei man sich in der Regel der Kapitalwertmethode bedient. Das zentrale Problem auf dieser Stufe ist darin zu erblicken, einen realistischen Abzinsungsfaktor festzulegen.

(3) Berechnung des **‚Present Value'** mit **‚Retention rate'** (= ‚Customer lifetime value').

Die sog. ‚Retention rate' (= Wiederkaufrate) trägt dem Umstand Rechnung, dass langfristig nur ein Teil der Kunden beim Unternehmen verbleibt, während ein anderer Teil im Laufe der Zeit abwandert. Bezieht man die Wiederkaufrate in die Berechnung ein, erhält man den ‚Customer lifetime value', welcher indessen nur quantitative Größen berücksichtigt. Idealtypischerweise müsste er um **qualitative Kundenwertfaktoren** ergänzt werden, was sich allerdings als sehr schwierig erweist, da „weiche Faktoren" nur schwer zu erfassen bzw. zu messen sind.

Tab. 9: Schema zur Berechnung des quantitativen CLV

Faktor	Zeitraum				
	Jahr t	Jahr t + 1	Jahr t + 2	...	Summe
Umsatz					
./. Einstandspreis					
./. Vertriebskosten					
./. Servicekosten					
./. Akquisitionskosten					
./. Kundenbindungskosten					
./. Rückgewinnungskosten					
= **Kundendeckungsbeitrag p. a.** (= ‚Potential value')					
Abzinsungsfaktor (Basis: 10 %)	1,00	0,91	0,83		
Kapitalwert d. Kundendeckungsbeitrags (= ‚Present value')					
Wiederkaufrate (jährl. Kauf)		0,75	0,56		
‚Customer lifetime value' (CLV)					

Der CLV-Ansatz wird vorzugsweise von Unternehmen genutzt, die umfangreiche, aussagefähige Kundendaten besitzen bzw. ein Leistungsspektrum anbieten, welches im Vergleich zur Konkurrenz relativ **homogen** und damit nur **schwer differenzierbar** ist, man denke etwa an Telekommunikationsunternehmen, Banken, Versicherungen und Energiekonzerne. Diese Unternehmen haben nicht selten mit dem Problem zu kämpfen, dass ihre Kunden eine große Bereitschaft zeigen, den Anbieter zu wechseln. Daraus wiederum erwachsen den betroffenen Unternehmen hohe **Aufwendungen** für Akquisition, Kundenbindung und Kundenrückgewinnung. Mit Hilfe des CLV-Ansatzes bzw. der Kundenwertbetrachtung können Unternehmen ihre Ressourcen bzw. ihr Kundenbeziehungsmanagement effizient gestalten.

> **Praxis-Fall** **Berechnung des CLV am Beispiel der Optifit GmbH**

Ein Kunde (Diplom-Betriebswirt, 28 Jahre, verheiratet, 1 Kind) kauft am 2.1.2004 bei einem Autohändler einen Kleinwagen. Der Vertriebsleiter möchte den ‚Customer lifetime value' dieses Kunden berechnen (Zeithorizont = 10 Jahre) und verwendet hierzu Informationen der Vertriebsabteilung über den „typischen" Kleinwagenkunden (vgl. Tab. 10).

Der ‚Customer lifetime value', der sich nach dem in Tab. 11a/b dargestellten Schema berechnet und im vorliegenden Beispiel 3.669,88 € (= ΣCLV) beträgt, ist auf verschiedene Weise nutzbar. Mit Hilfe des Kundenwertes kann ein Unternehmen bspw.
- den Mitarbeitern vor Augen führen, welchen Wert ein Kunde für das Unternehmen hat, und welche (fatalen) Konsequenzen es hätte, wenn dieser – bspw. wegen Unzufriedenheit – frühzeitig zur Konkurrenz **abwanderte**,
- den Wert möglicher **Kulanzleistungen** berechnen,
- bestimmen, welchen Betrag es aufwenden will, um einen Kunden **zurück zu gewinnen**,
- ermitteln, ob es sich von Kunden mit einem geringen CLV trennt, um die so frei werdenden Ressourcen für die **Gewinnung lukrativer Zielgruppen** einzusetzen.

Der CLV lässt sich durch **drei Maßnahmenbündel** steigern:
- **Verlängerung der Kundenverweildauer**: Unternehmen können bspw. dafür sorgen, dass ihre Kunden zufriedener werden bzw. andere Instrumente (z.B. ökonomischer, juristischer, technologischer, psychischer oder sozialer Art) einsetzen, um ihre Kunden an sich zu binden.
- **Steigerung des Umsatzes** je Kunde, indem Unternehmen neue Bedürfnisse wecken bzw. befriedigen oder dafür Sorge tragen, dass die Verbrauchsintensität der vorhandenen Produkte zunimmt.
- **Senkung** der durch die Kunden entstehenden **variablen Kosten**: Anstatt sie durch den Außendienst persönlich zu betreuen, könnten Unternehmen die Kunden mit geringem CLV via Telefon(-verkauf) betreuen.

Trotz aller Vorzüge ist zu bedenken, dass der CLV gegenwartsbezogen ist und demnach ausblendet, dass sich das (geringe) Umsatzvolumen mancher Kunden entwickeln könnte. Mit anderen Worten: Kunden mit derzeit geringem Kundenwert könnten durch gezielte Maßnahmen künftig an Attraktivität gewinnen.

Tab. 10: Charakteristika des typischen Erstkunden

Verkaufspreis Neuwagen (exklusive MwSt.)	15.000 €
Einstandspreis Neuwagen (exklusive MwSt.)	13.000 €
Einstandspreis in Zahlung genommener Gebrauchtwagen (exklusive MwSt.)	3.500 €
Verkaufspreis in Zahlung genommener Gebrauchtwagen (exklusive MwSt.)	3.300 €
Akquisitionskosten (fallen bei erstmaligem Kauf an)	500 €
Vertriebskosten (fallen bei jedem Kauf an)	400 €
Kundenbindungskosten p. a.	50 €
Nutzungsdauer	5 Jahre
Wiederkaufrate (= Wahrscheinlichkeit, dass der Kunde bei dem betreffenden Unternehmen wieder ein Fahrzeug kauft)	50% nach 5 Jahren 60% nach 10 Jahren
‚Up grading' (sowohl bei Verkaufspreis als auch bei Einstandspreis Neuwagen und Gebrauchtwagen)	20%
Werkstattumsatz p. a. (exklusive MwSt.)	800 €
Werkstattkosten p. a. (exklusive MwSt.)	600 €
Werkstattloyalität	100% in den ersten beiden Jahren nach Neukauf, danach 75%
‚Cross selling'-Umsatz p. a. (exklusive MwSt.)	500 €
‚Cross selling'-Kosten p. a. (exklusive MwSt.)	300 €
‚Upgrading' Werkstatt- und ‚Cross selling'-Erlöse	20% bei jedem Neuwagenkauf
Abzinsungsfaktor	10%

Tab. 11a: Schema zur Berechnung des quantitativen CLV (Angaben in €)

Kriterium	Jahr					
	1	2	3	4	5	6
Verkaufserlös Neuwagen	2.000,--					2.400,--
Verkaufserlös Gebrauchtwagen	-200,--					-240,--
Akquisitionskosten	-500,--					
Vertriebskosten	-400,--					-400,--
Kundenbindungskosten	-50,--	-50,--	-50,--	-50,--	-50,--	-50,--
Werkstatterlös	200,--	200,--	150,--	150,--	150,--	240,--
‚Cross selling'-Erlös	200,--	200,--	200,--	200,--	200,--	240,--
Kundendeckungsbeitrag	1.250,--	350,--	300,--	300,--	300,--	2.190,--
Abzinsungsfaktor	1,00	0,91	0,83	0,75	0,68	0,62
Kundenwert	1.250,--	318,50	249,--	225,--	204,--	1.357,80
Wiederkaufrate	1,00	1,00	1,00	1,00	1,00	0,50
CLV	**1.250,--**	**318,50**	**249,--**	**225,--**	**204,--**	**678,90**

Tab. 11b: Schema zur Berechnung des quantitativen CLV (Angaben in €; Fortsetzung)

Kriterium	Jahr					
	7	8	9	10	11	12
Verkaufserlös Neuwagen					2.880,--	
Verkaufserlös Gebrauchtwagen					- 288,--	
Akquisitionskosten						
Vertriebskosten					- 400,--	
Kundenbindungskosten	- 50,--	- 50,--	- 50,--	- 50,--	- 50,--	- 50,--
Werkstatterlös	240,--	180,--	180,--	180,--	288,--	288,--
,Cross selling'-Erlös	240,--	240,--	240,--	240,--	288,--	288,--
Kundendeckungsbeitrag	430,--	370,--	370,--	370,--	2.718,--	526,--
Abzinsungsfaktor	0,56	0,51	0,47	0,42	0,38	0,35
Kundenwert	240,80	188,70	173,90	155,40	1.032,18	184,10
Wiederkaufrate	0,50	0,50	0,50	0,50	0,30	0,30
CLV	**120,40**	**94,35**	**86,95**	**77,70**	**309,85**	**55,23**
					ΣCLV =	3.669,88 €

5.3.3.3 Ansatzpunkte zur Steigerung des Kundenwerts

Wer nach Möglichkeiten sucht, den Wert seiner Kunden zu vergrößern, sollte sich zunächst den sog. **Kundenbeziehungs-Lebenszyklus** (vgl. Kap. 2.1) vor Augen führen. Dieser beschreibt in idealtypischer Weise Gesetzmäßigkeiten im Verlauf der Kundenbeziehung und bildet die Grundlage für das Wachstumsmanagement (vgl. Wildemann 2004, S.83ff.).

- **Kundenakquisition** (= 1. Phase): Initiierung der Beziehung zwischen Anbieter und Nachfrager,
- **Kundenbindung** (= 2. Phase): Die Beziehung wird – im Falle einer positiven Entwicklung – ausgeweitet,
- **Kundenrückgewinnung** (= 3. Phase): Das Unternehmen versucht zu verhindern, dass Kunden ihre Beziehung zum Unternehmen beenden.

Gegenstand dieses dynamischen Ansatzes ist die Analyse der Entwicklung der Beziehung zwischen Unternehmen und Kunde. Während der **zeitliche Aspekt** der Beziehungsentwicklung die Dauer der Unternehmen / Kunde-Beziehung widerspiegelt, manifestiert sich im **psychologischen Aspekt** der Aufbau des **Beziehungsgefüges**. Dieses zu stärken soll mit verschiedenen Transaktionen erreicht werden.

Ausgehend vom Kundenbeziehungs-Lebenszyklus lassen sich drei Wege identifizieren, auf denen das Unternehmen den Kundenwert vergrößern kann (vgl. Abb. 85):

(1) **(zeitliche) Verlängerung** des Kundenbeziehungs-Lebenszyklus (= x-Wachstumspotential),

Abb. 85: Wachstumspotentiale im Kundenbeziehungs-Lebenszyklus

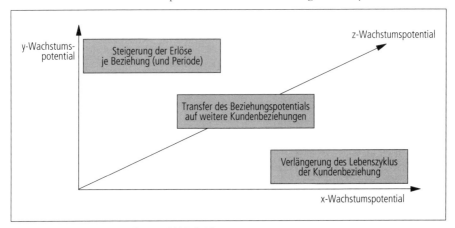

Quelle: in Anlehnung an Stauss (2000, S.16).

(2) Steigerung der **Beziehungserlöse** pro Periode (= y-Wachstumspotential)
Diese Erlöse können durch verschiedene Maßnahmen gezielt gesteigert werden, bspw. durch ‚**Up selling**' und die Erhöhung der **Kauffrequenz**. Auch Kundenzufriedenheit vergrößert den Kundenwert, da sich zufriedene Kunden gewöhnlich durch eine ausgeprägtere Zahlungsbereitschaft auszeichnen. Dasselbe wird erreicht mit Produkten, die bspw. aufgrund ihrer **Einzigartigkeit** bzw. ihres **modularen Aufbaus** (z.B. Einbauküchen, DELL-Computer) einen sog. **Individualisierungsnutzen** stiften.

Auch ‚**Cross selling**', bei welchem man seinen Kunden zusätzlich zu den bisher bezogenen Produkten weitere Leistungen aus dem Produktprogramm anbietet, ist geeignet, den Kundenwert zu steigern. Allerdings hängt der Erfolg von ‚Cross selling' von verschiedenen Faktoren ab, nicht zuletzt von Häufigkeit bzw. Intensität des Kundenkontakts, von den Möglichkeiten und der Bereitschaft, Informationen der Kunden zu nutzen, von deren Bereitschaft zu ‚Cross buying' sowie von der Breite des Produktprogramms (vgl. Homburg/Schäfer 2002). Auch die Branche spielt eine Rolle. Im Finanzdienstleistungsbereich etwa gilt die ‚Cross selling'-Rate schon lange als wesentliche, wenn nicht gar wichtigste Kennzahl im Vertrieb.

- Einer Befragung amerikanischer Bankmanager zufolge ist die ‚Cross selling'-Rate für 80% der Auskunftspersonen das **aussagekräftigste** Maß zur Beurteilung des Vertriebserfolgs.
- Eine andere Befragung wiederum belegt, dass mehr als 70% der Industriegüterhersteller ‚Cross selling' von **Dienstleistungen** als wichtig erachten, um den Unternehmenserfolg zu sichern.
- Mit der **‚Multi utility'-Strategie** schenken auch Unternehmen aus dem Ver- und Entsorgungsbereich ‚Cross selling' immer mehr Aufmerksamkeit.

Wesentliche Vorteile sind darin zu sehen, dass das realisierbare Wachstum mit einem unterproportionalen Zuwachs der Kosten einhergeht, was nicht zuletzt auf Synergien zurückzuführen ist (vgl. Schäfer 2002). Denn wegen der bestehenden Kundenbeziehungen sind die für die Identifikation und Anbahnung von ‚Cross selling' nötigen Kontaktpunkte bereits vorhanden.

(3) Transfer der Beziehungspotentiale auf **weitere Beziehungen** (z-Wachstumspotential)
Dabei lassen sich grundsätzlich verschiedene Potentiale nutzen.

- Das **Referenzpotential** gibt an, inwieweit Kunden mit Hilfe ihres Beziehungsnetzwerks neue (potentielle) Kunden für das Unternehmen gewinnen können. Dieses Potential hängt von verschiedenen Faktoren ab, insbesondere von Art und Größe des **Beziehungsnetzwerks**, von Häufigkeit und Intensität des **Kontakts** sowie vom sog. **Weiterempfehlungsverhalten**. Unternehmen können Referenzen jedoch auch selbst initiieren, indem sie bspw. Referenzlisten an potentielle Kunden weiterleiten und so einen **Kommunikationsfluss** zwischen potentiellen und tatsächlichen Kunden (= Referenzkunden) anstoßen. Dabei sollte man indessen bedenken, dass das Beeinflussungspotential sowohl eine positive (= Weiterempfehlung) als auch eine negative Wirkung (= negative Mundpropaganda) entfalten kann.
- Das **Wissenspotential** wirkt – anders als das Referenzpotential – direkt zwischen Kunden und Unternehmen. Gegenstand sind Informationen, welche sich u.a. auf Kundenbedürfnisse, Produktentwicklung / -verbesserung, Beratungs- / Servicekonzepte, Prozessoptimierung, Servicequalität, Loyali-

tätsursachen und Abwanderungsgründe beziehen, und welche der Kunde dem Unternehmen für die **Optimierung** der Wertschöpfung liefert. Entsprechende Informationen lassen sich auf verschiedene Weise gewinnen, insbesondere über Kundenbefragungen und -konferenzen, Workshops mit Kunden oder Beschwerde- bzw. Lobmanagement. Das so gewonnene Wissen kann das Unternehmen gezielt zur Akquisition weiterer Kunden einsetzen.

- Hintergrund der Nutzung des **Integrationspotentials** ist die Erkenntnis, dass sich die Rolle des Kunden in den vergangenen Jahren stark gewandelt hat: vom **Werte- und Bedürfnisträger** über den **Wissens-** und ‚**Know how'-Träger** hin zum **Innovator**. Das Kooperations- bzw. Integrationspotential eines Kunden richtet sich danach, ob er bereit und fähig ist, Ressourcen (z.B. Mitarbeiter) in die Beziehung einzubringen. In der Praxis gelingt die gemeinsame Problemlösung im Rahmen sog. **Entwicklungspartnerschaften**, in denen Kunden-Workshops eine zentrale Funktion übernehmen. Trotz des großen Potentials, welches in dieser Form der Beziehungsgestaltung steckt, darf man nicht verkennen, dass je nach Interessenlage der Kunden strategisches ‚Know how' abzufließen droht.
- **Synergiepotentiale** wiederum entfalten sich erst, wenn das Unternehmen die aus den bestehenden Kundenbeziehungen erwachsenden **Verbundwirkungen** zu nutzen weiß; denn oft lassen sich Bedürfnisse erst im **Netzwerk** erfüllen.

5.4 Internes Marketing-Management

5.4.1 Kundenorientierung und Zufriedenheit der Mitarbeiter als wesentliche Voraussetzungen für Kundenzufriedenheit und Unternehmenserfolg

5.4.1.1 Gegenstand der Kundenorientierung

5.4.1.1.1 Abgrenzung

Wie auch immer man das „Konstrukt" bezeichnen mag: Ob man nun von **Kundenorientierung**, **Kundennähe**, **Service- / Dienstleistungsqualität** oder von **Dienstleistungsklima** spricht – gemeint ist im Wesentlichen immer dasselbe: die Bereitschaft und die Fähigkeit der Mitarbeiter eines Unternehmens, die **Bedürfnisse** ihrer Kunden zu **erkennen** und zu **befriedigen**. Mithin handelt es sich also um eine Philosophie bzw. Strategie, die das gesamte Unternehmen betrifft und deren Ziel es ist, alle Entscheidungen und Handlungen an den Bedürfnissen und Anforderungen der Kunden auszurichten (vgl. Nieschlag u.a. 2002).

Wie wichtig es ist, alle Mitarbeiter auf Markt- bzw. Kundenorientierung einzuschwören, lässt sich an zahlreichen **Studien** eindrucksvoll ablesen. Bereits in den 1990er Jahren zeigten sich in einer groß angelegten Befragung (= 3.375 Manager verschiedener Länder) 80% der Manager davon überzeugt, dass Dienstleistungsqualität sich zur **Differenzierung** von Wettbewerbern eigne (vgl. Quinn/Humble 1991). Auch das Fraunhofer Institut für Arbeitswissenschaft und Organisation (vgl. Bullinger u.a. 1995) erkannte auf Basis empirischer Ergebnisse den besonderen Stellenwert der Kundenorientierung als **Marketingstrategie**. Daran hat sich, wie eine von der Unternehmensberatung Booz, Allen, Hamilton durchgeführte Befragung ergab, bis heute wenig geändert.

Praxis-Fall	Vertrauen in die Kunden: ein wesentlicher Baustein der Kundenorientierung von Banken

„Die Landkarte, die der Vorstandschef der Raiffeisenlandesbank Oberösterreich (RLB) in seinem Hauptquartier in Linz auf den Tisch legt, ist ein Angriffsplan. Ein 300-Kilometer-Radius westlich von Linz markiert das bereits von Scharingers Banker-Truppen eroberte Gebiet: fast das komplette Bundesland Bayern. [...] Baden-Württemberg sowie Teile von Sachsen, Rheinland-Pfalz und Hessen werden, so zeigt Scharingers Karte, für die RLB demnächst zum Aufmarschgebiet. Inklusive der Bankenmetropole Frankfurt am Main. Bei den deutschen Genossenschaftsbanken und Sparkassen läuten die Alarmglocken. [...] Ein halbes Dutzend österreichischer Institute wildert in Niederbayern. Auch die Sparkasse Oberösterreich, die eigentlich „das traditionell gute Verhältnis zu den deutschen Sparkassen nicht zerschlagen" will, wie Vorstandsmitglied Michael Rockenschaub sagt, verstärkt nun ihr Deutschland-Team im österreichischen Schärding direkt an der Grenze. Warum die Kreditvergabe an bayrische Unternehmen so gut läuft, erklärt Rockenschaub so: „Mit der in Österreich üblichen Zinsspanne liegen wir in Deutschland 25 bis 30 Prozent unter den Angeboten der Konkurrenten." Außerdem gebe es „null Staatseinfluss" bei den österreichischen Banken. Sie agierten – obwohl die strengen Gesetzesauflagen für deutsche Institute 2005 gelockert wurden – „immer noch flexibler und unternehmerischer".

So erlebten das auch Elisabeth Hintermann und Maximiliane Pangerl aus Haidmühle im Bayerischen Wald. Ohne Geld aus Österreich, sagen die Inhaberinnen des Federn- und Daunenbettenherstellers Mühldorfer, „wären wir nicht da, wo wir heute stehen". Weder Sparkasse, Volksbank, Raiffeisenbank noch Hypobank im eine Autostunde entfernten Passau gaben Anfang der Neunzigerjahre den Jungunternehmerinnen den notwendigen Kredit für eine neue Produktionsanlage. „So junge Frauen finanzieren wir nicht", sagte einer der Herren den damals 20 und 26 Jahre alten Schwestern, die den Familienbetrieb gerade übernommen hatten und aus der regionalen Nische herausführen wollten. Ohne weitere Rechte an den Mühldorfer-Gebäuden wollte keine Bank die Anlage finanzieren. Die aber sicherten bereits den Kontokorrentkredit ab und damit die Finanzierung neuer Geschäfte. Das erklärten die Unternehmerinnen dem Vertreter der RLB in Passau. In wenigen Tagen hatten sie die Zusage über 250.000 Euro. Als Sicherheit diente die Anlage selber. Längst ist der Kredit abbezahlt. In Mühldorfer-Bettzeug schlummern inzwischen die Gäste der Hotelketten Kempinski, Steigenberger und Radisson SAS. Auch im Hotel Sacher in Wien, im Burj al Arab in Dubai und im Mandarin Oriental in Tokio schütteln die Zimmermädchen Daunenkopfkissen aus Haidmühle auf. Mühldorfer kooperiert heute mit der Deutschen Bank und mit der lokalen Raiffeisenbank am Dreisessel. Investitionen finanziert das Unternehmen aber nach wie vor über die RLB."

Quelle: H. Schumacher; A. Kain: Ludwig der Eroberer, in: Wirtschaftswoche, Nr. 3 (12.1.2006), S.64-69.

5.4.1.1.2 Ebenen und Ausprägungen der Kundenorientierung

Kundenorientierung kann auf zwei **Ebenen** betrachtet werden:

(1) **organisationale Kundenorientierung**, d.h. die Kunden- bzw. Dienstleistungsorientierung auf Unternehmens- bzw. auf Abteilungsebene (vgl. z.B. Schneider u.a. 1998) sowie die

(2) **individuelle Kundenorientierung**, d.h. die Einstellung des einzelnen Mitarbeiters (vgl. z.B. Dormann u.a. 2003).

Wie folgendes Beispiel belegt, hängen beide Ebenen in nicht unwesentlichem Maße zusammen. Da sich nämlich die **Erlebniswelt** der Kunden häufig über sämtliche Kontakte mit dem Anbieter erstreckt – angefangen in der Vorkaufphase über die Kauf- bis hin zur Nachkaufphase – ist Kundenorientierung nicht nur Aufgabe des Einzelnen, sondern des gesamten Unternehmens: Denn die als „Augenblicke der Wahrheit" bezeichneten **Kontaktpunkte** sind geeignet, die Zufriedenheit der Kunden zu steigern oder auch zu mindern, woraus folgt: Nicht nur Verkauf und Kundendienst prägen die Zufriedenheit der Kunden; von entscheidender Bedeutung ist vielmehr die **Kundenorientierung sämtlicher Mitarbeiter**, vom Telefonisten bis zur Fakturistin.

Praxis-Fall	**Kundennähe bei Toyota: Autoverkauf im "Wohnzimmer"**

"Als das pastellgrüne Cabrio auf den Parkplatz des Autohändlers in Tokio rollt, blinkt der Computer der Empfangsdamen, die Handys der Verkäufer vibrieren. Auf den Monitoren erscheint der Name des Wagenbesitzers, sein Foto und Details zum Modell, denn der Chip im Autoschlüssel meldet dem Sensor an der Einfahrt, wer der Kunde ist. Das Team prescht zum Eingang und begrüßt den Fahrer mit tiefen Verbeugungen. Eine Hostess führt ihn durch den noblen Verkaufssalon mit Designermöbeln und schneeweißem Fußboden in Marmoroptik. Der Besucher betritt die „Besitzer-Lounge", wo ihm ein Oshibori, ein feucht-heißes Handtuch, gereicht wird und eine Getränkekarte. „Cappuccino, grüner Tee, Espresso oder Orangensaft?" Willkommen bei Toyota de Luxe. So wird bedient, wer einen Lexus besitzt. Lexus ist die Nobelmarke von Toyota. Mit ihr machen die Japaner längst in Amerika Furore. Den Test hat Lexus bestanden. Jetzt ist der Heimatmarkt dran. Als nächstes steht Europa auf dem Programm [...]

Neben der Zuverlässigkeit der Autos ist es vor allem der in Japan schon legendäre Service, mit dem Toyota punktet. Und seit Toyota den Lexus auch daheim verkauft, bekommt dieser Service noch den letzten Edelschliff. Wie möchte der ehrenwerte Kunde die Zeit der Inspektion seines Wagens verbringen? Mag er zuschauen, wie die Mechaniker in schwarz-goldenen Overalls sein Gefährt prüfen? Bitte sehr, im Showroom des Tokioter Stadtteils Takanawa wurden dafür klimatisierte Zuschauerplätze geschaffen, wo der Gast im bequemen Sessel durch ein großes Fenster die blitzsaubere, ultramoderne Werkstatt beobachtet. Umweht vom Duft des Innenraums eines Lexus. Natürlich kann sich der Besitzer auch in den elfenbeinfarbenen Ledersesseln des Klubs entspannen, fernsehen auf dem großen Plasma-Flachbildschirm, oder sich Bilder bekannter, zeitgenössischer Maler Japans anschauen. „Unsere Kunden sollen sich wie im Wohnzimmer fühlen", beschreibt Generalmanager Kenji Tsuzuki das Auto-Wellness-Programm. „Wir sehen sie als Mitglieder einer Familie." Deshalb hat er allen, die einen Lexus bei ihm gekauft haben, natürlich Neujahrsgrüße gesendet. Er schickt ihnen Geburtstagsblumen und veranstaltet im Januar eine Lotterie, bei der Übernachtungen in japanischen Edelhotels zu gewinnen sind. [...] Der Kunde ist König bei Toyota. Auch der Kaiser von Japan ist im vergangenen Jahr von Nissan umgestiegen."

Quelle: A. Köhler: Fliegende Autos, in: Wirtschaftwoche, Nr.1/2 (5.1.2006), S.38.

Weitaus bedeutsamer als derlei Abgrenzungen ist indessen die Frage, in welcher Weise Unternehmen bzw. deren Mitarbeiter die organisationale bzw. individuelle Kundenorientierung so **verinnerlichen** und **implementieren**, dass daraus eine **langfristig profitable Unternehmen / Kunde-Beziehung** erwächst.

Hierzu kann das Unternehmen v.a. auf eine breite Palette an **Marketing-Instrumenten** zurückgreifen. Einige Beispiele mögen genügen, um den diesbezüglichen Stellenwert des Marketing zu veranschaulichen.

- **Information**

Die bisherigen Ausführungen haben gezeigt, dass Zufriedenheit nicht das Ergebnis objektiver Qualität ist, sondern das Resultat dessen, was **Kunden wahrnehmen**. Vor diesem Hintergrund ist es bspw. nahe liegend, dass Unternehmen ihre Kunden darüber **informieren**, welche (Teil-)Leistungen ihre Produkte / Dienstleistungen erbringen. Dies ist keineswegs selbstverständlich, denn wer sich bspw. die Programmier- und Nutzungsmöglichkeiten von Videorecordern, TV-Fernbedienungen, Autoradios, Mikrowellengeräten oder Handys vor Augen führt, erkennt unmittelbar, dass die Verbraucher bei einer Vielzahl von Produkten nur einen (Bruch-)Teil des Leistungsspektrums (er-)kennen können.

- **Abbau psychischer Barrieren**

Darüber hinaus sollten Unternehmen die **psychischen Barrieren**, welche den Zugang zu einem Produkt und dessen einzelnen Leistungsfacetten verhindern, **beseitigen**. Denn das subjektive Qualitätsempfinden der Kunden reicht i.d.R. weit über die technisch-funktionalen Eigenschaften oder den Verwendungszweck (,**fitness for use'**) eines Produktes hinaus. Hemmnisse bzw. Ängste im Umgang mit Produkten lassen sich etwa bei älteren Menschen beobachten, wenn sie technologisch anspruchsvolle Geräte bedienen sollen. Diese Barrieren, wie sie in Abb. 86 beispielhaft dargestellt sind, können Unternehmen u.a. dadurch abbauen, dass sie ihre Kunden in der Nachkaufphase **unterstützend** begleiten. Zu denken wäre etwa an Kochkurse für Nutzer von Mikrowellengeräten, an ‚Do it yourself'-Kurse für Heimwerker u.ä. Mittlerweile versuchen auch immer mehr Unternehmen, Produkte mit Hilfe von **‚Usability'-Studien** kundenfreundlich zu gestalten.

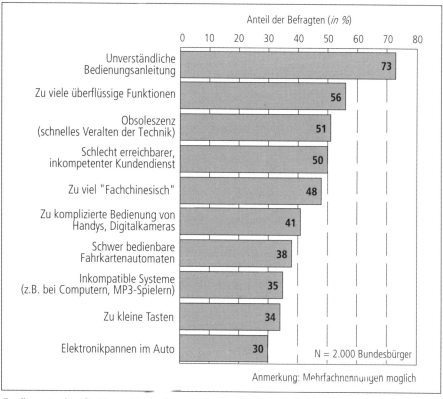

Abb. 86: Probleme deutscher Konsumenten im Umgang mit alltäglicher Technik: Ergebnisse einer Umfrage

Quelle: Institut für Demoskopie, Allensbach; entnommen: Wirtschaftswoche, Nr. 44 (27.10.2005), S.100.

| Praxis-Fall | Kundennutzen durch ‚Usability'-Studien |

„Die Vorfreude auf den flachen LCD-Fernseher war groß bei Detlef Zühlke. Sie schlug jedoch schnell um in Frust, als er ihn in Betrieb nehmen wollte. Die Apparate haben, anders als die alten Röhrengeräte, kein Empfangsteil mehr. Bevor es also losgehen konnte, musste der Leiter des Zentrums für Mensch-Maschine-Interaktion (ZMMI) am Deutschen Forschungszentrum für Künstliche Intelligenz in Kaiserslautern den LCD-Fernseher mit einem Satelliten-Receiver und seinem Videorekorder verbinden. Eine Heidenarbeit! [...] Wie ihm ergeht es vielen. Ratlos stehen sie vor Fahrkartenautomaten, mühen sich mit verwirrenden Computerprogrammen ab, scheitern an der Menüführung von Mobiltelefonen und Navigationsgeräten, produzieren an Maschinen Ausschuss, weil die Bedienung sie überfordert. Zühlke hat das alltägliche Elend in einem gerade erschienenen Buch beschrieben. Das Ausmaß ist beachtlich:

- Das US-Marktforschungsunternehmen Nielsen Norman Group schätzt, dass schlechte Software und Bedienkonzepte allein in den USA jährliche **Produktionsausfälle** von 30 Mrd. US-$ verursachen. Eine Studie der Kalifornier zeigt, dass 44 % aller beabsichtigten Online-Einkäufe nicht zu Stande kommen, weil die Kunden sich im Dickicht des Bestellvorgangs verlieren.
- **Arbeitsunfälle** kosten deutsche Unternehmen jährlich rund 1,3 Mrd. €. Vier von fünf gehen auf das Konto von Fehlbedienungen. Zu dem Schluss kommen Experten der Hamburger Sirvaluse Consulting, die für Unternehmen alltagstaugliche Technik entwerfen.
- In den USA **sterben** jedes Jahr zwischen 44 000 und 98 000 Patienten, weil Ärzte oder Krankenschwestern medizinische Geräte falsch einstellen. Das geht aus einem Bericht des U.S. Institute of Medicine (IOM) hervor.
- Nach einer Studie des TÜV Rheinland geht 20 % der **Arbeitszeit** an Bürocomputern für Handhabungsprobleme drauf.

Das kommt einer gigantischen Geldvernichtung gleich. [...] Den Kunden wird „plug & play" („einstöpseln und loslegen") versprochen – aber dann heißt es fummeln und probieren. Ohne Bedienungsanleitung geht nichts, mit ihr oft aber auch nichts. 73 % der Deutschen fluchen einer Umfrage des Instituts für Demoskopie Allensbach zufolge über unverständliche Bedienungsanleitungen; gut jeder Zweite stört sich an überflüssigen Funktionen. Die Liste der Beschwerden reicht von zu viel Fachkauderwelsch über zu kleine Tasten und schlechte Bedienbarkeit bis zu inkompatiblen Systemen.

Offenbar machen sich viele Entwickler immer noch viel zu wenig Gedanken über die Anwender ihrer Produkte. [...] Erst allmählich dämmert den Unternehmen, dass sie ein ernstes Problem haben – und versuchen, die Verbraucher von Anfang an in die Entwicklung einzubinden. [...] Konzerne wie **Siemens** und **BMW** bauen ihre so genannten Usability-Abteilungen, englisch für Gebrauchstauglichkeit, aus. Philips-Chef Gerard Kleisterlee hat die Devise ausgegeben: Alle Geräte müssen leichter zu bedienen sein als ihre Vorgänger. [...] Beide Unternehmen haben schlechte Erfahrungen mit schlechter Bedienbarkeit gemacht. BMW erntete für sein iDrive-System, bei dem Radio, Klimaanlage, Telefon und Navigation über einen Multifunktionsschalter gesteuert werden, viel Kritik bei Kunden und professionellen Testern. So gut wie niemand blickte auf Anhieb durch, wann er den Schalter drehen, drücken oder schieben musste. Ähnlich erging es Siemens mit den verschachtelten Menüs für seine Mobiltelefone. Am Ende stand der Notverkauf der ganzen Sparte.

- **DaimlerChrysler** hat aus der Pleite des Münchner Konkurrenten gelernt, und die Bedienbarkeit bei der neuen S-Klasse zur Chefsache gemacht. Zunächst studierten Techniker, Psychologen und Pädagogen ausgiebig die Konkurrenzsysteme. Dann befragten die Schwaben Kunden aus aller Welt nach ihren Wünschen. Einige holten sie nach Stuttgart in einen neu entwickelten weltweit einzigartigen Ergonomieprüfstand. Sie nahmen im Cockpit des neuen Modells Platz und fuhren vor riesigen Projektionsleinwänden Probe über imaginäre Straßen und Autobahnen. Kameras zeichneten auf, ob die Testfahrer alle Bedienelemente auf Anhieb fanden und mit ihnen zurechtkamen. Wo es hakte, änderten die Entwickler Konzepte und Anordnungen so lange, bis sie die Kunden zufrieden stellten. [...] Der Aufwand hat sich gelohnt. Professionelle Tester loben, dass sich Telefon, Radio, CD-Spieler, Fernseher und Navigationssystem über Direktwahltasten und das zentrale Comand-System intuitiv und ohne den Fahrer vom Verkehr abzulenken steuern lassen.
- **BMW** hat auf das iDrive-Debakel mit der Gründung eines Zentrums für Anzeigen- und Bedienkonzepte reagiert. „Wir waren zu technikgetrieben", räumt sein Leiter [...] ein. „Heute setzen wir zuerst die Kundenbrille auf." Eine der ersten Maßnahmen war, dass der Fahrer viel genutzte Funktionen wie Senderwechsel im Radio oder das Einstellen der Klimaanlage wieder einfach über separate Tasten am Lenkrad aufrufen kann. Neue Konzepte testen die Münchner jetzt zuerst am Simulator, bevor sie für die Entwicklung freigegeben werden.
- **Siemens** hat außer in München auch in Princeton (USA) und Peking Labors zur Bedienungsvereinfachung eingerichtet und die Zahl der Mitarbeiter innerhalb von vier Jahren von 30 auf 60 verdoppelt. Ob Handy, Wäschetrockner oder Werkzeugmaschine – bevor sich die Ingenieure an die Entwicklung eines Prototypen machen, testen sie die Gebrauchstauglichkeit mit Anwendern. Die Erkenntnisse fließen unmittelbar in die Produktentwicklung ein. Um Schwachpunkte beim Bedienkonzept zu entdecken, beobachteten Usability-Experten das Krankenhauspersonal in München, Boston und Shanghai beim täglichen Umgang mit den Siemens-Geräten. Das hat zu einer einheitlichen Bedienoberfläche für alle bildgebenden Verfahren wie Röntgen und Magnetresonanz Tomografie geführt, mit der der Arzt ebenso gut zurechtkommt wie die Krankenschwester, egal, in welchem Land. Fehlbedienungen kommen kaum mehr vor, die Einarbeitung auf ein neues Gerät gelingt schnell. Die Produktqualität ist einfach besser, wenn die Anforderungen der Nutzer von Anfang an berücksichtigt werden. [...]
- **Trumpf** aus Ditzingen bei Stuttgart hat mithilfe der Usability-Experten der Ludwigsburger User Interface Design ein einheitliches Bedienkonzept für alle seine Werkzeugmaschinen entworfen. Den Kunden erspart das teure Mehrfachschulungen; die Schwaben sparen dank der Wiederverwendung bis zu 50 % der Entwicklungskosten bei neuen Maschinen ein. Die intuitive und logische Bedienung ist bei den Käufern hervorragend angekommen, sie ist ein echtes Markenzeichen geworden. [...]
- Um gegen die erdrückende Dominanz von Microsoft-Büroprogrammen zu punkten, setzt Rivale **Sun Microsystems** bei der neuesten Version seines Softwarepa-

kets StarOffice ganz auf Bedienkomfort und zog dazu die Experten von Sirvaluse zu Rate. Die Fachzeitschrift „c't" ist voll des Lobes über das Resultat: Der Nutzer findet jetzt schnell heraus, welche Werkzeuge und Funktionen die Software bietet und wo er sie findet, urteilt sie. Beim Microsoft-Office-Programm ist das anders. Da wünschen sich neun von zehn Anwendern Funktionen, die das Programm längst umfasst – sie finden sie nur nicht.
Wie sehr sich Investitionen in Gebrauchstauglichkeit auszahlen, zeigen US-Studien.

- Nachdem der Computerriese **IBM** seinen Internetauftritt benutzerfreundlicher gestaltet hatte, stieg die Zahl der Online-Verkäufe um 400 %, nur wenige Kunden sahen sich noch genötigt, die Hilfsfunktion aufzurufen.
- Konkurrent **Dell** schlug nach einer Überarbeitung täglich Computer im Wert von 34 Mio. US-$ übers Web los – vorher war es nur eine Million. Unternehmen, die das Thema ignorieren, geben bis zu 80 % ihrer Servicekosten für Reklamationen und Beanstandungen aus."

Quelle: D. Dürand/J. Rees: Spaß haben, in: Wirtschaftswoche, Nr. 44 (27.10.2005), S.97-101.

- **Berücksichtigung des Preis / Leistungs-Verhältnisses**

Kunden entscheiden gewöhnlich anhand des Vergleichs von wahrgenommener Qualität und Preis, ob das Produkt bzw. die Dienstleistung den geforderten Preis „wert" ist. Da das wahrgenommene **Preis / Leistungs-Verhältnis** eine kaufentscheidende Rolle einnimmt, sollten Unternehmen diejenige Qualität anstreben, die sich der Kunde leisten will und kann. Weder ‚**Quality over-engineering**' noch **Minderqualität** dürften sich hingegen als erfolgreich erweisen (vgl. Stoffl 1997, S.340f.).

| Praxis-Fall | Kundenorientierung durch Kostenführerschaft: Aldi und das Erfolgsprinzip der Einfachheit |

„Unsere Werbung sind unsere Preise." Mit diesem Werbeslogan begann die Aldi-Erfolgsgeschichte vor nunmehr über 50 Jahren. Heute gilt Aldi weit über die Grenzen Deutschlands hinaus als Synonym für einen erfolgreichen Hard-Discounter, der für Preisaggressivität, aber auch für Qualität und Vertrauenswürdigkeit steht. Reklamationen werden ohne Diskussion akzeptiert. Qualitätsverschlechterungen gibt es nicht. Auch dann nicht, wenn der Kunde das nicht bemerken würde. Kundenorientierung bei Aldi heißt: ständig nach Möglichkeiten suchen, um Qualität zu steigern und gleichzeitig Preise zu senken.

Wer Niedrigstspannen in Kauf nimmt, um der preisgünstigste Anbieter am Markt zu sein, muss ein systematisches Kostenmanagement betreiben. Obwohl Aldi überdurchschnittliche Gehälter bezahlt, belaufen sich die Personalkosten auf einen

Wert, der weit unter dem Niveau anderer Wettbewerber liegt. Aldi gilt als der produktivste Anbieter, was Flächen- und Stundenleistung pro Kasse anbelangt. Durchschnittliche Wochenumsätze pro Filiale von 90.000 Euro sind in den Süd-Regionen keine Seltenheit.

Die niedrigen Kosten – vor allem beim Personal – sind eine Stärke des Unternehmens. Eine weitere ist die große Nachfragemacht, die zu günstigen Einkaufskonditionen führt. Außerdem stellen zahlreiche Markenhersteller Handelsmarken für den Discounter her. Das Aldi-Waschmittel „Tandil", die Zahnpasta „Benny" oder die Marmelade – alles stammt aus der Produktion renommierter Markenartikler.

Jeder vierte Euro, der in Deutschland für Lebensmittel ausgegeben wird, fließt in die Aldi-Kassen. Dreiviertel der Deutschen besuchen regelmäßig das Unternehmen. Aldi steht an vierter Stelle unter den deutschen Handelsriesen, aber führt viel weniger Waren als seine Konkurrenten. Der Umsatz pro Quadratmeter ist doppelt so hoch wie beim Rest der Branche. Der gesamte Bestand eines Geschäfts wird durchschnittlich dreimal im Monat umgeschlagen. Die Waren sind also längst verkauft, bevor die Lieferantenrechnungen fällig werden. Konkret bedeutet das nichts anderes, als dass Aldi ständig einen zinslosen Millionenkredit vor sich herschieben kann, mit dem neue Standorte finanziert werden.

Aldis außergewöhnliche Marktstellung zeigt sich jedoch nicht nur im Lebensmittel-Sektor. Mülheim (Zentrale Aldi Süd) und Essen (Aldi Nord) sind mittlerweile bedeutende Textil- und Hartwarenhändler. Über die mehreren tausend Verkaufsstellen werden riesige Mengen Aktionsware verkauft. Beispielsweise wurden in nur vier Stunden 250.000 PCs am Markt abgesetzt. Längst sind die Discountspezialisten in das Segment der Unterhaltungselektronik eingedrungen. Jede Woche zeigen Handzettel bei Aldi Nord die Non-Food-Angebote. Im Süden findet die intern „Aldi aktuell" genannte Aktion seit April 2000 sogar zwei Mal pro Woche statt.

Auch im Ausland hat Aldi beizeiten versucht, das Grundprinzip des Discount erfolgreich zu praktizieren. Für den angelsächsischen Raum ist die Unternehmensgruppe Aldi Süd zuständig. Konkret werden Märkte in Großbritannien, Irland, den USA und seit 2001 in Australien betrieben. Außerdem hat Aldi Süd bereits 1967 nach Österreich expandiert. Die Märkte dort firmieren unter dem Namen „Hofer". Aldi Nord hat sich in den europäischen Nachbarraum ausgedehnt. Mittlerweile werden Nord-Märkte in den Benelux-Staaten Dänemark, Frankreich und seit März 2002 in Spanien mit unterschiedlichem Erfolg betrieben. In den USA ist Aldi Nord mit Trader Joe's vertreten. Das preisaggressive Konzept eines Delikatessen-Discounters wird in Kalifornien in Märkten mit 1000 qm Verkaufsfläche umgesetzt. Dabei haben Aldi-Manager stets versucht, die Besonderheiten des jeweiligen nationalen Marktes zu berücksichtigen.

Schon lange ist Aldi kein Arme-Leute-Laden mehr. Im Gegenteil, Marktforschungsstudien belegen, dass Bevölkerungsschichten mit mittleren und hohen Einkommen heute den größten Teil der Aldi-Klientel ausmachen. Und das Unternehmen hat schon lange und ohne jedes Zutun des Managements Kult-Status erreicht. Keine andere Ladenkette hat so viele Fan-Seiten im Internet, und es gibt sogar Fan-Clubs, Aldi-Kochbücher und eine Art Aldi-Hymne.

Viele haben versucht, Aldi zu kopieren, doch der Branchenprimus ist unerreicht. So gab es beispielsweise einen jahrelangen Rechtsstreit mit Tengelmann, weil deren Kette Ledi beim Namen sehr an Aldi erinnerte. Aldi unterlag zwar vor Gericht, aber Ledi blieb auch so nicht lange am Markt.

Die Verbraucher – das belegen immer wieder Befragungen – rühmen Aldi unvermindert wegen seiner Preise. Allerdings muss sich auch Aldi der Konkurrenz im Handel anpassen. Es gestaltet sich zunehmend schwieriger, die Preisführerschaft zu verteidigen, und auch das Sortiment unterliegt einem Wandel: Lachs und Champagner sowie Tiefkühlkost und Computer sind längst keine Fremdwörter mehr bei Aldi. Auch die Standorte ändern sich, Aldi findet sich zunehmend auch auf der grünen Wiese. Und selbst die legendären Aldi-Kassiererinnen werden mittlerweile durch Scanner-Kassen unterstützt.

Quellen: Cramer (2001, S.28); Brandes (1998); www.aldi.de; www.lznet.de; http://encyclopedia.thefreedictionary.com/aldi; www.konsequent-einfach.com/texte.html; (Stand: 2. August 2006).

In diesem Zusammenhang könnte auch die Strategie der „**Aufwärts-Standardisierung**" Erfolg versprechen. Wie die japanischen Autohersteller bereits in den achtziger Jahren bewiesen haben, ist es mitunter vorteilhaft, die Produktqualität „nach oben" anzupassen. Das Unternehmen bietet demnach nicht eine Vielzahl an (länderspezifischen) Ausstattungen an, sondern nur wenige, überdurchschnittlich **gut ausgestattete Standardlösungen**, die die Mehrzahl der Konsumenten über alle bearbeiteten Märkte hinweg präferiert. **Kundennähe** wird dabei auf zweierlei Weise sichergestellt:

1. Die bessere (Standard-)Ausstattung weckt bei neue **Bedürfnisse**, die unmittelbar befriedigt werden können.
2. Aufgrund des mengenbedingten **Degressionseffekts** (= wenige Standardlösungen für viele Kunden) kann das Unternehmen
   o seine (wegen der besseren Standardausstattung) höheren Kosten teilweise **kompensieren** und damit
   o seine Produkte trotz überdurchschnittlicher Qualität zu einem vergleichsweise **günstigen Preis** – und damit kundennah - anbieten.

Eine solche Strategie verfolgt etwa Toyota mit dem neuen Modell Lexus LS. Ziel ist es, in das renditestarke **Premium-Segment** einzudringen und zahlungskräftige Kunden – vorzugsweise von Mercedes und BMW – zu gewinnen.

Praxis-Fall	„Aufwärts-Standardisierung" bei Toyota: Auf der Suche nach Kunden für das Luxus-Marken-Segment

„Die Japaner verfolgen eine raffinierte Strategie: Die Käufer von Mittelklassewagen sollen für Autos interessiert werden, die zwar um ein Drittel mehr kosten als ihr bisheriges Fahrzeug, aber einen ähnlichen hohen Gebrauchs- und Prestigewert haben wie die teureren, deutschen Nobelmarken. Damit würde Toyota mehr Geld verdienen und gleichzeitig als Luxus-Hersteller neue Kunden in aller Welt ansprechen."

Quelle: A. Köhler: Fliegende Autos, in: Wirtschaftwoche, Nr.1/2 (5.1.2006), S.39.

- **Baukastensystem als Instrument der Kundenorientierung**

Wegen der vielfältigen Kombinationsmöglichkeiten können Unternehmen mit Hilfe von **Baukastensystemen** ihr Angebotsprogramm ausweiten – und zwar ohne wesentliche Kostensteigerungen. Für mehr **Kundennähe** sorgt dabei u.a. die mit dem Baukastensystem einhergehende Möglichkeit, schneller auf **Konsumentenwünsche** zu reagieren. Wer die erzielbaren Kosteneinsparungen (teilweise) an die Kunden weitergibt, verschafft sich überdies einen Vorteil im **Preiswettbewerb**. Das Baukastensystem als „Dach" sorgt außerdem für eine stärkere Identität des Angebotsprogramms bzw. für eine einheitliche Produktlinie und damit für eine leichtere Wiedererkennung. Kundenorientierung manifestiert sich außerdem in den tendenziell kürzeren Lieferzeiten. Auch der Kundendienst kann kundennäher agieren, da die Lagerung weniger gleichartiger Bauteile gewöhnlich eine schnellere Versorgung mit Ersatzteilen erlaubt.

Praxis-Fall	Kostensenkung trotz Individualisierung: Modularisierung bei Toyota

„Den Wünschen der Kunden nach mehr Individualität kommt Toyota mit dem Baukastensystem entgegen. Über 100 verschiedene Modelle rollen auf Japans Straßen. Das muss und darf nicht viel kosten. Jeder Wagen besteht aus Modulen, die immer wieder gemixt werden. Neue Modelle werden nicht – wie oft in Deutschland – beinahe komplett neu entwickelt, sondern enthalten oft bewährte Technik und damit auch in der Praxis erprobte und ausgereifte Bauteile. Ein Neuwagen bei Toyota kann zu über 70 Prozent aus Teilen des Vorgängermodells bestehen. Das schafft kürzere Entwicklungszeiten, und verlangt weniger Korrekturen vor Produktionsbeginn."

Quelle: A. Köhler: Fliegende Autos, in: Wirtschaftwoche, Nr.1/2 (5.1.2006), S.41.

Für die Produktpolitik gilt: Das **Prinzip des modularen Designs** lässt sich um so leichter verfolgen, je weniger ein solches Modul für den Endverbraucher sichtbar und damit imageprägend ist. Bei technischen Geräten ist dies regelmäßig bei den gewöhnlich verdeckten Antriebsaggregaten der Fall.

Praxis-Fall   Formen der Modularisierung

Immer mehr Unternehmen senken mit Hilfe des **Baukasten-Prinzips** ihre Kosten der Leistungserstellung, indem sie mit standardisierten, in Großserien gefertigten Teilen differenzierte Endprodukte herstellen.

- Eine Form dieser Modularisierung besteht darin, **gleiche Teile** in die unter verschiedenen Markennamen angebotenen Produkte einzubauen. Im einfachsten Fall werden dabei gleiche Bauteile eingebaut, die für den Kunden – im Idealfall – nicht sichtbar sind (z.B. Fensterheber, Schließmechanik, Vorrichtung zum Verstellen der Sitze). Das Beispiel des VW Polo, dessen Armaturenbrett und dessen Türgriffe mit denen des Seat Ibiza identisch sind, belegt indessen, dass sich auch sichtbare Teile für die Modularisierung eignen. Fiat etwa entwickelte vor ein paar Jahren ein Weltauto (Codename 178), das in fünf Fahrzeugvarianten (Schrägheck, Stufenheck, Kombi, Pick up, Kastenwagen) angeboten wurde, deren Bauteile zu etwa 70% identisch waren.
- Eine Strategie, die Porsche mit seinem „924er" bereits in den 70er Jahren praktiziert hat, findet heutzutage gleichfalls zunehmend Verbreitung: verschiedene Hersteller standardisieren **strategisch wichtige Teile** und tauschen sie untereinander aus (im Automobilbau bspw. Motor und prestigeträchtige Teile). So befindet sich im Opel Omega ein Motor von BMW, während der Saab 900 von Opel und der Volvo 850 von VW bzw. Audi „angetrieben" werden. Wer diese Vorgehensweise praktizieren will, sollte sich allerdings der damit möglicherweise einhergehenden (Image-)Probleme bewusst sein. So hatte Porsche mit dem (Vor-)Urteil zu kämpfen, der 924, den ein Motor von Audi bewegte, sei eigentlich „kein richtiger Porsche".
- Die extreme Form der Modularisierung ist erreicht, wenn verschiedene Hersteller **baugleiche Produkte** anbieten und lediglich den Markennamen anpassen. Das damit gemeinte ‚**badge engineering**', das bislang vor allem bei brauner und weißer Ware (z.B. Waschmaschine von Siemens und Bosch) angewendet wurde, hält nunmehr auch in anderen Produktbereichen Einzug, welche in noch höherem Maße „emotionsgeladen" sind, z.B. in der Automobilindustrie. Beispielsweise vertreiben FIAT, Peugeot und Citroen ein und dasselbe Fahrzeug, das sich je nach „Hersteller" lediglich im Markenlogo (‚badge') sowie in der Gestaltung des Kühlergrills und der Rückleuchten sowie in wenigen Details im Innenraum unterscheidet.

Quelle: Kornmeier/Schneider (2006, S.257f.).

- **Kundenorientierung durch Individualisierung standardisierter Produkte mit Dienstleistungen**

Hierzu eignen sich z.B. Kundenberatung, Zulieferung, Installation, Rücknahme und Entsorgung von Produkten (vgl. Abb. 87). Dienstleistungen, die erst nach dem Kauf erbracht werden, z.B. Ersatzteilversorgung, Schulungen, besitzen dabei ein vergleichsweise großes Potential.

Abb. 87: Kundenorientierung durch Differenzierung standardisierter Produkte mit Hilfe von Dienstleistungen

Zeitpunkt	Produktnähe der Dienstleistung			
	Produktnah		Produktfern	
	Konsumgut	Investitionsgut	Konsumgut	Investitionsgut
Vor dem Kauf	• Beratung • Katalog	• Erstellung eines Angebots • Demonstration • Referenzanlage	• Kinderhort • Parkraum	• Vorträge • Problemanalyse • Beratung
Während des Kaufs	• Lieferung bzw. Installation zur Probe • Gebrauchsanweisung	• Montage • Schulung	• Zusatzgeschenke • Verpackungsservice • Lieferservice	• Finanzierung • Kompensationsgeschäfte
Nach dem Kauf	• Kundendienst • Ersatzteilservice	• Reparaturdienst • Ersatzteilservice	• Kundenclubs • Kundenkarten • Kundenzeitschrift	• Mitarbeiterschulung

Quelle: Backhaus u.a. (2000, S.173).

5.4.1.2 Zusammenhang zwischen Mitarbeiter- und Kundenverhalten

Zahlreiche wissenschaftliche Untersuchungen (vgl. hierzu v.a. Zeithaml 2000) belegen die positive Beziehung zwischen dem (kundenorientierten) **Verhalten** der Mitarbeiter einerseits und den **Reaktionen** der Kunden (z.B. Zufriedenheit, Bindung) sowie den damit einhergehenden **Konsequenzen** für das Unternehmen (z.B. Gewinn) andererseits (vgl. z.B. Stock 2003; Heskett u.a. 1997; Reichheld 1996; Zeithaml u.a. 1996; Rust/Zahorik 1993; Koska 1990). Butcher u.a. (2003) stellten bspw. fest, dass die **Wertschätzung** eines Mitarbeiters gegenüber einem Kunden dessen Gesamtzufriedenheit stärker beeinflusst als etwa das Preis / Leistungs-Verhältnis.

Zu den **Schlüsselvariablen** der Kundenzufriedenheit gehört nicht zuletzt das **Commitment** von Mitarbeitern und Management. Dies ist insofern plausibel, als das damit gemeinte **Interesse an** und die **Aufgeschlossenheit für** die Belange und Bedürfnisse der Kunden notwendige Voraussetzungen für eine konsequente Kundenorientierung sind. Commitment manifestiert sich in vielfältiger Weise, z.B.:

- Rückt das Unternehmen seine (potentiellen) Kunden in den **Mittelpunkt**?
- Formuliert es seine **Strategien** kundenorientiert und billigt es diesen den entsprechenden **Stellenwert** zu?
- Stellt das Unternehmen angemessene personelle und finanzielle **Ressourcen** bereit, um Kundenorientierung auch tatsächlich umzusetzen?
- Werden Kunden und Märkte **systematisch analysiert**, bspw. indem man die Marktforschungsabteilung entsprechend organisiert?
- Ist Kundenorientierung Bestandteil der **Unternehmensphilosophie**?
- Ergreift das Unternehmen materielle und immaterielle **Maßnahmen**, mit denen es das Commitment seiner Mitarbeiter stärkt und diese dafür gewinnt, im Sinne des Unternehmens und der Kunden zu denken und zu handeln?

Was damit gemeint ist, verdeutlicht das folgende Beispiel. Nicht zuletzt wegen seines **Vorschlagswesens** sind die Mitarbeiter von Toyota immer wieder bereit, die Arbeitsprozesse zu verbessern, was letztlich auch dafür sorgt, dass die Kunden zufriedener werden; denn verbesserte Arbeitsprozesse

- mindern die Fehlerquote (z.B. mangelhafte Produkte) und sorgen somit für bessere **Produktqualität**,
- reduzieren den Ausschuss und damit die Stückkosten, was den Spielraum für **Preissenkungen** tendenziell vergrößert.

Praxis-Fall	Commitment der Mitarbeiter als Quelle für neue Ideen: Das Beispiel Toyota

"Vertreter deutscher Autofirmen in Japan rühmen auch das Engagement der Belegschaft. Die Mitarbeiter sind loyal – obwohl der Konzern ihnen in seiner Sparwut nichts schenkt. Eine seltene Balance. Dafür, dass sie funktioniert, spricht auch das „kreative Vorschlagssystem", das jeden Arbeiter anhält, Ideen zur Optimierung der Arbeitsprozesse beizusteuern. Über 550.000 solche Anregungen sind im vergangenen Jahr eingereicht worden. „90 Prozent dieser Ideen [werden umgesetzt]. Wer für Toyota arbeitet, ist stolz darauf. Die Fluktuation ist gering, die Mitarbeiter sind durchschnittlich etwa 37 Jahre alt und arbeiten seit rund 15 Jahren für den Konzern. Das

Betriebsklima gilt als fair und motivierend, nennenswerte Tarifkonflikte oder Streiks hat es seit einer Generation nicht mehr gegeben. Ein vom Unternehmerverband Keidanren geförderter Gewerkschaftsvorstoß, 2006 erstmals seit drei Jahren die Grundlöhne um monatlich knapp 15 Euro zu erhöhen, wurde vom Management unwidersprochen abgelehnt. „Japans Arbeitskosten sind generell schon hoch – verglichen mit Deutschland und den USA – und wir denken gar nicht daran, das weiter eskalieren zu lassen", ließ der stellvertretende Vorstandschef Mitsuo Kinoshita wissen. Dafür will Toyota die Erfolgsprämien zweimal im Jahr der Gewinnlage anpassen. Und zwar für alle seiner rund 65.000 Mitarbeiter in Japan und nicht nur für die Chefs. Damit kommt ein Toyota-Werker am Band durchschnittlich auf umgerechnet 60.000 Euro Jahreseinkommen, Gewerkschaftsmitglieder und qualifizierte Techniker liegen deutlich darüber."

Quelle: A. Köhler: Fliegende Autos, in: Wirtschaftwoche, Nr.1/2 (5.1.2006), S.41-42.

Weitere Hinweise auf Commitment und Kundenorientierung findet, wer sich anhand folgender **Checkliste** einem Test unterzieht.

Praxis-Tipp   Checkliste Kundenorientierung

- Ist es einfach, mit uns ins Geschäft zu kommen?
- Sind wir einfach zu kontaktieren (persönlich, per Telefon, per Post)?
- Gehen wir aktiv auf den Kunden zu?
- Ist unsere Auftragsannahme kundenfreundlich? Und gilt das auch für unsere Öffnungs- bzw. Wartezeiten?
- Behandeln wir unseren Kunden als Individuum, als Bittsteller oder als Störenfried unseres Arbeitsablaufs?
- Hören wir zu? Kennen wir die Bedürfnisse und Wünsche unserer Kunden?
- Stellen wir unsere Informationen unverzüglich zur Verfügung (mündlich, schriftlich, telefonisch)?
- Haben wir kundenorientierte Leistungsstandards? Kennen unsere Mitarbeiter diese Leistungsstandards? Verstehen wir es, diese auch unseren Kunden zu verdeutlichen?
- Können wir die beim Kunden geweckten Erwartungen hinsichtlich Produktleistung, Lieferservice, Kundendienst sowie -schulung tatsächlich erfüllen? Oder provozieren wir die Unzufriedenheit unserer Kunden dadurch, dass wir eine Erwartungshaltung hervorrufen, der wir in der Realität gar nicht gerecht werden?
- Fühlen wir uns für den Kunden und dessen Zufriedenheit verantwortlich?
- Verstehen wir uns lediglich als Anbieter einer technischen Leistung oder vielmehr als ganzheitlichen Problemlöser?

- Sind wir uns der ursprünglichen Bedeutung des Wortes be"dienen" voll und ganz bewusst?
- Betreuen wir unsere Kunden auch nach dem Kauf?
- Stellen wir organisatorisch sicher, dass auch unsere „kundenfernen Abteilungen" regelmäßig mit Kunden in Kontakt kommen?
- Verfügen wir über ein gut funktionierendes Beschwerdemanagement-System?
- Befragen wir unsere Kunden regelmäßig zu deren Zufriedenheit? Falls ja, nutzen wir die dabei erzielten Ergebnisse wirklich sinnvoll?

5.4.1.2.1 Erklärungsbeitrag der „Service / Profit-Chain" (SPC)

Um den (wechselseitigen) Zusammenhang zwischen dem Verhalten von Mitarbeitern und Kunden zu verstehen, lohnt es sich zunächst, einen Blick auf die „Service / Profit-Chain" (SPC) (vgl. Abb. 88) zu werfen (vgl. Heskett u.a. 1997).

Abb. 88: Die ‚Service / Profit-Chain'

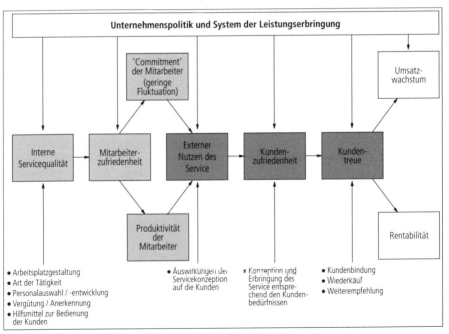

Quelle: Heskett u.a. (1994).

Im Mittelpunkt des teils theoretisch, teils empirisch geprüften Modells steht die Frage, inwieweit Zufriedenheit und Bindung der Mitarbeiter
- die Zufriedenheit und Bindung der Kunden **steigern** und damit letztlich
- zu Umsatzwachstum und Rentabilität eines Unternehmens **beitragen**.

Mit Blick auf das Interne Marketing ist dabei bedeutsam, dass die SPC dem einzelnen **Mitarbeiter** eine **zentrale Rolle** zuweist. Demnach wird der Unternehmenserfolg weniger von der Höhe des Gewinns als vielmehr von den Leistungen der Mitarbeiter bestimmt.

Wie bedeutsam die Mitarbeiterseite (d.h. Zufriedenheit und Loyalität bzw. ‚Commitment' der Mitarbeiter) für die Kundenzufriedenheit ist, konnten Heskett u.a. (1994) belegen. Demnach verliert ein Unternehmen pro Monat einen Umsatz von 36.000 $, wenn es einen Vertriebsmitarbeiter, der zwischen fünf und acht Jahren in dem fraglichen Unternehmen beschäftigt war, durch einen neuen Mitarbeiter ersetzt.

Ganz generell postuliert die SPC folgenden Zusammenhang: Je besser die **interne Servicequalität** ausfällt (z.B. Arbeitsplatzgestaltung, Art der Tätigkeit, Vergütung / Anerkennung), desto **zufriedener** sind die Mitarbeiter, was sich wiederum in einer höheren **Produktivität** sowie in einem stärkeren ‚**Commitment**' gegenüber dem Unternehmen bzw. in einer **geringeren Fluktuation** niederschlägt. Außerdem – so die SPC – tragen zufriedene Mitarbeiter dies in Form eines **guten Kundenservice** nach außen, was die **Kunden** (noch) zufriedener macht. Das konkret messbare Ergebnis (Umsatzwachstum, Rentabilität) lässt sich damit erklären, dass zufriedene Kunden grundsätzlich auch **treuer** sind, häufiger zu ‚**Cross selling**' neigen und positive **Mundpropaganda** betreiben (vgl. Loveman 1998).

5.4.1.2.2 Empirische Erkenntnisse

Die folgende Zusammenstellung vermittelt einen Eindruck von der **Vielzahl** und **Vielfalt** der Studien, die in den vergangenen Jahren durchgeführt wurden, um den Zusammenhang zwischen **Mitarbeiterverhalten** (‚Commitment', Zufriedenheit) und **Kundenverhalten** (Zufriedenheit, Kundenbindung, Beschwerden) zu analysieren. Wie Abb. 89 zu erkennen gibt, lässt sich in der Mehrzahl der Fälle eine **positive Beziehung** zwischen den beiden Kriterien beobachten.

Abb. 89: Zusammenhang zwischen dem Verhalten von Mitarbeitern und Kunden: Ergebnisse empirischer Studien

Autor	Branche	Ergebnis
Banker/Konstans/Mashruwala (2000)	Handel	• Zusammenhang zwischen Mitarbeiterzufriedenheit und Kundenzufriedenheit
Bernhardt/Donthu/Kennett (2000)	‚Fast food'-Restaurant	• Positiver Zusammenhang zwischen Kundenzufriedenheit und Mitarbeiterzufriedenheit ($r = 0{,}53$; $p < 0{,}05$)
Bettencourt/Brown (1997)	Bank	• Kein Zusammenhang zwischen Mitarbeiterzufriedenheit und Kundenzufriedenheit
Brown/Mitchell (1993)	Bank	• Kein Zusammenhang zwischen Kundenzufriedenheit und Mitarbeiterzufriedenheit
		• Zusammenhang zwischen organisatorischen Hindernissen und Kundenzufriedenheit
		• Zusammenhang zwischen organisatorischen Hindernissen und Mitarbeiterzufriedenheit
Dormann/Kaiser (2002)	Kindergarten	• Zusammenhang zwischen Arbeitsbedingungen und Kundenzufriedenheit
Dormann/Spethmann/Weser/Zapf (2003)	Arztpraxis	• Positiver Zusammenhang zwischen
		○ Mitarbeiterzufriedenheit und Kundenorientierung des Unternehmens ($r = 0{,}50$; $p < 0{,}01$)
		○ Mitarbeiterzufriedenheit und persönlicher Kundenorientierung ($r = 0{,}21$; $p < 0{,}01$)
Grund (1998)	Bank	• Positiver Zusammenhang zwischen Mitarbeiterzufriedenheit und wahrgenommener Kundenzufriedenheit ($r = 0{,}46$; $p < 0{,}001$)
Hackett/Bycio/Hausdorf (1994)	Transport	• Kein Zusammenhang zwischen ‚Commitment' und Kundenbeschwerden
Hallowell/Schlesinger/Zornitsky (1996)	Versicherung	• Positiver Zusammenhang zwischen Mitarbeiterzufriedenheit und Kundenorientierung ($R^2 = 0{,}27$, $r = 0{,}52$)
		• Interne Servicequalität beeinflusst Servicefähigkeit und Mitarbeiterzufriedenheit
Harter/Hayes/Schmidt (2002)	Verschiedene Branchen	• Positiver Zusammenhang zwischen Kundenzufriedenheit und Mitarbeiterzufriedenheit ($r = 0{,}28$, Konfidenzintervall = 90%)
Hartline/Ferrel (1996)	Hotelkette	• Mitarbeiterzufriedenheit beeinflusst die Servicequalität
Herrington/Lomax (1999)	Bank	• Kein Einfluss der Mitarbeiterzufriedenheit auf die Servicequalität
		• Mitarbeiterzufriedenheit beeinflusst die Wiederkaufabsicht
Hoffman/Ingram (1992; 1991)	Pflegedienst	• Zusammenhang zwischen Mitarbeiterzufriedenheit und Kundenorientierung
Hoffmann/Koop (2004)	Dienstleistung	• Positiver Zusammenhang zwischen Mitarbeiterzufriedenheit in t_1 und Kundenzufriedenheit in t_2 (Pfadkoeffizient = 0,41; 0,31; NFI= 0,99, CFI= 0,99, RMSEA= 0,08)

(wird fortgesetzt)

(Fortsetzung)

Autor	Branche	Ergebnis
Jimmieson/Griffin (1998)	Alkohol- u. Drogenberatung	• Kunden- und Organisationsmerkmale beeinflussen die Kundenzufriedenheit
Johnson (1996)	Bank	• Positiver Zusammenhang zwischen Kundenzufriedenheit und Mitarbeiterzufriedenheit ($r = 0{,}40$; $p < 0{,}01$); starke Korrelation bei Weiterbildung / Information ($r = 0{,}44$, $r = 0{,}48$; $p < 0{,}01$)
		• Zusammenhang zwischen Serviceklima und Kundenzufriedenheit
		• Zusammenhang zwischen wahrgenommener Kundenzufriedenheit und Kundenzufriedenheit mit Service
Kelley (1990)	Bank	• Zusammenhang zwischen Mitarbeiterzufriedenheit und Kundenorientierung
Koop/Bungard (2004)	Krankenhaus	• Kein Zusammenhang zwischen Mitarbeiterzufriedenheit (gesamt) und Kundenzufriedenheit (gesamt), positiver Zusammenhang für einzelne Facetten
Korunka/Scharitzer/ Sonnek (2003)	Öffentliche Organisation	• Positiver Zusammenhang zwischen Mitarbeiterzufriedenheit und Kundenorientierung ($r = 0{,}45$; $p < 0{,}05$)
Korunka/Scharitzer/ Sonnek (2003)	Öffentliche Organisation	• Positiver Zusammenhang zwischen Mitarbeiterzufriedenheit und Kundenzufriedenheit (beide nehmen von t_1 zu t_2 zu)
		• Zusammenhang zwischen Kundenzufriedenheit und Mitarbeiterzufriedenheit / Kundenorientierung / Servicefähigkeit
Koys (2001)	Restaurant-Kette	• Mitarbeiterzufriedenheit t_1 sagt Kundenzufriedenheit in t_2 voraus ($\beta = 0{,}62$; $p < 0{,}01$)
		• Kundenzufriedenheit t_1 sagt Mitarbeiterzufriedenheit in t_2 voraus ($\beta = 0{,}39$; n.s.) $\rightarrow$ reziproke Beziehung
Krause/Dunckel (2003)	Straßenreinigung	• Positiver Zusammenhang zwischen Kundenzufriedenheit und Mitarbeiterzufriedenheit ($r = 0{,}37$ bis $0{,}62$; $p < 0{,}05$)
Loveman (1998)	Bank	• Positiver Zusammenhang zwischen Mitarbeiterloyalität und Kundenorientierung ($r = $ k.A.)
		• Interne Servicequalität beeinflusst die Mitarbeiterzufriedenheit
		• Kein Zusammenhang zwischen Kundenzufriedenheit und Mitarbeiterzufriedenheit
		• Kein Zusammenhang zwischen Loyalität der Mitarbeiter und Kundenzufriedenheit
Meffert/Schwetje (1999)	Handel	• Kein Zusammenhang zwischen Mitarbeiterzufriedenheit und Motivation, den Kunden zufrieden zu stellen
		• Zusammenhang zwischen Zufriedenheit der Mitarbeiter mit ihren Kollegen und Motivation
		• Zusammenhang zwischen Zufriedenheit der Mitarbeiter mit Organisation / Leitung und Motivation

(wird fortgesetzt)

(Fortsetzung)

Autor	Branche	Ergebnis
Mowday/Porter/Dubin (1974)	Bank	• Positiver Zusammenhang zwischen ‚Commitment' und Kundenorientierung • Signifikante Unterschiede zwischen Gruppen mit starker (= 1,1), mittlerer (= -1,2) und niedriger (= -0,69) Kundenorientierung ($p < 0{,}005$)
Müller (1999)	Bank	• Zusammenhang zwischen Mitarbeiterzufriedenheit und wahrgenommener Kundenzufriedenheit
Ostroff (1992)	Schule	• Positiver Zusammenhang zwischen der Zufriedenheit von Lehrern und Schülern ($r = 0{,}44$; $p < 0{,}05$) • Positiver Zusammenhang zwischen ‚Commitment' der Lehrer und „Kundenzufriedenheit" der Schüler ($r = 0{,}45$; $p < 0{,}05$)
Parkington/Schneider (1979) Schneider/Parkington/ Buxton (1980)	Bank	• Zusammenhang zwischen Mitarbeiterzufriedenheit und Servicequalität • Zusammenhang zwischen wahrgenommener Servicequalität und (tatsächlicher) Servicequalität
Reynierse/Harker (1992)	Bank	• Bei Schalterangestellten: Zusammenhang zwischen Mitarbeiterzufriedenheit und Kundenzufriedenheit • Bei Kundenberatern: kein Zusammenhang
Rogg/Schmidt/Schull/ Schmitt (2001)	Handel, Dienstleistung	• ‚Human resources'-Praktiken beeinflussen das Organisationsklima • Organisationsklima beeinflusst die Kundenzufriedenheit
Ryan/Schmit/Johnson (1996)	Finanzdienstleistung	• Schwach positiver Zusammenhang zwischen Mitarbeiterzufriedenheit (gesamt) und Kundenzufriedenheit ($r = 0{,}19$; $p < 0{,}05$) • Kundenzufriedenheit beeinflusst Mitarbeiterzufriedenheit; Mitarbeiterzufriedenheit beeinflusst Kundenzufriedenheit nicht ($CFI = 0{,}999$; $NFI = 0{,}999$)
Schlesinger/Zornitsky (1991)	Versicherung	• Zusammenhang zwischen wahrgenommener Kundenzufriedenheit und Mitarbeiterzufriedenheit • Zusammenhang zwischen wahrgenommener Servicefähigkeit und Mitarbeiterzufriedenheit
Schmit/Allscheid (1995)	Sicherheitsdienst	• Mitarbeiterzufriedenheit beeinflusst Kundenorientierung (Pfadkoeffizient = $0{,}74$; $p < 0{,}05$) • Mitarbeiterzufriedenheit beeinflusst Kundenzufriedenheit; Kundenzufriedenheit beeinflusst Mitarbeiterzufriedenheit nicht ($NFI = 0{,}93$, $CFI = 0{,}95$) • Mitarbeiterzufriedenheit beeinflusst wahrgenommene Service-/ Produktqualität • Wahrgenommene Service-/ Produktqualität beeinflusst Kundenzufriedenheit
Schneider/Ashworth/ Higgs/Carr (1996)	Versicherung	• Positiver Zusammenhang zwischen Kundenorientierung der Mitarbeiter und Kundenzufriedenheit ($r = 0{,}40$ bis $0{,}68$; $p < 0{,}01$)

(wird fortgesetzt)

(Fortsetzung)

Autor	Branche	Ergebnis
Schneider (1973)	Bank	• Zusammenhang zwischen Serviceklima und Wechselbereitschaft
Schneider/Bowen (1985)	Bank	• Positiver Zusammenhang zwischen Kundenzufriedenheit und Mitarbeiterzufriedenheit ($r = 0{,}46$; $p < 0{,}05$)
		• Positiver Zusammenhang zwischen Mitarbeiterzufriedenheit und Kundenbindung ($r = 0{,}58$; $p < 0{,}05$)
		• Zusammenhang zwischen wahrgenommener Servicequalität und Servicequalität
		• Zusammenhang zwischen Serviceklima und Servicequalität
		• Zusammenhang zwischen ‚Human resources'-Praktiken und Servicequalität
Schneider/Bowen (1993)	Bank	• Zusammenhang zwischen Serviceklima und Servicequalität
		• Zusammenhang zwischen ‚Human resources'-Praktiken und Servicequalität
		• Zusammenhang zwischen wahrgenommener Servicequalität und (tatsächlicher) Servicequalität
Schneider/Parkington/ Buxton (1980)	Bank	• Positiver Zusammenhang zwischen Kundenorientierung der Mitarbeiter und Kundenzufriedenheit ($r = 0{,}67$; $p < 0{,}01$)
		• Positiver Zusammenhang zwischen Mitarbeiterzufriedenheit und Kundenzufriedenheit ($r = 0{,}47$; $p < 0{,}05$)
Schneider/White/Paul (1998)	Bank	• Positiver Zusammenhang zwischen Serviceklima (bewertet durch Mitarbeiter) und Kundenzufriedenheit ($r = 0{,}26$; $p < 0{,}01$); reziproke Beeinflussung ($CFI = 0{,}93$, $NFI = 0{,}94$)
		• Serviceklima beeinflusst die Servicequalität
		• Servicequalität beeinflusst das Serviceklima
		• Arbeitserleichterung beeinflusst das Serviceklima
		• Interner Service beeinflusst das Serviceklima
Schwetje (1999)	Handel	• Kein Zusammenhang zwischen Kundenzufriedenheit und Mitarbeiterzufriedenheit
		• Personalintensität beeinflusst Mitarbeiter- / Kundenzufriedenheit
Siguaw/Brown/Widing (1994)	Vertrieb	• Positiver Zusammenhang zwischen ‚Commitment' und Kundenorientierung ($r = 0{,}19$; $p < 0{,}001$)
		• Schwach positiver Zusammenhang zwischen Mitarbeiterzufriedenheit und Kundenorientierung ($r = 0{,}17$; $p = 0{,}006$)
		• Marktorientierung beeinflusst die Kundenorientierung
		• Marktorientierung beeinflusst die Mitarbeiterzufriedenheit
Snipes (2001)	Bildungsinstitutionen	• Mitarbeiterzufriedenheit beeinflusst die Servicequalität
		• Servicequalität beeinflusst die Kundenzufriedenheit

(wird fortgesetzt)

(Fortsetzung)

Autor	Branche	Ergebnis
Stock (2001)	Verschiedene Unternehmen ‚Business to business'	• Mitarbeiterzufriedenheit beeinflusst die Kundenzufriedenheit (Pfadkoeffizient = 0,17; p < 0,01)
Susskind/Kacmar/ Borchgrevink (2003)	Dienstleistungen	• Standards beeinflussen die Kundenorientierung • Kundenorientierung beeinflusst die Kundenzufriedenheit
Tornow/Wiley (1991)	Datenverarbeitung	• Positiver Zusammenhang zwischen Mitarbeiterzufriedenheit (gesamt) und Kundenzufriedenheit (gesamt) (r = 0,32; p < 0,05)
Wiley (1991)	Einzelhandel	• Positiver Zusammenhang zwischen Mitarbeiterzufriedenheit und Kundenzufriedenheit (r < 0,31; p < 0,01)
Wiley (1996)	Bank	• Zusammenhang zwischen Mitarbeiterzufriedenheit und Kundenzufriedenheit

Legende:
r = Korrelationskoeffizient   p = Signifikanzniveau   ß = Regressionskoeffizient
R^2 = Bestimmtheitsmaß   n.s. = nicht signifikant   NFI, CFI, RMSEA = Gütekriterien

Quelle: eigene Zusammenstellung auf der Basis von Koop (2004, S.73ff.); Winter (2005, S.63f.).

Von besonderer Bedeutung ist in diesem Zusammenhang das Ergebnis einer empirischen Studie von Winter (2005). Demnach beeinflusst Mitarbeiterzufriedenheit die Zufriedenheit der Kunden **nicht direkt**, sondern über eine Vielzahl an **moderierenden Variablen** (vgl. Abb. 90).

Neben diesem durchaus überraschenden Befund ergaben sich folgende nicht minder bedeutsamen Zusammenhänge, die im Wesentlichen einem ‚Circulus virtuosus' entsprechen:

- Je zufriedener die Mitarbeiter mit ihren **Kollegen**, mit der Sicherheit des **Arbeitsplatzes**, mit dem **Unternehmensleitbild** sowie mit der **organisationalen** Kundenorientierung sind, desto zufriedener sind sie und desto positiver ist ihr generelles Verhalten.
- Je positiver ihr **Verhalten** (z.B. Serviceorientierung), desto zufriedener sind die Kunden.
- Je zufriedener die Kunden, um so eher nehmen die Mitarbeiter diese Zufriedenheit (als positiv) wahr (= **wahrgenommene Kundenzufriedenheit**).
- Je mehr die Mitarbeiter die Kundenzufriedenheit wahrnehmen, um so eher schlägt sich dies in ihrem **Verhalten** nieder und um so **zufriedener** sind sie selbst. Der Kreis schließt sich.

Abb. 90: Mitarbeiter- und Kundenzufriedenheit als ‚Circulus virtuosus'

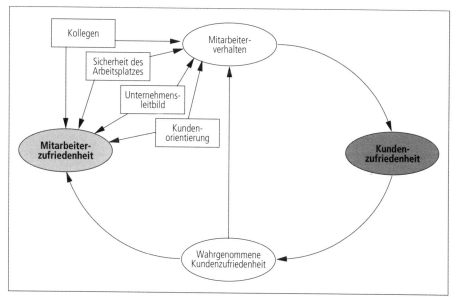

Quelle: Winter (2005, S.184); leicht modifiziert.

5.4.1.3 Konsequenzen

Nicht zuletzt die Ergebnisse von Winter (2005) eröffnen eine Vielzahl an Ansatzpunkten, um über Maßnahmen des Internen Marketing die Mitarbeiter – und damit letztlich auch die Kunden – zufriedener zu machen.

(1) Der Umstand, dass sich beide Faktoren gegenseitig verstärken, legt u.a. nahe, dass das Topmanagement seine **Mitarbeiter regelmäßig** über die Zufriedenheit der Kunden **informieren** sollte. Da Winter (2005) außerdem zeigen konnte, dass die Mitarbeiter die Zufriedenheit ihrer Kunden nur teilweise korrekt einschätzen und dabei servicebezogene Elemente stärker bewerten, sollten Unternehmen ihre Mitarbeiter auch in jenen **(kundenfernen) Bereichen** über die Kundenzufriedenheit informieren, in welchen man diese nicht direkt erlebt (z.B. Mitarbeiter im ‚Back office'). Zwar folgt die Unternehmenspraxis bisweilen diesem Ansatz, zumeist aber nur punktuell und außerdem nur dann, wenn es negative Ergebnisse zu vermelden gibt. Eine solche lediglich auf ‚**bad news**' angelegte „**Informationspolitik**" ist indessen gerade mit Blick auf die sich selbst verstärkende Wirkung äußerst **kontraproduktiv**.

(2) Aus dem Befund, dass das gute Verhältnis zu Kollegen sowohl Mitarbeiter- als auch Kundenzufriedenheit positiv beeinflusst, lässt sich folgern, dass das Management ein positives Arbeitsklima schaffen bzw. fördern sollte. Sieht man einmal von sog. **Teambuildingmaßnahmen** ab, so könnte das Management bereits bei der **Personalauswahl** die wechselseitige Sympathie der in einer Abteilung tätigen Mitarbeiter stärker berücksichtigen, bspw. indem es künftige **Kollegen** in den **Auswahlprozess** einbezieht.

(3) Ebenso bedeutsam wie die Existenz eines **gut gestalteten Leitbildes** ist es, dass die Mitarbeiter das Leitbild akzeptieren und man ihnen deren **praktische Anwendbarkeit** vermittelt.

(4) Die gleichfalls zufriedenheitsstiftende Kundenorientierung lässt sich dadurch fördern, dass das Unternehmen (bzw. das Management)
- die Mitarbeiter zu verschiedenen Themen mit Bezug zur Kundenorientierung **schult**,
- ein professionelles **Beschwerdemanagement einführt** und diesem einen hohen Stellenwert einräumt,
- Kundenorientierung **vorlebt**,
- die Mitarbeiter über Erwartungen und Zufriedenheit der Kunden **informiert**,
- Maßnahmen ergreift, welche geeignet sind, die **Mitarbeiter zufriedener** zu machen.

(5) Angesichts der Relevanz der wahrgenommenen Arbeitsplatzsicherheit sollte das Management das Bewusstsein der Mitarbeiter für **Eigenverantwortung** schärfen: Die Sicherheit der einzelnen Arbeitsplätze hängt auch maßgeblich vom Verhalten und von der Leistung der betreffenden Mitarbeiter ab.

(6) Mit Blick auf das Beziehungsgeflecht von Mitarbeiter- und Kundenzufriedenheitsdimensionen sollten Unternehmen ein **ganzheitliches Konzept** des Qualitätsmanagement bzw. der Unternehmenssteuerung, z.B. EFQM-Modell oder Balanced Scorecard (vgl. Kap. 1.1), implementieren (vgl. Winter 2005; Schwetje 1999). Nur so ist es möglich, die verschiedenen für das Unternehmen bedeutsamen Ausprägungen der Zufriedenheit aus einer übergeordneten Perspektive zu betrachten. **Wenig zweckmäßig** ist hingegen die weit verbreitete Unternehmenspraxis, die beiden Problemkreise „Mitarbeiter- und Kundenzufriedenheit" organisatorisch zu **trennen**. Indem bspw. Unternehmen Fragen

der Mitarbeiterzufriedenheit der Personalabteilung zuschlagen, Kundenzufriedenheit hingegen der Marketingabteilung, erschweren oder verhindern sie den **Austausch** sowie die **ganzheitliche Bearbeitung** der Ergebnisse von Mitarbeiter- und Kundenbefragungen.

5.4.1.4 Mitarbeiterbefragung als (Führungs-)Instrument zur Förderung von Kundenorientierung

Die mittelbare Beziehung zwischen Mitarbeiter- und Kundenzufriedenheit vor Augen gewinnt auch das **(Führungs-)Instrument** der **Mitarbeiterbefragung** einen neuen Stellenwert: Da einzelne Dimensionen der Mitarbeiterzufriedenheit sowohl das Mitarbeiterverhalten als auch die Kundenzufriedenheit beeinflussen, liefern die aus Mitarbeiterbefragungen gewonnenen Daten konkrete Hinweise auf **Verbesserungspotentiale**. Derartige empirische Erhebungen sind somit ein ideales Instrument der **Unternehmensführung** und **-entwicklung**. Einige Daten und Fakten mögen dies unterstreichen:

- 70% der in einer US-amerikanischen Studie analysierten Unternehmen (n = 429) hatten in den zurückliegenden zehn Jahren mindestens einmal ihre Mitarbeiter befragt; 69% planten eine Folgestudie.
- Kraut und Freeman ermittelten, dass 78% der von ihnen befragten Großunternehmen (n = 75) Mitarbeiterbefragungen durchführen.
- W. Bungard kam auf Basis einer Befragung zu dem Schluss, dass 50% der umsatzstärksten deutschen Unternehmen Mitarbeiterbefragungen durchführen bzw. planen.
- Auch eine Untersuchung der Forschungsgruppe Management + Marketing, Kassel, im Oktober 1999 bestätigt die Relevanz von Mitarbeiter-Betragungen. Die damals durchgeführte Analyse von Dienstleistungsunternehmen zum Thema „Akzeptanz und Stellenwert von Mitarbeiter-Befragungen" ergab u.a. folgendes Bild.

| Praxis-Fall | **Ausgewählte Trends auf dem Gebiet der Mitarbeiter- und Führungskräftebefragung** |

- Die befragten Unternehmen sind gegenüber Mitarbeiterbefragungen grundsätzlich positiv eingestellt.
- Die Anforderungen an die Personalbetreuung werden in Zukunft wachsen.
- Humanressourcen sind für den Unternehmenserfolg sehr wichtig.

- Dennoch betreiben nur 33% der befragten Unternehmen systematisch Humanressourcenanalyse durch regelmäßige Mitarbeiterbefragungen.
- Drei Viertel der Unternehmen, die ihre Mitarbeiter befragen, führen eine Vollerhebung durch.
- Befragungen zum Führungsverhalten sind noch eher selten.
- 81% informieren ihre Mitarbeiter über die Befragungsergebnisse.
- Zwei Drittel der Unternehmen nutzen die Befragungsergebnisse, um sie in ihre Führungs- und Steuerungsinstrumente einzubinden.
- Der Nutzen der Mitarbeiterstudie hängt maßgeblich von der inhaltlichen Ausrichtung und Ausgestaltung der Befragung ab.

Quelle: Forschungsgruppe Management + Marketing, Kassel.

Auch M. E. Domsch kam zu dem Ergebnis, dass neben umfassenden Befragungen **spezifische Mitarbeiteranalysen** an Bedeutung gewinnen.

- Im Rahmen von TQM, Auditierung oder Balanced Scorecard sind Mitarbeiterbefragungen wichtige **strategische Management-Tools**. Immer mehr Unternehmen sind bestrebt, Arbeitnehmervertretungen von Beginn der Studie bis zu deren Abschluss in das Projekt einzubinden.
- Mitarbeiterbefragungen werden immer häufiger auch als **Controlling-Instrument** eingesetzt, um die initiierten Veränderungsmaßnahmen zu evaluieren.
- Immer mehr Unternehmen nutzen Mitarbeiterbefragungen zum Vergleich mit anderen Unternehmen (**Benchmarking**) oder um **Veränderungen** in ihrer Belegschaft zu ermitteln (z.B. durch Mitarbeiterbefragungen im zweijährigen Turnus).
- **Neue Erhebungstechniken** wie die Online-Befragung ermöglichen es, die für die Analyse erforderlichen Daten schneller zu erfassen, auszuwerten und zu präsentieren und werden deshalb an Bedeutung gewinnen.
- Unternehmen legen immer mehr Wert darauf, die Befragungsergebnisse auch in **konkrete Maßnahmen** umzusetzen.

Praxis-Tipp — Der ideale Zeitpunkt für die Analyse der Mitarbeiterzufriedenheit

Ein Unternehmen sollte die Zufriedenheit seiner Mitarbeiter analysieren, wenn es
- in den vergangenen Jahren stark gewachsen ist (z.B. starkes Umsatzwachstum) und deshalb zahlreiche neue Mitarbeiter integrieren muss,

- tiefgreifende Restrukturierungsmaßnahmen ergriffen hat, welche das Arbeitsumfeld der Mitarbeiter verändert haben,
- gezielt Maßnahmen zur Veränderung der Unternehmenskultur initiieren will,
- seinen Geschäftswert steigern möchte,
- Zufriedenheit und Motivation der Mitarbeiter steigern will,
- effiziente Qualitätssicherung und internes Benchmarking betreibt,
- sich zertifizieren lassen bzw. sich um den „European Quality Award" / „Excellence Model der European Foundation for Quality Management" bewerben möchte.

Am Beispiel „Warenhaus" verdeutlicht die folgende Zusammenstellung, wie das **Konstrukt „Mitarbeiterzufriedenheit"** operationalisiert werden kann.

| Praxis-Tipp | Operationalisierung der Mitarbeiterzufriedenheit am Beispiel „Warenhaus" |

Beispiel zum Verständnis (Operationalisierung der aufgelisteten Kriterien in einem Fragebogen)
(Zufriedenheitsskala von -3 (= sehr unzufrieden) bis +3 (= sehr zufrieden)):
Bitte geben Sie im Folgenden an, wie zufrieden Sie jeweils mit den aufgeführten Kriterien sind.
- *Arbeitsmittel (z.B. PC, Schreibtisch, Ausstattung)*
- *Äußere Rahmenbedingungen des Arbeitsplatzes (z.B. Licht, Lärm, Klima, Raum)*
- *Direktes Umfeld des Arbeitsplatzes (z.B. Pausenräume, sanitäre Einrichtungen)*
- *...*

Arbeitsbedingungen
- Arbeitsmittel (z.B. PC, Schreibtisch, Ausstattung)
- Äußere Rahmenbedingungen des Arbeitsplatzes (z.B. Licht, Lärm, Klima, Raum)
- Direktes Umfeld des Arbeitsplatzes (z.B. Pausenräume, sanitäre Einrichtungen)
- Zufriedenheit (insgesamt) mit den Bedingungen am Arbeitsplatz
- Zufriedenheit (insgesamt) mit der Arbeitssicherheit am Arbeitsplatz
- Zufriedenheit (insgesamt) mit dem Gesundheitsschutz am Arbeitsplatz

Arbeitszeit
- Vereinbarkeit der persönlichen Interessen mit den Arbeitszeiten
- Möglichkeit zur Mitbestimmung bei der Arbeitszeitgestaltung
- Zufriedenheit (insgesamt) mit der Arbeitszeitregelung

Tätigkeit
- Spaß / Freude an der Tätigkeit
- Abwechslungsreichtum der Tätigkeit
- Möglichkeit zum Einsatz der eigenen Fähigkeiten im Rahmen der Tätigkeit

- Stolz auf Ergebnisse der Tätigkeit
- Zufriedenheit (insgesamt) mit der Tätigkeit

Entlohnung
- Einfluss von Entlohnung / Prämien auf Motivation für besondere Leistungen
- Wahrgenommene Gerechtigkeit (= Verhältnis Entlohnung / Leistung)
- Zufriedenheit (insgesamt) mit der Entlohnung

Kollegen
- Möglichkeit, sich in beruflichen Angelegenheiten auf die Kollegen zu verlassen
- Möglichkeit, mit Kollegen Positives und Negatives der Zusammenarbeit zu besprechen
- Art der Problemlösung im Arbeitsbereich (einzeln / als Gruppe)
- Unterstützung durch Kollegen im Arbeitsbereich bei fachlichen Problemen
- Klima im Arbeitsbereich (z.B. offen, ehrlich)
- Zufriedenheit (insgesamt) mit der Zusammenarbeit mit den Kollegen im Arbeitsbereich

Vorgesetzter
- Verhalten des Vorgesetzten bei Entscheidungen (z.B. Begründung von Entscheidungen)
- Nachvollziehbarkeit der Entscheidungen des Vorgesetzten
- Beitrag des Vorgesetzten zur Schaffung eines guten Arbeitsklimas in seinem Verantwortungsbereich
- Regelmäßiges ‚Feed back' des Vorgesetzten (v.a. Bewertung der Arbeitsleistung)
- Art der Kritik des Vorgesetzten (z.B. konstruktiv, hilfreich)
- Arbeitsverhalten des Vorgesetzten (als Vorbild)
- Vertrauen in Entscheidungen des Vorgesetzten
- Fachkompetenz des Vorgesetzten für die Position
- Fähigkeit des Vorgesetzten, sehr gute Leistungen einzufordern
- Offenheit des Vorgesetzten für Kritik
- Zufriedenheit (insgesamt) mit der Zusammenarbeit mit dem Vorgesetzten

Höhere Vorgesetzte
- Beitrag des nächsthöheren Vorgesetzten zur Schaffung eines guten Arbeitsklimas in seinem Verantwortungsbereich
- Vertrauen in die Entscheidungen des nächsthöheren Vorgesetzten
- Offenheit des nächsthöheren Vorgesetzten für neue Ideen
- Zufriedenheit (insgesamt) mit dem nächsthöheren Vorgesetzten

Organisation / Leitung
- Vom Vorstand gelieferte Informationen
- Vertrauen in die Entscheidungen des Vorstands
- Interesse des Vorstands an der Meinung der Mitarbeiter

- Zufriedenheit (insgesamt) mit dem Vorstand
- Zufriedenheit mit der Zusammenarbeit mit ... (einzelne Unternehmensbereiche aufführen, z.B. Hauptverwaltung, Zentraleinkauf, Lager / Logistik, ...)
- Zufriedenheit (insgesamt) mit der Zusammenarbeit mit anderen Unternehmensbereichen

Berufliche Entwicklung
- Weiterbildungsmöglichkeiten
- Übereinstimmung von persönlichem Weiterbildungsbedarf und angebotenen Weiterbildungsmaßnahmen
- Zufriedenheit (insgesamt) mit den Weiterbildungsmöglichkeiten
- Aufstiegsmöglichkeiten
- Möglichkeit zur Übernahme von mehr Verantwortung
- Zufriedenheit (insgesamt) mit den beruflichen Entwicklungsmöglichkeiten

Arbeitsplatzsicherheit
- Empfundene Sicherheit des Arbeitsplatzes

Information / Kommunikation
- Wahrgenommener Grad der Informiertheit über die wesentlichen Dinge im Unternehmen
- Rechtzeitige Verfügbakeit der benötigten Informationen
- Umgang der oberen Führungsebenen mit den „nach oben" geleiteten Informationen
- Zufriedenheit (insgesamt) mit dem Informationsfluss

Kundenorientierung
- Möglichkeit, in der täglichen Arbeit auf die Wünsche der Kunden einzugehen
- Eignungsgrad der Arbeitsmittel im Arbeitsbereich zur Gewährleistung eines guten Kundenservice
- Umgang mit Kundenbeschwerden im Arbeitsbereich (v. a.: Werden sie ernst genommen?)
- Möglichkeit zur Diskussion von Kundenbeschwerden im Arbeitsbereich
- Grad der Schulung zum Thema Kundenorientierung
- Führungskräfte im Arbeitsbereich als Vorbilder bei Kundenorientierung („vorleben")
- Zufriedenheit (insgesamt) mit der Ausrichtung des Arbeitsbereiches auf die Kunden
- Grad der Informiertheit über Erwartungen / Zufriedenheit der Kunden

Wahrgenommene Zufriedenheit der Kunden mit ...
- ... der Qualität der angebotenen Produkte
- ... der Auffindbarkeit der gesuchten Produkte
- ... dem Preis / Leistungs-Verhältnis
- ... der Einkaufsatmosphäre

- ... der Freundlichkeit des Personals
- ... der Verfügbarkeit des Personals
- ... der Aufmerksamkeit des Personals gegenüber den Kunden
- ... der Beratungskompetenz des Personals
- ... der Abwicklung an der Kasse
- Wahrgenommene Zufriedenheit der Kunden (insgesamt) mit dem Unternehmen

Unternehmensleitbild
- Grad der Identifikation mit dem Unternehmensleitbild
- Möglichkeit zur Diskussion des Unternehmensleitbildes mit dem Vorgesetzten
- Einfluss des Unternehmensleitbildes im Arbeitsbereich („Wird das Unternehmensleitbild gelebt?")
- Wissen um die Bedeutung des Unternehmensleitbildes für die tägliche Arbeit
- Beitrag des Unternehmensleitbildes zu konkreten Veränderungen im Arbeitsbereich
- Nutzen des Unternehmensleitbildes für die tägliche Arbeit
- Zufriedenheit mit der bisherigen Umsetzung des Unternehmensleitbildes

Mitarbeiterzufriedenheit (gesamt)
- Zufriedenheit (insgesamt), Mitarbeiter des Unternehmens zu sein

Quelle: Winter (2005, S.225).

5.4.2 Verankerung der Kundenorientierung in der Unternehmenskultur

5.4.2.1 Komponenten der Unternehmenskultur

Wer Kundenzufriedenheit erfolgreich managen will, muss Kundenorientierung in der **Unternehmenskultur** verankern. Diese ist Ausdruck aller historisch gewachsenen und durch das aktuelle Unternehmensgeschehen beeinflussten
- Denkmuster,
- Überzeugungen,
- Verhaltensnormen, Verhaltensweisen und (Verhaltens-)Routinen,
- Strukturen und Ordnungssysteme,
- Potentiale und Ressourcen,
- Beziehungen und Gegebenheiten

in einem Unternehmen (vgl. z.B. Hinterhuber 2005). Dessen Kultur lässt sich im Wesentlichen in **drei Ebenen** unterteilen:

1. Das **Wertesystem** legt fest, was in einem Unternehmen Bedeutung hat, d.h. welche „Werte" das Unternehmen vertritt (Menschenbild, Verhältnis zur Umwelt, ...). Werte werden i.d.R. in Leitsätzen verankert. Unternehmen legen bspw. häufig Wert auf Kundenorientierung, Innovation oder Qualität.
2. **Verhaltensnormen** sind konkretisierte Werte. Besonders bedeutsam ist in diesem Zusammenhang das jeweils gewählte Anreizsystem, weil dieses darüber informiert, welche Verhaltensweisen in einem Unternehmen belohnt und welche bestraft werden.
3. **Artefakte** wiederum sind vordergründig nicht wahrnehmbar, beeinflussen das Verhalten der Mitarbeiter aber am stärksten. Hierzu zählen zum einen Mythen bzw. Anekdoten, denen „mehr oder weniger wahre" Gegebenheiten zugrunde liegen, und zum anderen die äußere Erscheinung (z.B. informelle Umgangsformen, Kleiderordnung, Gestaltung der Büros, Arbeitsklima, Rituale). Auch Sprachregelungen gehören zu diesen von Menschen geschaffenen Kunstprodukten. Beispielsweise fällt es zahlreichen Stromanbietern noch immer schwer, von „Kunden" zu sprechen (statt von „Stromabnehmern"). Wer sich indessen vor Augen führt, dass Kundenbindung und -zufriedenheit in der Wertschöpfungskette zukünftig noch bedeutsamer werden, erkennt die Brisanz dieser Kulturkomponente. Denn Stromunternehmen können sich v.a. in diesen Bereichen von ihren Konkurrenten abheben, d.h. Wettbewerbsvorteile erzielen (vgl. Stein 2000, S.32).

Die BASF-Gruppe bspw. hat die folgenden Grundwerte formuliert, von denen sich einer (= „Innovation für den Erfolg unserer Kunden") konkret auf Einstellung und Verhalten des Unternehmens gegenüber den Kunden bezieht.

> **Praxis-Fall** **Grundwerte der BASF Gruppe**
>
> „Wir, die Mitarbeiterinnen und Mitarbeiter der BASF-Gruppe, fühlen uns gemeinsam folgenden Grundwerten verpflichtet:
> - **Nachhaltiger Erfolg**: Nachhaltiger wirtschaftlicher Erfolg im Sinne von Sustainable Development ist Voraussetzung für unsere Aktivitäten. Wir schaffen Werte im Interesse unserer Kunden, Anteilseigner sowie unserer Mitarbeiter und übernehmen Verantwortung in der Gesellschaft.
> - **Innovation für den Erfolg unserer Kunden**: Wir orientieren unsere Geschäftsprozesse an langfristiger Wertschöpfung und Wettbewerbsfähigkeit. Wir helfen unseren Kunden, erfolgreicher zu sein. Hierfür erschließen wir gemeinsam Ge-

schäftspotenziale und entwickeln Produkte, Verfahren und Dienstleistungen auf hohem wissenschaftlichem und technischem Niveau.
- **Sicherheit, Gesundheit und Umweltschutz**: Wir handeln verantwortungsvoll im Sinne von Responsible Care®. Wirtschaftliche Belange haben keinen Vorrang gegenüber Sicherheit, Gesundheits- und Umweltschutz.
- **Persönliche und fachliche Kompetenz**: Wir bilden das beste Team in der Industrie, indem wir die gruppenweite Vielfalt an persönlicher und fachlicher Kompetenz fördern. Interkulturelle Kompetenz ist unser Vorteil im globalen Wettbewerb. Wir ermutigen unsere Mitarbeiter, ihre Kreativität und ihr Potenzial für den gemeinsamen Erfolg einzubringen.
- **Gegenseitiger Respekt und offener Dialog**: Wir gehen fair und respektvoll miteinander um. Wir suchen den offenen, vertrauensvollen Dialog im Unternehmen, mit unseren Geschäftspartnern und relevanten gesellschaftlichen Gruppen.
- **Integrität**: Wir handeln in Übereinstimmung mit unseren Worten und Werten. Wir achten die Gesetze und respektieren die allgemein anerkannten Gebräuche der Länder, in denen wir tätig sind."

Quelle: http://corporate.basf.com/de/ueberuns (Stand: 31. Januar 2006).

Viele Unternehmen formulieren neben den Grundwerten auch eine sog. **Vision**. Diese beschreibt Ziele und geplante Entwicklung des Unternehmens. Vision und Grundwerte bilden den Rahmen, an welchem sich alle (strategischen) Entscheidungen und Handlungen des Unternehmens ausrichten (sollen). Sie sind somit Orientierung und Führungsinstrument gleichermaßen und prägen die Unternehmenskultur.

Praxis-Fall   Selbstverständnis und Vision der BASF AG

„Selbstverständnis
Die BASF ist das weltweit führende Chemieunternehmen. Wir bieten intelligente Lösungen mit innovativen Produkten und maßgeschneiderte Dienstleistungen. Wir eröffnen Erfolgschancen durch vertrauensvolle und verlässliche Partnerschaft.

Vision
- Wir sind „The Chemical Company" und arbeiten erfolgreich auf allen wichtigen Märkten.
- Wir sind der bevorzugte Partner der Kunden.
- Wir sind mit unseren innovativen Produkten, intelligenten Problemlösungen und Dienstleistungen weltweit der leistungsfähigste Anbieter in der chemischen Industrie.
- Wir erwirtschaften eine hohe Rendite auf das eingesetzte Kapital.
- Wir treten für nachhaltige Entwicklung ein.

- Wir nutzen den Wandel als Chance.
- Wir, die BASF-Mitarbeiter, schaffen gemeinsam den Erfolg."

Quelle: http://corporate.basf.com/de/ueberuns (Stand: 31. Januar 2006).

Der Konsumgüterhersteller Nestlé wiederum formulierte keine Vision, sondern stattdessen **Unternehmensgrundsätze**, in welchen das Unternehmen auch Einstellung und Verhalten gegenüber den privaten Endabnehmern sehr ausführlich darlegt.

| Praxis-Fall | Stellenwert der Kundenorientierung in den Unternehmensgrundsätzen von Nestlé |

„Nestlé hat sich in allen Ländern unter Beachtung der nationalen Gesetzgebungen, des kulturellen Umfeldes und der religiösen Gepflogenheiten zu den folgenden Unternehmensgrundsätzen verpflichtet:

- Die geschäftlichen Ziele von Nestlé, ihres Managements und ihrer Mitarbeiter auf allen Ebenen liegen in der Herstellung und Vermarktung der Produkte des Unternehmens. Dies soll in einer Weise geschehen, dass für die Aktionäre, die Mitarbeiter, die Konsumenten, die Geschäftspartner und die grosse Zahl der nationalen Volkswirtschaften, in denen Nestlé tätig ist, ein nachhaltiger Wert geschaffen wird; [...]
- Nestlé anerkennt, dass ihre Konsumenten ein ernstes und legitimes Interesse am Verhalten sowie an den Überzeugungen und Handlungen des Unternehmens haben, das hinter den Marken steht, in die sie ihr Vertrauen setzen. Nestlé ist sich bewusst, dass ihr Unternehmen ohne ihre Konsumenten nicht existieren würde; [...]

Nestlé hat zum Ziel, durch die Erfüllung von Konsumentenwünschen in Bezug auf Ernährung, Genuss und vertrauenswürdige Qualität eine nachhaltige und langfristige Wertschöpfung zu erzielen. Nestlé ist ein konsumentenorientiertes Unternehmen. Wir passen unsere Produkte den lokalen Geschmacksrichtungen und Wünschen in den über 100 Ländern an, in denen wir präsent sind. Wir haben uns dazu verpflichtet, unseren Konsumenten zuzuhören und interagieren jedes Jahr mit Hunderttausenden von ihnen über unsere Gratistelefone, Websites und andere Kanäle. Überdies wollen wir die Konsumentenpräferenzen kennen lernen und führen eingehende Konsumententests mit unseren Produkten durch, um sicher zu gehen, dass die Konsumenten unsere Produkte jenen der Konkurrenz vorziehen."

Quelle: Nestlé (2004, S.5ff.).

Bildhaft gesprochen entspricht die Kultur eines Unternehmens dessen Persönlichkeit bzw. Identität (vgl. z.B. Birkigt u.a. 2002). Diese ‚**Corporate identity**' manifestiert sich darin,

- wie sich die Mitarbeiter untereinander bzw. gegenüber Externen verhalten und wie das Unternehmen als Ganzes in seinem Umfeld auftritt, z.B. Verhalten gegenüber Kunden / Bürgerbewegungen, Offenlegung von Information oder Ausbildungspolitik (= ‚**Corporate behavior'**),
- wie Mitarbeiter und Unternehmen (als Gesamtheit) nach innen (= Kollegen, Vorgesetzte) und außen (= ‚stake holder') kommunizieren (= ‚**Corporate communications'**),
- welchen optischen Eindruck das Unternehmen extern (= Produkt-, Graphik- und Architekturdesign, Briefpapier, Visitenkarten) und intern (z.B. Größe / Ausstattung der Geschäftsräume / Büros, Kleidung der Mitarbeiter) hinterlässt (= ‚**Corporate design'**).

5.4.2.2 Charakteristika erfolgreicher Unternehmenskulturen

Als **Faktoren erfolgreicher Unternehmenskulturen** haben sich herauskristallisiert (vgl. Clifford/Cavanaugh 1985):

1. Kreative Unruhe und Experimentierfreudigkeit

Diese Faktoren beeinflussen den **Unternehmenserfolg nachhaltig** und sollten deshalb gefördert werden, indem das Unternehmen bspw. jeder bürokratischen Verkrustung von vornherein kompromisslos entgegentritt und neue Ideen und Veränderungsbereitschaft konsequent belohnt.

2. Konfliktfähigkeit

Streitkultur muss kein Nachteil sein, sondern ist im Gegenteil ein bedeutsamer Erfolgsfaktor, nämlich dann, wenn **Spannungsfelder** frühzeitig aufgespürt und Konflikte **konstruktiv** ausgetragen werden.

3. Zusammengehörigkeitsgefühl

Konstruktive Kommunikation ist indessen nur dann möglich, wenn Abteilungsegoismen und Feindbilder abgebaut und durch ein Gefühl des **Zusammengehörens** / Miteinanders ersetzt werden: Das „Wir" tritt an die Stelle des „die dort drüben", „die dort unten", „die dort oben".

4. Sinnvermittlung

Wer im besten Sinne antreiben und motivieren will, muss jeder Mitarbeiterin und jedem Mitarbeiter – von der Führungsspitze bis zur Basis – **Philosophie** und Ziele des Unternehmens vermitteln, aber auch den eigenen – den individuellen – Beitrag zum gemeinsamen Ganzen.

5. Kommunikation
Informelle Kommunikation kann und sollte man konsequent fördern und nutzen, indem man **innerbetriebliche Grenzen** überwinden hilft, bspw. durch hierarchie- und abteilungsübergreifende Informationsveranstaltungen.

5.4.2.3 Fixierung des Unternehmensleitbildes

Die von einem Unternehmen angestrebte Kultur manifestiert sich zunächst im Unternehmensleitbild, d.h. in einem System von Maximen, an denen sich die Mitarbeiter orientieren sollen (vgl. im Folgenden Achterholt 1991). Dieses Leitbild sollte folgende **Elemente** enthalten:

1. Die **Präambel** umfasst Zielsetzung und Funktion des Leitbildes und erklärt, dass es sich teilweise um Sollvorstellungen handelt. Diese Einleitung endet häufig mit dem Appell an die Mitarbeiter, die Grundsätze zu übernehmen und im besten Sinne voranzutreiben.
2. Das **Kernleitbild** vermittelt in stark gekürzter Form einen Überblick über die unternehmerischen Grundsätze / Leitsätze (Umfang: eine Seite). Ergänzt werden sie häufig durch Slogans (z.B. „Ford – Die tun was"; „Avis – We try harder"), die letztlich nichts anderes sein sollen als ein Destillat des Kernleitbildes. Über Slogans wenden sich Unternehmen an
   o ihre **Kunden** (indem man bspw. verspricht, die Leistung ständig zu verbessern), aber auch an
   o die **Mitarbeiter**, die dadurch motiviert werden sollen, ihre bestmögliche Leistung abzurufen (vgl. hierzu ausführlich Al-Sibai 2000, S.70).
3. Im **erweiterten Leitbild** werden die einzelnen Kernsätze auf jeweils etwa einer Seite konkretisiert.

Im Falle der BASF etwa dienen folgende Leitlinien dazu, den Grundwert „Innovation für den Erfolg unserer Kunden" mit Leben zu füllen.

| Praxis-Fall | Leitlinien zur Umsetzung des Grundwerts „Innovation für den Erfolg unserer Kunden" |

- Wir suchen die Herausforderungen in den Veränderungen der Märkte, der Wissenschaft und der Gesellschaft und nutzen sie als Chance zum wertsteigernden Wachstum.

- Wir gestalten den wissenschaftlich-technischen Fortschritt aus führender Position mit, entwickeln zukunftsweisende Produkte, Technologien und Problemlösungen und nutzen Synergieeffekte aus unserem Forschungsverbund.
- Wir entwickeln und optimieren unsere Produkte und Dienstleistungen gemeinsam mit unseren Kunden so, dass wir zur Wertsteigerung bei unseren Kunden und in unserem Unternehmen beitragen.
- Wir messen regelmäßig die Kundenzufriedenheit. Hinweise unserer Kunden und Partner nutzen wir konsequent zur Verbesserung unserer Geschäftsprozesse.

Quelle: http://corporate.basf.com/de/ueberuns (Stand: 31. Januar 2006).

Der Konsumgüterhersteller Procter & Gamble wiederum konzipierte eine Art **„Wertedreieck"** (vgl. Abb. 91). Hierfür formulierte er Leitsätze, in denen der Kunde eine zentrale Rolle einnimmt.

Abb. 91: Wertedreieck von Procter & Gamble

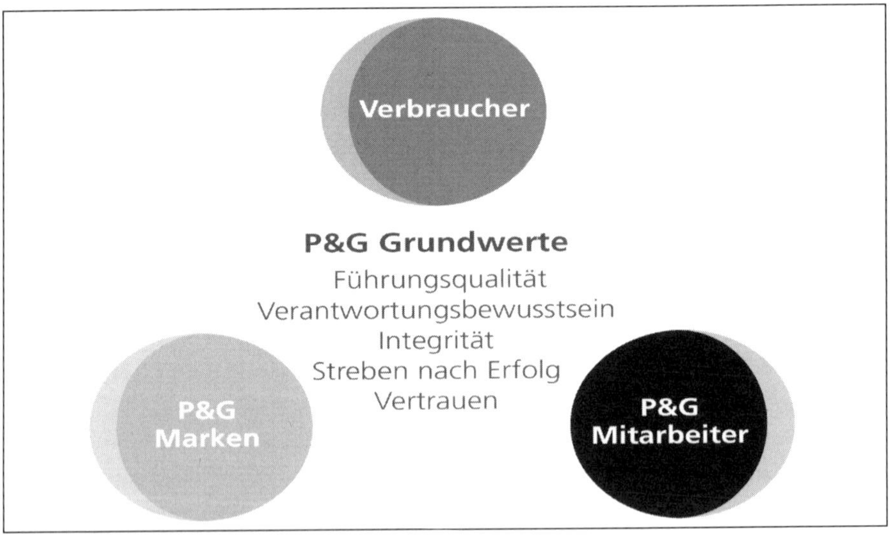

Verbraucher

P&G Grundwerte
Führungsqualität
Verantwortungsbewusstsein
Integrität
Streben nach Erfolg
Vertrauen

P&G Marken

P&G Mitarbeiter

Quelle: Procter & Gamble (2005).

Praxis-Fall **Leitsatz von Procter & Gamble**

„Es ist das Ziel des Unternehmens, Markenprodukte und Dienstleistungen von überlegener Qualität und hohem Nutzwert anzubieten, die das Leben der Verbraucher in aller Welt verbessern. Wenn wir dies erreichen, werden uns die Verbraucher mit Spitzenumsätzen und wachsenden Erträgen belohnen – zum Wohl unserer Mitarbeiter, unserer Aktionäre und der Gemeinden, in denen wir leben und arbeiten. Unsere Marken und unsere Mitarbeiter sind die Grundlagen für den Erfolg des Unternehmens. Die P&G Mitarbeiter handeln den Grundwerten entsprechend und stellen damit die Verbesserung der Lebensqualität der Verbraucher in aller Welt in den Mittelpunkt ihrer Arbeit."

Quelle: Procter & Gamble (2005).

Das Leitbild hat indessen nur dann eine Daseinsberechtigung, wenn es die Mitarbeiter des Unternehmens „in Bewegung setzt", indem bspw. die zunächst abstrakten Unternehmensziele in **konkrete Maßnahmen** mit Bezug zur Kundenorientierung bzw. Kundenzufriedenheit „übersetzt" werden. Jede andere Art von Leitbild wäre eine reine Alibiübung der Geschäftsführung (vgl. Krauthammer/Hinterhuber 1999, S.33).

| Praxis-Tipp | Mögliche Konkretisierungen des abstrakten Ziels „Steigerung der Kundenzufriedenheit" |

- Jeder Mitarbeiter weiß, wer sein Kunde ist, und was dieser will.
- Jeder Kunde wird samt seiner Probleme, Wünsche und Bedürfnisse ernst genommen.
- Auch interne Partner sind Kunden und werden dementsprechend behandelt.
- An der Entwicklung neuer Produkte sowie an der Verbesserung der Dienstleistungsqualität werden interne und externe Kunden beteiligt.
- Das Denken und Handeln von Mitarbeitern und Führungskräften ist konsequent darauf ausgerichtet, Kunden zufrieden zu stellen.

Auf den Punkt gebracht: Wer den Grundsatz der Kundenorientierung verankern will, darf sich nicht damit begnügen, wohlklingende Leitsätze und Visionen zu formulieren. Vielmehr muss dem **verantwortlichen Management** daran gelegen sein, Artefakte systematisch zu untersuchen und zu gestalten.

| Praxis-Tipp | Systematische Analyse und Implementierung von Artefakten |

1. Phase: Sammlung / Bewertung von Artefakten im Hinblick auf Kundenorientierung: Hierzu bieten sich u.a. Gespräche mit neuen Mitarbeitern an, weil dieser Personengruppe die Besonderheiten eines Unternehmens am ehesten auffallen.

2. Phase: Verankerung der für die Kundenorientierung zweckdienlichen Artefakte: Das Spektrum der Instrumente reicht dabei von der Auszeichnung besonders kundenorientierter Mitarbeiter bis hin zu baulichen Maßnahmen, welche die Kommunikation zwischen Mitarbeitern fördern, z.B. durch eine sog. ‚Open door-policy'.
3. Phase: Kundenbefragung: Ziel ist es, den Erfolg der Maßnahmen zu mehr Kundenorientierung zu messen.

Nicht selten wird – zu Recht oder zu Unrecht – unterstellt, **Unternehmensphilosophien** seien i.d.R. zu allgemein, unverbindlich und abstrakt, als dass sie für Unternehmen und deren Mitarbeiter tatsächlich eine **Leitfunktion** übernehmen könnten. Um eine Unternehmensphilosophie mit Leben zu füllen, ist es wichtig, dass das (Top-)Management selbst mit gutem Beispiel vorangeht und so eine **Vorbildfunktion** übernimmt. Denn nur wenn es gelingt, Unternehmensphilosophie und -leitbild durch Veranstaltungen, Regeln, Maßnahmen, aber auch durch Legenden, Rituale und Symbole zu „aktivieren", verlieren diese ihren wenig konkreten Charakter.

Praxis-Fall — **Wie IBM und Wal-Mart ihr Unternehmensleitbild leben**

IBM lebt Kundenzufriedenheit u.a. dadurch, dass es seine Führungskräfte in Qualitätsprojekte unmittelbar einbindet. So ist denkbar, dass ein Manager damit beauftragt wird, sämtliche Beschwerdebriefe zu bearbeiten, wobei er diese Aufgabe nicht an Mitarbeiter delegieren darf. Überdies muss er die Beschwerdebriefe innerhalb von zehn Tagen beantworten und dabei folgende Bedingung erfüllen: Rückfragen beim Kunden (nach sechs Wochen) müssen einen Zufriedenheitsgrad von mindestens 80 % ergeben.

Der amerikanische Handelskonzern Wal-Mart ist bekannt für seine Rituale. Bei der Eröffnung des ersten deutschen Wal-Mart-Supercenters in Dortmund rief der Geschäftsführer in den Raum: „Wer ist die Nummer eins?". Die Antwort der Belegschaft: „Der Kunde." Man kann sich unschwer ausmalen, welche Wirkung dieser zugegebenermaßen eher „typisch amerikanische" Ritus bei den zahlreich anwesenden Kunden erzeugt hat. Auch Symbole spielen bei Wal-Mart eine große Rolle: Alle Mitarbeiter tragen Westen, auf deren Vorderseite zu lesen ist: „Wie kann ich IHNEN helfen"? Auf der Rückseite steht: „Wal Mart: Unsere Leute machen den Unterschied." Dank mannshoher Spiegel im Treppenhaus können sich die Mitarbeiter außerdem ein Bild davon machen, wie der Kunde sie sieht.

Selbstverständlich greift auch Wal-Mart auf ein Bündel an Maßnahmen und Regeln zurück, um seine Unternehmenskultur bzw. -strategie bei Kunden und Mitarbeitern zu verankern:

- Dauerniedrigpreise, die auf einem ausgefeilten Kostenmanagement (und Einkaufsmacht) basieren,
- Top-Service (z.B. breite Wege zwischen den Regalen, viele besetzte Kassen, kurze Schlangen, ausgedehnte Öffnungszeiten).

Quelle: o. V.: Wal-Mart: Wer ist die Nummer eins?, in: Frankfurter Allgemeine Zeitung, Nr. 202 (1.9.1999), S.21.

Unternehmens-Botschaften werden nicht dadurch problematisch, dass man sie angreift, sondern dass man sie ernst nimmt. Mit ähnlichen Worten umschrieb R. K. Sprenger das Phänomen des ‚**Double bind**', das nichts anderes bedeutet, als dass man einem Mitarbeiter **zwei Botschaften** vermittelt, die er aber nicht gleichzeitig ausführen kann, weil sie sich **gegenseitig ausschließen**. Wie folgendes Beispiel belegt, ist „Doppelbindung" bspw. für Unternehmen, die sich im Spannungsfeld von Kunden- und Umsatzorientierung bewegen, symptomatisch.

Praxis-Fall — **Doppelbindung der Mitarbeiter**

Den Unternehmensleitlinien einer großen Kaufhauskette zufolge steht der Kunde „im Mittelpunkt all unserer Aktivitäten". Die neue Mitarbeiterin beherzigt diese Maxime und räumt einem Kunden wegen einer ihres Erachtens berechtigten Beschwerde Kulanz ein. Ihr Vorgesetzter hingegen rügt sie für dieses Verhalten: „Sie müssen die Kosten unseres Hauses im Blick behalten. Wenn alle so großzügig handelten, wären wir in einem Jahr pleite!"

Das Topmanagement kann Doppelbindung – und damit die Verunsicherung der Mitarbeiter – dadurch **reduzieren**, dass es
- die **Wertehierarchie** zwischen den Zielen festlegt (= **Zieldominanz**). Beispiel: Umsatzsteigerung ist das Oberziel, Kundenzufriedenheit ist lediglich Mittel zum Zweck,
- ein Ziel als **Nebenbedingung** des anderen Ziels formuliert (= **Zielrestriktion**). Beispiel: „Maximiere den Umsatz unter der Nebenbedingung, dass die Kundenzufriedenheit um 5 % steigt.",
- die Ziele **zeitlich** staffelt (= **Zielschisma**). Beispiel: Kundenzufriedenheit jetzt führt zu steigendem Umsatz in späteren Perioden.

5.4.3 Instrumente zur Ausrichtung aller Mitarbeiter an den Bedürfnissen externer und interner Kunden

Wenn Unternehmen das Ziel Kundenzufriedenheit nicht erreichen, so liegt dies häufig nicht an der unmittelbaren **Schnittstelle** zum Markt, sondern an den unternehmensinternen Austauschbeziehungen zwischen den Organisationsmitgliedern, die sich nicht an den Bedürfnissen externer Kunden, sondern an **Abteilungsegoismen** und **bürokratischen Kriterien** orientieren. Dabei wird nicht selten außer Acht gelassen, dass ein wesentlicher Erfolg des Kundenzufriedenheitsmanagement darin besteht, Kollegen bzw. andere Abteilungen als **interne Kunden** zu betrachten, deren Bedürfnisse es genauso zu befriedigen gilt wie die der externen Kunden. Diese **Maxime** findet ihren Niederschlag im internen Marketing, dessen Ziel es ist, die Austauschbeziehungen zwischen internen Organisationsmitgliedern zu absatzmarktorientierten Zwecken planmäßig zu gestalten (vgl. Bruhn 1999; Stauss/Schulze 1990, S.149ff.).

Indessen ist das **Prinzip Selbstverantwortung** in zahlreichen Unternehmen ein Fremdwort. Nur wenige Mitarbeiter sind wirklich bereit, Verantwortung für die eigene Leistung zu übernehmen. Schuld an der Unzufriedenheit des Kunden (d.h. an den unternehmensinternen Fehlern, die dazu geführt haben) sind meistens „die anderen":

- die „Schreibtischtäter" in der Geschäftsführung,
- die Nachbarabteilung, die nicht kooperationswillig war,
- die Geldverschwender in den Stabsabteilungen,
- „und und und ..."

„Wir" wären sehr erfolgreich, wenn „die" sich nicht ständig querlegten. Dieses Phänomen bezeichnet die Sozialpsychologie als „**externe Attribution**", was im Kern nichts anderes bedeutet, als dass man Misserfolge den anderen zuschreibt, Erfolge hingegen sich selbst. Mit Blick auf die vorliegende Problemstellung (Schaffung von Kundenzufriedenheit) führt diese Persönlichkeitseigenschaft dazu, dass sich kein Mitarbeiter dafür verantwortlich fühlt, wenn

- Kunden unzufrieden sind,
- Beschwerden vorgetragen werden,
- Fehler ausgemerzt werden sollen.

Mit anderen Worten: Der Kunde erwartet eine Problemlösung, wird aber stattdessen mit **Kompetenzgerangel** und **internen Schuldzuweisungen** konfrontiert. Hinzu kommt, dass nur wenige Mitarbeiter das gesamte Unternehmensgeschehen überblicken. Gerade kundenferne Abteilungen orientieren sich bei der Gestaltung ihrer Arbeitsabläufe vorzugsweise an ihren eigenen Bedürfnissen, anstatt Maßnahmen zur Verbesserung der Kundenorientierung zu ergreifen.

Außerdem sind viele Mitarbeiter häufig gar nicht daran interessiert, zum Wohle des ganzen Unternehmens zusammenzuarbeiten (vgl. Sprenger 2004a, S.17ff.). Dieser Umstand lässt sich nicht zuletzt mit **Arbeitsteilung** und **Fragmentierung** der Arbeit erklären. So hat die Zerlegung der Arbeitsgänge in kleinste Schritte – die Trennung von vor- und nachgelagerten Tätigkeiten – dazu geführt, dass Manager und Mitarbeiter einen Großteil ihrer Arbeitszeit für private und partikulare **Abteilungsinteressen** aufwenden. **Abteilungsegoismen** gewinnen die Oberhand mit der Folge, dass die Ursache für die Unzufriedenheit der Kunden häufig nicht an der Schnittstelle zum Kunden zu finden ist, sondern im sog. ‚Back office'.

Praxis-Fall	Fehlende interne Kundenorientierung bei einem Finanzinstitut

In der Niederlassung einer deutschen Großbank zeigte sich, dass die mangelnde Zufriedenheit der Kunden zu einem nicht unerheblichen Teil auf interne Probleme zurückzuführen war, z.B. auf ein mehrdeutiges Unternehmensleitbild, auf unzureichenden Informationsfluss zwischen den Hierarchieebenen und Konflikte zwischen einzelnen Unternehmensbereichen und Abteilungen. Dies führte paradoxerweise dazu, dass ein Großteil der Mitarbeiter die Leistungsqualität des eigenen Hauses deutlich schwächer einstufte als ihre Kunden dies taten. Interessanterweise suchte nahezu keiner der befragten Mitarbeiter mögliche Schwachstellen bei sich selbst, sondern wies die Schuld immer den anderen zu: der Unternehmensstrategie, der Niederlassungsleitung und / oder den Kollegen aus anderen Abteilungen.

Folglich kann ein Unternehmen die Zufriedenheit seiner Kunden nur dann erfolgreich managen, wenn sich sämtliche Mitarbeiter an den **Bedürfnissen** der **externen** und **internen Kunden** (= Kollegen, andere Abteilungen, vor- und nachgelagerte Hierarchiestufen) ausrichten. Dies bedeutet:
- Jeder Mitarbeiter muss sich für den Kunden sowie für dessen Bedürfnisse und Probleme verantwortlich fühlen (= **CS-Tool ‚Ownership'**).
- Jeder Mitarbeiter – auch die Vertreter kundenferner Abteilungen – müssen die Kunden und deren Bedürfnisse genau kennen (= **CS-Tool ‚Job rotation'** und **CS-Tool Kundenforum**).

- Jeder Mitarbeiter muss Kollegen bzw. andere Abteilungen als interne Kunden betrachten, deren Bedürfnisse es genauso zu befriedigen gilt wie die der externen Kunden (= **CS-Tool Interne Leistungsgarantie**).

5.4.3.1 CS-Tool ‚Ownership'

Mitarbeiter können Kunden nur dann umfassend betreuen, wenn sichergestellt ist, dass sie eigenverantwortlich arbeiten, d.h. selbständig und flexibel auf die Bedürfnisse ihrer Kunden eingehen können. Das Konzept des ‚Ownership' greift diese Philosophie auf. Demnach ist der Mitarbeiter, der mit dem Kunden in Kontakt tritt, **eigenverantwortlich** für diese Beziehung **zuständig**. Übergeordnetes Ziel ist dabei, den Kunden vollkommen zufrieden zu stellen. Damit einher geht die Aufgabe, Verantwortung zu **dezentralisieren** (= ‚**Management by delegation'**), was wiederum bedeutet:

- Restrukturierung der Organisation,
- Neudefinition der Pflichten bzw. Regeln der einzelnen Mitarbeiter,
- Ausrichtung der Bewertungs- und Anreizsysteme an der Erfolgsgröße Kundenzufriedenheit.

Folgendes Beispiel verdeutlicht indessen, wie mit ‚Ownership' im Unternehmensalltag häufig umgegangen wird.

Praxis-Fall	Falsch verstandenes ‚Ownership' im Unternehmensalltag

„This is a story about four people named Everybody, Somebody, Anybody and Nobody. There was an important job to be done and Everybody was asked to do it. Everybody was sure Somebody would do it. Anybody could have done it, but Nobody did it. Somebody got angry about that because it was Everybody´s job. Everybody thought Anybody could do it, but nobody realized that Everybody wouldn´t do it. It ended up that Everybody blamed Somebeody when Nobody did what Everybody could have done."

Quelle: Doppler/Lauterburg (1999, S.65).

Dabei ließe sich das Problem der **mangelnden Verantwortungsbereitschaft** mit verschiedenen Maßnahmen lösen. Einen interessanten Ansatz verfolgt die internationale Hotelkette Ritz Carlton.

| Praxis-Fall | **Ownership bei Ritz Carlton** |

Jeder Mitarbeiter des Ritz Carlton verfügt über ein Budget von 2.000 US-$. Dieser Betrag, den jeder eigenverantwortlich verwaltet, darf ausschließlich eingesetzt werden, um Kunden zufriedener zu machen. Mit dieser Maßnahme gehen zwei Konsequenzen einher:
1. Kundenwünsche werden schnell und flexibel bearbeitet.
2. Die Mitarbeiter entwickeln ein größeres Verantwortungsbewusstsein.

5.4.3.2 CS-Tool ‚Job rotation'

Ziel der sog. ‚Job rotation' ist es, dass auch die Mitarbeiter im ‚Back office', d.h. die Vertreter kundenferner Abteilungen, für einen begrenzten Zeitraum in einen anderen (hier = kundennahen) Unternehmensbereich wechseln. Indem sie sprichwörtlich näher an die Kunden heran rücken und so deren Bedürfnisse genau kennen, wird die streng **bürokratische Sichtweise** interner Abteilungen sukzessive abgebaut. Als zweckmäßig haben sich spezielle ‚Work shops' erwiesen: Nach der Rückkehr in ihre Abteilungen geben die „rotierenden" Mitarbeiter in diesen ‚Work shops' ihre Erfahrungen an die Kollegen weiter, so dass sich das Wissen über die Kunden schnell im Unternehmen verbreitet.

| Praxis-Fall | **Kundenreporter für mehr Kundenorientierung bei Spies Hecker** |

Um die Kundenorientierung seiner Mitarbeiter zu fördern, hat Spies Hecker, ein Hersteller von Lackiermaterial, die Aktion „Kundenreporter" ins Leben gerufen. Bei dieser einmal jährlich durchgeführten Veranstaltung haben Innendienstmitarbeiter die Möglichkeit, ihre Kollegen im Außendienst drei bis vier Tage lang zu begleiten, um Kunden bzw. deren Unternehmen kennen zu lernen. In professionell moderierten ‚Work shops' präsentieren die Kundenreporter anschließend ihre Eindrücke und tauschen sich aus.

5.4.3.3 CS-Tool Kundenforum

Dabei handelt es sich um Diskussionsrunden, die in regelmäßigen Abständen (z.B. quartalsweise) durchgeführt werden, um die **psychische Kundennähe** zu verbessern. Die Teilnehmerstruktur hängt von Themenschwerpunkt bzw. Zielsetzung des jeweiligen Forums ab und setzt sich im Allgemeinen aus derzeitigen Kunden zusammen. Bei bestimmten Themen (z.B. Kundenakquisition, Kundenbindung) bietet es sich an, potentielle und ggf. abgewanderte Kunden in das Forum einzubeziehen. Als ideal gilt eine Gruppengröße zwischen sechs und zehn Mitgliedern. Mit der Einrichtung eines Kundenforums sind im Wesentlichen folgende **Vorteile** verbunden:

- Das Kundenforum, ein Instrument der qualitativen Marktforschung, eignet sich, um in relativ **kurzer Zeit** und mit vergleichsweise **geringen Kosten** ein möglichst **breites Spektrum** an Meinungen, Ansichten und Ideen zutage zu fördern.
- Das Kundenforum verschafft häufig Zugang zu **Schlüsselinformationen** (z.B. konkrete Erfahrungen mit dem Unternehmen), die man bei einer standardisierten, merkmalsgestützten Befragung i.d.R. nicht erhalten würde. Denn diese kann aus pragmatischen Gründen im Allgemeinen nicht alle relevanten Merkmale der Anbieter / Kunde-Beziehung erfassen. Außerdem können standardisierte Befragungen das **reale Qualitätserleben** der Kunden nicht hinreichend abbilden.
- Kunden, die im Verlauf der Diskussion ihre Hemmungen ablegen, schildern häufig recht **detailliert** und **vielschichtig** ihre Erlebnisse und Erfahrungen und zeichnen damit ein **authentisches**, **glaubwürdiges Bild** des Unternehmens. Wird das Kundenforum aufgezeichnet (z.B. mit Hilfe von Videotechnik), so kann ein Mitschnitt Ausgangspunkt von Fokusgruppen bzw. Qualitätszirkeln bilden, in denen Strategien und Maßnahmen erarbeitet werden.
- Das Kundenforum kann Gegenstand **kommunikationspolitischer Maßnahmen** sein; zu denken wäre etwa an Artikel in der Kunden- und Mitarbeiterzeitschrift, an redaktionelle Beiträge (z.B. Tagespresse, Rundfunk) oder an eine speziell gestaltete Anzeigenkampagne, in deren Mittelpunkt das Kundenforum steht. Neben diesen primär nach außen gerichteten Aktivitäten kann das Kundenforum – als Ausdruck einer strikten Kundenorientierung – auch die nach innen gerichtete Unternehmensidentität ('Corporate identity') stärken.

Für die Einrichtung eines Kundenforums empfiehlt sich folgende **Vorgehensweise**:

1. **Bildung eines Projektteams**

Das Projektteam, das sich aus Mitarbeitern verschiedener Abteilungen zusammensetzen sollte, formuliert die für das Kundenforum relevanten **Themenblöcke** und ordnet sie nach Priorität. Um Betriebsblindheit und Konflikte zwischen den Abteilungen und / oder Hierarchieebenen zu vermeiden, sollte das Projektteam von einem **neutralen Moderator** geleitet werden. Lethargie und mangelnde Motivation, die sich nach einer gewissen Zeit fast unweigerlich breitmachen, lassen sich vermeiden, wenn man die Projektteammitglieder für ihre Arbeit **belohnt**. Damit ist keine monetäre **Gratifikation** gemeint, sondern die **Anerkennung** der Leistung durch die Geschäftsführung (ggf. auch Karrieremöglichkeiten).

2. **Umsetzung und Konkretisierung der jeweiligen Themenschwerpunkte in einem Fragenkatalog**

Ausgehend von den Themenblöcken ist in einem zweiten Schritt ein Fragenkatalog zu erarbeiten. Idealerweise handelt es sich dabei um einen **halbstrukturierten Gesprächsleitfaden**, der während der Diskussionsrunde Raum für **neue Ideen** und **Anregungen** lässt. Das im Kundenforum zu behandelnde Thema lässt sich am einfachsten erschließen, wenn man im Vorfeld mit den betroffenen Stellen bzw. Abteilungen eingehend diskutiert. Für diese Diskussionsrunden, deren Teilnehmer das Projektteam je nach Themenschwerpunkt auswählt, sollte man zwei bis drei Stunden veranschlagen.

3. **Auswahl und Gewinnung der Teilnehmer am Forum**

Ganz generell ist es zweckmäßig, die Teilnehmer eines Kundenforums **zufällig** aus der Kundendatei **auszuwählen**. Denkbar wäre auch, bestimmte **Strukturkriterien** vorzugeben. Während Firmenkunden – je nach Themenschwerpunkt des Kundenforums – bspw. nach Unternehmensgröße, Auftragsvolumen oder Branche ausgewählt werden, sind bei Privatkunden andere Strukturierungsmerkmale bedeutsam, z.B. soziodemographische Eigenschaften (z.B. Alter, Familienstand, Geschlecht), persönliche Einkommens- und Vermögenssituation oder spezifische Eigenheiten der Verbindung zum Unternehmen (z.B. Dauer der Beziehung, bereits aufgetretene Beschwerdefälle, genutzte Produkte usw.). Es empfiehlt sich, je nach Themenschwerpunkt nach bestimmten Merkmalen zu strukturieren.

Bisherige Erfahrungen zeigen, dass gewerbliche Kunden wegen der großen Bedeutung der Kunde / Lieferanten-Beziehung eher bereit sind teilzunehmen als Privatkunden. Deren **Teilnahmebereitschaft** lässt sich mit bestimmten Anreizen vergrößern, z.B. mit einem Geldbetrag (zwischen 15 und 20 €) bzw. mit einer Gratifikation vergleichbaren Wertes. Um sozial erwünschte Antworten zu vermeiden, sollte die Belohnung allerdings nicht zu hoch sein.

4. Durchführung des Forums
Angeleitet vom Moderator diskutieren die Teilnehmer die im halbstrukturierten Gesprächsleitfaden festgelegten Themen, wobei man die Dialoge aufzeichnen sollte (z.B. mit einem Tonband). Ideal sind **Videoaufzeichnungen**: Sie sind authentisch und bilden den Ausgangspunkt von Fokusgruppen bzw. Qualitätszirkeln. Da die **Konzentration** der Forumsteilnehmer i.d.R. nach zwei bis drei Stunden spürbar abnimmt, ist damit der Zeitrahmen des Kundenforums abgesteckt. Alle Unternehmensmitglieder – auch die Vertreter der kundenfernen Abteilungen – können vom Kundenforum unmittelbar profitieren, indem sie
- als Beobachter direkt an den Diskussionsrunden teilnehmen,
- den Diskussionsverlauf mittels Videotechnik verfolgen.

5.4.3.4 CS-Tool Interne Leistungsgarantie

Internes Marketing lässt sich nur dann umsetzen, wenn die Unternehmen zwischen den einzelnen Einheiten **Standards** für die Erbringung der Leistungen festlegen und diese Einheiten gegenseitig als interne Kunden auftreten. Werden diese Standards nicht eingehalten, so haben die internen Kunden **Garantieansprüche** – den Gesetzen des Marktes vergleichbar. Das Instrument der internen Leistungsgarantien nimmt darauf Bezug. Es bezeichnet die **schriftlich fixierte Verpflichtung** eines Teils des Unternehmens gegenüber einem anderen Teil, die eigene Dienstleistung in einer zuvor spezifizierten Weise nach innen abzugeben.

Als Garantiefälle gelten Fehler, Verzögerungen sowie die unvollständige Bearbeitung von Aufträgen. Treten diese auf, muss die produzierende Abteilung aus einem **Bonustopf** (= ‚Incentives'), den ihr die Geschäftsführung zur Verfügung stellt, einen im Vorfeld bestimmten Betrag an die abnehmende Abteilung überweisen. Wenn ein Unternehmen das Konzept der internen Leistungsgarantien umsetzen will, müssen die jeweiligen Abteilungen folgende **Aufgaben** gemeinsam bewältigen:
- **Formulierung** von Leistungskriterien,
- Festlegung eines **Belohnungs-/Bestrafungsmodus**,

- Verabschiedung des **Garantie-Konzepts** im Rahmen eines **Pflichtenhefts**,
- **Einführung** der beteiligten Mitarbeiter in das Pflichtenheft,
- **Überwachung** der Einhaltung der gegenseitigen Garantieverpflichtungen.

Als Diskussionsgrundlage für die erste Zusammenkunft der betroffenen Abteilungen kann folgender Fragenkatalog dienen (vgl. zum Folgenden Doppler/Lauterburg 1999, S.380f. u. 384f.).

> **Praxis-Tipp** Checkliste: Erste Schritte zur Einführung interner Leistungsgarantien
>
> 1. **Versetzen Sie sich in die Rolle des internen Kunden (= Fremdbild).**
> - Bei welchen anderen Abteilungen, Sparten oder Funktionen innerhalb des Unternehmens sind Sie interner Kunde?
> - Was gefällt Ihnen an Ihren internen Lieferanten und deren Verhalten? Was läuft gut, und wo liegen deren Stärken?
> - Mit welchen Ihrer internen Zulieferer sind Sie als Kunde restlos zufrieden? Mit welchen nicht? Aus welchen Gründen?
> - Was genau müssten Ihre Zulieferer tun, um Ihnen einen erstklassigen Service zu liefern?
>
> 2. **Versetzen Sie sich nun in die Rolle Ihres internen Lieferanten (= vermutetes Selbstbild).**
> - Was vermuten Sie, wie die anderen sich sehen?
> - Wo vermuten die anderen ihre Stärken und Schwächen?
> - Welches sind die wesentlichen Kritikpunkte in der Beziehung, welche die anderen vermutlich vortragen werden?
>
> 3. **Versetzen Sie sich nun in die Rolle des internen Lieferanten (= Selbstbild).**
> - Bei welchen anderen Abteilungen, Sparten oder Funktionen innerhalb des Unternehmens sind Sie interner Zulieferer?
> - Was leisten Sie? Was tragen Sie zu einer guten Zusammenarbeit bei?
> - Wo sehen Sie bei sich selbst Schwachpunkte? Wie könnten Sie diese beseitigen?
>
> 4. **Versetzen Sie sich in die Rolle Ihrer internen Kunden (= vermutetes Fremdbild).**
> - Was glauben Sie, wie sehen die anderen Sie? Welches Image haben Sie vermutlich?
> - Welche Art von Service erwarten und benötigen die anderen von Ihnen? Bieten Sie ihnen diesen Service?
> - Wenn nicht, warum nicht? Wie könnten Sie ihn bieten?

Die wichtigsten Aussagen sollten stichwortartig auf **Flip-Charts** festgehalten und präsentiert werden (Vortrag max. 45 Minuten). Weiterhin empfiehlt es sich,
- die Ausführungen durch praktische Beispiele zu konkretisieren,
- beteiligte Personen zu nennen,
- typische Verhaltensweisen zu beschreiben,
- Vorwürfe und Unterstellungen hingegen zu vermeiden.

Für die Zusammenkunft der betroffenen Abteilungen eignet sich folgender **Ablaufplan**.

> **Praxis-Tipp** — Gestaltung von Meetings zur „Einführung interner Leistungsgarantien"
>
> 1. Einführung im Plenum: Ziele und Ablauf des Zusammentreffens, Spielregeln
> 2. Gruppenarbeit (Abteilung A und B getrennt): Erarbeiten von Selbstbild / vermutetem Selbstbild / Fremdbild / vermutetem Fremdbild
> 3. Präsentation der Ergebnisse der Gruppenarbeit (im Plenum) sowie Beantwortung von Verständnisfragen; gemeinsames Erarbeiten einer Themenliste durch Moderation (Themen mit Zeitbudgets versehen)
> 4. Diskussion der wichtigsten Themen (im Plenum) mit Moderation; Einhalten der Zeitlimits, um alle wichtigen Themen zu bearbeiten
> 5. Festlegen der weiteren Vorgehensweise (Gruppenarbeit in drei bis vier abteilungsübergreifend gemischten Gruppen): Welche Maßnahmen können sofort eingeleitet werden? Welche Themen müssen eingehender bearbeitet werden? Wie will man dabei vorgehen (wer mit wem bis wann)?
> 6. Präsentation der Vorschläge (im Plenum); kurze, straff moderierte Diskussion
> 7. Gemeinsame Konzeption von Arbeitsorganisation und Zeitplan (im Plenum): Wer tut was bis wann?; Protokoll der Tagung für alle Teilnehmer (mit Vereinbarung eines Termins für das nächste gemeinsame Treffen)
> 8. Feedback (im Plenum): Wie (un-)zufrieden sind die Teilnehmer mit den Ergebnissen? In welcher Stimmung gehen sie nach Hause?

Interne Leistungsgarantien einzuführen ist in verschiedener Hinsicht **vorteilhaft**:
- Abbau von **Abteilungsegoismen** zugunsten von mehr Kundenorientierung,
- Abteilungs-/bereichsübergreifende **Kooperation**/Partnerschaft,
- kontinuierlicher **Dialog** über Arbeitsabläufe, Schwierigkeiten und mögliche Verbesserungen,
- **Vermeidung** von Schuldzuweisungen bei Fehlern.

> **Praxis-Fall** — Interne Leistungsgarantien bei einem Finanzinstitut
>
> Eine Studie in der Niederlassung einer deutschen Großbank ergab, dass die Kreditkunden sehr unzufrieden waren – im Wesentlichen wegen der zu langen Bearbeitungszeiten. Genauere Analysen offenbarten, dass für die Unzufriedenheit nicht die direkte Schnittstelle zum Kunden verantwortlich war, sondern vielmehr die Qualität des Kontakts zwischen Kundenberater und Kreditabteilung. Denn das ‚Back office' – so der Vorwurf –
> - sei kundenfern,
> - arbeite nach streng bürokratischen Prinzipien,
> - verzögere so die Bearbeitung von Kreditanträgen und
> - würde dadurch die Kundenberater an der Verkaufsfront behindern.
>
> Die Kreditabteilung hingegen bemängelte, dass die Kundenberater die Kreditanträge nur unvollständig ausfüllten, was die Bearbeitungszeit unnötig verlängern würde.
>
> Die Lösung dieser Streitigkeiten: Kundenberater und Kreditabteilung vereinbarten interne Leistungsgarantien, indem sie sich zur Erfüllung bestimmter Leistungsstandards verpflichteten. Die Kreditabteilung etwa garantierte, dass sie dem jeweils zuständigen Kundenberater über jeden Kreditauftrag binnen 48 Stunden einen Zwischenbescheid zukommen ließe. Die Kundenberater wiederum verpflichteten sich, die Kreditanträge vollständig auszufüllen und erst dann an die Kreditabteilung weiterzuleiten. Sollten diese Garantieversprechen verletzt werden, war eine Zahlung in vorher festgelegter Höhe an den Vertragspartner fällig. Diese wurde einem Bonustopf entnommen, den die Niederlassungsleitung jeder Abteilung zu diesem Zweck zur Verfügung gestellt hatte. Bei Streitigkeiten zwischen den Partnern wurde ein Ombudsmann, ein vorher bestimmter Schiedsrichter, herangezogen, dessen Urteil bindend war.

Interne Leistungsgarantien sind nur dann Erfolg versprechend, wenn bestimmte **Voraussetzungen** erfüllt sind:
- Die Leistungsversprechen müssen **konkret** sein. Es genügt bspw. nicht, wenn eine Abteilung „prompten Service" garantiert; sie muss vielmehr garantieren, dass sie einen bestimmten Service innerhalb eines festgelegten Zeitraums (z.B. 2 Arbeitstage) erbringt.
- Die garantierte Handlung muss auch und gerade für den externen Kunden **relevant** sein.
- Die Garantieleistung soll dazu dienen, das **Verhalten zu korrigieren**, soll aber nicht als Strafe erlebt werden.

5.4.4 Einsatz (nicht-)monetärer Anreizsysteme

5.4.4.1 Konzeption von auf Kundenzufriedenheit basierenden Vergütungssystemen

Bei **Vergütungssystemen** sind im Wesentlichen **drei Optionen** bedeutsam (vgl. Schimmel-Schloo 1999, S.62ff.).

1. Teamvergütung

Kundennähe, Schnelligkeit und Flexibilität werden zu zentralen Faktoren des Unternehmenserfolgs und bestimmen die Aufgaben von Unternehmensmitarbeitern maßgeblich. Da diese die immer komplexeren Aufgaben häufig gar nicht mehr alleine bewältigen können, reagieren Unternehmen auf diese Entwicklung, indem sie **(Verkaufs-)Teams** bilden. Diese setzen sich i.d.R. zusammen aus Vertriebsmitarbeitern, wie Verkäufer, ‚Key accounter' oder Innendienstmitarbeiter, sowie ggf. aus Kollegen anderer Abteilungen (z.B. Marketing, Kundendienst).

2. Festlegen anderer Ziele

Neben harten Faktoren, wie Umsatzsteigerung, Deckungsbeitrag und Kostenmanagement, formulieren Unternehmen immer häufiger auch **„weiche" Ziele** (z.B. Verbesserung der Kundenzufriedenheit), die in klassischen Systemen bislang kaum Berücksichtigung fanden.

3. Honorierung durch Prämien (anstelle von Provisionen)

Dieser Ansatz ist insoweit vorteilhaft, als Prämien an **konkrete Ziele** gebunden sind und die Ziele relativ kurzfristig an veränderte Unternehmens-, Vertriebs- oder Marketingziele **angepasst** werden können.

Die Entscheidung für oder gegen eine bestimmte Form der Vergütung hängt auch von der Motivation der Mitarbeiter ab:
- **Intrinsisch** motivierte Mitarbeiter haben Leistungsstandards verinnerlicht und können sich deshalb für Erfolge selbst belohnen (z.B. Bedürfnis nach Macht, nach sozialen Kontakten, nach Sinngebung / Selbstverwirklichung).
- Der **extrinsisch** motivierte Mitarbeiter hingegen will für seine Leistung belohnt werden, entweder mit materiellen (z.B. höheres Einkommen, Zusatzleistungen) und / oder immateriellen Anreizen (z.B. Karriere, Prestige, Arbeitsplatzsicherheit).

Beispielsweise kann man extrinsisch motivierte Mitarbeiter dadurch zu mehr Kundenorientierung bewegen, dass man neben den bereits vorgestellten Instrumenten **Anreize** bietet, die unmittelbar an der Kundenzufriedenheit ansetzen. Wer indessen einen Blick in deutsche Unternehmen wirft, wird feststellen, dass lediglich 2 % über ein Vergütungssystem verfügen, dessen Kriterienkatalog Kundenzufriedenheit verbindlich vorschreibt; weitere 3 % planen ein derartiges System (vgl. Homburg/Jensen 2000, S.55ff.).

> **Praxis-Fall** — Steigerung der Kundenzufriedenheit durch Team-Wettbewerbe: Das Beispiel ANACOMP
>
> Mit einem Marktanteil von 50 % ist dieses amerikanische Unternehmen Weltmarktführer bei der Herstellung von Mikrographie-Produkten. Damit können Dokumente und Datenbestände miniaturisiert und auf Mikrofilm oder -fiches gespeichert werden. Das Ziel, seine Kunden zufrieden zu stellen, erreicht das Unternehmen u.a. dadurch, dass es für alle Mitarbeiter des technischen Außendienstes sog. Team-Wettbewerbe organisiert. Das **Ranking der Teams** hängt dabei von verschiedenen **Faktoren** ab:
> - relative Zufriedenheit (im Vergleich zu den anderen Teams),
> - prozentuale Verbesserung der Kundenzufriedenheit,
> - Verhältnis zwischen sog. ‚Repeat calls' (= wiederholte Anrufe des Kunden ohne zwischenzeitliche Lösung des Problems) und ‚Maintenance hours' (= Zeit zwischen zwei Anrufen).
>
> Alle Mitarbeiter der drei erstplatzierten Teams erhalten ANACOMP-Aktien: die Gewinner jeweils 30, die Zweitplatzierten jeweils 20 und die Drittplatzierten jeweils zehn.
> Außerdem verfügt jedes Team je Mitarbeiter über ein Konto in Höhe von 375 €. Falls ein Kunde eine fehlerhafte Lieferung beanstandet, wird von diesem Konto ein bestimmter Betrag abgezogen, dessen Höhe
> - vom Preis der beanstandeten, vom Kunden zurückgesandten Teile abhängt und
> - sich auch danach richtet, in welchem Maße die einzelnen Teams die Reklamation sowie den damit einhergehenden Schaden zu verantworten haben.
>
> Am Ende des Wettbewerbs wird der Kontostand der einzelnen Teams gleichmäßig unter den jeweiligen Mitgliedern aufgeteilt.

Wer ein Anreizsystem konzipieren will, das sich an der Zufriedenheit seiner Kunden orientiert, sollte die im Folgenden aufgeführten **Kriterien** beachten (vgl. Becker 1990, S.56 sowie zur Thematik insgesamt Baumann 2000).

| **Praxis-Tipp** | **Kriterien eines auf Kundenzufriedenheit basierenden Anreizsystems** |

- **Bewertung der Leistung** u.a. anhand der Kundenzufriedenheit: Indikatoren sind z.B. Kundenzufriedenheitsindex (auf Basis einer Kundenbefragung), Ergebnisse einer Kundenverlustanalyse, Kundenloyalität, Beschwerdezufriedenheit
- **Belohnungsmodus**: Belohnung nach Feststellung des Erfolgs
- **Prämienberechnung ex ante**: Die Berechnungsformel wird bereits zu Beginn festgelegt.
- **Häufigkeit der Zuteilung**: Da sich die Zufriedenheit i.d.R. nur mittelfristig ändern kann, sollten Preise bzw. ‚Incentives' allenfalls jährlich zugeteilt werden.
- **Höhe der Zuteilung / Verhältnis von fixem zu variablem Entgelt**: Da die internen („kundenfernen") Abteilungen weniger Möglichkeiten haben, die Kundenzufriedenheit zu beeinflussen, sollte bei ihrer Entlohnung der variable Anteil geringer sein als bei kundennahen Abteilungen.
- **Einheitlichkeit des Anreizsystems**: Wegen des unterschiedlich starken Einflusses auf die Kundenzufriedenheit sollten verschiedene Abteilungen auch unterschiedlich entgolten werden. Für Mitarbeiter der gleichen Abteilung gilt indessen der Grundsatz der Gleichbehandlung.
- **Festlegen der Prämienbasis**: Ausgangspunkt für die Berechnung sollte der Erfolg auf Abteilungs- bzw. Mitarbeiterebene sein. Ist dies – mangels Zurechenbarkeit – nicht möglich, ist der Unternehmenserfolg Basis der Prämienberechnung.

5.4.4.2 Akzeptanz der zufriedenheitsorientierten Gratifikation

Gegner der Kundenzufriedenheitsprämie kritisieren, dass man damit das Gegenteil von dem erreiche, was man eigentlich anstrebe. Die Mitarbeiter passen sich an und nehmen mit, was mitzunehmen sei („**Abschöpfungsmentalität**"). Diejenigen wiederum, die leer ausgehen, seien hingegen demotiviert und würden das „ungerechte" System deshalb torpedieren (vgl. Sprenger 2004b, S.63ff.). Fraglos ist auch die **monetäre Belohnung** kein Allheilmittel, sondern lediglich ein Instrument unter vielen, mit denen ein Unternehmen die Kundenorientierung seiner Mitarbeiter – und damit letztlich die Kundenzufriedenheit – verbessern kann.

Trotzdem sollte ein Unternehmen auf **extrinsische Anreize** nicht vollkommen verzichten. Denn weil im Zuge des **Lean Management** immer mehr Hierarchieebenen abgebaut werden, wird es zunehmend schwieriger, Mitarbeiter intrinsisch zu motivieren, indem man ihnen bspw. Karrieremöglichkeiten in

Aussicht stellt. Davon betroffen sind die sog. **‚Plateaued employees'**, d.h. Mitarbeiter und Führungskräfte, die unter Umständen die nächste, nun aber weggefallene Hierarchiestufe noch erreicht hätten, denen aber das Potential für die übernächste Ebene abgesprochen wird.

Außerdem sollten Unternehmen den Schwerpunkt auf die Gestaltung **langfristiger Anreize** legen. Denn häufig müssen auch Führungskräfte, die eigentlich den Blick für den Kunden haben sollten, keine Verantwortung für die langfristigen Resultate ihres Handelns übernehmen, zumal die Ausrichtung sämtlicher Aktivitäten am Wert des Unternehmens (**‚Shareholder value'-Politik**) jede stabile Beziehung zu den Kunden sowie den anderen Beziehungspartnern der Unternehmen untergräbt (vgl. hierzu auch Küting/Lorson 1999, S.28). Der kurzfristige Unternehmenserfolg dominiert, die Idee eines zur langfristigen Verantwortung fähigen Unternehmens degeneriert. Vor diesem Hintergrund verwundert es kaum, dass die meisten monetären Anreizsysteme kurzfristig angelegt sind (sog. **‚Short term incentives'**), wohingegen langfristige Ansätze zu selten im Mittelpunkt stehen.

Fehlende intrinsische Motivatoren sowie die Kurzfristorientierung des Management gefährden das Ziel „Kundenzufriedenheit" – und damit den langfristigen Erfolg eines Unternehmens – in hohem Maße. Angesichts dieser Entwicklung verspricht der Leitgedanke des „Unternehmertums im Unternehmen" (**‚Intrapreneurship'**) Erfolg: Wer davon überzeugt ist, dass Kundenzufriedenheit langfristig den Unternehmenserfolg steigert, sollte auch seine Mitarbeiter daran teilhaben lassen.

5.4.4.3 Kundenorientierung durch soziale Anerkennung

Auch **nicht-monetäre Anreize**, wie Prestige oder soziale Anerkennung, fördern die Kundenorientierung. Zu den diesbezüglich geeigneten Maßnahmen gehören bspw. die Wahl „Mitarbeiter des Monats" oder Artikel in der Mitarbeiterzeitschrift über Unternehmensbereiche, deren Kunden besonders zufrieden sind. Weitere Beispiele finden sich zuhauf.

Praxis-Fall	Soziale Anerkennung als ‚Incentive': Die Beispiele „Holiday Inn" und „Müller-Brot"

- Das Management des Holiday Inn in Miami belohnt jeden Mitarbeiter, den ein Gast positiv beurteilt hat, mit 5 Dollar. Aber nicht nur das: Die Familie des betref-

fenden Mitarbeiters erhält einen Brief, in welchem die Hotelleitung darlegt, wie stolz die Familie auf ihren Angehörigen sein könne.
- Um die Qualität des Kundenservice zu testen, rief Müller-Brot seine Kunden dazu auf, den ihres Erachtens freundlichsten Verkäufer zu benennen. Von den 200.000 Stimmzetteln, die per Anzeigen und über die Filialen verteilt worden waren, wurden mehrere zehntausend zurückgesandt. Unter den teilnehmenden Kunden wurde eine Luxusreise nach Korfu für zwei Personen verlost. Die drei freundlichsten Mitarbeiter durften ein Wochenende in Wien verbringen. Die Kosten dieser Aktion, die sowohl nach innen als auch nach außen eine erhebliche Werbewirkung hatte, beliefen sich auf ca. 25.000 €.

5.5 Change Management

5.5.1 Ursachen für das Scheitern von Veränderungsprozessen

Wer sein Unternehmen kundenorientiert gestalten will, muss zahlreiche Maßnahmen ergreifen, mit welchen er gewährleistet, dass die Mitarbeiter die Bedürfnisse ihrer Kunden erkennen und befriedigen können – angefangen bei Änderungen der Unternehmensphilosophie bzw. -kultur über organisatorische Veränderungen (Reorganisation bzw. Restrukturierung) bis hin zur (Neu-)Gestaltung der Marketinginstrumente. So plausibel es ist, dass die Einführung einer **nachhaltigen kundenorientierten Managementkonzeption** i.d.R. einem Change Management-Prozess unterworfen ist, so wenig nachvollziehbar ist es, dass zahlreiche Change Management-Projekte **scheitern**.

Doppler/Lauterburg (2005) sind den **Ursachen** für den **geringen Erfolg** von Veränderungsprozessen auf den Grund gegangen. Anschaulich bezeichnen sie die Denk- und Handlungsmuster der „Täter" und „Opfer" als **Psychologik des Misslingens**. Ihrer Ansicht nach sind u.a. folgende **Ursachen** für den Misserfolg verantwortlich:
- Die Mitarbeiter verstehen den Sinn des Projekts nicht, weil sie **unvorbereitet** damit konfrontiert werden (= „**Kaltstart**").
- Das Top-Management betrachtet die Mitarbeiter als Wasserträger und „Bewunderer seiner Ideen". Letztere können sich mit dem Projekt aber **nicht identifizieren**, so dass ihr **Problemlösungspotential ungenutzt** bleibt (= „**Alles Gute kommt von oben**").

- Ideen und Vorschläge zur Problemlösung kommen ausschließlich vom Top-Management oder von externen Beratern, was bei den Mitarbeitern **Reaktanz** auslöst. Manche wollen deshalb beweisen, dass es „so nicht funktionieren kann" (= „**Not invented here"-Syndrom**").
- Bei vielen Projekten steht die Frage nach dem eigentlich zu lösenden Problem (= fundierte Bestimmung des Ist-Zustandes) im Hintergrund (= „**Die falsche Frage**").
- Am Anfang von Projekten versucht das Management, die Mitarbeiter aus taktischen Gründen zu beschwichtigen („Niemandem wird es schlechter gehen."). Indem sie den **Weg des geringsten Widerstands** beschreiten und die „Salami-Taktik" anwenden, belasten sie nicht nur das System, sondern ersticken auch die Selbstheilungskräfte im Keim (= „**Abwiegeln oder die Wahrheit auf Raten**").
- Mit einer „Strategie der gezielten Verängstigung" schürt das Topmanagement bisweilen **Angst**. Die Mitarbeiter sorgen sich deshalb um ihren **Arbeitsplatz**, was fatale Konsequenzen nach sich zieht: Sie gehen entweder in Deckung oder aber „durchschauen die Übertreibungen" und werden gegenüber zukünftigen Change Management-Projekten „immun" (= „**Dramatisieren oder das Geschäft mit der Angst**").
- Veränderungen setzen an einzelnen Abteilungen oder Filialen / Zweigstellen an; die anderen Unternehmensteile bleiben hingegen von Veränderungen unberührt (= „**Insellösungen**").
- Das Management verschleiert die eigentlichen Ziele eines Projekts, was das **Vertrauen** der Mitarbeiter in die Führung **erschüttert** (= „**Etikettenschwindel und Glaubwürdigkeitslücke**").

Für Change Management-Projekte lassen sich aus diesen Faktoren folgende **Konsequenzen** ableiten.

| Praxis-Tipp | Erfolgsfaktoren von Change Management-Projekten |

Unternehmen sollten
- ihre Mitarbeiter frühzeitig informieren und am Veränderungsprozess beteiligen,
- gewährleisten, dass die Mitarbeiter in den Prozess der Problemlösung integriert werden, bspw. durch Gruppendiskussionen, Einzelgespräche oder Befragungen,
- die Selbstheilungskräfte des Unternehmens aktivieren, damit die Mitarbeiter die „Chefsache" zur „eigenen Sache" machen,

- der Bestimmung des Status quo eine große Bedeutung zubilligen und zunächst die Frage „Was genau ist los?" beantworten (und erst anschließend „Was ist zu tun?"),
- die Ausgangssituation möglichst realistisch schildern (ohne zu dramatisieren),
- nach ganzheitlichen Problemlösungen suchen,
- Glaubwürdigkeit und Seriosität vermitteln.

Quelle: Doppler/Lauterburg (2005).

5.5.2 Ursachen und Anzeichen von Widerstand gegen Veränderungen

Widerstand, dessen typischen Anzeichen Abb. 92 zu entnehmen sind, ist eine normale Begleiterscheinung von Veränderungen. Hierfür können **drei Ursachen** verantwortlich zeichnen (vgl. Doppler/Lauterburg 2005):

1. Die Mitarbeiter haben Hintergrund und Ziele einer Maßnahme **nicht verstanden**, z.B. organisatorische Anpassungen zur Verbesserung der Kundenorientierung.

2. Die Mitarbeiter **glauben** dem Management **nicht**. Deshalb ist es bspw. bedeutsam, mit Hilfe der Marktforschung die positiven Konsequenzen einer kundenorientierten Unternehmensstruktur zu belegen.

3. Die Mitarbeiter wollen eine Maßnahme nicht unterstützen, weil sie sich davon **lediglich Nachteile** bzw. **keine positiven Konsequenzen** versprechen. Derartige Befürchtungen beziehen sich im Wesentlichen auf folgende **Bereiche**:
   o **Lohn / Gehalt**: Müssen bspw. wegen der Implementierung eines kundenzufriedenheitsorientierten Prämiensystems manche Mitarbeiter finanzielle Einbußen befürchten?
   o **Sicherheit**: Führt die Reorganisation hin zu einer kundenorientierten Struktur dazu, dass Mitarbeiter ihren Arbeitsplatz wechseln oder gar verlieren?
   o **Kontakt**: Verlieren manche Mitarbeiter im Zuge des Change Management ihre „angestammten" guten, vertrauensvollen Kontakte zu Kollegen, Vorgesetzten, Mitarbeitern oder anderen Abteilungen? Müssen sie nunmehr gar mit unsympathischen Menschen zusammenarbeiten?
   o **Anerkennung**: Hat die neue Aufgabe einen schlechten Ruf (z.B. Arbeit im Außendienst beim Kunden vs. Tätigkeit im ‚Back office')? Oder füh-

len sich die betroffenen Mitarbeiter in der neuen Situation fachlich oder persönlich überfordert? Müssen sie gar mit weniger Ressourcen auskommen, die jedoch notwendig wären, um die Aufgabe erfolgreich abzuschließen?

o **Selbständigkeit**: Besteht für den Mitarbeiter die Gefahr, dass er Kompetenzen verliert?
o **Entwicklung**: Müssen sich die betreffenden Mitarbeiter intensiv weiterbilden? Wird ihr ursprünglicher Karriereweg verbaut?

Abb. 92: Typische Anzeichen für Widerstand

	Verbal (reden)	*Non-verbal* (verhalten)
Aktiv (= Angriff)	• Widerspruch • Gegenargumentation • Vorwürfe • Drohungen • Polemik • Sturer Formalismus	• Aufregung • Unruhe • Streit • Intrigen • Gerüchte • Cliquenbildung
Passiv (= Flucht)	• Ausweichen • Schweigen • Zurückhaltung • Bagatellisieren • Blödeln • Ins Lächerliche ziehen • Unwichtiges debattieren • Papierkrieg	• Lustlosigkeit • Unaufmerksamkeit • Müdigkeit • Pannen / Ausschuss / Reibungsverluste • Fernbleiben • Innere Emigration • Krankheit / Kündigung

Die in Abb. 92 dargestellten **Symptome** des **Widerstands** lassen sich mit Hilfe von **Frühwarnsignalen** aufspüren.

| **Praxis-Tipp** | Frühwarnsignale für Widerstand im Unternehmen |

- Gibt es häufiger aktiven oder verbalen Widerstand gegen das Change Management-Projekt?
- Haben die Mitarbeiter plötzlich untereinander Probleme?
- Hat der Krankenstand in Ihrem Verantwortungsbereich seit Beginn des Change Management-Projekts zugenommen?

- Kommt es in Ihrem Kompetenzbereich vermehrt zu Fehlleistungen und Pannen?
- Nimmt die formelle Kommunikation zu (z.B. in Form von Memos, E-Mails)?
- Sichern sich Ihre Mitarbeiter zunehmend ab?
- Spüren Sie bei den Mitarbeitern Demotivation bzw. Anzeichen von innerer Kündigung?
- Werden Verdächtigungen und Gerüchte an Sie herangetragen?

Wer mit Widerstand konstruktiv umgehen will, sollte folgende **Leitlinien** beachten.

Praxis-Tipp — **Leitlinien für den erfolgreichen Umgang mit Widerstand**

- Nicht das Auftreten von Widerstand, sondern dessen Ausbleiben gibt Anlass zur Sorge; denn wenn kein Widerstand auftritt, glaubt auch kein Mitarbeiter an den Erfolg des Change Management-Projekts.
- Widerstand ist eine verschlüsselte Botschaft. Die betreffenden Menschen haben Bedenken, Ängste oder Befürchtungen, d.h. die Ursachen liegen im emotionalen Bereich.
- Druck führt letztlich zu Gegendruck. Wenn Mitarbeiter sich weigern, an einem Veränderungsprozess mitzuwirken, sind die Voraussetzungen für einen reibungslosen Ablauf (noch) nicht gegeben. Das Management sollte seine Vorgehensweise dann noch einmal prüfen.
- Das Topmanagement sollte nicht gegen den Widerstand seiner Mitarbeiter arbeiten, sondern mit ihm. Es muss Widerstand wahrnehmen, ernstnehmen und kanalisieren, indem es mit den Mitarbeitern spricht, die Ursachen analysiert und zusammen mit den Mitarbeitern eine verbindliche Vorgehensweise festlegt.

Quelle: Doppler/Lauterburg (2005).

Wer sein Unternehmen **kundenorientiert** ausrichten und deshalb ein umfassendes Change Management-Projekt erfolgreich implementieren will, muss dafür sorgen, dass alle **Beteiligten**

- **verstehen** (= Sinn und Zweck des Kundenzufriedenheits- bzw. Change Management-Projekts verstehen),
- **wollen** (= sich für die Maßnahmen zur Verbesserung der Kundenorientierung einsetzen),
- **dürfen** (= die notwendigen Kompetenzen besitzen, um die Veränderungen durchzuführen),

- **können** (= die Veränderungen aufgrund ihrer Fähigkeiten, Fertigkeiten, Instrumente, Werkzeuge und Ressourcen mitgestalten können).

5.5.3 Qualitätszirkel als Instrument eines kundenorientierten Unternehmens

Kundenorientierung lässt sich nicht von oben anordnen, sondern muss vor Ort entwickelt werden, bspw. in Qualitätszirkeln. Dabei handelt es sich um **Gesprächsgruppen**, in denen sich i.d.R. fünf bis zehn Mitarbeiter mindestens einmal im Monat (meist häufiger) während oder außerhalb der regulären Arbeitszeit **freiwillig** treffen. Unter Anleitung eines geschulten Moderators diskutieren sie selbst gewählte Probleme des eigenen Arbeitsbereichs, um dann **Lösungsvorschläge** zu erarbeiten, umzusetzen und zu kontrollieren (selbständig oder über Instanzen). Die Teilnehmer sollen durch die Gruppenarbeit **lernen**; allerdings werden ihre Verbesserungsvorschläge auf Basis der gesetzlichen oder betrieblichen Bestimmungen auch **vergütet**.

Träger der Qualitätszirkel sind neben den eigentlichen Mitgliedern
- der **Zirkelleiter** (= er vermittelt die entsprechenden Techniken),
- der **Koordinator** (= er betreut die verschiedenen Qualitätszirkel eines Unternehmensbereichs organisatorisch),
- die **Steuerungsgruppe** (= sie repräsentiert den unternehmerischen Willen zur Einrichtung, Durchsetzung und Kontrolle von Qualitätszirkeln).

Qualität bezieht sich auf sämtliche Probleme, die in einem Arbeitsbereich entstehen können, wobei Qualitätszirkel nicht nur in Produktionsabteilungen angesiedelt sind, sondern auch abteilungs-, hierarchie- oder gar unternehmensübergreifend (vgl. Huber 1994, S.989f.), d.h. zwischen dem Unternehmen und seiner Umwelt (z.B. Kunden).

Der **Erfolg von Qualitätszirkeln** hängt im Wesentlichen von folgenden **Faktoren** ab (vgl. Doppler/Lauterburg 1999, S.183f.):
- **Unternehmenskultur**, die sich durch Partizipation und ein umfassendes Qualitätsdenken auszeichnet,
- **Bereitschaft** von mittlerem und Top-Management, die Ergebnisse der Qualitätszirkel-Arbeit systematisch zu nutzen,
- (ggf.) **Betriebsvereinbarungen** mit dem Betriebsrat,
- engagierte **Steuerungsgruppe** oder Einzelperson, die gewährleistet, dass Ideen / Lösungsvorschläge geprüft und konsequent weiterverfolgt werden,

- **Motivation** der Mitarbeiter, sich mit solchen Fragen zu beschäftigen,
- geeignete **Infrastruktur** wie Besprechungsraum, Ausstattung mit Hilfsmitteln zur Visualisierung u.ä.,
- kompetenter **Moderator** der Qualitätszirkel.

5.5.4 Moderation als Bestandteil eines erfolgreichen Change-Management

Change Management bedarf der Moderation: Zum einen nimmt die Arbeit in Workshops, Projektteams und Qualitätszirkeln zu, zum anderen wächst der Bedarf an Veranstaltungen in größeren Runden von Mitarbeitern und Führungskräften. Der **Moderator** übernimmt dabei die folgenden **Aufgaben** (vgl. Doppler/Lauterburg 1999, S.238ff. u. 438f.): Er

- schafft in der Gruppe ein Klima der **Offenheit** und des **Vertrauens**, indem er die **Kommunikation** zwischen den Teilnehmern sicherstellt sowie dem Team und den einzelnen Mitgliedern regelmäßig ‚**Feed back**' gibt,
- stellt **professionelle Arbeitsmethoden** und **-techniken** bereit, bspw. indem er eindeutige Vereinbarungen trifft, die Einhaltung der „Spielregeln" überwacht, die sorgfältige Bearbeitung aller Arbeitsschritte sicherstellt, moderne Techniken bspw. zur Problemlösung oder Kreativitätsförderung einsetzt, Arbeitsergebnisse visualisiert usw.,
- gewährleistet eine fruchtbare **Gruppendiskussion**, indem er Sitzungen strukturiert, eine ausgewogene Beteiligung aller Teilnehmer sicherstellt, Wortmeldungen zuteilt, zurückhaltende Mitglieder zur engagierten Teilnahme animiert, Vielredner „einfängt", immer wieder zum Thema zurückführt, das Wesentliche herausarbeitet, Zwischenergebnisse sowie Arbeitsergebnisse zusammenfasst und dokumentiert),
- „arbeitet" mit der **gruppeninternen Dynamik**, indem er regelmäßig Zwischenbilanz zieht und Manöverkritik übt, ‚Feed back' einholt (z.B. in Bezug auf Kommunikation, Kooperation, Empfindungen, Gefühle, Spannungen), indem er Meinungs- und Interessensunterschiede offenlegt, schwelende oder offene Konflikte zu bewältigen hilft, Gefühle und Empfindungen anspricht, aber auch eigene Gefühle zeigt,
- **arbeitet** als „Spielertrainer" **mit**, indem er Hintergründe / Zusammenhänge klärt, konkretisiert, auf kritische Punkte hinweist, eigene Ideen und Erfahrungen einbringt.

> **Praxis-Tipp** Möglichkeiten zur Optimierung von Besprechungen

1. Definieren Sie **Thema** sowie **Zielsetzung** der Besprechung und teilen Sie diese – ggf. in einem Einladungsschreiben – den Teilnehmern im Vorfeld mit. Legen Sie genau fest, was besprochen werden soll. Überprüfen Sie, ob die vorgesehene Zeit ausreicht, das Thema fundiert abzuhandeln. Konkretisieren Sie für sich und die Teilnehmer Ziel und Ergebnis Ihrer Sitzung.

2. Verfassen Sie bei größeren Besprechungen
- ein **Einladungsschreiben** (Thema, Ort, Datum, Uhrzeit mit Beginn und Ende),
- Agenda bzw. Tagesordnung,
- Unterlagen für die Teilnehmer (sog. ‚Hand out'),
- evtl. eine Anfahrtsskizze mit Parkmöglichkeiten, um unnötige Verspätungen zu vermeiden.

3. Signalisieren Sie Ihren Gesprächspartnern, dass Sie von jedem Einzelnen eine **gewissenhafte Vorbereitung** erwarten. Dazu gehört auch, dass sich jeder Teilnehmer vor der Besprechung intensiv mit den übermittelten Unterlagen auseinandersetzt und den Kollegen wichtige Informationen zukommen lässt.

4. Führen Sie sog. **interne Leistungsgarantien** ein: Wer zu spät kommt oder früher gehen muss, zahlt – unabhängig von Hierarchie und Begründung – einen vorher festgelegten Betrag in eine gemeinsame Kasse. Die Verwendungsmöglichkeiten dieses „Topfes" reichen von einem gemeinsamen Essen über die finanzielle Unterstützung eines Betriebsausflugs bis hin zu Spenden für einen gemeinnützigen Zweck.

5. Schalten Sie sämtliche äußeren **Störquellen** aus. Nur wenige Dinge sind so wichtig, als dass sie keine zwei Stunden Aufschub erlauben. Dazu gehört auch, dass sämtliche Teilnehmer zu Beginn der Besprechung ihre Handys ausschalten.

6. Besprechungen mit mehr als fünf Teilnehmern bedürfen einer professionellen **Moderation**. Der Moderator soll dabei
- die qualifizierte Verständigung zwischen den Teilnehmern gewährleisten,
- eine professionelle Arbeitsmethodik sicherstellen (u.a. Überwachung der Einhaltung der Spielregeln, Visualisierung der Arbeitsergebnisse, Treffen klarer Vereinbarungen),
- eine fruchtbare Gruppendiskussion unterstützen (d.h. zeitliche Strukturierung der Sitzungen, Zuteilung der Wortmeldungen, Aktivieren zurückhaltender Teilnehmer, „Einfangen" von Vielrednern, Rückführung zum Thema, Herausarbeiten des Wesentlichen, Festhalten der Zwischenergebnisse, Zusammenfassung und Dokumentation der Arbeitsergebnisse).

7. Als **Moderator** sollten Sie auf keinen Fall als Oberlehrer, Schiedsrichter, unbeteiligter Zuschauer oder außenstehender Beobachter auftreten.

8. Nutzen Sie **Techniken** (z.B. Visualisierungstechniken oder Kreativitätstechniken wie Brainstorming oder 635-Methode), um Besprechungszeiten zu reduzieren bzw.

effektiver zu gestalten und um Abstimmungsprozesse zu strukturieren bzw. zu verkürzen. In diesem Zusammenhang hat sich die Methode der sechs Denkhüte als sehr erfolgreich erwiesen.

Wer Zusammenkünfte klar strukturieren will, kann auf die von Edward de Bono entwickelte **Methode der sechs Denkhüte** zurückgreifen. Dabei verteilt der Moderator symbolisch oder tatsächlich Hüte in den Farben Weiß, Rot, Gelb, Schwarz, Grün und Blau. Jede Farbe steht für eine bestimmte Stufe der **Diskussion**: Unter dem **weißen** Hut wird das Thema eingegrenzt, der **rote** Hut steht für Gefühle, der **gelbe** für Vorschläge zur Anwendung. Unter dem **schwarzen** Hut wird kritisiert, unter dem **grünen** werden neue Ideen entwickelt. Zum Schluss folgt der **blaue** Hut, der das Signal für „jetzt wird entschieden" gibt. Den wohl größten Vorteil sieht der Erfinder der „Hüte"-Methode darin, dass Skeptiker, die in Gesprächsrunden üblicherweise sofort alle Aufmerksamkeit auf sich lenken und nicht selten in polemischer, abfälliger Weise die Vorschläge ihrer Kollegen niedermachen, sich nur zu einem bestimmten Zeitpunkt äußern dürfen, ansonsten aber schweigen müssen.

> **Praxis-Tipp** „Methode der sechs Denkhüte" am Beispiel „Beschwerdemanagement"

1. Der Moderator der Projektgruppe „Beschwerdemanagement" bittet die Mitglieder, zunächst den **weißen** Hut aufzusetzen. Der steht für das Arbeitsthema „Der richtige Umgang mit Beschwerden".
2. Es folgt die **rote** Kopfbedeckung, und der Moderator fordert seine Kollegen dazu auf zu schildern, welche Gefühle sie mit dem Thema Beschwerden verbinden. „Beschwerden sind etwas Negatives, am liebsten schiebt man sie beiseite", sagt einer. Und ein anderer meint: „Bei Beschwerden hat man immer das Gefühl, Mist gebaut zu haben". Das Ergebnis der „roten Runde" ist eindeutig: Die Projektmitglieder empfinden Beschwerden als unangenehm, da sie Fehler sichtbar machen und i.d.R. zu negativen persönlichen Konsequenzen führen.
3. Nunmehr stellt der Moderator vor, wie ein sehr erfolgreiches Unternehmen aus einer anderen Branche Beschwerdemanagement betreibt („Benchmarking"). Der **gelbe** Hut wird aufgesetzt, um Vorteile dieser Vorgehensweise aufzuzeigen und darauf aufbauend Verbesserungsvorschläge zu entwickeln. „Damit gewinnen wir unzufriedene Kunden zurück", sagt ein Teilnehmer. „Und außerdem können wir aus den Fehlern der Vergangenheit lernen", ergänzt sein Kollege.
4. Der **schwarze** Hut steht für Kritik. „Das ist doch alles viel zu aufwendig", heißt es unter anderem von Seiten der Skeptiker.

5. Es folgt der **grüne** Hut, das Symbol für die Suche nach neuen Ideen.
6. Im Anschluss folgt der **blaue** Hut, der für eine Entscheidung der Projektgruppe steht. Gemeinsam wird eine Empfehlungsliste verabschiedet und der Geschäftsführung vorgelegt. Darin finden sich u.a. die Entwicklung eines Beschwerdeleitfadens, die Einrichtung eines Beschwerdetelefons sowie das Aufstellen von „Meckerkästen".

5.5.5 Methoden für kreatives Denken

Wer Kunden zufrieden stellen will, sollte fraglos auf den Kunden hören – aber nicht nur. Fast ebenso bedeutsam ist es, mit neuen Produkten und Dienstleistungen **neue Bedürfnisse** zu wecken. Toyota etwa bevorzugt „Wachstum aus eigener Kraft" und investierte deshalb allein 2005 ca. 5,7 Mrd. € in **Forschung und Entwicklung**. Um sich den Bedürfnissen der europäischen Kunden besser anpassen zu können, hat der japanische Pkw-Hersteller in Frankreich ein **Designzentrum** und in Belgien ein **Entwicklungszentrum** errichtet. So kommt es nicht von ungefähr, dass Toyota mittlerweile nicht mehr (nur) imitiert, sondern vielmehr selbst **Trends setzt**.

| Praxis-Fall | Kundenorientierung und Wachstum durch F&E und Kreativität: Das Beispiel Toyota |

„In der Fahrzeugentwicklung geht das Unternehmen ohnehin seine eigenen Wege. Einer der größten Coups war der – anfangs besonders von der deutschen Konkurrenz unterschätzte – Hybrid-Antrieb aus Benzin- und Elektromotor. Die Technologie stellte sich angesichts steigender Benzinpreise als Glücksgriff heraus. In den USA fahren Filmstars wie Cameron Diaz, Brad Pitt und Leonardo de Caprio das Hybrid-Modell Prius. Auch in Japan wächst das Umweltbewusstsein, unter Intellektuellen ist es schick, ein „grünes Auto" zu besitzen. Mit bisher mehr als 520.000 verkauften Prius wurde der Hybrid ein Renner – derzeit beträgt die Wartezeit sechs Monate. [...] Obwohl noch Welten zwischen Nippons Autokönig und der aufstrebenden chinesischen Konkurrenz liegen, schauen die Japaner respekt- und auch ein wenig sorgenvoll in den Rückspiegel. In fünf bis sieben Jahren können die Chinesen vielleicht schon ein Auto wie den Lexus bauen, heißt es bei Toyota. Und dann? Zumindest bei der Jahresendfeier mit Bier oder Sake geben sich die Toyoten zuversichtlich und kampfentschlossen: ‚Dann bauen wir eben fliegende Autos.'"

Quelle: A. Köhler: Fliegende Autos, in: Wirtschaftwoche, Nr.1/2 (5.1.2006), S.39-42.

Ein Weg hin zu Innovationen besteht darin, die Kreativität der Mitarbeiter zu fördern. Hierzu stehen zahlreiche **Techniken** zur Verfügung, d.h. Verfahren, die bei der Lösung von Problemen helfen, die schlecht strukturiert sind und deshalb abseits jeglicher Routine liegen (vgl. z.B. Nöllke 2004). Zu den Anhängern des „**Querdenkens**" gehört H. P. Danuser, Kurdirektor von St. Moritz. Er erkannte frühzeitig, dass Qualität und Standortvorteile nicht genügen, um sich gegenüber anderen Fremdenverkehrsregionen zu positionieren. Indem er – wie folgendes Beispiel zeigt – auch Ideen aus anderen Dienstleistungs- und Produktbereichen auf das **Standortmarketing** von St. Moritz übertrug, gelang es ihm, das Profil seiner Gemeinde zu schärfen.

Praxis-Fall	Kundenorientierung durch Kreativität: Ansichten von H. P. Danuser, Kurdirektor von St. Moritz

„Die Spitzenqualität unserer Skipisten ist nach zwei Olympischen Winterspielen und vier alpinen Ski-Weltmeisterschaften bekannt: [...] das zusätzliche Angebot wie 200 Kilometer Langlaufloipen, Pferde- und Windhunderennen, Bobbahnen, Gourmet- und Musikfestivals. Das bieten in der Vielfalt nur St. Moritz und die Region Engadin. [...] Gerade die alternde Generation der Babyboomer will ihre Knochen nicht mehr auf der Buckelpiste riskieren. Diese betuchte Klientel geht lieber shoppen und lässt sich kulinarisch verwöhnen. Die Via Maistra in St. Moritz bietet ihnen eine Auswahl wie auf der Londoner Bond Street. Über die Hälfte der 5600 Hotelbetten stehen in den 14 Vier- und Fünfsternehotels, die Gastronomie im Tal bringt es zusammen auf sechs Michelin-Sterne. [...] Die Jungen finden die klassischen Sportarten ihrer Eltern nicht so sexy und wollen neue Disziplinen entdecken – statt Langlaufen in der Loipe sind Skating oder querfeldein Nordic Cruising angesagt. [...]

Knapp 70 Prozent unserer Gäste kommen aus dem Ausland – vor allem aus Deutschland und Italien – und bringen ihre Ideen von zu Hause mit. Ich selbst lese und reise viel. In Los Angeles fielen mir vor etwa 10 Jahren Inlineskates auf, die kannte ich damals noch nicht. Ich habe meinen zwei Söhnen welche mitgebracht und bin selbst damit gefahren. Das hohe Tempo auf langer Strecke hat mir großen Spaß gemacht. Und schon war die Idee für den ersten Inline-Marathon im Engadin geboren. [...] Mit originellen Ideen bleiben Sie interessant, unabhängig davon, wie viel Schnee gerade fällt und ob andere Skigebiete in Mode kommen. In St. Moritz brannte 1878 das erste elektrische Licht der Schweiz, 1889 fand das erste Golfturnier der Alpen und 1891 das erste Bobrennen der Welt statt. Ich knüpfe an diesen Pioniergeist an: mit dem weltweit ersten Polo- und Krickketurnier auf einem gefrorenen See, der ersten Snowboard-Weltmeisterschaft auf dem Kontinent. [...] Vor 75 Jahren wurde die Sonne als Symbol für rekordverdächtige 322 Tage Sonnenschein im Jahr eingeführt – das älteste touristische Markenzeichen überhaupt. Die trage ich auf jeder Veranstaltung am Revers. 1986 konnte ich den Namen St. Moritz als erste touristische Ortsmarke der Welt registrieren lassen. Wer sich heute mit unserem Namen schmücken will, muss uns vorher fragen. Und zahlen. [...] Viel wichtiger ist: Wer unseren Namen trägt, muss zu uns passen. Wie die Stromgesellschaft Rätia Energie. Die Marke „Pure Power St. Moritz" steht für erneuerbare Energie. Das ist für unser Image und den Geldbeutel gut – und gleichzeitig Werbung für unseren Ort und die Region. [...]

Mein Budget ist auf zwei Millionen Euro im Jahr beschränkt. Die Hälfte davon wandert ins Event-Marketing, davon wird beispielsweise der Cresta Run finanziert. Das Spektakel im Skeleton-Schlitten gibt es nur bei uns, das schafft emotionale Bindung. Mit dem Rest kann ich Kataloge herausgeben, mehr nicht. Keine Plakate, keine Zeitungswerbung und alle zehn Jahre ein Videoclip. [...] Ich bin das Maskottchen von St. Moritz. Auf meine Reisen nehme ich mein Alphorn mit und blase den Zuhörern ein Lied von der Bergidylle. Das überzeugt mehr als ein ganzer Stapel Statistiken. Die Menschen sollen bei uns schließlich vor allem eines haben: Jede Menge Spaß."

Quelle: S. Augter: Hoch hinaus, in: Wirtschaftswoche, Nr.51 (15.12.2005), S.52.

5.5.5.1 Kreativität durch Zerlegung des Problems

Dabei wird ein komplexes, schlecht strukturiertes Problem in seine Bestandteile zerlegt, welche wiederum in einem „kreativen Akt" neu zu kombinieren sind. Die bekannteste Methode dieser Kategorie ist die von Zwicky (1996) entwickelte **morphologische Methode** (vgl. Abb. 93), bei der man

1. das Problem zunächst definiert,
2. das gesamte Problem in einzelne Bestandteile (= Parameter) zerlegt,
3. für die einzelnen Parameter Lösungen entwickelt und diese in den sog. **morphologischen Kasten** einträgt,
4. Parameterkombinationen auswählt und bewertet,
5. die beste Lösung umsetzt.

5.5.5.2 Kreativität durch Konfrontation

Die entsprechenden Verfahren dienen dazu, weiter entfernt liegende Reize und Denkstrukturen zu übertragen. Die Kreativität liegt in der Anpassung dieser Denkmuster an die Problemstellung (sog. ‚**forced fit**'). Auf diesem Prinzip basiert u.a. die **Synektik-Methode**, die von der Erkenntnis ausgeht, dass neue Ideen durch Bildung von **Analogien** entstehen. Hierbei werden folgende **Phasen** durchlaufen:

1. **Auswahl/Schulung** der an der Synektik-Methode teilnehmenden Personen,

2. **Vermittlung** des zu lösenden Problems,
3. schrittweise **Verfremdung** durch Analogien aus Natur, Technik, dem eigenen Lebensbereich usw.,
4. Konfrontation des verfremdeten Sachverhalts mit der Problemstellung (sog. ‚**forced fit**'),
5. Entwicklung von **Lösungsansätzen**.

Abb. 93: Anwendung des „morphologischen Kastens" am Beispiel Uhr

Parameter	Bekannte und mögliche Lösungen		
Energiequelle	• Aufzug von Hand	• Starkstromnetz	• Temperaturschwankungen
Energiespeicher	• Angehobene Gewichte	• Feder	• Akkumulator
Motor	• Federmotor	• Elektromotor	• Hydraulischer Motor
Geschwindigkeitsregler	• Fliehkraftregler	• Hippscher-Pendel	• Netzfrequenz
Getriebe	• Zahnradgetriebe	• Kettengetriebe	• Magnetgetriebe
Anzeige	• Zeiger und Zifferblatt	• Rollen und Fenster	• Wendeblätter

Quelle: Nieschlag u.a. (2002, S.699).

5.5.5.3   Kreativität durch Assoziation

Hier werden bekannte Lösungen für das Problem variiert, indem man andere Denkmuster überträgt. Welche Denkmuster dies sind, ist dem Zufall überlassen, so dass zunächst nahe liegende und erst im weiteren Verlauf verfremdete Assoziationen gebildet werden. Zu den bekanntesten Methoden zählen das ‚**Brain storming**' sowie die **635-Methode**.

5.5.5.3.1 ‚Brain storming'

Die wohl bekannteste Kreativitätstechnik, das sog. ‚Brain storming' („Gehirnsturm"), entwickelte der US-amerikanische Werbeberater Osborn. Hierbei suchen die Teilnehmer in Diskussionen nach neuen Lösungen bzw. Ideen. Grundprinzip ist es, Ideen, die andere Teilnehmer im Verlauf einer Sitzung eingebracht haben, aufzugreifen und **spontan „weiterzuspinnen"**. Auf diese

Weise entstehen **Assoziationsketten**, die nicht selten neue Möglichkeiten zur Problemlösung zutage fördern.

> **Praxis-Tipp** — Regeln für das ‚Brain storming'
>
> - An einer Brainstorming-Sitzung sollten fünf bis maximal acht Personen teilnehmen. Bei kleineren Gruppen können keine Assoziationsketten entstehen; bei grösseren Diskussionsforen dominieren häufig einige Wenige, während die anderen Teilnehmer „in der Masse abtauchen".
> - Eine Sitzung dauert idealerweise zwischen zehn und dreißig Minuten. Ist sie kürzer, fehlt die „Aufwärmphase"; bei längeren ‚Brain storming'-Runden lässt die Fähigkeit zu kreativem Denken nach.
> - Der Vorgesetzte sollte in der Diskussionsrunde bewusst auf seine Führungsrolle verzichten und dies seinen Mitarbeitern gegenüber deutlich machen („Abbau von Hierarchiedenken"). Andernfalls entstehen unnötige Hemmschwellen; die Bereitschaft der Mitarbeiter, sich kreativ und damit unbefangen zu äußern, sinkt deutlich.
> - Es bestehen keinerlei Urheberrechte an den produzierten Ideen. Jeder Teilnehmer kann die Lösungsansätze eines anderen aufgreifen und weiterentwickeln bzw. variieren.
> - Kritik an Vorschlägen („Ideen-Killing") ist nicht erlaubt. Denn logische Argumente oder Erfahrung schränken die freie Entfaltung der eingebrachten Ideen nur unnötig ein.

Die Beiträge der ‚Brain storming'-Sitzung sollte man **aufzeichnen**, z.B. mit Hilfe eines Diktier- / Aufzeichnungsgeräts oder mit Unterstützung eines Protokollanten. Das wichtigste Prinzip lautet: Die **Quantität** der Lösungen ist zunächst wichtiger als deren Qualität; die Realisierbarkeit der produzierten Ideen sollte erst im Anschluss an die Sitzung untersucht werden.

5.5.5.3.2 635-Methode

Eine Variante des ‚Brain storming' ist die Methode 635, das sog. ‚Brain writing'. Hierbei legt man **sechs Mitgliedern** einer Arbeitsgruppe eine schriftlich festgelegte Problemstellung vor mit der Bitte, mindestens **drei mögliche Lösungen** auf einem Blatt Papier festzuhalten. Nach **fünf Minuten** wird das Blatt im Uhrzeigersinn an den nächsten Teilnehmer weitergereicht. Dieser hat erneut fünf Minuten Zeit, um drei Ideen zu entwickeln. Dabei kann er, genau wie beim ‚Brain storming', die Vorschläge seines Vorgängers **ergänzen**, dessen Ideen **variieren** oder völlig neue Ideen **entwickeln**. Mit dieser Technik findet man in 30 Minuten bis zu 108 Ideen, aber auch hier gilt: Die Umsetzbarkeit der Ideen erst im Anschluss prüfen.

6 Kundenzufriedenheit als zentrale Kennzahl einer Balanced Scorecard

6.1 Konzept der Balanced Scorecard

Die Balanced Scorecard (= ausgewogenes Kennzahlensystem) unterstützt Manager darin, ihr Unternehmen mit wenigen, aber entscheidenden Kennzahlen, wie insbesondere der Kundenzufriedenheit, flexibel und effizient zu steuern (vgl. Kaplan/Norton 1997). Auf diese Weise können sie ihren Mitarbeitern einen Überblick über den Kurs des Unternehmens und seine Bereiche vermitteln. Bildhaft formuliert entspricht die Balanced Scorecard einem Pkw mit Bordcomputer und Navigationssystem: Diese liefern alle wichtigen Informationen über den Zustand des Autos sowie über den Weg, der eingeschlagen werden muss, um das angesteuerte Ziel zu erreichen.

Die meisten Unternehmen nutzen zwar bereits **Kennzahlen**, in der Mehrzahl aber verwenden sie **Finanzgrößen** wie Umsatz, Gewinn oder Rendite. Diese haben jedoch zwei wesentliche **Nachteile**:

1. Finanzkennzahlen sind sog. **Spätindikatoren**, d.h. Kennzahlen, die erst mit erheblicher zeitlicher Verzögerung zu erkennen geben, ob eine Entscheidung richtig war. Beispielsweise schlägt sich die (Un-)Zufriedenheit der Kunden (= **Frühindikator**) erst nach geraumer Zeit im Gewinn (= **Spätindikator**) nieder. Die Balanced Scorecard greift vorzugsweise auf Frühindikatoren zurück.

2. Finanzkennzahlen geben **keine Auskunft** über die Ursachen einer bestimmten Entwicklung und liefern damit keine Ansatzpunkte für eventuell notwendige **(Korrektur-)Maßnahmen**. Die Balanced Scorecard hingegen sensibilisiert auch für diejenigen Prozesse, die für die Entwicklung der Finanzkennzahlen verantwortlich sind.

Ausgangspunkt der Balanced Scorecard ist die Überlegung, dass der wirtschaftliche Erfolg eines Unternehmens von **Einflussfaktoren** abhängt, die hinter den rein finanziellen Zielgrößen stehen. Dabei wird folgender grundlegender **Zusammenhang** unterstellt: Fähige und motivierte Mitarbeiter → verbesserte Geschäftsprozesse → zufriedene Kunden → finanzieller Erfolg. Vor diesem

Hintergrund ist nachvollziehbar, dass Kennzahlen aus folgenden Bereichen in die Balanced Scorecard einfließen:
- Die **Finanzperspektive** umfasst die klassischen finanziellen Kennzahlen über die Vermögens-, Finanz- und Ertragslage eines Unternehmens, z.B. Umsatz, Rendite und Gewinn.
- Gegenstand der **Kunden- / Marktperspektive** ist die Positionierung eines Unternehmens im Wettbewerb. Außerdem befasst sie sich mit Einstellung und Verhalten der Kunden gegenüber dem Unternehmen. Typische Kennzahlen sind u.a. Marktanteil, Kundenzufriedenheit, Kundenbindungsgrad.
- Die **interne Prozessperspektive** beschreibt die Qualität der internen Prozesse (z.B. Effizienz der Marketingaktivitäten). Floprate von Produkten und Erfolgsquote von ‚Direct mails' gehören zu dieser Gruppe.
- Die **Mitarbeiterperspektive** beleuchtet Motivation und Qualifikation der Mitarbeiter. Im Vordergrund steht dabei der Vertrieb. Beispiele für diese Kategorie sind Krankenstand, Verweildauer von Mitarbeitern im Unternehmen, Anzahl der Verbesserungsvorschläge sowie Terminkoeffizient (= Abschlüsse im Verhältnis zur Anzahl der Besuchstermine).

Um die Balanced Scorecard nicht zu überfrachten, sollten maximal fünf bis acht Kennzahlen Gegenstand einer Perspektive sein (= 20 bis 30 Kennzahlen insgesamt). Die zentralen Kennzahlen werden in einem weiteren Schritt zu **Ursache / Wirkungsketten** zwischen den Perspektiven zusammengefügt, so dass die Finanzkennzahlen nicht isoliert stehen, sondern aus den anderen drei Kategorien abgeleitet werden.

Folgendes Beispiel aus der Unternehmenspraxis veranschaulicht diese Ursache / Wirkungs-Ketten: Die Verbesserungsvorschläge pro Mitarbeiter und Jahr werden von zwei (im Vorjahr) auf vier gesteigert (= Mitarbeiterperspektive), was die Qualität der Produkte verbessert und die Floprate reduziert (= interne Prozessperspektive). Die Kunden wiederum werden deshalb zufriedener (= Kunden- bzw. Marktperspektive), so dass Umsatz und Gewinn wachsen (= Finanzperspektive).

Praxis-Fall	Was Unternehmen an der Balanced Scorecard schätzen

Ziel der Balanced Scorecard ist es, Unternehmen bei der Umsetzung ihrer Strategie zu unterstützen. Ausgehend von seiner Vision definiert das Unternehmen Erfolgsfaktoren, aus denen wiederum Kennzahlen abgeleitet werden. Sollen sich die Mitarbeiter intensiver mit ihrer Tätigkeit identifizieren und damit ein stärkeres ‚Commitment' gegenüber Unternehmen und Unternehmensstrategie entwickeln, dann muss das betreffende Unternehmen ein Anreizsystem konzipieren, das sich nicht nur am Umsatz orientiert, sondern bspw. auch die Kundenzufriedenheit berücksichtigt. Derartige auf der Balanced Scorecard basierende Anreizsysteme sind anderen i.d.R. deutlich überlegen. Zu diesem Ergebnis gelangte jedenfalls die Unternehmensberatung Horváth & Partners anhand einer Untersuchung von 50 Unternehmen aus Deutschland, Österreich und der Schweiz. Demnach waren 95% derjenigen Unternehmen, welche die Balanced Scorecard anwenden (= 50% der untersuchten Betriebe), davon überzeugt, dass sie ihre Unternehmensstrategie „eher erfolgreich" bzw. „erfolgreich" umsetzen, während in der Kontrollgruppe lediglich rund 70 % diese Auffassung vertraten. Außerdem erwirtschaften relativ mehr Unternehmen mit Balanced Scorecard einen höheren Jahresüberschuss (= 50% vs. 28%).

> Quelle: o.V.: Wie Unternehmen ihre Anreizsysteme verbessern können, in: http://www.handelsblatt.com/pshb?fn=tt&sfn=go&id=1012763 (Stand: 29. März 2005).

6.2 Entwicklung einer Balanced Scorecard

6.2.1 Formulierung einer Unternehmensstrategie (Schritt Nr. 1)

Wer seine Mitarbeiter für das neue Kennzahlensystem gewinnen will, sollte die Balanced Scorecard in die **strategische Planung** einbinden (vgl. Müller 2005). In diesem Zusammenhang hat es sich als Erfolg versprechend erwiesen, zusammen mit den betroffenen Mitarbeitern Antworten auf folgende **Fragen** zu erarbeiten:

- Welche **Strategie** verfolgt das Unternehmen, d.h. was will es in den nächsten fünf bis zehn Jahren erreichen?
- Welches sind die wichtigsten strategischen **Bausteine**, um die Strategie zu verwirklichen?

Da die Strategien eine wesentliche Grundlage für die Balanced Scorecard bilden, sollte man das Ergebnis des ersten Arbeitsschritts schriftlich festhalten (vgl. Abb. 94).

Abb. 94: Arbeitsunterlage „Balanced Scorecard – Strategieentwicklung"

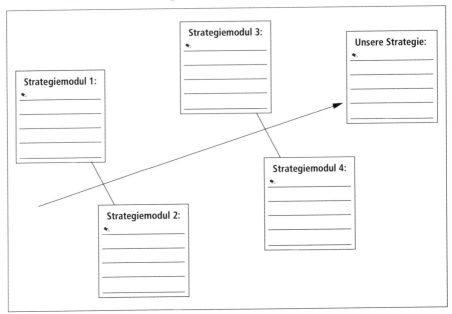

6.2.2 Identifikation und Ermittlung der Kennzahlen (Schritt Nr. 2)

Die identifizierten Strategien müssen in einem zweiten Schritt durch Kennzahlen **konkretisiert** werden (vgl. Abb. 95), wobei für jede der **vier Perspektiven** folgende **Fragen** zu beantworten sind:
- Welche Kennzahlen liegen bereits im Unternehmen vor?
- Welche dieser Kennzahlen werden sinnvoll genutzt? Welche sind überflüssig und sollten künftig nicht mehr erhoben werden?
- Welche Kennzahlen sind unpräzise und müssen genauer ermittelt werden?
- Welche Kennzahlen fehlen und sind so wichtig, dass sie unbedingt erhoben werden sollten?

Praxis-Tipp — Konkretisierung von Kennzahlen

Für jede Kennzahl sind folgende **Sachverhalte** zu klären:
- Definition der Kennzahl
- Grund für die Auswahl: Warum ist die Kennzahl wichtig?

- Quelle: Wie erhält das Unternehmen die Informationen zur Kennzahl (z.B. Rechnungswesen, Marktforschung)?
- Ist-Größe: Ausprägung der Kennzahl zum jetzigen Zeitpunkt
- Soll-Größe: Wie sollte die Kennzahl ausgeprägt sein (entsprechend der Zielsetzung des Unternehmens)?
- Zu welchen Zeitpunkten muss die Kennzahl erhoben werden?
- Verantwortung: Wer muss die Kennzahl erfassen und ist für deren Entwicklung verantwortlich?
- Welche Maßnahmen müssen ergriffen werden, um den Soll-Zustand zu erreichen?

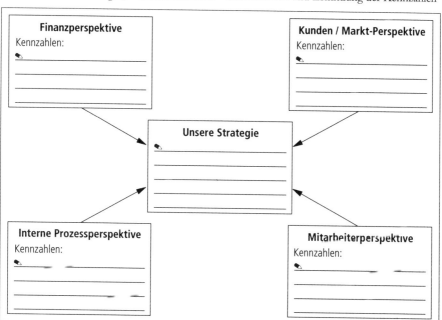

Abb. 95: Arbeitsunterlage „Balanced Scorecard – Identifikation und Ermittlung der Kennzahlen"

6.2.3 Einbindung der Kennzahlen in Ursache / Wirkungs-Ketten (Schritt Nr. 3)

Nunmehr sind Frühindikatoren und Spätindikatoren zu ermitteln. **Frühindikatoren** beeinflussen andere Kennzahlen, wohingegen **Spätindikatoren** eher beeinflusst werden, als dass sie auf andere Kennzahlen eine Wirkung entfalten. Veranschaulichen lässt sich dieser Sachverhalt am Beispiel der bereits vorgestellten Wirkungskette: „Anzahl der Verbesserungsvorschläge pro Mitarbeiter und Jahr (Mitarbeiterperspektive) → Reduzierung der Floprate (= Interne Prozessperspektive) → Kundenzufriedenheit (= Kunden- bzw. Marktperspektive) → Umsatz und Gewinn (= Finanzperspektive)" (vgl. Abb. 96).

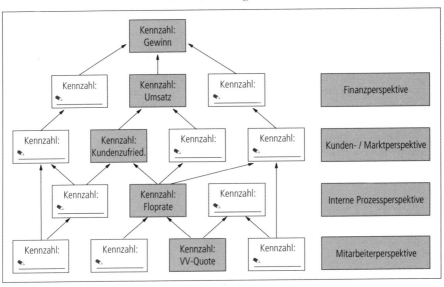

Abb. 96: Einbindung der Kennzahlen in Ursache- / Wirkungs-Ketten

Abb. 97 verdeutlicht beispielhaft eine Balanced Scorecard. Nachdem für jede der vier Perspektiven (Finanzen, Kunde, Prozesse, Mitarbeiter) strategische Ziele formuliert wurden, müssen eine oder mehrere Kennzahlen sowie die entsprechenden Zielwerte **formuliert** werden, um schließlich **konkrete Maßnahmen** zur Erreichung der angestrebten Ziele abzuleiten (vgl. Jossé 2005).

Für die **Einführung** einer Balanced Scorecard sollte man 4 bis 6 Monate einplanen. Außerdem hat es sich als zweckmäßig erwiesen, den aktuellen Stand der Kennzahlen quartalsweise zu ermitteln und die ausgewählten Kennzahlen sowie deren Entwicklung auf einer Seite darzustellen.

Abb. 97: Beispiel einer Balanced Scorecard

Perspektive	Strategische Ziele	Kennzahlen	Zielwerte	Konkrete Maßnahmen
Finanzen	Rendite verbessern	Return on Investment	> 5 %	• Steigerung des Umsatzes • Umlaufvermögen mindern • Kostenmanagement
	Wachstum beschleunigen	Umsatzsteigerung	> 20 %	• Kauf von Lizenzen • Entdeckung neuer Einsatzgebiete der Produkte • Internationalisierung
	Innenfinanzierungskraft (→ Kreditwürdigkeit)	Cash flow	> 10 Mio. €	• Erhöhung der Einzahlungen • Verringerung der Auszahlungen
Kunde	Kundenwünsche identifizieren und erfüllen	Erhöhung des Kundenzufriedenheitsindex	2,0 (auf Skala von -3 bis +3)	• Kundenbefragung • Beschwerdemanagement
	Kunden binden	Steigerung der Wiederkäuferrate	> 70 %	• Aufbau persönlicher Verbindungen • Kundenclubs • Förderung der Abnehmertreue durch Rabatt- und Bonussysteme
	Neue Kunden gewinnen	Steigerung der Neukundenrate	> 40 %	• Ansprache neuer Zielgruppen • Bearbeitung neuer Märkte
Prozesse	Innovationskraft steigern	Erhöhung der Innovationsquote	> 25 %	• Investitionen in F&E • Benchmarking
	Erfolgreiche Produkte entwickeln	Senkung der Floprate	< 15 %	• Marktforschung, um Kundenbedürfnisse zu erkennen
	Höhere Preise am Markt durchsetzen	Senkung der Rabattkundenquote	< 50 %	• Verkäuferschulung
	Leistungsfähigkeit des Außendienstes steigern	Angebotserfolgsquote	> 70 %	• Außendienstschulung • Verbesserung des Preis/Leistungs-Verhältnisses
	Unternehmen und seine Produkte in der Öffentlichkeit bekannt machen	Bekanntheitsgrad	> 50 %	• Intensivierung der Kommunikationspolitik (klassische Werbung, Online-Werbung, Verkaufsförderung, Öffentlichkeitsarbeit, Sponsoring)
Mitarbeiter	Mitarbeitermotivation steigern	Mitarbeiterzufriedenheit	2,2 (auf Skala von -3 bis +3)	• Mitarbeiterbefragung • Prämiensystem
	Wissen der Mitarbeiter besser nutzen	Verbesserungsvorschlagsquote	> 15 %	• Innerbetriebliches Vorschlagswesen • Prämiensystem
	Qualifikation der Mitarbeiter verbessern	Schulungsquote	> 40 %	• Ermittlung des Schulungsbedarfs und Entwicklung des Weiterbildungsangebotes

Praxis-Fall	„Kennzahlen-Kompass" im SB-Warenhaus-Bereich von Real

Zahlreiche Fusionen, Akquisitionen und Umstrukturierungen sorgten dafür, dass Unternehmens- und Führungskultur der Metro SB-Warenhaus-Tochter Real immer diffuser und mehrdeutiger wurden und sich das Leistungsniveau der rund 250 Outlets immer mehr spreizte. Vor diesem Hintergrund entschloss sich die Geschäftsführung, den Vertrieb zu restrukturieren und überdies in den Filialen eine dezentrale Balanced Scorecard einzuführen, um so die Eigeninitiative vor Ort zu verbessern. Dieser sog. „**Kennzahlen-Kompass**" basiert auf 16 Kennziffern aus den vier Steuerungsbereichen Finanzen, Kunden, Abläufe und Mitarbeiter (vgl. Abb. 98).

Jeder einzelne Markt legt die anzustrebenden Zielwerte für die Kennzahlen fest, wobei die Zielkorridore durch **Ampelfarben** gekennzeichnet sind: Rot bedeutet, dass Maßnahmen entwickelt und durchgeführt werden müssen, um die Situation zu verbessern. Grün hingegen weist den richtigen Weg. Für Analyse und Umsetzung der Maßnahmen installierte das Handelsunternehmen in den einzelnen Häusern sog. **Schnelle Aktions-Teams (SAT)**, die sich aus vier bis sechs Mitarbeitern verschiedener Abteilungen zusammensetzen. Diese treffen sich wöchentlich, um Ursachen für Fehlentwicklungen aufzudecken und mögliche Maßnahmen zu diskutieren. Die Ergebnisse der SAT-Teams werden in einem **Kompass-Ticker** unternehmensweit kommuniziert und in einer **Datenbank** sowie über **Intranet** zugänglich gemacht.

Folgende **Informationen** sollten bei der Konzeption einer Balanced Scorecard berücksichtigt werden:
- Perspektive (Finanz-, Kunden- bzw. Markt-, interne Prozess- oder Mitarbeiterperspektive)
- Kennzahl (Definition)
- Angaben zur Messung
  o Was ist die Maßeinheit?
  o Wie und wann wird durch wen gemessen?
- Ist-Wert 1 (Basis der Bewertung = 100)
- Ist-Wert 2 (= letzte Messung)
- Ist-Wert 3 (= aktuelle Messung)
- Soll-Wert

6.2 Entwicklung einer Balanced Scorecard

Abb. 98: „Kennzahlen-Kompass" der Metro-Tochter Real

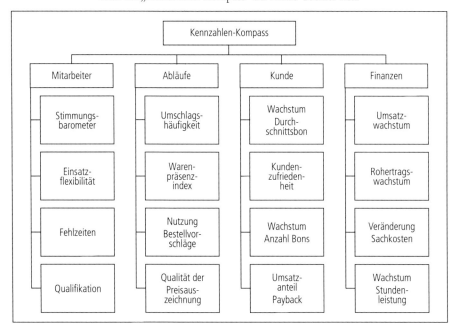

Literaturverzeichnis

Achterholt, G. (1991): Corporate Identity: In zehn Arbeitsschritten die eigene Identität finden und umsetzen, 2. Aufl., Wiesbaden 1991.

Adam, R.; Herrmann, A.; Huber, F.; Wricke, M. (2002): Kundenzufriedenheit und Preisbereitschaft: Empirische Erkenntnisse aus der Hotelbranche, in: Zeitschrift für betriebswirtschaftliche Forschung, 54.Jg. (2002), S.762-778.

Adams, J. S. (1963): Toward an Understanding of Inequity, in: Journal of Abnormal and Social Psychology, Vol.67 (1963), pp.422-436.

Addelman, S. (1962): Orthogonal Main-Effect Plans for Asymmetrical Factorial Experiments, in: Technometrics, Vol.4 (1962), February, pp.21-46.

Adler, M. K. (1955): Moderne Marktforschung, Stuttgart 1955.

Allard, C. (1999): Customer Service, in: The Journal of TelePerformance, (1999), No.1, pp.30-32.

Al-Sibai, J. (2000): Der Slogan als Spiegelbild der Unternehmenskultur, in: Frankfurter Allgemeine Zeitung, Nr.36 (12.2.2000), S.70.

Anderson, E. W.; Fornell, C.; Lehmann, D. R. (1994): Customer Satisfaction, Market Share and Profitability: Findings from Sweden, in: Journal of Marketing, Vol.58 (1994), July, pp.53-66.

Anderson, E. W.; Fornell, C.; Rust, R. (1997): Customer Satisfaction, Productivity, and Profitability: Differences Between Goods and Services, in: Marketing Science, Vol.16 (1997), No.2, pp.129-145.

Anderson, E. W.; Sullivan, M. (1993): The Antecedents and Consequences of Customer Satisfaction for Firms, in: Marketing Science, Vol.12 (1993), No.2, pp.125-143.

Andreasen, A. (1985): Consumer Responses to Dissatisfaction in Loose Monopolies, in: Journal of Consumer Research, Vol.12 (1985), Sept., pp.135-141.

Aschenbrenner, K. M. (1977): Komplexes Wahlverhalten: Entscheidungen zwischen multiattributiven Alternativen, in: Hartmann, K. D.; Koeppler, K. (Hrsg.): Fortschritte der Marktpsychologie, Bd. 1, Frankfurt/Main 1977, S.21-52.

Atteslander, P. (2000): Methoden der empirischen Sozialforschung. 9. Aufl., Berlin u.a. 2000.

Backhaus, K.; Düschken, J.; Voeth, M. (2000): Internationales Marketing, 3. Aufl., Stuttgart 2000.

Backhaus, K.; Erichson, B.; Plinke, W.; Weiber, R. (2006): Multivariate Analysemethoden: Eine anwendungsorientierte Einführung, 11. Aufl. Berlin 2006.

Bager, J.; Becker, J.; Munz, R. (1997): Data Warehouse: Zentrale Sammelstelle für Information, in: c't, (1997), Nr.3, S.284.

Bauer, H. H.; Thomas, U. (1984): Die Präferenzen von Arbeitnehmern gegenüber Tarifvertragskomponenten: Eine empirische Analyse mit Hilfe des Conjoint Measurement, in: Zeitschrift für betriebswirtschaftliche Forschung, 36.Jg. (1984), Nr.3, S.200-228.

Baumann, S. (2000): Kundenorientierung und Anreizsysteme: Externe und interne Kundenzufriedenheit als Bemessungsgrundlagen von Anreizsystemen, Stuttgart 2000.

Bearden, W. O.; Teel, J. E. (1983): Selected Determinants of Consumer Satisfaction and Complaint Reports, in: Journal of Marketing Research, Vol.20 (1983), Feb., pp.21-28.

Becker, F. G. (1990): Anreizsysteme für Führungskräfte, Stuttgart 1990.

Beekmann, F.; Chamoni, P. (2006): Verfahren des Data Mining, in: Chamoni, P.; Gluchowski; P. (Hrsg.): Analytische Informationssysteme: Business-Intelligence-Technologien und -Anwendungen, Berlin u.a. 2006, S.263-282.

Berekoven, L.; Eckert, W.; Ellenrieder, P. (2006): Marktforschung: Methodische Grundlagen und praktische Anwendung, 10. Aufl., Wiesbaden 2006.

Berger C.; Blauth R.; Boger D. et al. (1993): Kano's Methods for Understanding Customer-Defined Quality, in: Hinshitsu: Journal of the Japanese Society for Quality Control, (1993), Fall, pp.3-35.

Bernhardt, K. L.; Donthu, N.; Kennett, P. A. (2000): A Longitudinal Analysis of Satisfaction and Profitability, in: Journal of Business Research, Vol.47 (2000), pp.161-171.

Berry, L. (1995): Relationship Marketing of Services: Growing Interest, Emerging Perspectives, in: Journal of the Academy of Marketing Science, Vol.23 (1995), pp.236-245.

Berry, L. L. (1983): Relationship Marketing, in: Berry, L. L.; Shostack, G. L.; Upah, G. D. (Eds.): Emerging Perspectives on Services Marketing, Chicago 1983, pp.25-28.

Bettman, J. R. (1979): An Information Processing Theory of Consumer Choice, London et al. 1979.

Beutin, N. (2005): Kundenbindung durch Zusatzdienstleistungen (Value-Added Services), in: Bruhn, M.; Homburg, C. (Hrsg.): Handbuch Kundenbindungsmanagement: Strategien und Instrumente für ein erfolgreiches CRM, 5. Aufl., Wiesbaden 2005, S.297-314.

Bidmon, S. (2004): Kundenzufriedenheit im Investitionsgütermarketing: Theoretische Basis und praktische Durchführung der Messung, Wiesbaden 2004.

Birkigt, K.; Stadler, M. M.; Funck, H. J. (2002): Corporate Identity: Grundlagen, Funktionen, Fallbeispiele, 11. Aufl., München 2002.

Bitner, M. (1993): Managing the Evidence of Service, in: Scheuing, E.; Christopher, W. (Eds.): The Service Quality Handbook, New York 1993, pp.358-370.

Bleymüller, J.; Gehlert, G.; Gülicher, H. (2000): Statistik für Wirtschaftswissenschaftler, 12. Aufl., München 2000.

Boylan, B. (1996): Bring's auf den Punkt! Professionelle Vortragstechnik schnell trainiert, München 1996.

Brandes, D. (1998): Konsequent einfach, Frankfurt/Main 1998.

Brückner, M. (2005): Beschwerdemanagement: Reklamationen als Chancen nutzen, professionell reagieren, Kunden zufrieden stellen, 2. Aufl., Frankfurt/Main 2005.

Bruggemann, A. (1974): Zur Unterscheidung verschiedener Formen von "Arbeitszufriedenheit", in: Arbeit und Leistung, 28. Jg (1974), S.281-284.

Bruggemann, A.; Groskurth, P.; Ulich, E. (1975): Arbeitszufriedenheit, Bern 1975.

Bruhn, M. (1982): Konsumentenzufriedenheit und Beschwerden, Frankfurt/Main u.a. 1982.

Bruhn, M. (2001): Marketing, 5. Aufl., Wiesbaden 2001.

Bruhn, M. (2006): Qualitätsmanagement für Dienstleistungen: Grundlagen, Konzepte, Methoden, 6. Aufl., Berlin 2006.

Bruhn, M. (Hrsg.) (1999): Internes Marketing: Integration der Kunden- und Mitarbeiterorientierung. Grundlagen, Implementierung, Praxisbeispiele, 2. Aufl., Wiesbaden 1999.

Bruhn, M.; Homburg, C. (Hrsg.) (2005): Handbuch Kundenbindungsmanagement: Strategien und Instrumente für ein erfolgreiches CRM, 5. Aufl., Wiesbaden 2005.

Bullinger, H.J.; Wiedmann, G.; Niemeier, J. (1995): IAO-Studie Business Reengineering: Aktuelle Managementkonzepte in Deutschland. Zukunftsperspektiven und Stand der Umsetzung, Stuttgart 1995.

Buser, T.; Lennertz, T.; Siegrist, A. (2000): My Guide to Customer Relationship Management: Kundenbeziehungen erfolgreicher leben, Zürich 2000.

Büssing, A.; Glaser, J. (2003): Mitarbeiter- und Klientenorientierung im Gesundheitswesen, in: Zeitschrift für Arbeits- und Organisationspsychologie, 47.Jg. (2003), S.222-228.

Butcher, K.; Sparks, B.; O'Callaghan, F. (2003): Beyond Core Services, in: Psychology & Marketing, Vol.20 (2003), pp.187-208.

Buttle, F. (2005): Customer Relationship Management: Concepts and Tools, Amsterdam et al. 2005.

Cabena, P.; Hadjinian, P.; Stadler, R.; Verhees, J.; Zanasi, A. (1998): Discovering Data Mining: From Concept to Implementation, Upper Saddle River 1998.

Chamoni, P. (1998): Entwicklungslinien und Architekturkonzepte des On-Line Analytical Processing, in: Chamoni, P.; Gluchowski, P. (Hrsg.): Analytische Informationssysteme: Data warehouse, on-line analytical processing, data mining, Berlin 1998, S.231-250.

Chamoni, P. (2001): On-Line Analytical Processing (OLAP), in: Hippner, H.; Küsters, U.; Meyer, M.; Wilde, K.D. (Hrsg.): Handbuch Data Mining im Marketing, Wiesbaden 2001, S.543-558.

Christiani, F. (2002): Internes Marketing als Instrument zur Abstimmung kundenbezogener Prozesse in Dienstleistungsunternehmen, dargestellt am Beispiel eines Kreditinstitutes, Schriften zum Marketing Nr.43, Ruhr-Universität Bochum, Bochum 2002.

Christopher, M.; McDonald, M. (1995): Marketing: An Introductory Text, Basingstoke u.a. 1995.

Christopher, M.; Payne, A.; Ballantyne, D. (1998): Relationship Marketing: Bringing Quality, Customer Service and Marketing Together, Repr., Oxford u.a. 1998.

Clifford, D.; Cavanaugh, D. (1985): The Winning Performance in a Changing Environment, New York u.a. 1985.

Codd, E. F.; Codd, S. B.; Sally, C. T. (1993): Providing OLAP to User-Analysts: An IT Mandate, White Paper, E. F. Codd & Associates, Sunnyvale/CA 1993.

Cramer, U. (2001): Eine Ladenkette wird zum Kult: Niemand hat das Discount-Prinzip so erfolgreich umgesetzt wie der Aldi-Konzern, in: Mannheimer Morgen, Nr.166 (20.7.2001), S.28.

Cronin, J. J.; Taylor, S. A. (1992): Measuring Service Quality: A Reexamination and Extension, in: Journal of Marketing, Vol.56 (1992), No.3, pp.55-68.

Cronin, J. J.; Taylor, S. A. (1994): SERVPERF versus SERVQUAL: Reconciling Performance-based and Perceptions-Minus-Expectations Measurement of Service Quality, in: Journal of Marketing, Vol.58 (1994), No.1, pp.125-131.

Cronin, J.; Brady, M.; Hult, G. (2000): Assessing the Effects of Quality, Value, and Customer Satisfaction on Consumer Behavioral Intentions in Service Environments, in: Journal of Retailing, Vol.76 (2000), No.2, pp.193-218.

Crosby, P. (1979): Quality is Free, New York 1979.

Dabholkar, P. A.; Thorpe, D. I. (1994): Does Customer Satisfaction Predict Shopper's Intentions?, in: Journal of Customer Satisfaction, Dissatisfaction and Complaining Behavior, Vol.7 (1994), pp.161-171.

Dach, C. (2002): Vorteile einer Multi-Channel-Strategie: Eine nüchterne Betrachtung. Synergien zwischen Ladengeschäften und Online-Shops aus Konsumentensicht, Ausgewählte Studien des ECC Handel, Bd.5, Köln 2002.

Dipak, J.; Singh, S. S. (2002): Customer Lifetime Value Research in Marketing: A Review and Future Directions, in: Journal of Interactive Marketing, Vol.16 (2002), No.2, pp.34-46.

Doppler, K.; Lauterburg, C. (1999): Change Management: Den Unternehmenswandel gestalten, 8. Aufl., Frankfurt/Main u.a. 1999 (11. Aufl. = 2005).

Dormann, C.; Spethmann, K.; Weser, D.; Zapf, D. (2003): Organisationale und persönliche Dienstleistungsorientierung und das Konzept des kundenorientierten Handlungsspielraums, in: Zeitschrift für Arbeits- und Organisationspsychologie, 47.Jg. (2003), S.194-207.

Dörre, J.; Gerstl, P.; Seiffert, R. (2001): Text Mining, in: Hippner, H.; Küsters, U.; Meyer, M.; Wilde, K. D. (Hrsg.): Handbuch Data Mining im Marketing, Wiesbaden 2001, S.465-488.

E-Commerce-Center Handel (Hrsg.) (2001): Die Begriffe des eCommerce, Frankfurt/Main 2001.

elogics Management Services GmbH (Hrsg.) (2006): Was ist Kundenzufriedenheit?, in: http://portal.successfactory.cc/Portal/eTopicsWeb.nsf/(ThemaWebDetail)/C1256C8700 5CA3B7C1256DFA0034C665?OpenDocument (Stand: 16. Juni 2006).

European Foundation for Quality Management (EFQM) (Hrsg.) (2003): Excellence einführen, Brüssel 2003.

Fischbach, S. (1999): Lexikon der Wirtschaftsformeln und Kennzahlen, Landsberg/Lech 1999.

Fischer, L.; Wiswede, G. (1997): Grundlagen der Sozialpsychologie, München 1997.

Fischer, M. (2001): Produktlebenszyklus, Lebenszyklus, in: Diller, H. (Hrsg.): Vahlens Großes Marketinglexikon, 2. Aufl., München 2001, S.1407-1409.

Fornell, C.; Johnson, M.; Anderson, E.; Cha, J.; Bryant, B. (1996): The American Customer Satisfaction Index: Nature, Purpose, and Findings, in: Journal of Marketing, Vol.60 (1996), Oct., pp.7-18.

Franz, H.-W. (1999): Integriertes Qualitätsmanagement (IQM) in der Weiterbildung: EFQM und DIN ISO 9001, Bielefeld 1999.

Garvin, D. A. (1988): Managing Quality: The Strategic and Competitive Edge, New York 1988.

Gattermeyer, W. (2001): Change Management und Unternehmenserfolg: Grundlagen, Methoden, Praxisbeispiele, 2. Aufl., Wiesbaden 2001.

Gawlik, T.; Kellner, J.; Seifert, D. (2002): Effiziente Kundenbindung mit CRM, Bonn 2002.

Gebert, D.; von Rosenstiel, L. (1996): Organisationspsychologie: Person und Organisation, Stuttgart 1996.

Georgi, D. (2000): Entwicklung von Kundenbeziehungen: Theoretische und empirische Analysen unter dynamischen Aspekten, Wiesbaden 2000.

Georgi, D. (2001): Einfluss der normativen Erwartungen auf die Transaktionsqualität: Bedeutung der Beziehungsqualität, in: Bruhn, M.; Stauss, B. (Hrsg.): Jahrbuch Dienstleistungsmanagement 2001, Wiesbaden, S.91-113.

Giering, A. (2000): Der Zusammenhang zwischen Kundenzufriedenheit und Kundenloyalität: Eine Untersuchung moderierender Effekte, Wiesbaden 2000.

Gluchowski; P.; Chamoni, P. (2006): Entwicklungslinien und Architekturkonzepte des On-Line Analytical Processing, in: Chamoni, P.; Gluchowski; P. (Hrsg.): Analytische Informationssysteme: Business-Intelligence-Technologien und -Anwendungen, Berlin u.a. 2006, S.143-176.

Goodman, J.; Malech, A.; Mara, T. (1987): Beschwerdepolitik unter Kosten / Nutzen-Gesichtspunkten: Lernmöglichkeiten aus den USA, in: Hansen, U.; Schoenheit, J. (Hrsg.): Verbraucherzufriedenheit und Beschwerdeverhalten, Frankfurt/Main u.a. 1987, S.165-202.

Grant, A.; Schlesinger, L. (1995): Realize Your Customers Full Profit Potential, in: Harvard Business Review, Vol.73 (1995), No.5, pp.59-72.

Greif, S.; Runde, B.; Seeberg, I. (2004): Erfolge und Misserfolge beim Change Management, Göttingen 2004.

Grönroos, C. (2005): Service Management and Marketing: A Customer Relationship Management Approach, 2nd Ed., Chichester/West Sussex 2005.

Grund, M. A. (1998): Interaktionsbeziehungen im Dienstleistungsmarketing: Zusammenhänge zwischen Zufriedenheit und Bindung von Kunden und Mitarbeitern, Wiesbaden 1998.

Günter, B. (1995): Beschwerdemanagement, in: Simon, H.; Homburg, C. (Hrsg.): Kundenzufriedenheit: Konzepte, Methoden, Erfahrungen, Wiesbaden 1995, S.275-291.

Günter, B.; Helm, S. (2003): Kundenwert: Grundlagen, innovative Konzepte, praktische Umsetzungen, 2. Aufl., Wiesbaden 2003.

Güttler, P. O. (2000): Sozialpsychologie, 3. Aufl., München 2000.

Hammann, P.; Erichson, B. (2006): Marktforschung, 5. Aufl., Stuttgart 2006.

Hansen, U.; Emerich, A. (1998): Sind zufriedene Kunden wirklich zufrieden? Eine Differenzierung des Kundenzufriedenheitskonstruktes auf der Grundlage organisationspsychologischer Erkenntnisse, in: Jahrbuch der Absatz- und Verbrauchsforschung, 44.Jg. (1998), Nr.3, S.220-238.

Hansen, U.; Jeschke, K. (1991): Beschwerdemanagement für Dienstleistungsunternehmen: Beispiel des Kfz-Handels, in: Bruhn, M.; Stauss, B. (Hrsg.): Dienstleistungsqualität, Konzepte, Methoden, Erfahrungen, Wiesbaden 1991, S.199-223.

Helber, S.; Stolletz, R. (2004): Call-Center-Management in der Praxis: Strukturen und Prozesse betriebswirtschaftlich optimieren, Berlin u.a. 2004.

Hempelmann, B.; Lürwer, M. (2003): Der „Customer Lifetime Value"-Ansatz zur Bestimmung des Kundenwertes, in: Das Wirtschaftsstudium, 32.Jg. (2003), Nr.3, S.336-341.

Herrmann, A.; Huber, F.; Braunstein, C. (2000): Kundenzufriedenheit garantiert nicht immer mehr Gewinn, in: Harvard Business Manager, 22.Jg. (2000), Nr.1, S.45-55.

Herrmann, A.; Seilheimer, C. (2000): Erklärungsansätze zur Dynamik des Vergleichsmaßstabs im Rahmen des Lücken-Modells der Kundenzufriedenheit, in: Wirtschaftswissenschaftliches Studium, 29.Jg. (2000), Nr.1, S.14-20.

Herzberg, F.; Mausner; B.; Snyderman, B. B. (1959): The Motivation to Work, 2nd Ed., New York 1959.

Heskett, J. L.; Jones, T. O.; Loveman, G. W.; Sasser, W. E. Jr.; Schlesinger, L. A. (1994): Putting the Service-Profit Chain to Work, in: Harvard Business Review, Vol.72 (1994), No.2, pp.164-174.

Heskett, J. L.; Sasser, W. E. Jr.; Schlesinger, L. A. (1997): The Service Profit Chain: How Leading Companies Link Profit And Growth To Loyalty, Satisfaction, And Value, New York 1997.

Hinterhuber, H. (Hrsg.) (2004): Kundenorientierte Unternehmensführung: Kundenorientierung, Kundenzufriedenheit, Kundenbindung, 4. Aufl., Wiesbaden 2004.

Hinterhuber, H. H. (2005): Strategische Unternehmungsführung, Teil: 2., 7. Aufl., Berlin 2005.

Hinterhuber, H. H.; Handlbauer, G.; Matzler, K. (1997): Kundenzufriedenheit durch Kernkompetenzen: Eigene Potentiale erkennen, entwickeln, umsetzen, München u.a. 1997.

Hippner, H. (2005): Die (R)Evolution des Customer Relationship Management, in: Marketing·ZFP, 27.Jg. (2005), Nr.2, S.115-134.

Hippner, H.; Wilde, K. D. (Hrsg.) (2006): Grundlagen des CRM: Konzepte und Gestaltung, 2. Aufl., Wiesbaden 2006.

Holthuis, J. (1998): Der Aufbau von Data Warehouse-Systemen: Konzeption, Datenmodellierung, Vorgehen, Wiesbaden 1998.

Homburg, C. (1999): Kundenbindung im Handel: Ziele und Instrumente, in: Beisheim, O. (Hrsg.): Distribution im Aufbruch, München 1999, S.873-890.

Homburg, C. (Hrsg.) (2006): Kundenzufriedenheit: Konzepte, Methoden, Erfahrungen, 6. Aufl., Wiesbaden 2006.

Homburg, C.; Faßnacht, M. (1998): Kundennähe, Kundenzufriedenheit und Kundenbindung bei Dienstleistungsunternehmen, in: Bruhn; M.; Meffert, H. (Hrsg.): Handbuch Dienstleistungsmanagement: Von der strategischen Konzeption zur praktischen Umsetzung, Wiesbaden 1998, S.405-428.

Homburg, C.; Giering, A.; Hentschel, F. (1998): Der Zusammenhang zwischen Kundenzufriedenheit und Kundenbindung, in: Bruhn, M.; Homburg, C. (Hrsg.): Handbuch Kundenbindungsmanagement: Grundlagen, Konzepte, Erfahrungen, Wiesbaden 1998, S.81-112.

Homburg, C.; Jensen, O. (2000): Kundenorientierte Vergütungssysteme: Voraussetzungen, Verbreitung, Determinanten, in: Zeitschrift für Betriebswirtschaft, 70.Jg. (2000), Nr.1, S.55-74.

Homburg, C.; Rudolph, B. (1995): Messung und Management von Kundenzufriedenheit: Der Schlüssel zum langfristigen Erfolg, Wissenschaftliche Hochschule für Unternehmensführung, Otto-Beisheim-Hochschule, Vallendar 1995.

Homburg, C.; Schäfer, H. (2002): Die Erschließung von Kundenpotenzialen durch Cross-Selling: Konzeptionelle Grundlagen und empirische Ergebnisse, Marketing·ZFP, 24.Jg. (2002), Nr.1, S.7-26.

Homburg, C.; Stock, R. (2005): Kundenzufriedenheit und Kundenbindung bei Dienstleistungen: Eine theoretische und empirische Analyse, in: Corsten, H.; Gössinger, R. (Hrsg.): Dienstleistungsökonomie: Beiträge zu einer theoretischen Fundierung, Berlin 2005, S.301-327.

Huber, R. (1994): Qualitätszirkel, in: Diller, H. (Hrsg.): Vahlens großes Marketinglexikon, München 1994, S.989-990.

Jehle, U. (2003): Der Kunde im Dienstleistungssystem: Übersicht über die Ergebnisse, in: http://www.dienstleistungs-standards.de/fokusthemen/kundensicht/kundensicht0803.pdf (Stand: 4. April 2006).

Jeschke, K.; Schulze, H. S. (1999): Internes Marketing und Beziehungsorientierung als Grundlage eines kunden- und mitarbeiterorientierten Beschwerdemanagement, in: Jahrbuch der Absatz- und Verbrauchsforschung, 45.Jg. (1999), Nr.4, S.402-417.

Jossé, G. (2005): Balanced Scorecard: Ziele und Strategien messbar umsetzen, München 2005

Juttner, U.; Wehrh, H. P. (1994): Relationship Marketing From a Value System Perspective, in: International Journal of Service Industry Management, Vol.5 (1994), pp.54-73.

Kaiser, M.-O. (2005): Erfolgsfaktor Kundenzufriedenheit: Dimensionen und Messmöglichkeiten, 2. Aufl., Berlin 2005.

Kano, N. (1984): Attractive Quality and Must-be Quality, in: Hinshitsu: Journal of the Japanese Society for Quality Control, Vol.14 (1984), No.2, pp.39-48.

Kaplan, R. S.; Norton, D. P. (1997): Balanced Scorecard, Stuttgart 1997.

Kerner, S. (2002): Analytisches Customer-relationship-Management in Kreditinstituten: Data warehouse und Data-Mining als Instrumente zur Kundenbindung im Privatkundengeschäft, Wiesbaden 2002.

Koop, B. (2004): Zufriedenheit und Bindung von Mitarbeitern und Kunden: Integrierte Analyse und Steuerung in Unternehmen, Diss., Universität Mannheim, Mannheim 2004 (http://bibserv7.bib.uni-mannheim.de/madoc/volltexte/2005/874).

Kornmeier, M.; Schneider, W. (2006): Balanced Management: Toolbox für erfolgreiche Unternehmensführung, Berlin 2006.

Koschate, N. (2002): Kundenzufriedenheit und Preisverhalten: Theoretische und empirisch-experimentelle Analysen, Wiesbaden 2002.

Koska, M. T. (1990): High Quality Care and Hospital Profits: Is There a Link? Hospitals, (1990), March, pp.62-63.

Kostka, C. (2005): Change Management: 7 Methoden für die Gestaltung von Veränderungsprozessen, 3. Aufl., München 2005.

Krafft, M. (2002): Kundenbindung und Kundenwert, Heidelberg 2002.

Krafft, M.; Rutsatz, U. (2001): Konzepte zur Messung des ökonomischen Kundenwertes; in: Günter, B.; Helm, S. (Hrsg.): Kundenwert: Grundlagen, Innovative Konzepte, Praktische Umsetzung, Wiesbaden 2002, S.237-258.

Krauthammer, E.; Hinterhuber, H.: Leadership: Die richtigen Prioritäten setzen, in: Frankfurter Allgemeine Zeitung, Nr.248 (25.10.1999), S.33.

Kreilkamp, E. (2003): Vorlesung Dienstleistungsmarketing, Universität Lüneburg 2003, in: http://www.uni-lueneburg.de/tour (Stand: 15. Februar 2005).

Kukat, F. (Hrsg.) (2005): Beschwerdemanagement in der Praxis: Kundenkritik als Chance nutzen, Düsseldorf 2005.

Kuß, A. (2001): Kaufentscheidung, in: Diller, H. (Hrsg.): Vahlens großes Marketing-Lexikon, 2. Aufl., München 2001, S.744-746.

Küting, K.; Lorson, P. (1999): Die schleichende Amerikanisierung deutscher Unternehmen, in: Frankfurter Allgemeine Zeitung, Nr.278 (29.11.1999), S.28.

Lasogga, F. (2000): Customer Relationship Management, in: Marketing Journal, 33.Jg. (2000), Nr.6, S.342-347.

Law, K. S.; Wong, C. -S.; Mobley, W. H. (1998): Toward a Taxonomy of Multidimensional Constructs, in: Academy of Management Review, Vol.23 (1998), pp.741-755.

Law, K. S.; Wong, C.-S. (1999): Multidimensional Constructs in Structural Equation Analysis: An Illustration Using the Job Perception and Job Satisfaction Constructs, in: Journal of Management, Vol.25 (1999), No.2, pp.143-160.

Lewis, R.C. (1987): The Measurement of Gaps in the Quality of Hotel Services, in: International Journal of Hospitality Management, Vol.6 (1987), No.2, pp. 83-88.

Liehr, T. (2002): Einsatzpotenziale des Data Matching bei Finanzdienstleistern, in: Wilde, K. D.; Hippner, H.; Merzenich, M. (Hrsg.): Data Mining: Mehr Gewinn aus Ihren Kundendaten, Düsseldorf 2002, S.97-104.

Link, J.; Hildebrandt, V. (1997): Ausgewählte Konzepte der Kundenbewertung im Rahmen des Database Marketing; in: Link, J.; Brändli, D.; Schleuning, C.; Kehl, R. (Hrsg.): Handbuch Database Marketing, Ettlingen 1997, S.159-174.

Lohmann, F. (1997): Loyalität von Bankkunden, Wiesbaden 1997.

Loveman, G. (1998): Employee Satisfaction, Customer Loyalty and Financial Performance: An Empirical Examination of the Service Profit Chain in Retail Banking, in: Journal of Service Research, Vol.1 (1998), No.1, pp.18-31.

Loyalty Hamburg (Hrsg.) (2006a): Umsatzsteigerung, in: http://www.loyalty-hamburg.de/th_bed_umstzstg.html (Stand: 4. April 2006).

Loyalty Hamburg (Hrsg.) (2006b): Kundenwert, in: http://www.loyalty-hamburg.de/th_bed_kuwert.html (Stand: 4. April 2006).

MacCallum, R. C.; Browne, M. W. (1993): The Use of Causal Indicators in Covariance Structure Models: Some Practical Issues, in: Psychological Bulletin, Vol.114 (1993), pp.533-541.

Matzler, K.; Stahl, H. (2000): Kundenzufriedenheit und Unternehmenswertsteigerung, in: Die Betriebswirtschaft, 60.Jg. (2000), S.626-641.

McAlister, L. (1982): A Dynamic Attribute Satiation Model of Variety-Seeking Behavior, in: Journal of Consumer Research, Vol.9 (1982), No.2, pp.141-150.

Meffert, H. (1992): Marketingforschung und Käuferverhalten, 2. Aufl., Wiesbaden 1992.

Meffert, H.; Bruhn, M. (1995): Dienstleistungsmarketing: Grundlagen, Konzepte, Methoden, Wiesbaden 1995 (2. Aufl. = 1997).

Meffert, H.; Schwetje, T. (1999): Bedeutung von Mitarbeiterinteraktion und Mitarbeiterzufriedenheit für die Kundenzufriedenheit im Handel, in: Planung & Analyse, 26.Jg. (1999), Nr.5, S.44-49.

Merx, O.; Bachem, C. (2004): Multichannel-Marketing-Handbuch, Berlin u.a. 2004.

Meyer, A.; Dornach, F. (1992): Feedback für strategische Vorteile, in: absatzwirtschaft, 35.Jg. (1992), Sondernummer Oktober, S.120-135.

Meyer, A.; Dornach, F. (1995): Das Deutsche Kundenbarometer 1995: Qualität und Zufriedenheit. Jahrbuch der Kundenzufriedenheit in Deutschland 1995, München 1995.

Meyer, A.; Dornach, F. (1996): Das Deutsche Kundenbarometer 1996: Qualität und Zufriedenheit. Jahrbuch der Kundenzufriedenheit in Deutschland 1996, München 1996.

Meyer, P. W.; Meyer, A. (1990): Dienstleistungen: Die große Hoffnung für Wirtschaft und Wirtschaftswissenschaften in den neunziger Jahren, in: Jahrbuch der Absatz- und Verbrauchsforschung, 36Jg. (1990), Nr.2, S.124-139.

Mittal, V.; Kamakura, W. (2001): Satisfaction, Repurchase Intent, and Repurchase Behavior: Investigating the Moderating Effect of Customer Characteristics, in: Journal of Marketing Research, Vol.38 (2001), No.1, pp.131-142.

Mucksch, H. (2006): Das Data Warehouse als Datenbasis analytischer Informationssysteme: Architektur und Komponenten, in: Chamoni, P.; Gluchowski; P. (Hrsg.): Analytische Informationssysteme: Business-Intelligence-Technologien und -Anwendungen, Berlin u.a. 2006, S.129-142.

Müller, A. (2005): Strategisches Management mit der Balanced Scorecard, 2. Aufl., Stuttgart 2005.

Neckel, P.; Knobloch, B. (2005): Customer Relationship Analytics: Praktische Anwendung des Data Mining im CRM, Heidelberg 2005.

Nelson, E.; Rose, R, Rust, R.; Zahorik, A. (1992): Do Patient Perceptions of Quality Relate to Hospital Financial Performance?, in: Journal of Health Care Marketing, Vol.12 (1992), Dec., pp.6-13.

Nerdinger, F. W. (2003): Mitarbeiter- und Kundenzufriedenheit, in: Zeitschrift für Arbeits- und Organisationspsychologie, 47.Jg. (2003), S.179-181.

Nestlé (Hrsg.) (2004): Nestlé-Unternehmensgrundsätze, 3. Aufl., Vevey 2004.

Neuberger, O. (1974): Theorien der Arbeitszufriedenheit, Stuttgart 1974.

Nieschlag, E.; Dichtl, E.; Hörschgen, H. (2002): Marketing, 19. Aufl., Berlin 2002.

Nöllke, M. (2004): Kreativitätstechniken, 4. Aufl., Planegg 2004.

o. V. (1996): Der professionelle Umgang mit Marktforschungsinstituten, in: Verlag Handelsblatt GmbH (Hrsg.): marketing praxis 1996, Düsseldorf 1996, S.37.

Oliver, R. L. (1980): A Cognitive Model of the Antecedents and Consequences of Satisfaction Decisions, in: Journal of Marketing Research, Vol.17 (1980), No.4, pp.460-469.

Oliver, R. L. (1987): An Investigation of the Interrelationship Between Customer Dissatisfaction and Complaint Reports, in: Advances in Consumer Research, Vol.14 (1987), pp.218-222.

Oliver, R. L. (1997): Satisfaction: A Behavioural Perspective on the Consumer, New York 1997.

Olsen, S. (2002): Comparative Evaluation and the Relationship Between Quality, Satisfaction, and Repurchase Loyalty, in: Journal of the Academy of Marketing Science, Vol.30 (2002), No.3, pp.240-249.

Parasuraman, A.; Zeithaml, V. A.; Berry, L. L. (1988): SERVQUAL. A Multiple Item Scale for Measuring Consumer Perceptions of Service Quality, in: Journal of Retailing, Vol.64 (1988), pp.12-40.

Parasuraman, A.; Zeithaml, V.A.; Berry, L.L. (1985): A Conceptual Model of Service Quality and its Implications for Future Research, in: Journal of Marketing, Vol.49 (1985), No.3, pp. 41-50.

Patterson, P.; Johnson, L.; Spreng R (1997): Modeling the Determinants of Customer Satisfaction for Business-to-Business Professional Services, in: Journal of the Academy of Marketing Science, Vol.25 (1997), No.1, pp.4-17.

Payne, A.; Rapp, R. (1999): Relationship Marketing: Ein ganzheitliches Verständnis von Marketing, in: Payne, A.; Rapp, R. (Hrsg.): Handbuch Relationship Marketing: Konzeption und erfolgreiche Umsetzung, München 1999, S.3-16.

Peters, T. (1987): Thriving on Chaos, New York 1987.

Ploss, D. (2001): Das Loyalitäts-Netzwerk: Wertschöpfung für eine neue Wirtschaft, Bonn 2001.

Procter & Gamble (Hrsg.) (2005): P&G: Deutschland 2005, Schwalbach/Taunus 2005.

Quartapelle, Q. Q.; Larsen, G. (1996): Kundenzufriedenheit: Wie Kundentreue im Dienstleistungsbereich die Rentabilität steigert, Berlin u.a. 1996.

Quinn, M.; Humble, J. (1991): Service: The New Competitive Edge: A Survey of Executive Opinion of Senior Managers in Ireland, Dublin 1991.

Raab, G.; Werner, N. (2005): Customer Relationship Management: Aufbau dauerhafter und profitabler Kundenbeziehungen, 2. Aufl., Frankfurt/Main 2005.

Rapp, R. (1992): Qualitatives Controlling durch Kundenzufriedenheitsmessung, Arbeitspapier, Universitätsseminar Schloß Gracht 1992.

Rapp, R. (1995): Kundenzufriedenheit durch Servicequalität: Konzeption, Messung, Umsetzung, Wiesbaden 1995.

Rapp, R. (2005): Customer Relationship Management: Das Konzept zur Revolutionierung der Kundenbeziehungen, 3. Aufl., Frankfurt/Main u.a. 2005.

Rapp, R.; Bußmann, N. (2001): Die Entdeckung der Kundennähe, in: managerSeminare, (2001), Nr.49, Juli, S.22-31.

Reichheld, F. F. (1996): The Loyalty Effect: The Hidden Force Behind Growth, Profits and Lasting Value, Boston/MA 1996.

Reichheld, F. F.; Sasser, W. E. (1991): Zero-Migration, Dienstleister im Sog der Qualitäts-Revolution, in: HARVARDmanager, 13.Jg. (1991), Nr.4, S.108-116.

Romeiß-Stracke, F. (1995): Service-Qualität im Tourismus: Grundsätze und Gebrauchsanweisungen für die touristische Praxis, München 1995.

Rothfuß, R. (2005): Value-Added Services als strategisches Instrument der Kundenbindung: Das Beispiel Degussa Feed Additives, in: Bruhn, M.; Homburg, C. (Hrsg.): Handbuch Kundenbindungsmanagement: Strategien und Instrumente für ein erfolgreiches CRM, 5. Aufl., Wiesbaden 2005, S.871-891.

Rudolph, A.; Rudolph, M. (2000): Customer-Relationship-Marketing: Individuelle Kundenbeziehungen, Berlin 2000.

Rust, R. T.; Zahorik, A. J. (1993): Customer Satisfaction, Customer Retention and Market Share, in: Journal of Retailing, Vol.69 (1993), pp.145-156.

Rust, R. T.; Zahorik, A. J.; Keiningham, T. L. (1998): Determining the Return on Quality (ROQ), in: Bruhn, M.; Meffert, H. (Hrsg.): Handbuch Dienstleistungsmanagement, 2. Aufl., Wiesbaden 2001, S.873-898.

Schäfer, H. (2002): Die Erschließung von Kundenpotentialen durch Cross-Selling: Erfolgsfaktoren für ein produktübergreifendes Beziehungsmanagement, Wiesbaden 2002.

Scharioth, J. (1993): Wie Sie Kunden durch Kommunikation binden, in: Gablers Magazin, 7.Jg. (1993), Nr.1, S.22-24.

Scharitzer, D. (1994): Dienstleistungsqualität – Kundenzufriedenheit, Wien 1994.

Scharnbacher, K.; Kiefer, G. (2003): Kundenzufriedenheit: Analyse, Messbarkeit und Zertifizierung, 3. Aufl., München 2003.

Schimmel-Schloo, M. (1999): Der wichtigste Umsatzhebel, Interview mit Kienbaum-Berater Holger Scheepers über aktuelle Trends bei Vergütungsstrukturen im Vertrieb, in: acquisa, 47.Jg. (1999), Nr.10, S.62-65.

Schmidt, H. (2005): Customer Relationship Management, in: Das Wirtschaftsstudium, 34.Jg. (2005), Nr.12, S.1517-1524.

Schneider, B.; White, S. S.; Paul, M. C. (1998): Linking Service Climate and Customer Perceptions of Service Quality: Test of a Causal Model, in: Journal of Applied Psychology, Vol.83 (1998), pp.150-163.

Schneider, W. (2006): Marketing und Käuferverhalten, 2. Aufl., München 2006.

Schulze, R. (1999): Messung der Dienstleistungsqualität, in: Bastian, H.; Becker, M. (Hrsg.): Kundenorientierung im Touristikmanagement, München u.a. 1999, S.345-356.

Schütz, P. (1996a): Durchführung eines Marktforschungsprojekts, in: Verlag Handelsblatt (Hrsg.): Marketing Praxis Kalender, Düsseldorf 1996, S.34.

Schütz, P. (1996b): Professioneller Umgang mit Marktforschungsinstituten, in: Verlag Handelsblatt (Hrsg.): Marketing Praxis Kalender, Düsseldorf 1996, S.37.

Schütze, R. (1994): Kundenzufriedenheit: After-Sales-Marketing auf industriellen Märkten, Nachdruck der 1. Auflage, Wiesbaden 1994.

Schweikl, H. (1985): Computergestützte Präferenzanalyse mit individuell wichtigen Produktmerkmalen, Berlin 1985

Schwetje, T. (1999): Kundenzufriedenheit und Arbeitszufriedenheit bei Dienstleistungen: Operationalisierung und Erklärung der Beziehungen am Beispiel des Handels, Wiesbaden 1999.

Sexauer, H. J. (2002): Entwicklungslinien des Customer Relationship Management (CRM), in: Wirtschaftswissenschaftliches Studium, 31.Jg. (2002), Nr.4, S.218-222.

Siebrecht, P. (2004): Kundenzufriedenheit und Kundenloyalität: Messung, Umsetzung, Management von Erfolgsfaktoren. Mit Kundenzufriedenheit und Kundenloyalität zu wirtschaftlichem Erfolg, Frankfurt/Main u.a. 2004.

Singh, J. (1990): A Typology of Consumer Dissatisfaction Response Styles, in: Journal of Retailing, Vol.66 (1990), Spring, pp.57-99.

Sprenger, R. K. (2004a): Das Prinzip Selbstverantwortung: Wege zur Motivation, Frankfurt/Main u.a. 2004.

Sprenger, R. K. (2004b): Mythos Motivation: Wege aus einer Sackgasse, Frankfurt/Main u.a. 2004.

St. Galler Business School (Hrsg.) (2006): Mit dem GAP-Modell zur erfolgreichen Kommunikation, in: http://www.sop-hamburg.de/de/files/themenabend/vortragcharts/20040614_gap_modell.pdf (Stand: 1. April 2006).

Stauss, B. (1994): Der Einsatz der Critical Incident Technique im Dienstleistungsmarketing, in: Tomczak, T.; Belz, C. (Hrsg.): Thexis Fachbuch Marketing, Kundennähe realisieren, St. Gallen 1994, S.233-250.

Stauss, B. (1999): Kundenzufriedenheit, in: Marketing·ZFP, 21.Jg. (1999), Nr.1, S.5-24.

Stauss, B. (2000): Perspektivenwandel: Vom Produkt-Lebenszyklus zum Kundenbeziehungs-Lebenszyklus, in: Thexis, 17.Jg. (2000), Nr.2, S.15-18.

Stauss, B. (2002): Professionelles Dienstleistungs-Marketing: Was macht einen exzellenten Dienstleister aus?, Vortrag auf dem 1. Baden-Württembergischen Dienstleistungstag in Stuttgart, 7. Dezember 2002, Stuttgart 2002.

Stauss, B.; Hentschel, B. (1990): Verfahren der Problementdeckung und -analyse im Qualitätsmanagement von Dienstleistungsunternehmen, in: Jahrbuch der Absatz- und Verbrauchsforschung, 36.Jg. (1990), Nr.3, S.232-244.

Stauss, B.; Neuhaus, P. (1995): Das Qualitative Zufriedenheitsmodell (QZM), Diskussionsbeitrag Nr.66 der Wirtschaftswissenschaftlichen Fakultät, Katholische Universität Eichstätt-Ingolstadt, Eichstätt 1995.

Stauss, B.; Neuhaus, P. (1997): The Qualitative Satisfaction Model, in: International Journal Of Service Industry Management, Vol.8 (1997), pp.236-249.

Stauss, B.; Schöler, A. (2003): Beschwerdemanagement Excellence: State-of-the-Art und Herausforderungen der Beschwerdemanagement-Praxis in Deutschland, Wiesbaden 2003.

Stauss, B.; Schulze, H. S. (1990): Internes Marketing, in: Marketing·ZFP, 12.Jg. (1990), Nr.3, S.149-158.

Stauss, B.; Seidel, W. (1995): Prozessuale Zufriedenheitsermittlung und Zufriedenheitsdynamik bei Dienstleistungen, in: Simon, H.; Homburg, C. (Hrsg.): Kundenzufriedenheit: Konzepte, Methoden, Erfahrungen, Wiesbaden 1995, S.179-203.

Stauss, B.; Seidel, W. (1998): Beschwerdemanagement: Fehler vermeiden, Leistung verbessern, Kunden binden, 2. Aufl., München u.a. 1998.

Stein, D. (2000): In Stromunternehmen sind Marketingprofis noch selten, in: Frankfurter Allgemeine Zeitung, Nr.25 (31.1.2000), S.32.

Stock, R. (2003): Der Zusammenhang zwischen Mitarbeiter- und Kundenzufriedenheit: Direkte, indirekte und moderierende Effekte, 2. Aufl., Wiesbaden 2003.

Stoffl, M. (1997): Total Quality im Handel, in: Das Wirtschaftsstudium, 26.Jg. (1997), Nr.4, S.340-349.

Stotko, C. M. (2002): Das wirtschaftliche Potenzial von mass customization als Maßnahme zur Erhöhung der Kundenbindung, Arbeitsbericht Nr.30, Lehrstuhl für Allgemeine und Industrielle Betriebswirtschaftslehre, Technische Universität München, München 2002.

Strauß, R. (2001): Customer Relationship Management, in: Diller, H. (Hrsg.): Vahlens großes Marketinglexikon, 2. Aufl., München 2001, S.249-251.

Swan, J. E.; Oliver, R. L. (1989): Postpurchase Communications by Customers, in: Journal of Retailing, Vol.65 (1989), pp.516-533.

Taylor, S. A.; Baker, T. L. (1994): An Assessment of the Relationship Between Service Quality and Customer Satisfaction in the Formation of Consumers' Purchase Intentions, in: Journal of Retailing, Vol.70 (1994), No.2, pp.163-178.

Technical Assistance Research Programs (TARP) (1986): Consumer Complaint Handling in America: Un Update Study, The Office of the Special Advisor to the President for Consumer Affairs (Hrsg.), Washington D.C. 1986.

Thomas, L. (1979): Conjoint Measurement als Instrument der Absatzforschung, in: Marketing·ZFP, 1.Jg. (1979), Nr.3, S.199-211.

Thommen, J.-P.; Achleitner, A.-K. (1998): Allgemeine Betriebswirtschaftslehre: Umfassende Einführung aus managementorientierter Sicht, 2. Aufl., Wiesbaden 1998.

Töpfer, A, Mann, A. (1996): Kundenzufriedenheit als Meßlatte für den Erfolg, in: Töpfer, A. (Hrsg.): Kundenzufriedenheit messen und steigern, Berlin 1996, S.25-81.

Töpfer, A. (1999): Die Analyseverfahren zur Messung der Kundenzufriedenheit und Kundenbindung, in: Töpfer, A. (Hrsg.): Kundenzufriedenheit messen und steigern, 2. Aufl., Neuwied 1999, S.299-370.

Töpfer, A. (Hrsg.) (2005): Kundenmanagement: Kundenzufriedenheit, Kundenbindung und Kundenwert messen und steigern, Berlin 2005.

van der Wiele, T.; Hesselink, M.; van Iwaarden, J. (2005): Mystery Shopping: A Tool to Develop Insight into Customer Service Provision, in: Total Quality Management, Vol.16 (2005), No.4, 529-541.

Weiber, R; Adler, J. (1995): Der Einsatz von Unsicherheitsreduktionsstrategien im Kaufprozess: Eine informationsökonomische Analyse, in: Zeitschrift für betriebswirtschaftliche Forschung, 47.Jg. (1995), S.61-77.

Weinhold-Stünzi, H.; Baumgartner, R. (1981): Konsumentenzufriedenheit: Eine empirische Pilot-Untersuchung über die allgemeine Zufriedenheit von Konsumenten, die Zufriedenheit von Konsumenten mit ihrer Versorgung, Verhalten bei Konsumenten bei Unzufriedenheit, Konsumentenschutz; Bericht des Forschungsinstituts für Absatz und Handel an der Hochschule St. Gallen, Uttwil 1981.

Weiss, S.M.; Indurkhya, N. (1998): Predictive Data Mining: A Practical Guide, San Francisco 1998.

Wilde, K. (2002): Skripte zur Vorlesung „Wirtschaftsinformatik I", „Data Mining im Marketing", „Kundenorientierte Informationssysteme", Lehrstuhl für ABWL und Wirtschaftsinformatik, Katholische Universität Eichstätt, Eichstätt 2002.

Wilde, K. D.; Hippner, H. (1998): Database Marketing: Vom Ad-Hoc-Direktmarketing zum kundenspezifischen Marketing-Mix, in: Marktforschung & Management, 42.Jg. (1998), Nr.1, S.6-10.

Wilde, K. D.; Hippner, H.; Englbrecht, A. (2005): Customer Relationship Management: So binden Sie Ihre Kunden, Düsseldorf 2005.

Wildemann, H. (2004): Wachstumsorientiertes Kundenbeziehungsmanagement statt König-Kunde-Prinzip, in: Wildemann, H. (Hrsg.): Organisation und Personal: Festschrift für Rolf Bühner, München 2004, S.83-103.

Wildemann, H. (2005): Kundenorientierung: Leitfaden zur Einführung eines Beschwerdemanagement, einer Ausrichtung des Vertriebs und F&E sowie der Produktion und Mitarbeiter auf Kundenbedürfnisse, 10. Aufl., München 2005.

Wilmes, C.; Dietl, H.; van der Velden, R. (2004): Die strategische Ressource "data warehouse": Eine ressourcentheoretisch-empirische Analyse, Wiesbaden 2004.

Wind, Y. (1982): Product-Policy: Concepts, Methods and Strategy, Reading/MA 1982.

Winter, S. (2005): Mitarbeiterzufriedenheit und Kundenzufriedenheit: Eine mehrebenenanalytische Untersuchung der Zusammenhänge auf Basis multidimensionaler Zufriedenheitsmessung, Diss., Universität Mannheim, Mannheim 2005 (http://bibserv7.bib.uni-mannheim.de/madoc/volltexte/ 2005/862).

Zeithaml, V. A. (2000): Service Quality, Profitability, and the Economic Worth of Customers: What We Know and What We Need to Learn, in: Journal of the Academy of Marketing Science, Vol.28 (2000), pp.67-85.

Zeithaml, V. A.; Berry, L. L.; Parasuraman, A. (1996): The Behavioral Consequences of Service Quality, in: Journal of Marketing, Vol.60 (1996), pp.31-46.

Zeithaml, V.A.; Parasuraman, A.; Berry, L.L. (1992): Qualitätsservice: Was die Kunden erwarten, was sie leisten müssen, Frankfurt/Main u.a. 1992.

Zelazny, G. (2003): Wie aus Zahlen Bilder werden: Der Weg zur visuellen Kommunikation, 5. Aufl., Nachdruck, Wiesbaden 2003.

Zwicky, F. (1996): Entdecken, erfinden, erforschen im morphologischen Weltbild, München u.a. 1966.

Stichwortverzeichnis

A

Abbildungsband · 141
ABC-Analyse · 189, 190, 191
Ablaufplan · 95, 96, 254
Abschöpfungsmentalität · 258
Abteilungsegoismen · 240, 246, 247, 254
Adressenverzeichnisse · 176
Akquisitionsphase · 185
Alternativfragen · 112
Analysemethode / -verfahren · 67, 124, 126, 127, 180
  - Bivariate · 125
  - Multivariate · 126
  - Univariate · 125
Angebotserstellung · 164, 166
Anreizfunktion · 47
Anreizsystem(e) · 47, 237, 248, 256, 257, 259, 276, 277
Anspruchsinflation · 7, 63, 68
Antwortverhalten · 60
Arbeitsteilung · 247
Arbeitszufriedenheit · 77
Arbeitszufriedenheitsforschung · 77, 81
Artefakte · 237, 243
Aufwärts-Standardisierung · 216, 217
Augenblicke der Wahrheit · 86, 209
Auswahlverfahren · 107, 119

B

Back office · 14, 28, 30, 161, 162, 169, 229, 247, 249, 255, 262
Badge engineering · 218
Balanced Scorecard · 12, 230, 232, 275, 276, 277, 278, 279, 280, 281, 282
Balkendiagramm · 143
Baukasten-Prinzip · 218
Baukastensystem · 217
Befragung · 32, 50, 64, 67, 70, 71, 83, 88, 89, 93, 96, 102, 103, 106, 107, 108, 109, 110, 111, 113, 114, 119, 122, 123, 142, 176, 198, 205, 207, 231, 232, 250
Befragungsform · 105, 106
Begleitschreiben · 107
Benchmarking · 51, 54, 102, 114, 138, 232, 268, 281
Beobachtung · 49, 50, 51, 53, 54, 55
Berichtsband · 94, 141, 144
Beschwerde · 39, 43, 46, 126, 153, 154, 156, 159, 160, 169, 170, 206, 245
Beschwerdeanalyse · 103, 160
Beschwerdebarrieren · 156, 159
Beschwerdedokumentation · 160
Beschwerdemanagement · 19, 152, 153, 156, 158, 159, 160, 162, 169, 186, 221, 230, 268, 281
Betriebsblindheit · 93, 251
Beziehungserlöse · 204
Beziehungsnetzwerk · 205
Beziehungsorientierung · 29
Bindungsdauer · 45
Blogs · 171
Blueprinting · 88, 89
Blueprints · 86
Brain storming · 272, 273
Brain writing · 273
Buying center · 101, 170

C

Call center · 180, 183, 185, 186, 187

Call me-button · 187
Case based reasoning · 164, 168
Change Management · 152, 260, 261, 262, 263, 264, 266
Check average · 189
Circulus virtuosus · 228, 229
Clusteranalyse · 131, 139
Codierung · 112, 122, 123
Collaborative browsing · 187
Commitment · 38, 39, 40, 220, 221, 223, 224, 226, 227, 276
Computer aided telephone interviewing (CATI) · 110
Computer assisted personal interviewing (CAPI) · 110
Computer Integrated Manufacturing · 163, 166, 169
Computerized self-administered questioning (CSAQ) · 110
Confirmation · 19, 20
Conjoint Measurement · 72, 73, 75, 129
Convenience · 6, 134, 182
Corporate behavior · 240
Corporate communications · 240
Corporate design · 240
Corporate identity · 239, 250
Critical incidents · 82, 83
Critical quality characteristics · 73, 74, 75
CRM · 161, 162, 163, 164, 168, 178, 183, 185, 188
Cross buying · 39, 42, 189, 205
Cross selling · 7, 45, 102, 164, 186, 196, 197, 199, 202, 203, 204, 205, 223
Customer Blogs · 171
Customer interaction center · 184, 187
Customer lifetime value · 161, 190, 198, 199, 200, 201
Customer Relationship Management · 152, 161, 169
Customer retention · 186
Customer touch points · 169, 180, 184

Cut off-Verfahren · 115

D

Data mining · 179, 180, 183
Data warehouse · 178, 179, 180, 182
Database Marketing · 164
Datenanalyse · 28, 123, 142, 177, 183
Datenaustausch · 176
Datenbank · 168, 176, 178, 179, 187, 282
Datenerhebung · 59, 106, 121
Datenwürfel · 180, 181
Deckungsbeitrag · 157, 180, 191, 192, 196, 197, 256
Deckungsbeitragspotential · 196, 197
Diagramm · 91
Dienstleistung · 2, 7, 8, 10, 22, 25, 30, 31, 33, 38, 42, 50, 52, 55, 56, 57, 64, 66, 73, 77, 81, 86, 100, 103, 170, 171, 184, 186, 205, 210, 214, 219, 224, 226, 228, 237, 238, 241, 242, 252, 269
Dienstleistungsklima · 207
Dienstleistungsqualität · 19, 25, 26, 27, 31, 32, 35, 56, 57, 88, 207, 243
Dienstleistungsunternehmen · 231
Differenzierung · 207, 219
Direktmarketing · 169
Disconfirmation · 19, 20, 21
Disjunktionsregel · 66
Diskriminanzanalyse · 127, 128, 129
Disproportionale Stichprobe · 117
Doppelbindung · 245
Double bind · 245

E

Eigenforschung · 93
Einzelzufriedenheit(en) · 36, 64, 66, 70, 71, 72

Eisbrecherfragen · 110
Enterprise Resource Planning · 163, 166, 169
Ereignisorientierte Verfahren · 80
Erfolgsfaktor(en) · 240, 261
Erfolgsrechnung · 164, 167
Ergebnisbericht · 124, 140
Erlebniswelt · 209
Erlössteigerungspotential · 46
Erwartung(en) · 1, 19, 21, 22, 23, 25, 26, 27, 31, 34, 48, 59, 60, 61, 62, 63, 103, 171, 221, 230, 233
Eskalations-Management · 164, 167, 168
European Foundation for Quality Management · 12, 13, 232
Experiment(e) · 128
Explorative Voruntersuchung · 103
Externe Attribution · 246
Extrinsische Faktoren · 77

F

Face to face-Interview · 108
Faktorenanalyse · 70, 71, 131, 132, 133
Feed back · 184, 185, 188, 233, 266
Fehlerquellen · 118, 119
Feldarbeit · 96, 121, 142
Fernwartung · 164, 168
Finanzgrößen · 275
Finanzperspektive · 276, 280
Firmendatenbanken · 176
Fitness for use · 210
Fluktuation · 220, 223
Fokusgruppe · 53, 160, 250, 252
Fragebogen · 53, 54, 70, 95, 102, 106, 107, 108, 119, 122, 123, 142, 169, 233
Fragen zur Person · 111
Fragmentierung · 247
Fremdforschung · 93
Frequency · 5, 193, 194, 195

Frequenz / Relevanz-Analyse von Problemen · 88, 90
Front office · 28, 30, 161
Frühwarnsignale · 156, 263
Frühwarnsystem · 94
Führungskräftebefragung · 231

G

Garantie · 159, 253
Garantieansprüche · 252
Garantieleistung · 255
Gebundenheitsstrategie · 13
Gerechtigkeits-Theorie · 76
Gesamtzufriedenheit · 36, 38, 56, 59, 60, 64, 66, 67, 70, 71, 72, 73, 133, 134, 135, 145, 219
Geschichtete Auswahl · 117
Gesprächsleitfaden · 109, 251, 252
Gestaltungsempfehlung(en) · 95, 142, 146
Globalzufriedenheit · 79
Gratifikation · 251, 252, 258
Grundgesamtheit · 114, 115, 116, 117, 118, 119, 120
Gruppendiskussion · 103, 266, 267

H

Hand out · 147, 267
Helpdesk · 164, 168
Hotline · 107, 136, 151
Hygienefaktor(en) · 77, 78
Hypothetisches Konstrukt · 129

I

Incentives · 107, 252, 258

Informationssysteme · 169, 179
Interactive selling systems · 164, 167
Interaktion · 10, 52, 55, 82, 183, 184, 211
Interne Leistungsgarantie · 248, 252, 254, 255
Internes Marketing · 152, 207, 252
Internes Marketing-Management · 152, 207
Internet · 6, 16, 107, 166, 168, 169, 171, 177, 183, 184, 185, 187, 188, 214
Internet-Befragung · 107
Interview · 103, 109, 110, 111, 119
Interviewerleitfaden · 103
Intranet · 166, 282
Intrapreneurship · 47, 259
Intrinsische Faktoren · 77

J

Ja-Sage-Tendenz · 113
Job rotation · 247, 249

K

Kampagnenmanagement · 164
KANBAN · 158, 159
Kano-Modell · 79
Kapitalwertmethode · 198, 199
Kaufentscheidung · 51, 101, 103, 171
Kauffrequenz · 46, 188, 189, 204
Kaufrisiko · 41
Kausalanalyse · 129
Kennzahlenanalyse · 49
Kennzahlen-Kompass · 282, 283
Kennzahlensystem · 275, 277
Key Account-Management · 192
Klassifikationsschlüssel · 190, 192, 193
Klumpeneffekt · 118
Klumpenverfahren · 117

Kommunalität · 37
Kommunikationskanal · 170, 187
Kompensatorische Heuristiken · 66
Kompetenzgerangel · 246
Konjunktive Regel · 66
Konstantsummen-Methode · 68, 69, 70
Konstrukt · 36, 37, 38, 207, 233
Kontaktfragen · 110
Kontaktphasen · 88
Kontaktpunkte · 87, 88, 205, 209
Kontingenzanalyse · 127, 128
Kontrollfragen · 111
Korrelation · 126, 225
Kosten / Nutzen-Rechnung · 157
Kostensenkung · 217
Kreativität · 237, 269, 270, 271, 272
Kreativitätstechnik · 267
Kreisdiagramm · 143
Kreuztabellierung · 125
Kundenabwanderungsrate · 46, 157
Kundenakquise · 18, 19
Kundenakquisition · 46, 203, 250
Kundenbefragung · 49, 86, 89, 91, 99, 243, 258, 281
Kundenbewertung · 164, 190, 192
Kundenbeziehung · 14, 18, 29, 161, 205, 206
Kundenbeziehungs-Lebenszyklus · 17, 18, 19, 203, 204
Kundenbeziehungsmanagement · 1, 2, 161, 201
Kundenbindung · 7, 15, 18, 19, 29, 38, 39, 40, 41, 42, 96, 102, 130, 131, 155, 183, 188, 189, 203, 223, 227, 237, 250
Kundenbindungsmaßnahme · 199
Kundenbindungsphase · 185
Kundendatenbank · 162, 166, 170
Kundendatenverwaltung · 166
Kundendeckungsbeitrag · 199, 200, 202, 203

Kundendienst · 169, 209, 217, 219, 221, 256
Kundenforum · 247, 249, 250, 251, 252
Kundenhistorie · 165, 187
Kundenklassifizierung · 190
Kundenkontaktstellen · 169
Kundenlebensumsatz · 44
Kundenlebenszyklus · 183
Kundenloyalität · 40, 42, 43, 82, 130, 258
Kundennähe · 33, 207, 209, 216, 217, 249, 256
Kundennutzen · 135, 175, 211
Kundenorientierung · 1, 2, 29, 30, 51, 96, 99, 151, 152, 161, 162, 207, 208, 209, 210, 214, 217, 219, 220, 221, 224, 225, 226, 227, 228, 230, 231, 233, 236, 237, 239, 243, 247, 249, 250, 254, 257, 258, 259, 262, 264, 265, 269, 270
Kundenprozessanalyse · 87, 103
Kundenreporter · 249
Kundenrückgewinnung · 18, 201, 203
Kundenrückgewinnungsphase · 186
Kundensegmentierung · 164
Kundenselektion · 166
Kundenservice · 2, 101, 223, 233, 259
Kundentreue · 15, 40
Kundenverhalten · 219, 223
Kundenverlustanalyse · 157, 158, 258
Kundenwert · 14, 18, 183, 186, 188, 192, 193, 195, 196, 197, 201, 202, 203, 204
Kunden-Workshops · 206
Kundenzufriedenheit · 1, 2, 4, 5, 7, 10, 11, 12, 13, 17, 19, 23, 25, 26, 28, 31, 32, 35, 36, 37, 38, 39, 40, 41, 42, 43, 46, 47, 48, 49, 50, 56, 61, 62, 64, 65, 66, 67, 73, 77, 78, 79, 88, 93, 96, 97, 100, 104, 105, 121, 126, 128, 129, 130, 131, 136, 138, 139, 141, 143, 151, 152, 153, 189, 204, 207, 220, 223, 224, 225, 226, 227, 228, 229, 230, 231, 236, 241, 243, 244, 245, 246, 248, 256, 257, 258, 259, 275, 276, 280

Kundenzufriedenheitsbefragung · 99
Kundenzufriedenheitsmanagement · 19, 151, 246
Kundenzufriedenheitsmessung · 19, 68
Kundenzufriedenheitsportfolio · 134, 135, 136
Kurvendiagramm · 143

L

Längsschnittanalyse · 138, 139
Lead customer · 199
Lebenszyklus · 14, 17, 18, 19
Leistungskomponente · 59, 60, 62, 67, 71
Lieferanten · 5, 52, 101, 160, 171, 189, 251, 253
Life style · 176, 180
Line of external interaction · 87
Line of visibility · 87
Liquiditätspotential · 196, 197
Listbroker · 176
Logistische Regression · 129
Logit-Analyse · 129
Lost order · 164, 167
Lotterieauswahl · 116
Loyalität · 7, 42, 71, 72, 156, 188, 223, 225

M

Management by delegation · 248
Marketing · 2, 14, 18, 30, 81, 96, 132, 161, 162, 164, 166, 167, 171, 176, 180, 198, 199, 210, 223, 229, 231, 232, 246, 256, 270
Marketing-Enzyklopädie · 164, 166, 167
Marketing-Instrumente · 210
Marketingstrategie · 207
Marktanteil · 49, 143, 180, 257, 276

Marktforschung · 27, 28, 29, 94, 95, 180, 250, 262, 278, 281
Marktforschungsdaten · 177
Marktforschungsunternehmen · 93, 95, 211
Marktperspektive · 276, 280
Marktsegmentierung · 140
Mass customization · 175
Mass customizing · 5
Maßzahlen · 125, 180
Materialdisposition · 164, 168
Meinungsführer · 154, 199
Merkmalsorientierte Verfahren · 56
Messansätze · 48, 57, 64
Messmodell · 130
Methode der kritischen Ereignisse · 81, 83, 113
Methode der sechs Denkhüte · 267, 268
Methodenkompetenz · 98, 99
Mikrogeographische Segmentierung · 177
Mitarbeiteranalyse · 232
Mitarbeiterbefragung · 151, 231, 281
Mitarbeiterperspektive · 276, 280, 282
Mitarbeiterverhalten · 223, 231
Mitarbeiterzufriedenheit · 13, 23, 36, 224, 225, 226, 227, 228, 231, 232, 233, 281
Moderation · 254, 266, 267
Modularisierung · 217, 218
Moments of truth · 86
Monetary ratio · 193, 194, 195
Motivation · 11, 130, 152, 170, 188, 225, 232, 233, 251, 256, 266, 276
Motivationstheorie · 77
Motivatoren · 77, 259
Multi channeling · 5, 162, 183, 184, 187
Multi utility · 205
Multiattributive Verfahren · 56
Multidimensionale Skalierung · 132
Multipersonale Zufriedenheit · 101

Mundpropaganda · 15, 43, 45, 46, 57, 155, 156, 159, 189, 199, 205, 223
Mystery shopping · 51

N

Nachfassaktion · 107
Netzwerk · 206
Neukundenakquisition · 29, 189
Newsgroups · 169, 177
Nicht-kompensatorische Regeln · 66
Nicht-monetäre Anreize · 259
Nicht-teilnehmende Beobachtung · 50
Nicht-zufallsgesteuerte Verfahren · 114
Non response · 107
Normstrategien · 134
Not invented here · 261
Nutzen · 25, 39, 43, 47, 60, 72, 76, 77, 96, 129, 136, 144, 148, 153, 155, 158, 231, 233, 267

O

Ombudsmann · 155, 255
On line analytical processing (OLAP) · 179, 180, 181, 182, 183
One face to the customer · 161, 165, 187
Operationalisierung · 27, 35, 233
Opportunity management · 164, 167
Order tracking · 166
Outsourcing · 94
Ownership · 247, 248, 249

P

Paradigma · 19, 20
Paradigmenwechsel · 14

Penalty / reward-Faktoren-Ansatz · 56, 77, 78, 79, 80, 81
Pilotprojekt · 99
Plateaued employees · 259
Portfoliotechnik · 189, 191
Präferenz(en) · 5, 73, 76, 112, 129, 186
Präsentation · 14, 65, 66, 95, 140, 145, 146, 147, 148, 149, 183, 254
Präsentationsmedium · 149, 150
Preis / Leistungs-Verhältnis · 35, 36, 37, 65, 84, 140, 157, 214, 219, 233, 281
Preissensibilität · 45, 46, 170, 188, 189
Preiswettbewerb · 197, 217
Premium-Segment · 216
Pretest · 106, 142
Primärforschung · 93
Problem detecting · 88, 90
Problemfrequenz · 90, 91
Problemlösungskompetenz · 89
Problem-Rankings · 89
Problemrelevanz · 90, 91
Problemwertindizes · 89
Produktivität · 223
Produktkonfiguratoren · 164, 166, 167, 169
Produktpräferenzen · 169
Produktqualität · 11, 31, 32, 36, 37, 46, 211, 216, 220, 226
Projektleitung · 98
Projektteam · 93, 94, 95, 98, 99, 251
Property fitting · 133
Proportionale Stichprobe · 117
PROSAT-Modell · 32, 35
Prozessperspektive · 276, 280
Pseudoforschung · 94
Punktbewertungs-Modell · 193
Punktediagramm · 144

Q

Qualität · 2, 10, 11, 12, 13, 14, 22, 24, 26, 27, 31, 32, 33, 35, 46, 47, 49, 50, 51, 52, 53, 56, 57, 59, 60, 61, 62, 63, 65, 66, 69, 73, 74, 76, 81, 88, 126, 131, 133, 137, 138, 155, 168, 171, 186, 210, 214, 216, 233, 237, 239, 242, 255, 259, 265, 270, 273, 276
Qualitätsdimensionen · 32, 33
Qualitätserleben · 250
Qualitätsmanagement · 11, 31, 90, 230
Qualitätszirkel · 265, 266
Quality over-engineering · 214
Querschnittsanalyse · 138, 139
Querulantentum · 155
Quota-Verfahren · 115, 116
Quotenmerkmale · 116
Quotenplan · 116

R

Recency · 193, 194, 195
Referenzpotential · 196, 197, 205
Regressionsanalyse · 71, 80, 126, 127
Reklamation(en) · 65, 82, 91, 153, 155, 160, 170, 185, 211, 214, 257
Relationship-Marketing · 14
Research briefing · 95
RFMR-Ansatz · 190, 193, 194, 195
Rücklaufquote(n) · 96, 102, 107, 108, 120, 122

S

Sachfragen · 110
Sachkompetenz · 98, 99
Sales cycle · 164, 167
Säulendiagramm · 143

Schadensanalyse · 164, 168
Schaubild · 144
Schlüsselinformation · 250
Schwachstellenanalyse · 160
Scoring-Methode / -Modell · 190, 193, 196, 198
635-Methode · 267, 272, 273
Self service · 187
Sequentielle Ereignis-Methode · 86, 88
Service / Profit-Chain · 222
Servicequalität · 32, 131, 187, 205, 223, 224, 225, 226, 227
SERVQUAL-Ansatz · 25, 26, 32, 35
Share of wallet · 189
Shareholder value · 259
Short term incentives · 259
Silent shopping · 49, 51, 52, 53, 55
Single contact history · 187
Single point of entry · 187
Skala · 31, 59, 60, 64, 67, 68, 79, 80, 133, 160, 281
Skalenniveau · 125, 127, 128, 129
Skalierung · 67
Soziale Anerkennung · 259
Soziale Erwünschtheit · 113
Sozialkompetenz · 30, 98, 99
Spätindikator · 49, 275
Standardausstattung · 216
Standardlösung · 216
Standortmarketing · 270
Stichprobe · 102, 116, 117, 118, 119, 120, 125, 189
Stichprobenverfahren · 114, 115
Stichprobenziehung · 28, 117, 118, 119
Strategie · 13, 134, 146, 156, 161, 205, 207, 216, 217, 218, 261, 276, 277
Strategische Planung · 277
Strukturmodell · 130
Supply Chain Management · 163, 166, 169

Synektik · 271
Synergiepotentiale · 206
Systematische Auswahl · 117

T

Targeting · 164
TARP · 44, 46, 156, 158
Technical Assistance Research Program · 44, 156
Teilerhebung · 114, 115
Teilnehmende Beobachtung · 51
Teilnutzenwert · 75, 76
Testkauf · 54
Testkäufer · 51, 53, 55
Text mining · 177
Total Quality Management (TQM) · 11, 232
Tracking · 185, 186
Transaktionsmarketing · 14, 161

U

Umsatz · 5, 44, 49, 95, 96, 103, 119, 167, 180, 182, 189, 190, 191, 192, 194, 195, 196, 197, 200, 202, 214, 223, 245, 275, 276, 280
Umsatzpotential · 44, 191, 196, 197
Unified messaging · 187
Unternehmenserfolg · 22, 205, 207, 223, 231, 240, 258, 259
Unternehmensführung · 11, 94, 231
Unternehmensgrundsätze · 239
Unternehmenskultur · 99, 232, 236, 238, 244, 265
Unternehmensleitbild · 228, 233, 241, 244, 247
Unternehmensleitlinien · 245
Unternehmensphilosophie · 220, 244, 260

Unternehmensstrategie · 247, 276, 277
Untersuchungssteckbrief · 142
Unzufriedenheit · 15, 21, 24, 27, 40, 43, 44, 46, 47, 50, 77, 78, 79, 102, 118, 152, 153, 154, 156, 159, 160, 201, 221, 246, 247, 255
Up selling · 199, 204
Usability · 211

V

Value added services · 8
Varianzanalyse · 127
Variety seeking · 7, 41
Verbundenheitsstrategie · 13
Vergütungssystem(e) · 256
Verhaltensnormen · 236, 237
Verhältniszahlen · 125
Vertrauen · 1, 7, 25, 33, 94, 111, 207, 233, 239, 261
Verwaltung der Kundendaten · 164
Vignette-Methode · 72, 73
Vision · 238, 239, 276
Visualisierung · 86, 91, 140, 143, 144, 146, 147, 266, 267
Vollerhebung · 114, 117, 231
Vorschlagswesen · 281

W

Wahrnehmung · 5, 26, 31, 50, 55, 57
Web chat · 187
Weblogs · 171
Weiterempfehlung · 40, 42, 46, 188, 205
Werte · 59, 74, 76, 123, 206, 237
Wertedreieck · 242
Wertesystem · 237
Wettbewerb · 2, 197, 237, 276
Wettbewerbsfähigkeit · 2, 167, 237

Wichtigkeit · 59, 67, 68, 70, 71, 74, 75, 136
Wiederkauf · 39, 40, 42, 129
Wiederkaufrate · 156, 200, 202, 203
Willingness to pay · 56, 76, 77
Wirkungskette · 276
Wissenspotential · 205
Wohngebäudedatenbank · 176
Wohngebietstyp · 177
Workflow management · 164, 167

Z

Zeitdruck · 6, 43
Zieldominanz · 245
Ziele · 51, 82, 99, 162, 238, 239, 241, 245, 254, 256, 261, 262, 280, 281
Zielgruppe(n) · 5, 51, 53, 99, 102, 103, 107, 139, 140, 145, 171, 201, 281
Zielrestriktion · 245
Zielschisma · 245
Zufallsauswahl · 116
Zufriedenheit · 1, 5, 7, 13, 15, 19, 20, 22, 23, 24, 25, 26, 27, 28, 36, 37, 38, 40, 41, 47, 48, 49, 56, 57, 59, 60, 64, 66, 67, 70, 71, 73, 76, 77, 78, 79, 80, 82, 83, 86, 88, 93, 100, 101, 113, 123, 125, 126, 128, 129, 131, 133, 134, 137, 142, 151, 156, 160, 186, 187, 207, 209, 210, 219, 221, 223, 225, 226, 228, 229, 230, 232, 233, 247, 257, 258, 275
Zufriedenheitswerte · 130, 133, 151
Zweifaktoren-Theorie · 78
Zwischenbericht · 95

Hauptthema: Wirtschaft

Richard Kühn / Michael Kreuzer

Marktforschung

Best Practices für Marketingverantwortliche

2006. XXII + 251 Seiten, 24 Abb., 24 B. und 16 Tab.,
Fadenheftung/Pappband
CHF 58.– / € 38.50
ISBN-13 978-3-258-06986-9
ISBN-10 3-258-06986-7

Einschlägige Marktforschungslehrbücher werden im Allgemeinen von erfahrenen Marktforschern für künftige Marktforscher geschrieben, die Spezialkenntnisse benötigen. Dagegen werden praktische Fragen des Marktforschungsmanagements wie zum Beispiel Formulierung des Marktforschungsauftrags, Institutswahl, Überwachung der Institutsarbeit oder Beurteilung von Marktforschungsberichten nur am Rande oder gar nicht behandelt. Marketingverantwortliche, deren Hauptaufgabe darin besteht, Marktentwicklungen zu analysieren, Marketingentscheide zu fällen, Marketingmassnahmen zu realisieren, und die im Allgemeinen Marktforschungsstudien nicht selbst durchführen, sondern als Auftraggeber durchführen lassen, haben es deshalb nicht leicht, wenn sie das relevante Marktforschungswissen erwerben möchten. Richard Kühn und Michael Kreuzer schaffen hier Abhilfe. Ihr Buch enthält das grundlegende Marktforschungswissen, Best Practices für Marketingverantwortliche. Die Autoren verschaffen einen vertieften Einstieg ins Thema, der Marketingpraktikern/-innen den Umgang mit den Marktforschern und der Marktforschung erleichtert. Teil I des Buches führt ins Thema Marktforschung ein. Teil II behandelt die Instrumente und Methoden der Marktforschung. Teil III befasst sich mit der Planung und Durchführung eines Marktforschungsprojekts.

: Haupt   **Haupt Verlag** Bern • Stuttgart • Wien
verlag@haupt.ch • www.haupt.ch

Hauptthema: Wirtschaft

Thomas Bieger

Dienstleistungs-Management

Einführung in Strategien und Prozesse bei persönlichen Dienstleistungen.
Mit Fallstudien verschiedener Praktiker

3., unveränderte Auflage 2002.
XXII + 354 Seiten, 197 Abb., gebunden
CHF 68.– / € 42.–
ISBN-13 978-3-258-06229-7
ISBN-10 3-258-06229-3

Den Dienstleistungen kommt heute als Motor der wirtschaftlichen Entwicklung eine besondere Bedeutung zu: Einerseits wachsen wichtige Dienstleistungsbranchen wie der Tourismus, der Verkehr oder die Telekommunikation überdurchschnittlich. Andererseits nimmt die Bedeutung von Dienstleistungen als Wertschöpfungslieferant sowie als Differenzierungselement in einem globalisierten Wettbewerb auch in Produktionsbranchen zu. Dabei stellen sich in Hochlohnländern, insbesondere im Bereich der persönlichen Dienstleistungen, besondere Herausforderungen für das Management.
Welche Trends sind aufgrund der Umfeldentwicklung bei den Dienstleistungsprodukten zu erwarten und welche Erfolg versprechenden Dienstleistungsvisionen ergeben sich daraus? Welches sind die unternehmenspolitischen Grundlagen für ein Erfolg versprechendes Dienstleistungsmanagement? Auf welchen strategischen Erfolgsfaktoren ist aufzubauen und welche Kern-, Marktleistungs- sowie Wettbewerbsstrategien ergeben sich daraus? Wie sind die Leistungsprozesse durch Automatisierung, Einsatz der persönlichen Dienstleistung oder Integration des Kunden als Koproduzenten zu optimieren? Welche Visionen und Instrumente begründen ein wirksames Empowerment-Konzept? Welche Mess- und Gestaltungsinstrumente bestehen im Rahmen eines integrierten Qualitätsmanagements für Dienstleistungen? Wie kann in der Preissteuerung, der Flexibilisierung des Angebotes oder im Warteschlangenmanagement ein Ausgleich zwischen Angebot und Nachfrage erzeugt werden? Was bedeutet Markenmanagement, Marketing nach innen oder Einsatz neuer Technologien in der Distribution für Dienstleistungen im Rahmen eines marktorientierten Ansatzes?
Diesen Fragen geht das Buch in zehn Kapiteln nach. Es ist damit, quasi als auf Dienstleistungen ausgerichtetes Betriebswirtschaftslehrbuch, ein Studienbegleiter für Studentinnen und Studenten in Einführungskursen an Universitäten und Fachhochschulen sowie eine praktische Handlungsanleitung für die Wirtschaft. Der Theorietext wird deshalb ergänzt durch Fallstudien von Praktikern mit entsprechenden Diskussionsfragen.

: Haupt   **Haupt Verlag** Bern • Stuttgart • Wien
verlag@haupt.ch • www.haupt.ch

Hauptthema: Wirtschaft

Michael Kreuzer

Die praktische Relevanz von Mass Customization

Die individuellen Bedürfnisse des Kunden –
oder der Konsument als Lemming?

Berner betriebswirtschaftliche Schriften. Band 36
2005. XVIII + 421 Seiten, 30 Abb. und 19 Tab., kartoniert
CHF 68.– / € 45.–
ISBN-13 978-3-258-06876-3
ISBN-10 3-258-06876-3

Mit dem technologischen Fortschritt ist auch die Frage nach den Vorzügen einer kundenindividuellen Massenfertigung aufgekommen. Diese Diskussion wird aber oft sehr undifferenziert geführt. Michael Kreuzers Buch trägt nun zu einem ganzheitlicheren Verständnis für die praktische Relevanz von Mass Customization bei. Im Rahmen einer empirischen Studie werden deren nachfrageseitige Erfolgsvoraussetzungen untersucht. Ergebnis der Studie ist, dass die Mass Customization nur für einzelne, tendenziell kleinere Marktsegmente in spezifischen Märkten von praktischer Bedeutung sein dürfte.

⁞ Haupt   **Haupt Verlag** Bern • Stuttgart • Wien
verlag@haupt.ch • www.haupt.ch